DuMont Dokumente:

eine Sammlung von Originaltexten,
Dokumenten und grundsätzlichen Arbeiten
zur Kunstgeschichte, Archäologie,
Musikgeschichte und Geisteswissenschaft

In der vorderen Umschlagklappe: Übersichtskarte zu den Megalith-Kulturen

Sibylle von Reden

Die Megalith-Kulturen

Zeugnisse einer verschollenen Urreligion

Großsteinmale in: England – Frankreich – Irland
Korsika – Malta – Nordeuropa – Sardinien – Spanien

DuMont Buchverlag Köln

Umschlagvorderseite: Stonehenge, England
Umschlagrückseite: Mnaidra, Malta
Umschlaginnenklappe: Menhir von Filitosa, Korsika

6. Auflage 1989
von Sibylle von Reden, Die Spur der Zyklopen
© 1960 Verlag M. DuMont Schauberg, Köln
© 1978 DuMont Buchverlag, Köln
Nachdruck verboten. Alle Rechte vorbehalten
Satz und Druck: Rasch, Bramsche
Buchbinderische Verarbeitung: Bramscher Buchbinder Betriebe

Printed in Germany   ISBN 3-7701-1055-2

Inhalt

Einleitung

Revolution in der Vorgeschichtsforschung — War alles doch anders?

Die Geburt einer Wissenschaft

Das wissenschaftliche Studium der Vorgeschichte ist kaum 125 Jahre alt. Im 17. Jahrhundert berechnete der schwedische Bischof Usscher das Alter der Menschheit aufgrund der Genealogien der Söhne Adams im Buch Genesis und stellte fest, daß Gott die Welt im Jahre 4004 v. Chr. erschaffen hatte. Ein anderer Bibelforscher ging noch weiter und datierte den Schöpfungsakt haargenau auf den 23. Oktober, 9.00 Uhr morgens, desselben Jahres!

Der Kalender des Bischofs blieb bis ins 19. Jahrhundert maßgebend für die Christenheit. Gewisse Sekten halten ihn noch heute in Ehren. Spekulationen über eine längere Geschichte des Menschengeschlechtes wurden als sinnlos und vermessen betrachtet, obwohl es nicht an Hinweisen fehlte. Funde prähistorischer Steingeräte in geologischen und zoologischen Verbänden, die auf hohes Alter deuteten, waren keine Seltenheit. Ein freier Geist, der italienische Naturforscher Michele Mercati, erkannte diese bereits im 16. Jahrhundert als *artefakte,* d. h. als künstlich angefertigte Gegenstände aus frühen Stadien der Menschheit. Im Volksglauben aber blieben Silexklingen, die manchmal bei Feldarbeiten zutage kamen, ›Blitzsteine‹, eine Bezeichnung, die schon von Pausanias (2. Jahrhundert n. Chr.) verwendet wurde. Nach der Tradition entstanden sie durch einen Blitzeinschlag tief im Erdgrund und stiegen dann langsam empor. In der Bretagne soll dieser Vorgang sieben, in Kalabrien sogar 18 Jahre beansprucht haben. Blitzsteine waren begehrte Talismane, deren magische Kräfte vor Unwetter schützen, Krankheiten heilen und jungen Paaren Kindersegen sichern sollten.

Der Durchbruch zu einer sachlicheren Beschäftigung mit urzeitlichen Funden erfolgte erst gegen die Mitte des 19. Jahrhunderts in Frankreich, England und Skandinavien. 1841 und 1847 veröffentlichte J. Boucher de Perthes, ein Zollbeamter und Amateur-Archäologe aus Abbeville, die Ergebnisse seiner Grabungen in Kiesgruben an der Somme, bei denen er primitive Steinwerkzeuge, die wir heute ›Faustkeile‹ nennen, zusammen mit Knochen ausgestorbener Tierrassen entdeckt hatte. In seinen Arbeiten, die zunächst wenig Beachtung fanden, identifizierte er u. a. die ›Blitzsteine‹ richtig als ›vorsintflutliche‹ Beile.

Etwa um dieselbe Zeit waren auch zwei britische Gelehrte, der Altertumsforscher John Evans (sein Sohn Arthur war der Ausgräber von Knossos auf Kreta) und der Geologe J. Prestwich, zu der Einsicht gelangt, daß die Berichte und Zeitangaben des Alten Testaments nicht wörtlich zu nehmen seien. Ihre Erkenntnisse, die von den strenggläubigen Bibellesern Englands als Angriff auf die Glaubwürdigkeit der Heiligen Bücher betrachtet und heftig bekämpft wurden, beruhten ebenfalls auf der Entdeckung prähistorischer Steinwerkzeuge, die zugleich mit Knochen längst verschwundener Tierarten bei Grabungen in den Höhlen von Devon ans Licht gefördert wurden. Ein Besuch bei Boucher de Perthes zur Besichtigung seiner Funde bestärkte die britischen Forscher in ihrer Überzeugung, sich auf dem richtigen Wege zu befinden. 1859 legten sie die Ergebnisse ihrer Untersuchungen vor, aus denen mit Sicherheit hervorging, daß die Anwesenheit des Menschen in Europa sehr viel weiter zurückreichte als die biblischen 6000 Jahre.

In Dänemark hatte der Kurator des Nationalmuseums von Kopenhagen, Chr. Thomsen, bereits früher, anfänglich nur als Schema für die Neuordnung der vorgeschichtlichen Altertümer dieses Institutes, ein *Dreiperiodensystem* eingeführt, d. h. eine Einteilung der Vorgeschichte nach den Materialien, die für Artefakte verwendet wurden: Stein-, Bronze- und Eisenzeit. Diese Aufgliederung, die später durch seinen Schüler J. J. A. Worsaae und den bedeutenden schwedischen Archäologen Oscar Montelius (1843–1921) durch die Unterscheidung von Alt- und Jungsteinzeit (Paläolithikum und Neolithikum) und einer Anzahl Zwischen- und Übergangsphasen nuanciert und verbessert wurde, hat sich bis heute bewährt.

In Frankreich nahm die Erforschung der Altsteinzeit durch den Paläontologen (Erforscher fossiler Tiergattungen) E. Lartet einen entscheidenden Aufschwung. Ab 1863 begann dieser mit seinem britischen Freund H. Christy eine systematische Untersuchung südfranzösischer Höhlen, die zu Grabungen an vielen berühmten Fundorten der Dordogne führte. Lartet erkannte verschiedene Entwicklungs-stufen des Paläolithikums, teilte die Höhlenfunde in Gruppen ein und wies sie bestimmten Perioden zu, die er nach der jeweilig vorhandenen Fauna und Flora einordnete. Sein Schüler, G. de Mortillet, ersetzte dieses System durch die sinnvollere Klassifizierung der verschiedenen Abschnitte des Paläolithikums nach Werkzeugformen, die bis weit ins 20 Jahrhundert beibehalten wurde. Heute ist sie veraltet. Die moderne prähistorische Forschung geht im allgemeinen nicht mehr von Perioden, sondern von Kulturgruppen aus.

1859 veröffentlichte Charles Darwin seine Evolutionstheorie, der 1871 die Arbeit über ›Die Abkunft des Menschen‹ folgte. Eine neue Ära hatte begonnen, in der sich die Gelehrten, vom Ballast ererbter Vorstellungen befreit, einer objektiven Erforschung der Vorgeschichte des Menschen widmen konnten. Eine neue wissenschaftliche Disziplin war geboren. Ihr theoretisches und praktisches Rüstzeug aber war noch unzureichend. Methodik und Technik archäologischer Bodenuntersuchung steckten in den Kinderschuhen. Zuvor waren Ausgrabungen Jahrhunderte hindurch nur auf Schatzsuche und die Entdeckung und Bergung alter Kunstwerke und Baudenkmäler gerichtet gewesen. Die Zeugnisse des Alltags früher Kulturepochen wie Töpferware, Hausformen usw., die Fundkontexte, Zeitabläufe und kulturellen Zusammenhänge wurden nicht oder kaum beachtet. Schliemann begriff erstmalig bei seiner Spatenarbeit in Troja die Bedeutung der Stratigraphie (Schichtungsbefund einer Grabungsstätte) für die archäologische Forschung, und sein Mitarbeiter, der Architekt Dörpfeld, wurde durch seine sorgfältige Beobachtung der Baugeschichte der Stadt zu einem der Wegbereiter moderner Untersuchungsmethoden. Grabungstechniken nach streng wissenschaftlichen Gesichtspunkten wurden vor allem durch zwei britische Pioniere, E. M. Flinders Petrie und Pitt Rivers eingeführt, die im letzten Viertel des 19. Jahrhunderts zunächst in England neue Verfahren der Bodenforschung entwickelten, eine Arbeit, die Petrie dann in Palästina und Ägypten fortsetzte. Systematik und Gründlichkeit, eine minutiöse Untersuchung des gesamten Grabungsbereiches – zuvor waren nur willkürliche Stichgrabungen üblich –, die genaue Registrierung der Schichtenfolge und Fundkontexte, die Feststellung von ›Leitformen‹ unter den Artefakten, die für bestimmte Kulturen typisch waren, und nicht zuletzt die ausführliche Publikation aller

Grabungsresultate waren ihre hervorragendsten Kennzeichen. Diese Arbeitsweise blieb in großen Linien bis heute maßgebend. Die Techniken der Spatenforschung haben sich allerdings inzwischen noch weiter verfeinert.

Heute verfügen die Archäologen über Geräte und Apparaturen zur Unterstützung der Spatenarbeit, von denen sie noch um die Mitte des 20. Jahrhunderts nicht einmal geträumt hätten.

Datierungsprobleme

Von grundlegender Bedeutung für das Studium und die Rekonstruktion der schriftlosen Vergangenheit ist die Datierung ihrer Relikte. Ohne eine zeitliche Einordnung der Ausgrabungsergebnisse bleibt ihre Aussage chaotisch. Für die vielen Jahrhunderttausende des Paläolithikums, in denen sich die Entwicklung des Menschen in unendlich langsamem Tempo vollzog, boten die Methoden der Geologen, von denen die Archäologen bereits die Stratigraphie übernommen hatten, Möglichkeiten einer ungefähren Zeitbestimmung durch die Messung geologischer Ablagerungen usw. Auf einige Jahrtausende kam es dabei nicht an. Für die Aufstellung einer Chronologie der kurzen Menschheitsgeschichte seit Beginn des Neolithikums waren diese Methoden unzureichend. Archäologen, die sich mit den prähistorischen Kulturen beschäftigten, standen vor der schweren Aufgabe, allein aus deren Hinterlassenschaft an Siedlungs- und Bauresten, Denkmälern und Artefakten eine Chronologie zu erarbeiten.

Die Beobachtung der Abfolge und Stärke archäologischer Schichten, des Zeitverhältnisses von Kulturen im Sinne von früher, gleichzeitig oder später, der Typologie von Keramik, Werkzeugen, Waffen, ermöglicht wohl die Aufstellung einer *relativen* Chronologie, die sich auf die Reihenfolge von Kulturen und Ereignissen und eine ungefähre Schät-

zung der Dauer einzelner Phasen beschränken muß. Für eine *absolute* Chronologie mit Daten, die sich auf die christliche Zeitrechnung oder auf die Gegenwart beziehen (im letzten Fall wird heute meist 1950 als Stichjahr gebraucht und zu den Zeitangaben B. P. = before present, vor heute, beigefügt) aber waren feste Anhaltspunkte nötig. Diese ließen sich nur bei den ersten geschichtlichen Hochkulturen im Osten finden. Vor allem in Ägypten blieben viele Inschriften und Dokumente aus verschiedenen Epochen erhalten, die Auskünfte über die ägyptische Zeitrechnung, Listen der Pharaonen mit deren jeweiliger Regierungsdauer und Berichte über astronomische Ereignisse usw. boten. Seit Champollion 1822 die ägyptischen Hieroglyphen entziffert hatte, waren das Lesen und die Interpretation der Texte möglich geworden. Nach langen mühevollen Studien gelang den Gelehrten eine Rekonstruktion der historischen Abläufe und der Kulturgeschichte des alten Nilreiches bis gegen 3000 v. Chr. mit Jahreszahlen, die sich innerhalb eines begrenzten Spielraumes als gültig erwiesen haben. Die Deutung der mesopotamischen Keilschrifttexte begann erst um die Mitte des 19. Jahrhunderts in großem Stil und lieferte ebenfalls eine Reihe von Daten, die jedoch umstrittener sind als die ägyptischen und auch nicht soweit zurückreichen.

Mit der weitgehend gesicherten Chronologie Altägyptens hatten die Archäologen ein Instrument zur Verfügung, mit dessen Hilfe eine Zeitbestimmung von Kulturen und Ereignissen in jenen Ländern, die direkte Handelsbeziehungen mit dem Pharaonenreich unterhielten, möglich war. Ein Skarabäus oder irgendein anderes Importstück vom Nil, das bei Ausgrabungen auf Kreta oder in Griechenland zutage kam, datierte die betreffende archäologische Schicht wenigstens annähernd. Andererseits konnte wieder das Alter mykenischer oder minoischer Keramik, die z. B. in einem ägyptischen Grabe gefunden wurde, nach diesem bestimmt werden. Petrie löste durch solche kreuzweise erfolgten Datierungen in Ägypten und Griechenland das Problem des Zeitansatzes der mykenischen Kultur auf der Peloponnes. Auch der Beginn der kretischen Palastperiode konnte auf diese Weise auf etwa 2100 v. Chr. fixiert werden. Ägäische Tonware in den frühesten Schichten von Troja ergab entscheidende Hinweise auf die Gründungszeit dieser Stadt usw.

Im ersten Viertel des 20. Jahrhunderts wurde mit dieser Methode eine annehmbare Zeitfolge der ägäischen Kulturen aufgebaut. Für eine Datierung der prähistorischen Kulturen der weiter entfernten Inseln und Länder Europas war sie jedoch von geringem Nutzen. Fundstücke eindeutig östlicher Herkunft waren im Westen sehr selten. Die Archäologen mußten daher ein neues theoretisches Gerüst konstruieren, in das die vielfältige Hinterlassenschaft der abendländischen Vorgeschichte organisch eingepaßt und damit auch einigermaßen zeitlich eingeordnet werden konnte. Für eine solche Struktur boten sich zwei verschiedene Ausgangsstellungen an, die seit dem 19. Jahrhundert die Gelehrten in ›Diffusionisten‹ und ›Evolutionisten‹ geteilt hatten. Die Ersten betrachteten die meisten Neuerungen und Erfindungen wie Ackerbau, Viehzucht, Töpferei usw., die mit dem Fortschritt der Zivilisation verbunden waren, als einmalige Phänomene, die unter besonders günstigen Voraussetzungen in einem bestimmten Bereich aufgekommen wären, von dem aus sie sich dann durch Emigration, Handels- und andere Kontakte weiterverbreitet hätten. Die Evolutionisten aber gingen von der Annahme aus, daß die gleichen Erfindungen unabhängig voneinander an verschiedenen Orten möglich waren, da der menschliche Geist unter identischen Voraussetzungen überall zu mehr oder weniger identischen Resultaten gelangen könne. G. de Mortillet war einer der Verfechter dieser Stellung, Worsaae und später vor allem Montelius waren Diffusionisten. Die letzte Auffassung war im übrigen die einzige, die eine Basis für Datierungen durch Vergleiche lieferte. Die Mehrzahl der Gelehrten schloß sich ihr an.

Licht aus dem Osten?

Das Studium der frühen Zivilisationen Ägyptens und Mesopotamiens hatte seit dem 19. Jahrhundert gezeigt, daß diese nicht nur sehr alt waren, sondern auch einen sehr großen Vorsprung gegenüber den vorgeschichtlichen Kulturen in Europa aufwiesen. Neben der raffinierten Architektur einer Pyramide oder einer mesopotamischen Ziqqurrat (gestufter Tempelturm) wirkten die hervorragendsten Baurelikte aus der abendländischen Urzeit, die Gräber und Kultanlagen aus Megalithen (von griechisch megas = groß und lithos = Stein), primitiv und roh. Seit dem letzten Jahrzehnt des 19. Jahrhunderts hatten zahlreiche Ausgrabungen in europäischen Ländern Reste von Dorfsiedlungen mit gutgebauten Häusern, die manchmal von beträchtlicher Größe waren, in verschiedenen Gebieten auch die Zeugnisse eines eindrucksvollen Totenkultes mit imponierenden Grabmalen, vielartige Keramik und andere handwerkliche Erzeugnisse von oft hoher Qualität, Kultanlagen, Idole und sonstige Zeugnisse ausgebildeter religiöser Vorstellungen ans Licht gebracht. Aber dies alles konnte nicht mit den frühen Stadtkulturen, den Bildwerken und Monumenten des Niltales oder Mesopotamiens verglichen werden. Mit Ausnahme einiger Zeichen auf Tonware, die in Bulgarien und Jugoslawien entdeckt wurden, gab es auch keine Hinweise auf den Gebrauch irgendeiner Schrift. Es war logisch, die Wiege der Zivilisation im Osten zu suchen und die alteuropäischen Kulturen als ferne, verspätete Ausläufer der orientalischen zu sehen und damit auch deren Zeitfolge von der Chronologie der östlichen Reiche abzuleiten. Kontakte mit diesen Zentren einer fortgeschrittenen Stadtkultur hätten die erste Kulturblüte in der Ägäis hervorgerufen. Deren Völker wurden dann zu den Mittlern, die dem barbarischen Westen die Errungenschaften einer zivilisierten Welt weitergaben.

Um diese Entwicklung nachzuzeichnen, waren die Archäologen fast ausschließlich auf Vergleiche zwischen den Erzeugnissen und Monumenten des Ostens und des Westens angewiesen. Verwandte Formen von Artefakten, Idolen, Kultbauten und Festungsanlagen wurden als Beweise eines letztlich östlichen Ursprunges aller dieser Manifestationen gewertet. Oscar Montelius war der erste, der aus dieser Sicht und als gründlicher Kenner der vorgeschichtlichen Funde aus Europa in seinem Werk ›Der Orient und Europa‹ ein zusammenhängendes Bild der Prähistorie des Abendlandes entwarf, wobei er deren Chronologie mit Hilfe der ägyptischen in großen Linien festlegte. Nach seiner Ansicht gelangte der Brauch der Kollektivbestattung und der megalithischen Grabbauten im 4. Jahrtausend v. Chr. oder noch eher von Syrien und Palästina aus entlang der nordafrikanischen Küsten zunächst zur Iberischen Halbinsel. Von Spanien und Portugal aus hätte sich die Sitte, den Toten große Steingräber zu errichten, im frühen 3. Jahrtausend über die Bretagne nordwärts verbreitet. Die Kenntnis der Metalle und ihrer Verhüttung hingegen hätte Europa über Griechenland und den Balkan erreicht.

Einen extremen Fall von Diffusionismus vertrat später der Anatom Grafton E. Smith, der durch seine Untersuchungen ägyptischer Mumien in den zwanziger Jahren einer der Begründer der Paläopathologie wurde. Dieser Gelehrte war während seines langen Aufenthaltes in Kairo so stark in den Bann der glorreichen Vergangenheit des Pharaonenreiches geraten, daß er das Niltal schließlich als die Keimstätte aller Kultur ansah, die durch weltreisende ägyptische Sendboten, die er »Söhne der Sonne« getauft hatte, in alle Erdteile ausgetragen worden sei. Die Nachwirkungen seiner phantasievollen Theorien über die mysteriösen Träger der »heliolithischen Kultur« (von griechisch helios = Sonne und lithos = Stein), die er 1929 in seinem Werk ›The Migrations of early Culture‹ veröffentlichte, sind bis heute in Unternehmungen wie Thor Heyerdahls Überfahrt im ägyptischen Binsenboot zu spüren.

Die Lehre vom ›Licht aus dem Osten‹ wurde aber von einer Gruppe von Archäologen mit einem Diffusionismus in umgekehrter Richtung konfrontiert. Diese wollte im »dynamischen, heroischen indogermanischen Menschen« den wahren Träger des Fortschritts in Europa und selbst im Nahen Osten sehen. Der Anführer dieser Strömung, Gustav Kossinna, suchte 1912 in seinem Buch ›Die deutsche Vorgeschichte, eine hervorragend nationale Wissenschaft‹ nachzuweisen, daß große nach Süden und Osten gerichtete Völkerbewegungen aus Nord- und Mitteleuropa, ähnlich wie viel später die Germaneninvasionen in Italien, im 3. Jahrtausend v. Chr. zur Beherrschung des Abendlandes und selbst bedeutender Teile des Nahen Ostens durch »nordische Herrenmenschen« geführt hätten, deren Sprache, Totenbräuche und andere Errungenschaften die vorgeschichtlichen Kulturen dieser Gebiete entscheidend beeinflußten. Die Megalithmonumente des Mittelmeerraumes wären Nachkommen einer im Norden entstandenen Architektur, Metallurgie und Schrift, vom Orient unabhängige Erfindungen der Indogermanen. Der nationalistische Fanatismus eines Kossinna und seiner Anhänger führte in gerader Linie zu den Rassentheorien des Dritten Reiches und diskreditierte später noch lange auch die richtigen Beobachtungen und Forschungsergebnisse dieser Gruppe. Charakteristisch für die geistige Verformung, die diese Lehre von der Überlegenheit der indogermanischen Völker selbst bei verdienstvollen Archäologen zustandebrachte, ist z. B. Carl Schuchhardts Ausführung über die Verschmelzung des »Dionysischen« und des »Apollinischen« (von Fr. Nietzsche geprägte Begriffe) bei den Griechen: ... »Diony-

sisch ist das Schwärmende, die ausgelassene Lust und die ungebändigte Grausamkeit des alten Mittelmeeres, apollinisch das Hochgestimmte, klug Erwägende und gerecht Entscheidende des Nordens .....« (in ›Alteuropa‹).

Ähnlich tendenziöse, politisch gefärbte Archäologie wurde in kleinerem Maßstab unter Mussolinis Regime durch L. Ugolini betrieben, der auf der Insel Malta mit ihrer einzigartigen megalithischen Tempel-Kultur den Ursprung aller altmediterranen Zivilisationen suchte.

Nicht zuletzt als Reaktion auf solche Übertreibungen entstanden die bedeutenden Arbeiten des britischen Prähistorikers Gordon Childe (1892–1957). In seinem Werk ›The Dawn of European Civilisation‹ (›Die Morgendämmerung der europäischen Zivilisation‹), das 1925 und danach noch in mehreren Neubearbeitungen erschien (1. deutsche Ausgabe 1952 als ›Stufen der Menschheitsgeschichte‹), und in späteren Publikationen entwarf er ein umfassendes, lebendiges Bild der kulturellen Entwicklung in den verschiedenen Regionen Alteuropas und suchte den Verlauf früher Völkerverschiebungen nachzuziehen. Childe, der einen nuancierten Diffusionismus vertrat, verband eine gründliche, weitgespannte Kenntnis des archäologischen Fundmaterials mit einem kombinatorischen Blick für große Zusammenhänge und für das Gewicht von Umweltfaktoren. In seinem ersten Buch beschäftigte er sich besonders mit der Frage der Verbreitung megalithischer Grab- und Kultbauten, deren orientalischen Ursprung er wie Montelius für gesichert hielt, über sehr alte Handelsrouten, die den Osten und den Westen des Mittelmeeres verbanden. Ihr Endziel, die südlichen Küsten der Iberischen Halbinsel, deren Erzreichtum ostmediterrane Seefahrer auf der Suche nach Metallen bereits in der ersten Hälfte des 3. Jahrtausends v. Chr. angelockt und zur Gründung von Kolonien veranlaßt hätte, hielt auch er für die Ausgangspunkte religiöser Ideen und Bräuche orientalischen Ursprungs. Sie umfaßten den Kult einer großen Mutter- und Totengöttin, der Ahnen und Verstorbenen im allgemeinen und die Sitte der Kollektivbestattung in Felskammer- oder gebauten Steingräbern. Diese neue Religion wäre von Spanien und Portugal aus über den Seeweg durch Handels- und andere Kontakte bis zur Bretagne, den Britischen Inseln und Nordeuropa vorgedrungen.

Um die Jahrhundertwende hatten die Brüder H. und L. Siret bei Almería in Südostspanien Los Millares, ein befestigtes kupfersteinzeitliches Bergwerkstädtchen, entdeckt und mit seiner Nekropole ausgegraben. Die unerwartet hohe Zivilisation dieser Niederlassung wies manchen exotischen Zug auf. Dies wurde als Beweis für eine phönizische Gründung aus dem 1. Jahrtausend v. Chr. gewertet, denn um diese Zeit schrieb man die meisten vorrömischen Relikte des Mittelmeergebietes noch den Phöniziern zu. Andere Forscher erkannten später aber das hohe Alter von Los Millares. Dessen Friedhof bestand aus zahlreichen, sorgfältig konstruierten Gräbern unter kleinen Hügeln. Ein gemauerter Gang führte ins Innere zur Hauptkammer, die von einer unechten Kuppel aus vorkragenden Steinschichten mit einer Abschlußplatte überdacht war. Für Childe, der von den Verbindungen zwischen der Ägäis und der Iberischen Halbinsel überzeugt war, boten diese Gräber einen Anhaltspunkt für die Datierung der kupfersteinzeitlichen Zivilisation Südspaniens und Portugals. Er sah in ihnen Ableger der großen Rundgräber von Südkreta, deren Eindeckung mit Kragkuppeln zwar nicht endgültig bewiesen, aber doch sehr wahrscheinlich war. Die frühesten dieser Monumente waren durch ägyptische Fundstücke gegen 2700 v. Chr. datiert. Für ihre spanischen Verwandten schlug Childe ein Datum von etwa 2500 v. Chr. vor. Damit schien eine Grundlage für den Aufbau einer Chronologie der westeuropäischen Kuppelgräber gefunden. Die bretonischen wurden als Abkömmlinge der iberischen entsprechend später eingestuft und als die Vorbilder der irischen und deren nördlichster Ausläufer auf den Orkney-Inseln betrachtet.

Gordon Childes nächste Arbeit, ›The Danube in Prehistory‹ (›Die Donau in vorgeschichtlicher Zeit‹) 1929, behandelte die Bedeutung dieser mächtigen Wasserstraße als Verbindung zwischen Orient und Okzident. Mit Montelius war er der Ansicht, daß die Techniken der Metallurgie vom Osten her den Balkan erreicht hätten, doch begriff er deutlicher als sein Vorgänger die frühe Entstehung und die Pionierrolle der Balkankulturen, die er für die ersten europäischen Zentren der Metallverarbeitung hielt. Montelius' Werk war 1899 erschienen, fast ein Jahrzehnt vor der Ausgrabung des großen Tells (Ruinenhügel) von Vinča bei Belgrad, die zwischen 1908 und 1932 zahlreiche Schichten einer bedeutenden Siedlung von beinahe städtischem Niveau freilegte, deren Bewohner neben Ackerbau und Viehzucht auch Handel mit anderen Ländern betrieben. Der Entdecker von Vinča konnte sich die hohe Kulturstufe dieser gutgebauten, reichen Niederlassung nur mit der Einwanderung ägäischer Kolonisatoren erklären, die sie im Lauf des 2. Jahrtausends v. Chr. gegründet und bis zur Eisenzeit bewohnt hätten. Am Ende seiner Ausgrabungen erklärte er Vinča schließlich für eine griechische Kolonie aus dem 1. Jahrtausend v. Chr. mit der Begründung, daß eine dermaßen fortgeschrittene Zivilisation im balkanischen Neo- oder Chalkolithikum (Kupfersteinzeit) unvorstellbar sei.

Childe hingegen war vom hohen Alter dieser Siedlung überzeugt. Auch er konstatierte viele ägäische und westanatolische Züge der Funde aus den untersten Schichten des Tells, die ihm vor allem mit trojanischen verwandt erschienen, und schloß daraus, daß ihr Beginn etwa in die zweite Periode von Troja fiel, die ihrerseits durch Importstücke um 2700 v. Chr. datiert worden war. Eine Ausgangsposition für die Zeitenfolge der neolithischen und chalkolithischen Kulturen Kontinentaleuropas war gewonnen! Die ältesten Zivilisationen unseres Erdteils konnten nun, einerseits über die iberischen Verbindungen mit dem Ostmittelmeer, andererseits über die ägäischen Beziehungen der Balkankulturen, in einen chronologischen Rahmen eingefügt werden, der letzten Endes auf dem gesicherten Kalender der altägyptischen Geschichte beruhte.

Für die Datierung der mittel- und nordeuropäischen Kulturen der Frühbronzezeit mit ihren reich ausgestatteten Hügelgräbern einer Herrenschicht, die sich den Import ausländischer Luxusgüter leisten konnte, stützte Childe sich später auf Vergleiche zwischen Funden aus den fürstlichen Schachtgräbern von Mykene und aus den Bestattungen der südenglischen Wessexkultur. Feingearbeitete Goldsachen, eingelegte Zepter und Bernsteinschmuck aus diesen Gräbern zeigten manche Analogien zu Beigaben aus den Grüften der achäischen Herrscher, und viele blaue und grünliche Fayenceperlen, die um die Mitte des 2. Jahrtausends in großen Mengen von den Ägyptern produziert und ausgeführt wurden, wiesen ebenfalls auf Handel mit dem Osten

hin. Zudem waren in den mykenischen Gräbern zahlreiche Bernsteinperlen und Anhänger aus Gold und Bernstein ans Licht gekommen, die Parallelen zum Schmuck aus den Wessexgräbern aufweisen. Childe nahm an, daß die auffallende Kulturblüte der europäischen Bronzezeit mit dem Aufschwung des mykenischen See- und Landhandels zusammenhing, der seinen Höhepunkt zwischen dem 15. und dem 13. Jahrhundert v. Chr. erreichte, und datierte die Wessexkultur in diesem Kontext gegen 1450 v. Chr. Damit waren die vorgeschichtlichen Zivilisationen Europas in ein annehmbares Zeitschema eingepaßt, das von den meisten Archäologen akzeptiert und als Basis für eigene Arbeiten gebraucht wurde.

Der englische Altertumsforscher Glyn Daniel entwarf u. a. in seinem Werk ›The Megalithbuilders of Western Europe‹ (1958) ein suggestives Bild der ost-westlichen Wanderung der Sitte der Kollektivbestattung in Felskammern und Kuppelgräbern, die im Okzident in megalithische Strukturen übersetzt worden seien, wie für die Verehrung der großen Mutter- und Totengöttin. Als Träger dieser neuen Religion mit ihren typischen Grabformen, Idolen und Symbolen und als Übermittler der Metallurgie und anderer Errungenschaften höherer Zivilisationen sah auch er Seefahrer aus der ägäisch-anatolischen Welt an, die das Mittelmeer auf der Suche nach Metallen und neuen Handels- und Existenzmöglichkeiten im Verlauf des 3. Jahrtausends durchfahren hätten.

Auf der gleichen Linie lag eine Arbeit von Beatrice Blance, ›Frühbronzezeitliche Kolonisatoren in Iberien‹ (ANTIQUITY), die sich mit den befestigten Städtchen der iberischen Kupfersteinzeit befaßte und diese mit gut fundierten Argumenten als Gründungen ägäischer Kolonisatoren deutete. Für deren Ausgangspunkt hielt sie vor allem die Kykladen. Ihre Gegenüberstellung der Befestigungswälle von Los Millares und jener von Chalandriani auf der Insel Syros zeigt die unleugbare Ähnlichkeit der beiden Verteidigungsanlagen. Die Kolonisierung Südiberiens wurde von ihr zwischen 2700 und 2400 v. Chr. angesetzt. Sie konnte sich dabei schon auf einen Radiokarbontest mit Material aus einer späteren Phase von Los Millares stützen, der ein Datum von 2345 ± 85 v. Chr. ergeben hatte.

Auch für die Archäologie hatte inzwischen das Zeitalter der Atomphysik begonnen, und ihr war ein Verfahren an die Hand gegeben, das eine relativ verläßliche Zeitbestimmung archäologischer Funde versprach.

Die Überraschungen der Radiokarbon-Datierung

Die neue Methode zur Altersbestimmung archäologischen Materials organischer Art wie Knochen, Pflanzen, Holzkohle usw. wurde 1947 von dem amerikanischen Physiker W. F. Libby herausgefunden. Sie beruht auf dem Vorkommen eines radioaktiven Isotops des Kohlenstoffes, C14 genannt, das unter der Einwirkung kosmischer Strahlung in der Atmosphäre aus Stickstoff entsteht und in allen lebenden Organismen der Erde enthalten ist. Im Augenblick des Absterbens der Materie endet die Aufnahme von C14 aus der Atmosphäre, und der vorhandene Bestand beginnt zu verstrahlen. Als Zeitraum, in dem das Kohlenstoff-Isotop C14 um die Hälfte seiner Substanz zerfällt, wurden zunächst rund 5568 Jahre berechnet. Heute taxiert man diese ›Halbwertzeit‹ auf 5730 bis 5770 Jahre. Unter der Voraussetzung, daß der C14-Gehalt der Materie konstant ist und daß der Abgaberhythmus gleichmäßig bleibt, läßt sich durch die Messung der Anzahl der C14-Atome, die noch im Testmaterial vorhanden sind, ungefähr berechnen, wie lange der organische Tod zurückliegt. Allerdings muß stets eine Standard-Abweichung einkalkuliert werden, die bei jedem Datum angegeben wird. 2850 ± 50 bedeutet daher, daß das exakte Datum mit etwa 95 prozentiger Sicherheit innerhalb eines Spielraums von 100 Jahren liegt.

1950 veröffentlichte Libby die erste Liste von C14-Daten aus seinem Laboratorium in Chicago, weitere folgten aus Amerika wie auch aus Europa. Auf einer Tabelle aus dem Jahre 1955 konfrontierte er die Radiokarbon-Daten eines ausgewählten Materials, das hauptsächlich aus Ägypten stammte, mit dessen historisch gesichertem Alter. Die Übereinstimmungen waren überzeugend. Damit schien seine Methode genügend sanktioniert, um in großem Maßstab angewendet zu werden. Eine Anzahl Laboratorien in aller Welt spezialisierte sich auf das neue Verfahren, das die Möglichkeit einer objektiven Zeitbestimmung jenseits aller gelehrten Spekulationen zu bieten schien und von den meisten Archäologen dankbar akzeptiert wurde.

Mit der wachsenden Reihe von C14-Daten wurde aber zusehends deutlicher, daß diese das chronologische System, das die Prähistoriker in der ersten Hälfte des 20. Jahrhunderts mühsam aufgebaut hatten, ernstlich erschütterten. Die größte Sensation verursachten die Meßwerte, die 1956 und 1957 von Ausgrabungsmaterial aus dem Tell von Jericho in Palästina kamen. Danach reichte die Genesis dieser ansehnlichen Siedlung, die bereits in ihrer Frühphase mit einem Graben und Befestigungswerken aus großen Steinen umgeben wurde, vielleicht bis in das Ende des 8. Jahrtausends v. Chr. zurück. Zuvor war die »Neolithische Revolution« – diesen Ausdruck hatte Childe für jenen entscheidenden Abschnitt der Menschheitsgeschichte geprägt, in dem die Gründung fester Niederlassungen und die Erfindung von Ackerbau und Viehzucht mit allen daraus resultierenden wirtschaftlichen, technischen und sozialen Umwälzungen das Antlitz der Welt veränderten – im Nahen Osten nicht vor dem 5. Jahrtausend v. Chr. angesetzt worden. Die ersten Städte wären dort zwischen 3500 und 3000 v. Chr. entstanden, die ältesten ausgereiften Zivilisationen und Staatswesen nicht vor dem 3. Jahrtausend. Nun aber zeigte sich, daß die »Neolithische Revolution« in der Levante, in Anatolien, im Irak und Iran mehr als 2000 Jahre früher begonnen hatte. Nur für Ägypten erwies sich die alte Schätzung als gültig. Es erschien logisch, daß auch die Zeitabfolge der alteuropäischen Kulturen revidiert werden mußte. In der Tat verschoben die ersten C14-Daten von prähistorischen Fundstätten in England den Anfang der Jungsteinzeit von etwa 2000 v. Chr. nach der ›kurzen Chronologie‹ um mehr als 700 Jahre nach oben, und aus der Bretagne und Holland kamen Daten, die ihn weit ins 4., vielleicht sogar in das Ende des 5. Jahrtausends versetzten.

Die Umwerfung aller zuvor erarbeiteten Zeitabfolgen für die Frühstadien der Zivilisation wurde keineswegs von allen Archäologen widerspruchslos hingenommen und führte zu erhitzten Diskussionen, die bis heute nicht ganz verstummt sind. Die Zuverlässigkeit des

Radiokarbon-Testes wurde heftig und mit gewichtigen Argumenten angefochten. In manchen Fällen hatte er nachweislich falsche Zahlen ergeben. Die Gefahr von Fehlresultaten ist bei dieser Methode, die infolge der Schwäche der C14-Verstrahlung feinste Meßgeräte und die äußerste Sorgfalt bei der Behandlung der Proben erfordert, sicher nicht gering. Zu den Fehlerquellen gehören u. a.: Verunreinigung des archäologischen Materials – neuerdings auch im Gefolge von Atomexplosionen, die die Radioaktivität in der Atmosphäre erhöhen –; Proben, deren archäologischer Kontext nicht ausreichend gesichert wurde; C14-Teste mit Holzresten von prähistorischen Haus- oder Grabbauten, die wohl anzeigen, wann der Baum, von dem die Probe stammte, gefällt wurde, nicht aber, wann das Holz tatsächlich verwendet wurde usw. Nicht alle Klippen, die die Exaktheit der Radiokarbon-Datierung bedrohen, können hier aufgezählt werden, von der gefährlichsten wird noch die Rede sein.

Childe, der die obere Grenze seiner Zeitschätzungen stets dehnbar gehalten hatte, berücksichtigte in seiner letzten Veröffentlichung (1957) schon Ergebnisse der C14-Datierung; andere Gelehrte wie Stuart Piggott und der deutsche Forscher W. Milojčić sowie Archäologen der Ostblock-Staaten waren Gegner der ›langen Chronologie‹. Ungeachtet der Meinungsverschiedenheiten zwischen Traditionalisten und Anhängern der neuen Methode ist deren prinzipieller Wert nicht zu leugnen. Dies zeigte besonders die erste internationale Konferenz über Radiokarbon-Datierung, die 1959 in Groningen in Holland abgehalten wurde. Bei diesem Anlaß konnte demonstriert werden, daß die C14-Meßwerte von rund 8000 v. Chr. für den Anfang der nacheiszeitlichen Periode, in der wir leben, gut mit den Zeitangaben harmonierten, die durch geologische Tests und Pollenanalyse erzielt worden waren. Im übrigen waren sich die Archäologen darüber einig, daß nur eine größere Zahl einander entsprechender C14-Daten von verschiedenem Material aus demselben Fundkomplex deren Richtigkeit garantieren könne.

Die Kinderkrankheiten der Radiokarbon-Datierung schienen überwunden. Ihre Anwendung erstreckt sich über rund 50 000 Jahre, d. h. bis ins mittlere Paläolithikum. Sie hat im Osten wie im Westen nicht wenige Überraschungen gebracht, darunter unerwartet späte Zeiten für die franko-kantabrische Höhlenkunst des Jungpaläolithikums. Deren Höhepunkt, die Wandmalereien in den Grotten von Lascaux, lag danach nur etwa 15 000 Jahre zurück. Die bretonischen Kuppel- und Megalithgräber aber wurden wesentlich älter, als die Archäologen angenommen hatten. Die Theorie ihrer Abstammung von den südkretischen Rundbauten kam daher ins Wanken. Die Reaktion der meisten Forscher war Zweifel an der Exaktheit der Daten, die aus einem französischen Laboratorium kamen. Die neuen Zeittabellen für Alteuropa und den Nahen Osten, die allerdings beträchtliche Lücken aufwiesen – aus Spanien und Portugal gibt es bis heute viel zu wenige C14-Daten –, zeigten aber doch im Ganzen ein recht organisches Bild der Kulturentwicklung in ost-westlicher Richtung. Die neolithischen Zivilisationen des Okzidents hatten wesentlich eher begonnen, als durch die Archäologen ausgerechnet worden war, der Vorsprung der vorderasiatischen Kulturen blieb aber trotzdem bestehen. Allerdings erschien der Abstand zu Osteuropa stark verringert, nachdem neue Ausgrabungen auf dem Balkan und in Griechenland ungeahnt frühe Siedlungen zutage gefördert hatten.

Die Kulturen des ›barbarischen Westens‹ altern zum zweiten Mal

Gewisse Unstimmigkeiten zwischen den Daten aus dem ältesten Abschnitt der ägyptischen Geschichte und Meßwerten, die mit der Radiokarbon-Methode für Material aus der gleichen Periode erzielt wurden, beunruhigten die Archäologen weniger als die Physiker, die sich mit Zeitberechnungen beschäftigten. Die wichtigste Voraussetzung für die Richtigkeit der C14-Daten: Ein konstanter Gehalt der Atmosphäre an radioaktivem Kohlenstoff und damit auch aller lebenden Organismen, war nicht bewiesen und wurde von Anbeginn aus verschiedenen Gründen in Frage gestellt. Die Suche nach Kontrollmöglichkeiten des C14-Verfahrens ging daher weiter. Die Entdeckung, daß kalifornische Borstelkiefern, die nur in großer Höhe vorkommen, eine Lebensdauer von mehr als 6000 Jahren erreichen können – vor 1960 galten die Mammutbäume mit ihren 3000 Jahren als die ältesten der Welt – bot der Baumringdatierung (Dendrochronologie) im Verlauf der sechziger Jahre eine neue Chance, die von großer Bedeutung für die Vorgeschichtsforschung werden sollte.

Die Jahresringe der Bäume sind nicht nur Zeitmarken, ihre wechselnde Formation illustriert auch Klimaschwankungen. Diese Tatsache erlaubte die Aufstellung eines fortlaufenden Baumringkalenders, indem man die charakteristischen Muster der Jahresringe an einer großen Zahl lebender und toter Stämme verglich, deren Wachstumszeiten sich überschnitten. Man erhielt auf diese Weise eine Folge von Ringen, die bis ins Jahr 5200 v. Chr. zurückging. An diesem datierten organischen Material aus mehr als 7000 Jahren konnte dann nachgeprüft werden, ob die Aufnahme von C14 in allen Jahresringen stets dieselbe geblieben war. Sie war es nicht! Die Physiker konnten nunmehr beweisen, was bereits vermutet wurde: Der Gehalt an radioaktivem Kohlenstoff in der Atmosphäre war Schwankungen unterworfen. Unterschiede in der kosmischen Strahlung infolge wechselnder Sonnenaktivität und Veränderungen des Erdmagnetfeldes wurden als Ursache vermutet. Es zeigte sich, daß die Konzentration von C14 in den Jahresringen ab etwa 1200 v. Chr. höher wurde als in der vorhergehenden Periode und dies in zunehmendem Maße. Die Radiokarbon-Daten für das 2. bis 3., 4. und 5. Jahrtausend v. Chr. gaben daher zu niedrige Werte an. 1970 publizierten H. E. Suess und C. M. Ferguson nach langen Vorarbeiten in den Laboratorien von Arizona ein Diagramm, das die Abweichung der konventionellen C14-Daten von jenen der Dendrochronologie an Hand einer Eichkurve bis in den Beginn des 6. Jahrtausends v. Chr. demonstriert. Radiokarbon-Meßwerte um 2000 v. Chr. sind danach rund 500 Jahre zu jung, Daten um 4000 v. Chr. bereits um 700 bis 800 Jahre.

Die neue Eichmethode (Calibration) der C14-Zeitberechnung, deren Folge ein weiteres Altern der vorgeschichtlichen Kulturen des Westens mit weitreichenden Konsequenzen für unser bisheriges Bild von Alteuropa wäre, wurde von den meisten Prähistorikern zunächst mit Vorsicht aufgenommen. Zweifel an der Genauigkeit der Untersuchungsmethoden kamen auf, nachdem die Prüfung derselben Holzproben in verschiedenen Laboratorien nicht immer übereinstimmende Resultate ergeben hatte, und die Frage stellte sich, ob der Radiokarbon-Gehalt der Borstelkiefer-Jahresringe für die organische Materie der ganzen Erde gültig sei. Die große Höhe, in der diese Bäume auf den Weißen Bergen von Kalifornien wachsen, setzt sie einer unmittelbareren Einwirkung der kosmischen Strahlung aus. Dies könnte zu einer stärkeren Konzentration von C14 in ihrem Holz führen. Außer diesen Problemen der Dendrochronologie gibt es noch andere, die die Verläßlichkeit ihres Kalenders bedrohen – mit anderen Worten: Die experimentelle Phase des neuen Verfahrens ist noch nicht abgeschlossen. Die Tatsache, daß die C14-Meßwerte ab etwa 1200 v. Chr. zu niedrig sind, scheint jedoch unbestreitbar und damit die grundsätzliche Bedeutung der Baumring-Calibration für die Radiokarbon-Datierung. Große Genauigkeit darf auch von den geeichten C14-Meßwerten nicht erwartet werden. Knicke in der Calibrationskurve, die einen Spielraum von 200 bis 300 Jahren schaffen, innerhalb dessen das richtige Datum liegen kann, stellen die Physiker zur Zeit noch vor beträchtliche Probleme. Die besten Aussichten auf eine immer exaktere Altersberechnung archäologischen Materials bietet die Kombination verschiedener naturwissenschaftlicher Datierungsmethoden. Ihre Zahl nimmt stetig zu. Neben der seit langem bekannten Pollenanalyse und der begrenzt anwendbaren Warven- (Sedimentbänder-)Datierung sind neue gefunden und zum Teil bereits hinlänglich erprobt worden. Die meisten beruhen auf Erkenntnissen der Atomphysik. Für Keramik verfügt man über zwei Verfahren: die Thermolumineszens-Datierung und die Messung des thermoemanenten Magnetismus in eisenhaltigem gebrannten Ton. Es würde zu weit führen, hier alle diese teilweise sehr komplizierten Techniken im einzelnen zu erklären, es soll nur gesagt werden, daß sie schon vielfach mit Erfolg angewendet worden sind. Auch die seit einiger Zeit ausgearbeitete Obsidian- (vulkanisches Glas) Datierung und die seit kurzem betriebene Marmorbestimmung mit Hilfe der Isotopenanalyse sind nützliche Hilfsmittel für die zeitliche Einordnung archäologischer Funde. Vielleicht können die Naturwissenschaftler in zehn Jahren den Prähistorikern Methoden anbieten, die eine bis ins Detail genaue Berechnung des Alters vorgeschichtlicher Relikte ermöglichen.

Die Zeit, in der die Altertumskunde nicht viel mehr als eine Hilfswissenschaft der Kunst- und Architekturgeschichte und das Sammeln, Studieren und Einteilen von Artefakten vielfach die Hauptbeschäftigung der Prähistoriker war, ist jedenfalls längst vorbei. Das Studium der Vorgeschichte hat sich immer mehr zu einer multidisziplinären Wissenschaft entwickelt, die aus der materiellen Hinterlassenschaft früher Kulturen ein möglichst

vollständiges Bild der Vergangenheit zu rekonstruieren versucht, aus der uns die schriftlichen Zeugnisse fehlen. Die Prähistoriker wollen nicht nur ergründen, was geschah, sondern auch, warum es geschah. Physische Anthropologie, Zoologie, Botanik, Geologie, Ökologie, Chemie, Physik usw. werden stets intensiver in die Forschung einbezogen; Wirtschaftslehre, Statistik und Soziologie dienen der Erklärung früher ökonomischer Systeme und Gesellschaftsstrukturen, Ethnologie, Tiefenpsychologie usw. der Deutung archaischer Religionen. Die Spatenforschung wird durch die Luftfotografie und zahlreiche technische Erfindungen erleichtert und durch die Unterwasserarchäologie ergänzt. Die wachsende Einbeziehung der Naturwissenschaften und neuer Techniken hat das Tempo der Vorgeschichtsforschung in den letzten 25 Jahren bedeutend erhöht, die Anwendung der Atomphysik für die Datierung archäologischer Relikte aber hat jene revolutionäre Phase eingeleitet, die seit den siebziger Jahren im Gefolge der Calibration der C14-Meßwerte zu einer Krisensituation im gesamten prähistorischen Studium und zur Umorientierung zahlreicher Wissenschaftler geführt hat.

War alles ganz anders?

Die Radiokarbon-Datierung hat nachgewiesen, daß die Neolithische Revolution im Osten wie im Westen viel älter ist, als die Archäologen ausgerechnet hatten, und hat damit die ›kurze Chronologie‹ vom Tisch gefegt. Die Annahme einer letztlichen Abhängigkeit des kulturellen Fortschritts im Okzident von Einflüssen und Emigrationen aus dem höher zivilisierten Orient ist durch sie jedoch nicht

ernstlich bedroht worden. Die geeichten C14-Daten aber, auch wenn sie vorerst mit Vorbehalten angewendet werden müssen, bedingen eine noch viel einschneidendere Revision der Modelle, an die sich die prähistorische Forschung bis vor wenigen Jahren hielt. Vor allem die Grab- und Kultmale des westlichen Megalithikums erscheinen nun so alt, daß sich die Perspektive, in der die Urgeschichte unseres Kontinents bisher gesehen wurde, wesentlich verschoben hat. Ein neues, faszinierendes und rätselvolles Bild ist entstanden. Es zeigt die ersten Steintempel der Welt nicht in Ägypten, sondern auf dem winzigen maltesischen Archipel im Zentrum des Mittelmeeres, sorgfältig konstruierte Kragkuppelgräber an den bretonischen Küsten, die den kretischen um weit mehr als tausend Jahre vorausgingen, und Stonehenge in Südengland als das vielleicht erste Observatorium, das der Mensch aus mächtigen Steinen aufrichtete.

Alle Fragen, die seit Jahrhunderten vor dieser geheimnisvollen Hinterlassenschaft der europäischen Prähistorie laut wurden, müssen nochmals und vielleicht auch in einem anderen Sinn gestellt werden. Welche Impulse standen hinter diesen gigantischen Werken; wer waren ihre Schöpfer; woher kamen deren technische und vermutlich auch astronomische Kenntnisse in einer Epoche, die noch dicht beim halbnomadischen Dasein der Jäger, Fischer und Sammler des Mesolithikums (Mittelsteinzeit) lag und außer diesen steinernen Zeugen eines Bauwillens, der beinahe Übermenschliches vollbrachte, keine Spuren hinterließ, die auf mehr als einfache Dorfgemeinschaften weisen. Hatten die Archäologen, geblendet vom Glanz der östlichen Hochkulturen, die Kreativität der westlichen Völker

weit unterschätzt? Waren diese erstaunlichen Leistungen, unabhängig von fremden Einwirkungen, an verschiedenen Orten zugleich und nur als Früchte einer bestimmten wirtschaftlichen und sozialen Entwicklung entstanden, die von der ›Neuen Archäologie‹ häufig wohl auch unter dem Einfluß des historischen Materialismus (Karl Marx) als Hauptgrundlage der Kulturgeschichte betrachtet wird? Oder waren sie vor allem der sichtbare Ausdruck religiöser Ideen, die im Seinsgrund jedes Menschen wurzeln und in einem bestimmten Stadium seiner geistigen Entwicklung reif werden? Ist der Diffusionismus im Gefolge der Calibration der C14-Daten heute abgetan, wie Colin Renfrew, einer der hervorragendsten Vertreter einer Umorientierung der Archäologie, in seinem Buch ›Before Civilisation‹ (1976) lapidar feststellt? Beruhten die Erkenntnisse und Theorien einer ganzen Generation bedeutender Prähistoriker auf falschen Voraussetzungen? Inwieweit sind sie noch gültig?

Wie alle Revolutionen neigt auch diese, die sich seit einigen Jahren im Bereich der Vorgeschichtsforschung abzeichnet, vorerst zur Ablehnung früher anerkannter Werte, sucht diese durch andere zu ersetzen und neue Antworten auf alte Fragen anzubieten. Doch endgültig können auch diese noch nicht sein.

Die neuen ›Atlantiden‹

Bis zum Beginn der siebziger Jahre war das Studium unserer prähistorischen Kulturen wahrscheinlich zu stark nach diffusionistischen Modellen ausgerichtet. Die schöpferischen Kräfte der westlichen ›Barbaren‹ wurden sicher unterbewertet. Heute wird wieder

im entgegengesetzten Sinn gesündigt, wenn man alle Erscheinungen in ein evolutionistisches Schema zu zwingen sucht. Auch dies führt zu einer Verengung des Horizontes und einer übermäßigen Vereinfachung der Probleme, die den unendlich komplexen Vorgän-

gen, aus denen sich der Ablauf der Kulturgeschichte zusammensetzt, nicht gerecht wird.
Wer in den Gräbern und Malen aus Riesensteinen nicht mehr die »Monumente eines verschollenen Glaubens«, wie Stuart Piggott sie
in seinem Werk ›Ancient Europe‹ (1972) so
schön genannt hat, sehen will, sondern nur die
Wahrzeichen bestimmter wirtschaftlicher und
sozialer Entwicklungsstadien und die Rolle
der uralten Mutter- und Totengöttin baga-
tellisiert, deren Bildnisse und Symbole sich
von Vorderasien bis Nordeuropa in Zusammenhang mit dem Totenkult finden, ignoriert
oder unterschätzt die mächtigen emotionellen
und geistigen Triebkräfte, die hinter solchen
Leistungen standen, und ebenso den Mut und
Unternehmungsgeist des frühen Westeuro-
päers. Gerade die neuen Datierungsmethoden
haben ihn bereits um die Wende vom 7. zum
6. vorchristlichen Jahrtausend auf dem Weg
nach fernen Inseln wie Korsika gezeigt. Es
kann auch nicht geleugnet werden, daß die
Verbindung mit der Seefahrt eines der auffallendsten Kennzeichen des westlichen Megalithikums ist. Ein Blick auf die Übersichtskarte der Zonen mit Großsteinmalen genügt,
um festzustellen, daß diese vor allem in Küstengebieten und auf Inseln konzentriert waren, und daß ihre Verbreitung nach dem Inland deutlich entlang schiffbarer Flüsse und in
einer Tiefe von maximal etwa 150 km erfolgte. Ihre Entstehungsdaten, soweit diese herausgefunden werden konnten, bestätigen die
Priorität der Grabbauten in Meeresnähe. Die
Beziehung zur See und den großen Wasserstraßen gehört zu den bedeutungsvollsten und
erregendsten Aspekten des »Rätsels der Megalithen«, von dem auch Colin Renfrew
spricht.

Phantasiereiche Autoren haben mehrfach
versucht, die Riesensteine, die unsere Urahnen
aufrichteten, mit den noch immer virulenten
Theorien über das sagenhafte Reich *Atlantis*
zu verknüpfen. Aber wir sind nicht auf Pla-
tons Atlantiden angewiesen, die man im Lauf
der Zeit von Ceylon bis zu den Antillen,
mehrmals und neuerdings wieder auch in Spanien und selbst bei Helgoland gesucht hat. Die
Hinterlassenschaft der vorgeschichtlichen Bewohner der atlantischen Ufer Europas, der
einzigen ›Atlantiden‹, deren Existenz verbürgt ist, bietet der Einbildungskraft anre-
genden Stoff genug. Waren sie die Schöpfer
und Verbreiter der ersten monumentalen
Steinarchitektur der Alten Welt, die sich von
den Orkney-Inseln bis nach Malta im Zentrum des Mittelmeers findet?

Der Atlantische Ozean stellt die Schiffahrt
vor schwierigere Aufgaben als das Mittelmeer. Völker, die diese Herausforderung anzunehmen wagten, entwickelten sich ohne
Zweifel zu den besten Seefahrern ihrer Zeit.
Wer den stürmischen Ozean mit seinen tücki-
schen Gezeiten meistern konnte, war den Gefahren des Mittelmeeres besser gewachsen als
alle mediterranen Seeleute. Dürfen wir uns
die Träger des megalithischen Baustils als
ferne Vorläufer der Wikinger vorstellen, die
rund 4000 Jahre später ihre Eroberungszüge
bis Sizilien und ihre Handelsverbindungen
bis Mesopotamien ausdehnten? Gelangten sie
entlang der atlantischen Küste bis Gibraltar
und nach Südspanien? Befuhren sie die Loire,
die Garonne und die Rhône und erreichten sie
vom Golf du Lyon aus oder über Iberien
Korsika, Sardinien und die Balearen? Diese
Möglichkeit ist sicher nicht auszuschließen.

Mit der Annahme einer west-östlichen
Diffusion der Megalithbauten ist die Frage noch nicht beantwortet, woher der Anstoß zur grandiosen Entfaltung einer ganz
auf ewige Dauer ausgerichteten Bauweise

kam, die vorwiegend im Dienst der Verstorbenen stand. Mit ihr gewannen geistige Vorgänge Gestalt, die ohne Zweifel lange vor ihrem Erscheinen begonnen hatten. Wer diese Male nur als Zeugnisse von Gesellschaftsstrukturen betrachtet, die voneinander unabhängig an verschiedenen Orten mehr oder weniger gleichzeitig entstanden sind, vergißt, daß der Mensch zu allen Zeiten durch irrationale Motive zu seinen größten Anstrengungen inspiriert wurde. Der namhafte britische Archäologe Christopher Hawkes wies 1974 (ANTIQUITY XLVIII) seine Kollegen mit Recht auf die bedenkliche Vernachlässigung und Unterbewertung religiöser Aspekte der Vorgeschichte durch die Forschung der letzten 20 Jahre hin und betonte, daß »... im Geist des Menschen der Frühzeit das Materielle und das Übernatürliche noch nicht getrennt waren«, und daß auch der prähistorische »Handel« stark religiös motiviert war. Dinge, denen magische Kräfte zugeschrieben wurden, wie Kaurimuscheln oder Bernsteinamulette, waren die ältesten ›Handelswaren‹ der Welt, und später spielten auch Opfergaben für fremde Götter sicher eine wichtige Rolle.

Um den religiösen Hintergrund zu erfassen, vor dem die Riesensteinmale eines Totenkultes aufragen, der sich etwa um 4000 v. Chr. im äußersten Westen unseres Kontinentes zu manifestieren begann, müssen wir wohl noch immer nach Osten blicken, nach dem Vorderen Orient und Anatolien als den Ausgangspunkten eines geistigen Prozesses, der zu Glaubensvorstellungen und Kultbräuchen führte, die dort wesentlich früher und deutlicher in Grabanlagen, Heiligtümern und Darstellungen in Erscheinung traten als im Okzident. Dort finden wir auch die Urbilder der Mutter- und Totengöttin in allen ihren Gestalten, den gütigen und den furchtbaren, deren weltweite Herrschaft über Leben und Tod mit dem Neolithikum begann. Und dort wurde zum ersten Mal die Urklage des Menschen, der mit dem Tod konfrontiert wird, in ewig gültigen dichterischen Worten laut.

Buch I: Anfänge

Gilgamesch' Klage

Sechs Tage und sieben Nächte weint der Held des sumerischen Gilgamesch-Epos über der Leiche seines Gefährten Enkidu.

> Enkidu, mein junger Freund,
> der mir teuer war,
> Er, der alle Mühen mit mir teilte,
> Aller Menschen Los hat ihn ereilt.
> Wie kann ich stumm sein, wie sollt' ich schweigen?!
> Mein Freund, den ich liebte, ist Erde geworden . . .

Und Gilgamesch stellt die ewige, angstvolle Frage:

> Muß auch ich hinsinken gleich ihm,
> um niemals mehr aufzuerstehen?
> Muß auch ich mein Haupt betten in der Erde Schoß?
> Muß auch ich schlafen durch den endlosen Lauf der Jahre?

Und die Sehnsucht aller Sterblichen klingt in seinem Aufschrei:

> Laßt meine Augen hinsehen nach der Sonne,
> daß mir bleibe die Fülle des Licht's!
> Die Dunkelheit weicht, wenn des Lichtes genug ist!
> Möge auch der Tote noch schauen den Glanz der Sonne! . . .

Nach der Beweinung des Freundes verläßt Gilgamesch, der König von Uruk, seine Stadt und sein Volk und begibt sich allein auf den gefahrvollen Weg zu Utnapishtim, dem Unsterblichen, um von ihm das Geheimnis der Überwindung des Todes zu erfahren.

Er besteht alle Schrecknisse und Proben der langen Reise und kommt schließlich ans Ziel. Doch sein Mühen bleibt vergeblich: auch Gilgamesch, der Halbgott, wird dem Schicksal aller nicht entgehen. Er gewinnt das Kraut ewigen Lebens und verliert es wieder. Utnapishtim aber rät ihm weise Ergebung in das Unabänderliche:

> Bauen wir ein Haus für immer?
> Schließen wir Verträge für immer? . . .
> Bleibt Haß für immer im Land?
> Die Libelle läßt ihre Hülle
> einzig, um das Antlitz der Sonne zu sehn!
> Von Anbeginn her war nichts von Dauer . . .

Über vier- oder fünftausend Jahre hinweg erreicht uns die Stimme des sumerischen Gilgamesch und spricht aus, was tief in jedem Lebenden ruht: Urangst vor dem Vergehen, Rebellion gegen das Geschick der Sterblichkeit.

Niemals verlöscht die Sehnsucht des Menschen, dem Los aller irdischen Kreatur zu entkommen, niemals seine Hoffnung, die unerbittlichen Naturgesetze als einziger zu überwinden. Stets aufs neue hat er unermeßliche Energien in den Dienst seiner Furcht vor der Endlichkeit gestellt: Magie sollte den Tod überlisten; Religion und Philosophie waren bemüht, ihm seinen Schrecken zu nehmen; die Kunst verklärte ihn tröstend, und die Liebe suchte nie erlahmend nach Brücken zu den teuren Verlorenen.

So wanderte der Mensch, seit er sich seiner Vergänglichkeit bewußt wurde, durch die

Jahrtausende hin immer wieder den Weg des Gilgamesch. Die sichtbaren Spuren seines heroischen vergeblichen Kampfes, seiner schöpferischen Konfrontation mit dem Tode aber blieben in Legionen von Gräbern am Rande dieser Straße zurück. Sie berichten uns oft mehr von der Art und dem Geschick vergangener Völker, als die Relikte der Wohnstätten. Die Nekropolen haben den Wandel der Zeiten meist weit besser überstanden als die Städte der Lebenden.

Die ältesten Hinweise auf kultische Handlungen des Menschen finden sich in seiner Totenfürsorge. Der Neandertaler aus dem Moustérien (Mittleres Paläolithikum, etwa 100 000 bis 40 000 vor heute) beerdigte die Verstorbenen als erster mit Sorgfalt in Gruben und brachte ihnen Tieropfer. Seit dieser Zeit wurde der Leichnam als eine lebende Wesenheit betrachtet, die Bedürfnisse hatte und Gaben verlangte, die aber auch schaden konnte und daher manchmal gefesselt oder mit Steinen beschwert wurde. Die Verehrung von Schädeln, die aufgestellt und mit Opfern bedacht wurden, ist ebenfalls sehr alt und war vielleicht eine Frühform des Ahnenkultes.

Das Jungpaläolithikum war in Vorderasien wie in Süd- und Westeuropa bereits durch ausgebildete Totenbräuche gekennzeichnet. Die Verstorbenen wurden innerhalb der Wohngrotten bestattet – manchmal unter der Feuerstelle, als sollten sie erwärmt werden – mit Schmuck, Amuletten und Geräten versorgt und häufig mit gemahlenem Ocker oder ähnlichen roten Farbsubstanzen bestreut. Wahrscheinlich schrieb man der Blutfarbe eine magische, belebende Wirkung zu. Zeichen einer solchen Auferstehungshoffnung sind vermutlich die Kaurimuscheln, Symbole der neues Leben gebärenden Vulva, die manchmal auf die Leichen gelegt wurden. Diese Muscheln, die bis in die Dordogne gelangten, verraten die frühe Verbindung des Totenkultes mit der Verehrung der Urmutter. Ihre Darstellungen, Figürchen aus Mammutelfenbein, Knochen, Stein, die sie als die große Gebärerin mit überquellenden Formen, schwerem Bauch und betontem Geschlechtsdreieck zeigen, waren in dieser Periode von Südrußland bis Süd- und Westeuropa zu finden. Von ihrer lebenschöpfenden Kraft erwartete man vielleicht auch die Überwindung des Todes.

Aus diesen weit zurückreichenden religiösen Vorstellungen und Riten, die früh eine Bindung der Lebenden an die Abgeschiedenen schufen, und dem mystischen Erlebnis des großen Naturdramas von Geburt, Reife und Tod, das die Bauern und Hirten der Jungsteinzeit ergriff, als sie in ein neues Stadium der Bewußtwerdung und der sozialen Organisation eingetreten waren, entstand im Vorderen Orient eine Lehre vom Geschick des Menschen nach dem Tode und seiner Beeinflussung, in der sich die uralte Idee vom »lebenden Leichnam« im Glauben an die untrennbare körperlich-geistige Einheit des Menschen kristallisierte. Die sichere Bewahrung seiner leiblichen Reste wurde daher zum Kernproblem dieser neuen, aber aus sehr alten Wurzeln gewachsenen Religion, der wir die dauerhaftesten und gewaltigsten Grabbauten aller Zeiten verdanken.

Die Ägypter, das Volk mit dem größten Totenkult der Geschichte, sagten von den Verstorbenen: ... »Sie scheiden nicht wie solche, die tot sind, sondern wie solche, die leben ...« In diesen Worten kommt die Überzeugung von einer auch stofflich gedachten Weiterexistenz der Toten, die man sich an das Grab gebunden dachte, klar zum Ausdruck. Die Etrusker waren die letzten Vertreter dieser Vorstellungswelt, deren Einfluß nie ganz verlosch. Lebt doch selbst im christlichen Glauben ein letzter Widerschein des Gedankens von der Notwendigkeit des Leibes für das Fortbestehen der Seele weiter, wenn es am Ende des apostolischen Glaubensbekenntnisses feierlich heißt: »Ich glaube an die Auferstehung des Fleisches und ein ewiges Leben.«

Auf seiner Suche nach Unvergänglichkeit bot sich dem Menschen der Stein als eines der großen Sinnbilder der Dauer an und wurde für ihn zum Ausdruck des Ewigen, zum Sitz des Göttlichen und Träger übernatürlicher Kräfte. Für den Totenkult mußte er, der Unverwesliche, daher besondere Bedeutung erhalten.

In der Urzeit wurden die Verstorbenen in den Wohnhöhlen bestattet, eine Sitte, die sich im Neolithikum bei manchen Völkern in der Form der Hausbestattung fortsetzte. Mit der Erhöhung und Potenzierung der Toten aber erhielten sie eigene Wohnstätten in Felskammern oder in Steinkonstruktionen, die oft unter künstlichen Hügeln geborgen wurden. Auf die Behausungen der Lebenden, deren irdisches Dasein im Durchschnitt 25–30 Jahre währte, verwandte man weit weniger Sorgfalt als für das Haus, das man für immer bewohnen sollte.

Für die Hinterbliebenen lebten die Toten dann in ihren festen Wohnungen gleichsam im Schoß der Erdmutter und Herrin über alles Werden und Vergehen, geheimnisvoll wiedergeboren weiter und wurden mächtig wie nie zuvor. Ihre Kraft versprach Fruchtbarkeit, Gesundheit und Glück, wenn man durch Opfergaben, Fürsorge und Verehrung mit ihnen in Verbindung blieb. Die Vernachlässigung der Ahnen aber konnte Unheil bringen. Das Grab wurde so zum Mittelpunkt eines Kultes, in dem sich die enge Gemeinschaft einer Sippe oder auch eines ganzen Dorfes über den Tod hinaus fortsetzte.

Diese neue Heilslehre versprach ewiges Leben, das mit einem unzerstörbaren Haus für die Toten verbunden war. Es scheint, daß sie seit dem Ende des 5. Jahrtausends viele, vor allem aber seefahrende Völker in ihren Bann zog und zu den unterschiedlichsten Antworten auf die Forderung eines dauerhaften Grabes führte. Ältere religiöse und bauliche Traditionen, Umweltbedingungen, besonders die Art des verfügbaren Steinmaterials und bestimmte soziale Voraussetzungen spielten dabei ihre Rolle. In Ägypten erlebte der Totenkult seit dem 3. Jahrtausend v. Chr. eine architektonische und künstlerische Apotheose und eine minutiöse Ausbildung, die einzigartig blieb. Dies war nur im Rahmen einer Hochkultur mit zentralisierter Macht und einem durchorganisierten Staatsapparat möglich. Alle diese Grundlagen fehlten im barbarischen Westen und Norden Europas und doch wurden dort, lange vor dem Bau der Pyramiden, gewaltige Steingräber inmitten einer Welt errichtet, die noch Jahrtausende vom Stadium der Urbanisierung entfernt war und höchstwahrscheinlich nur über primitive technische Kenntnisse und Hilfsmittel verfügte.

Zu den Megalithgräbern gehörte auch der Steinkult, dessen früheste Spuren sich in Palästina finden. Im Westen zeigte der ›heilige Stein‹, der ›Menhir‹ (nach einem bretonischen Wort für Langstein) gleich den Grabbauten die Tendenz, ins Gigantische zu wachsen. In seiner vollendetsten Form erscheint er als ein leicht konischer, oben oval zugehauener Pfeiler, der in der Nähe von, über oder auch in Grabanlagen aufgestellt wurde. Als roher länglicher Block wurde er zu Reihen, Kreisen, Ovalen oder Vierecken geordnet, Formen, die sicher mit Kultzeremonien zusammenhingen. Ein Steinring um einen sakralen Raum oder einen heiligen Pfeiler verkörperte im Nahen Osten eine Urform des Sanktuariums.

Die westeuropäischen Riesensteinmale können nur als Ausdruck einer Religion und Geisteshaltung verstanden werden, die ein manchmal an Wahnwitz grenzender Aufwand für die Toten und ein Hang zum Kolossalen kennzeichnet. Der Glaube, der ›Berge versetzt‹, hat auch die Blöcke für die Megalithmonumente einer frühen Menschheit bewegt, die entschlossen war, zu dauern. Seine Verbreitung stellte sicherlich für Alteuropa einen Vorgang von großer Tragweite dar. Den Voraussetzungen, Anfängen und Wirkungen dieser Entwicklung nachzugehen, bedeutet ein Zurücktasten zu verschütteten Quellen unserer geistigen Welt. Und die Wanderung zu den steinernen Zeugen inbrünstigen Verlangens nach Unsterblichkeit wird dann weniger zur archäologischen Entdeckungsreise, als zu einer Suche nach unseren Ursprüngen und zu einem Lauschen nach der nie verstummten Klage des Gilgamesch, die auch in der eigenen Brust noch tönt.

Die ältesten Zentren der neolithischen Revolution

Die Jungsteinzeit oder das Neolithikum, wie man den letzten Abschnitt der Steinzeit, in dem u. a. geschliffenes und poliertes Steingerät aufkam, nicht allzu treffend genannt hat, war die vielleicht revolutionärste Epoche unserer Geschichte. Mit dieser Benennung ist keine chronologische Bedeutung verbunden. Sie kennzeichnet einen Zustand, der in verschiedenen Ländern zu verschiedenen Zeitpunkten einsetzte, keineswegs geradlinig und meist in mehreren Etappen verlief. Einige Naturvölker leben noch jetzt im Neolithikum. In dieser Periode begannen die nomadischen oder halbnomadischen Jäger, Fischer und Sammler des Mesolithikums (Mittelsteinzeit), der Übergangsperiode zwischen Alt- und Jungsteinzeit, mit der Gründung fester Niederlassungen und ersetzten die planlose Aneignung der von der Natur gebotenen Nahrungsmittel durch eine vorausschauende geregelte Produktions- und Vorratswirtschaft. Mit anderen Worten, sie wurden Viehzüchter und Ackerbauern und schufen damit die Basis unserer Zivilisation.

Damals trat der Mensch in eine entscheidende Auseinandersetzung mit den Mächten seiner Umwelt. Zuvor war er ein Teil der Natur, ihr ausgeliefert aber auch in ihr geborgen. Nun löste er sich aus dieser Einheit und wurde seiner selbst als geistiges Wesen, seiner Kräfte und Fähigkeiten, aber auch seiner Einsamkeit und Gefährdung immer mehr bewußt. Er erkannte die Kausalzusammenhänge zwischen Zeugung und Geburt, Saat und Ernte, lernte vorauszuberechnen und zu organisieren. Die meisten der großen immer noch gültigen Leitbilder, die ersten voll ausgeprägten Religionen und grundlegende technische Erfindungen wie die Herstellung von Keramik, Spinnen und Weben stammen aus dieser schöpferischen Phase. Inmitten des ungebändigten Chaos der Natur entstanden geistige Zentren in Gestalt stabiler Gemeinschaften: im Haus, im umgrenzten heiligen Raum, am Grab der Vorfahren. Die sozialen Grundstrukturen, auf denen die Gesellschaft bis heute ruht, wurden ebenso ausgebildet wie Urformen der Architektur, die bis in unsere

Zeit in Wohn- und Kultbauten fortwirken. Heute wird häufig von der »egalitären« Gesellschaft des frühen Neolithikums gesprochen, doch zeigen gerade die Ausgrabungen der letzten beiden Jahrzehnte deutlich, daß auch innerhalb vieler früher Gemeinschaften eine gewisse Hierarchie herrschte.

Die allerneuesten Ergebnisse der Vorgeschichtsforschung bestätigen noch immer, daß die neolithische Revolution in Westasien früher begann als in Europa, in dessen nordwestlichen Regionen sowie in den Alpengebieten die Vereisung erst gegen 8300 v. Chr. zurückging und die spätpaläolithische Lebensweise noch lange fortdauerte. In Süd- und Osteuropa waren die Daseinsbedingungen besser, doch fehlten dort entscheidende Voraussetzungen für die Entstehung von Ackerbau und Viehzucht: das Vorkommen von Wildschafen und Ziegen und von Wildgetreide. Im Osten, wo die klimatischen Bedingungen durch das Wegfallen der Vereisung wesentlich günstiger waren als in Europa, gab es diese Voraussetzungen und besonders konzentriert in der Zone des ›Fruchtbaren Halbmonds‹, die von Ägypten über Palästina und Syrien bis nach Mesopotamien reichte. Neuerdings vermuten manche Forscher auch eine vom Orient unabhängige Entwicklung des Ackerbaus und der Viehzucht im Donauraum, der erst sekundär östliche Einflüsse empfangen haben soll. In der Tat haben Ausgrabungen der letzten Jahrzehnte in Nordostgriechenland, Bulgarien, Rumänien, Jugoslawien und Ungarn Niederlassungen einer frühen Bauernkultur freigelegt, die nach ihrem Hauptfundort bei Belgrad, Starčevo, benannt und durch einen typischen Keramikstil gekennzeichnet ist. Nach C14-Daten bestand sie etwa seit dem 6. Jahrtausend v. Chr. und dauerte neben primitiveren Lebensformen, in denen Jagd, Fischerei und Sammeln vorherrschten, bis ins 4. Jahrtausend. Durch die Calibration würde die Starčevo-Kultur bis ins 7. Jahrtausend hinaufgerückt, ihre Anfänge lägen aber auch dann noch hinter jenen frühneolithischer Kulturen in Westasien. In Anatolien, das nur durch einen schmalen Meeresarm von Osteuropa getrennt ist, erreichte die jungsteinzeitliche Kultur in Siedlungen wie Çatal Hüyük auf der Konya-Hochfläche im 7. Jahrtausend schon städtisches Niveau. Es ist nach wie vor wahrscheinlich, daß sie von dort aus auf den Donauraum übergriff, dessen fruchtbare Lößböden ausnehmend gut für den Akkerbau geeignet waren.

Eines unter den verschiedenen Argumenten, die für eine ost-westliche Verbreitung der ersten Bauernkulturen sprechen, ist das Resultat der Untersuchung von Schädeln aus Grabfeldern jung- und kupfersteinzeitlicher Siedlungen der Balkanländer. Ihre Bewohner gehörten bis hinauf nach Nordost-Ungarn vorwiegend der langschädeligen altmediterranen und nur zu einem kleinen Teil der rundköpfigen alpinen Rasse an. Ein anderer Hinweis auf die letztlich mittelmeerische Abkunft dieser Völker ist sicher die große Rolle, die Schmuck aus Spondylusmuscheln bei ihnen spielte. Der Import dieser Muscheln reichte bis tief nach Zentraleuropa.

Alt- oder Protomediterrane waren auch die Menschen des levantinischen Natufien, deren erstaunlich fortgeschrittene Kultur 1928 von der britischen Prähistorikerin Dorothy Garrod unweit von Jerusalem in der Grotte von Shukbah im Wadi (Trockental) en-Natuf entdeckt und nach diesem Fundort benannt wurde. 1936 gelang der Forscherin bei Ausgrabungen im ›Höhlental‹ des Karmelgebirges, dessen paläolithische Kulturschichten hochwichtige Aufschlüsse über die Vorgeschichte Palästinas geliefert haben, die Freilegung eines Friedhofes in und vor der Grotte von Mughåret el-Wad mit reich ausgestatteten Gräbern, die die Bedeutung dieser Kultur für die Entwicklung der ersten neolithischen Zivilisation bestätigt hat. Seit den fünfziger Jahren ist die Erforschung ihrer Grotten- und Freilandsiedlungen in vollem Gange und hat zu aufsehenerregenden Ergebnissen geführt. Es ist heute sicher, daß den Menschen des Natufien eine Pionierrolle in der Entwicklung der ersten Zivilisationen mit Ackerbau und Viehzucht zukam. Spuren ihrer Kultur wurden bis nach Nordsyrien, auf der Sinaihalbinsel und im Nildelta gefunden. Beziehungen zu Ostafrika sind wahrscheinlich, denn Palästina nahm damals eine Schlüsselstellung ein, die sowohl auf seiner geografischen Lage zwischen zwei Erdteilen wie auf seiner günstigen ökologischen Situation beruhte. Die Jordansenke ist ein Teil des längsten kontinentalen Bruches in unserer Erdoberfläche, der von Anatolien bis Ostafrika reicht. Zwischen dem Tiberiassee und dem Toten Meer liegt sie 200 bis beinahe 500 m unter dem Meeresspiegel und verfügt daher mit ihrem fast tropischen Klima, reichlichen Wasserzuflüssen und einer besonderen Flora und Fauna über einzigartige Umweltbedingungen. In ihrem Bereich wachsen Wildgerste und die Vorfahren unserer Weizensorten, Emmer und Einkorn, ebenso gehörten im Natufien wilde Ziegen, Schweine, Schafe, Rinder, Esel und Pferde, Gazellen, Damhirsche, Wölfe und viele kleinere Jagdtiere zu ihrer Fauna. Der Jordan und seine Zuflüsse, der Tiberias- und der Hulesee am oberen Jordan, der heute trockengelegt ist, waren von Fischen, Wasservögeln und anderem Getier bevölkert. Durch feuchteres Klima war der Baumbestand sicher reicher als heute. Die Be-

wohner dieser gesegneten Zone hatten – dies schließen israelische Forscher aus einigen sichelartigen Geräten, die in Fundschichten der spätpaläolithischen Kebaran-Kultur in Grotten zutage kamen – vermutlich seit dem letzten Viertel des 10. Jahrtausends v. Chr. den Nährwert der wildwachsenden Getreidesorten erkannt und das periodische Ernten der Körner gelernt. Mit ihren Nachfolgern aus dem Natufien aber begann die eigentlich revolutionäre Phase, die zu ganz neuen Existenzformen führte. Die Ausgrabungen der letzten 30 Jahre haben zur großen Überraschung der Archäologen gezeigt, daß diese ihre Höhlenwohnungen teilweise noch *vor* der Einführung von Ackerbau und Viehzucht mit gutgebauten Freilandsiedlungen vertauschten. Einige wurden wahrscheinlich schon in den letzten Jahrhunderten des 11. Jahrtausends gegründet. Seßhaftigkeit war daher nicht erst eine Folge, sondern eher eine der Voraussetzungen der neolithischen Revolution! Zahlreiche Funde von Sicheln, Mörsern, Stampfern und Reibsteinen beweisen, daß die Menschen des Natufien Vor- und Frühformen der Landwirtschaft kannten. Die leicht gekrümmten Beingriffe ihrer Erntemesser aus gezähnten Silexklingen wurden manchmal zu reizvollen Tierfiguren geschnitzt oder mit geritzten Mustern verziert. Diese Tierdarstellungen erinnern stark an die kleinen Kunstwerke der letzten westeuropäischen Eiszeit. Wie die Jäger und Sammler der europäischen Mittelsteinzeit zähmten die Natufien-Menschen zunächst den Hund. Kürzlich wurde ein Grab freigelegt, in dem ein Mann zusammen mit seinem Hund bestattet war, ein Beweis, daß dieser als echtes Haustier gehalten wurde.

Zahlreiche Skelettfunde aus Gräbern vermittelten eine deutliche Vorstellung vom

Aussehen der Natufien-Leute. Sie waren klein und zierlich mit stärker ausgebildeten unteren Gliedmaßen, hatten auffallend lange, ziemlich schmale Schädel, eher flache Nasen, ein ausgeprägtes Kinn und leicht vorgewölbte Oberkiefer und wirken als Vorläufer jener Rasse, die später im Vorderen Orient und der Ägäis als der hervorragendste Kulturträger auftrat. Die mehr als 3000 Jahre, in denen dieses ungewöhnlich kreative Volk etwa zwischen dem 10. und dem 6. Jahrtausend v. Chr. das Bild von Palästina bestimmte, brachten eine erste Kulturblüte, die ihren Höhepunkt im 8. und 7. Jahrtausend erreichte. Die Jordansenke und auch der Oberlauf des Flusses waren damals dichter besiedelt als heute. Israelische Ausgrabungen und diejenigen des französischen ›Zentrums für Vorgeschichtsforschung‹ in Jerusalem unter der Leitung von Professor J. Perrot haben im Lauf der letzten 30 Jahre gezeigt, daß Niederlassungen in der Ausdehnung von 20 000 m² keine Seltenheit waren. Es gab eine fortgeschrittene Architektur, die auch Gebäude öffentlichen Charakters und Kultanlagen umfaßte, sowie Friedhöfe und festgelegte religiöse Riten. Die Dörfer der ältesten Phase, die vermutlich nicht ständig bewohnt waren, da ihre Erbauer damals noch als Jäger, Fischer und Sammler lebten, bestanden meist aus bis zu 50 runden oder ovalen Lehmziegelhäusern, die 200 bis 300 Menschen beherbergen konnten. Auch Stein wurde früh und sehr kundig als Material für rundliche Konstruktionen, Hausfundamente aus Trockenmauern und gutgefügte Pflasterung verwendet. Verblüffend ist die Experimentierfreudigkeit der Natufien-Menschen mit Werkstoffen für ihre Bauten. Sie erfanden nicht weniger als vier verschiedene Sorten Zement für unterschiedliche Zwecke! Den Gipfelpunkt ihrer Bauleistungen aber bildete die Errichtung von Jericho.

Die erste Stadt

Lange bevor Menschenhände die ersten Gefäße aus feuchtem Ton formten, lange bevor im Zweistromland und am Nil die großen Zivilisationen entstanden, wurde inmitten einer zeit- und ruhelosen Welt ewigen Wanderns auf Nahrungssuche 10 km nördlich des Toten Meeres am Fuß der Hügelkette, die das weite Jordantal im Westen abschließt, ein Ruhepunkt geschaffen: eine kleine, gut organisierte Stadt, die 40 000 m² Grund bedeckte und von mindestens 2000 Menschen bewohnt wurde. Damals wie noch heute entsprang an diesem Ort eine Quelle, jetzt Ain es-Sultan genannt, die 650 Kubikmeter Wasser in der Stunde liefert und Jericho noch heute zu einer grünen, üppig blühenden Oase mit Orangen- und Bananenpflanzungen, rauschenden Palmen und Gärten voll tropischer Blumen und Sträucher macht. Am Westrand dieses kleinen Paradieses inmitten der dürren Ebene ragt der riesenhafte, kahle Tell von Altjericho, nach der Quelle Tell es-Sultan genannt, 21 m hoch empor. Generationen von Archäologen haben seinen rosa Staub durchforscht, der die Geheimnisse einer mehr als 10 000 Jahre umfassenden Geschichte verbirgt.

Zunächst suchte man hauptsächlich nach einer Bestätigung der biblischen Erzählung von der Eroberung Jerichos durch Josua, insbesondere nach der Stadtmauer, die der Schall der israelitischen Posaunen zum Einsturz gebracht haben soll. Nach wenig sachgemäßen Sondierungen im Jahre 1867 erfolgten die ersten methodischen Grabungen zwischen 1908 und 1911 durch eine österreichisch-deutsche Expedition. Zwei Wälle aus Lehmziegeln wurden freigelegt, die Spuren gewaltsamer Zerstörung zeigten und eine Jahrzehnte andauernde Diskussion um ihre Datierung entfesselten. Heute steht fest, daß sie aus der Frühbronzezeit stammen. Von der spätbronzezeitlichen Stadt, die Josua belagert haben soll, wurden kaum Reste und keinerlei Befestigungen gefunden, da die oberen Schichten des Tells durch starke Erosion weitgehend verschwunden sind.

Erst die britischen Ausgrabungen zwischen 1930 und 1936 durch J. Garstang und zwischen 1952 und 1958 durch Kathleen Kenyon enthüllten die ungeahnt lange Geschichte von Jericho. Professor Garstang war an einer Stelle des Tells durch eine Tiefgrabung bis in eine frühneolithische Schicht vorgedrungen, die aufsehenerregende Entdeckungen enthielt, und konnte eine große Zahl jungsteinzeitlicher Siedlungsschichten feststellen. Kathleen Kenyon war es vorbehalten bis zu den tiefsten durchzustoßen, die sie etwa in das Ende des 8. Jahrtausends zurückdatierte. Heute wird angenommen, daß die erste Niederlassung an der wasserreichen Quelle, deren Ursprung jetzt unter dem Tell verborgen ist, noch im 10. Jahrtausend erfolgte. Die neuesten Radiokarbon-Daten geben um 8300 v. Chr. an. In dieser Zeit war Urjericho bereits ein bedeutendes Zentrum mit einer wohlorganisierten Bevölkerung, die kollektive Leistungen vollbrachte. Seine Anfänge liegen vielleicht im Kern des Tells, dessen Untersuchung noch aussteht.

Die früheste Siedlung umfaßte wie andere gleichzeitige Gründungen des Natufien rundliche Bauten aus ovalen, luftgetrockneten Lehmziegeln mit flacher Basis und gewölbter Oberfläche, die einem Schweinsrücken gleicht. Eine leichte Verengung der Mauern nach oben spricht für eine Bienenkorbkuppel als Überdachung. Einige Stufen führten in den Wohnraum mit versenktem Flur aus gestampftem Lehm über einer Kieselunterlage. Verkohlte Reste dokumentieren die reichliche Verwendung von Holz für die Innenausstattung. In einem Fall fanden sich Spuren einer Holzverkleidung der Treppe. Die Artefakte aus dieser Schicht entsprechen der Natufien-Indu-

Plan von Jericho

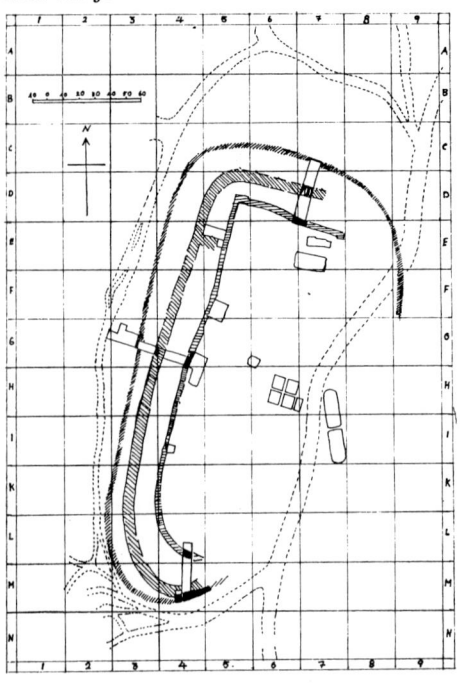

strie, in der die mikrolithischen Werkzeuge des Mesolithikums noch überwiegen. Sicheln und Handmühlen aus Stein bezeugen den Konsum von Getreide. Keramik war noch nicht erfunden, doch gab es Vorratsgefäße aus Stein und sicher Behälter aus vergänglichen Materialien wie Holz, Leder oder Flechtwerk. Man bezeichnet diese Phase als Präkeramisches Neolithikum A.

Die Gründer von Jericho besaßen einen entwickelten Totenkult. Die Schädelverehrung, diese älteste Manifestation menschlichen Ergriffenseins von magisch-religiösen Vorstellungen in Verbindung mit dem Tode, die bis in die Epoche des Neandertalers zurückgeht, stand im Vordergrund ihres religiösen Lebens. Die Leichen wurden in tiefen Gruben unter den Fluren deponiert, vielleicht nach vorhergehender Exkarnation. Der Kopf wurde häufig abgetrennt und offenbar zu einem Kultobjekt gemacht. Ähnlich wie in der süddeutschen Ofnethöhle, einer mesolithischen Fundstätte, kamen in Urjericho ganze Schädelgruppen zutage. Zum Teil waren sie – mit nach innen gekehrten Gesichtern – zu einem Kreis geordnet, zum Teil in drei Dreierreihen aufgestellt. Es mag auch Kinderopfer gegeben haben, denn neben einer vollständigen Kinderbestattung in einer Art Lehmwanne fand man eine ganze Sammlung kleiner Schädel mit noch anhängenden, gewaltsam durchtrennten Nackenwirbeln.

Die größte Überraschung bei der Freilegung der untersten Siedlungsschichten aber war die Entdeckung, daß die erste Stadt schon über Befestigungsanlagen mit einer langen Baugeschichte verfügte. Man fand zunächst Teile einer regelmäßig gebauten Mauer aus unbehauenen Steinen, die unmittelbar auf dem Felsgrund ruhte und stellenweise noch 6 m hoch war. Gegen die Innenseite des Wal-

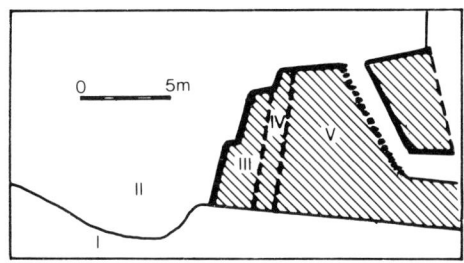

Querschnitt der neolithischen Befestigung von Jericho
I Felsboden III Steinmauer V Turm
II Graben IV Lehmmörtel

les, der ungefähr auf halber Höhe eine Stufe aufweist, wurde eine Füllmauer aus Lehmmörtel aufgerichtet, und zwar höher als der Wall selbst, so daß die gesamte Anlage terrassenförmig ansteigt. An ihrer Außenseite legte man einen 9 m breiten und 3 m tiefen Graben frei, der aus dem Felsen gehauen war. Die Bewältigung dieser Arbeit mutet um so erstaunlicher an, als sich keine größeren Werkzeuge wie z. B. Spitzhacken gefunden haben. Man gebrauchte scheinbar nur Schlagsteine und vielleicht die Methode des Felserhitzens durch Feuer, gefolgt von Wassergüssen, die das Gestein bersten ließen. Völlig unerwartet war die Entdeckung eines mächtigen steinernen Rundturmes von 9 m Durchmesser und fast 8 m Höhe an der *Innenseite* des Walles. Ein Treppenhaus in megalithischer Bautechnik mit 20 Stufen aus sorgfältig zugerichteten, geglätteten Blöcken und einer Überdachung aus regelmäßigen Platten von nahezu einem Quadratmeter Fläche, führte in die Tiefe. Der untere Ausgang ist noch nicht freigelegt worden, da er sich seiner Zeit nicht in dem vorgesehenen Ausgrabungsbereich befand und die Beseitigung großer Schuttmassen erfordert hätte. Doch entdeckte man im Korridor, der zu diesem Ausgang führte, die Reste von etwa einem Dutzend Skeletten, die aber zu einer Zeit dort hineingeworfen wurden, als der Gang bereits lange nicht mehr in Funktion und weitgehend durch Sand und Erde verstopft war. Es zeigte sich, daß der steinerne Kern des Turmes, dessen hervorragende Bautechnik jeder mittelalterlichen Festung Ehre gemacht hätte, später zwei neue Ummauerungen aus Steinen und Lehm erhielt, die letzte führte zu seiner Verschmelzung mit der Rückwand des Walles. Aus dieser Periode stammen auch die merkwürdigen fensterlosen Zellen an seiner Nordwestseite, die vielleicht Reservoirs oder Magazine waren. Der Zweck des Turmes und dieser Bauten bereitet den Archäologen noch immer viel Kopfzerbrechen. In seiner ältesten Form stand er frei hinter einem ebenfalls freistehenden Steinwall, von dem noch ein Stück – vielleicht die älteste Stadtmauer – gefunden wurde. Es bleibt unklar, ob die Mauer ganz Urjericho umgab. Bis jetzt wurde sie nur an seiner Westseite festgestellt. Solche Anlagen können nur von einer recht großen, fast städtisch zu nennenden Gemeinschaft mit geregelter Versorgung und langer Erfahrung im Steinbau errichtet worden sein. Warum diese bedeutende erste Siedlung nach einem langen Zeitraum verlassen wurde, ist eine offene Frage. Es gibt einige Hinweise auf ihre gewaltsame Eroberung durch jene hungrigen Nomadenhorden, die seit unmeßbaren Zeiten aus der arabischen Wüste nach den fruchtbaren Küstengebieten der Levante drängten, jedoch auch Anzeichen wiederholter Überschwemmungskatastrophen, durch die der Westteil der Stadt zerstört und unter Sand- und Schlammschichten begraben wurde. Schließlich muß auch damit gerechnet werden, daß die natürlichen Hilfsquellen, auf denen die Ernährung einer so großen Gemeinschaft beruhte, nach einer gewissen Zeit erschöpft waren, so daß eine Auswanderung notwendig wurde. Die Ausgrabungen von Kathleen Kenyon zeigten jedenfalls, daß auf die erste Blüte von Jericho eine Periode folgte, in der dieser Ort verlassen war. Ihre Dauer ist schwer zu schätzen, sie kann sich über einige Jahre aber auch über einen bedeutend längeren Zeitraum erstreckt haben.

Die zweite Stadt, die über den Ruinen der ersten entstand, unterschied sich so wesentlich von ihrer Vorgängerin, daß man an die Ankunft eines neuen Volkes mit andersartiger, höher entwickelter Kultur dachte, deren Ursprung in Anatolien vermutet wurde.

Als Garstang in den letzten beiden Jahren seiner Ausgrabungstätigkeit durch 17 Wohnhorizonte bis hinab zum damals vermeintlich tiefsten Siedlungsniveau vorgedrungen war, das er für mesolithisch hielt, fand er Bauten von einer solchen Perfektion, daß ihr hohes Alter unvorstellbar wirkte. Er war auf die Reste der zweiten Stadt von Jericho gestoßen, deren Freilegung später von Kathleen Kenyon fortgeführt wurde.

Die neuen Siedler wohnten in stattlichen Rechteckhäusern mit Räumen, die bis zu 7 m lang und 4 m breit und um einen Hof gruppiert waren, in dem sich die Feuerstelle befand. Die etwa 45 cm starken Hauswände, in die vielfach Steine als Fundamente verbaut wurden, bestanden aus handgeformten luftgetrockneten Lehmziegeln, die an Zigarren erinnern. In ihre Oberfläche wurde mit dem Daumen eine Art Fischgrätenmuster eingedrückt, eine sinnreiche Erfindung, durch die sie besser im Lehmmörtel hafteten, der die Mauern band. Die Fußböden bestanden aus gestampfter Tonerde. Diese war vielfach mit einem feinen Gipsverputz überzogen, der häufig rot oder gelblich gefärbt und auf Hochglanz poliert war. Derselbe Belag verkleidete auch die Wände und stieg ohne Bruch in einer leichten Kurve vom Estrich empor. Es gab daher weder Winkel noch Ritzen in den Räumen. Die Architekten von Jericho II hatten mit dieser Methode eine der modernsten Erfindungen der Bautechnik vorweggenommen, die besonders bei Krankenhäusern zur Vermeidung von Staubansammlung angewendet wird. Gebrochene Linien und Ecken lagen den Erbauern von Jericho II offenbar gar nicht. Auch die Durchgänge innerhalb der Wohnungen waren nicht kantig, sondern abgerundet. Manche sind zu breit für Türen, bei anderen verraten Pfostensockel, daß solche vorhanden waren. Ein Raum war mit einem Estrich aus Schilfrohr auf einer Lehmunterlage ausgestattet, ein anderer zeigte noch die Abdrücke geflochtener runder Binsenmatten als feine helle Muster. Die Dächer bestanden wahrscheinlich aus lehmverputztem Schilf. In einem Hof brachten die Ausgräber zwei steingefaßte und gedeckte Wasserrinnen zutage und an der Außenmauer eines Hauses tonnenartige Höhlungen im Boden, die vermutlich das Regenwasser vom Dach auffangen sollten.

Trotz ihrer handwerklichen Geschicklichkeit und ihrer hochentwickelten Architektur kannten auch die Bewohner des zweiten Jericho noch keine Keramik. Diese Kulturphase wird daher als vorkeramisches Neolithikum B bezeichnet. Gefäße aus dem örtlich vorkommenden weichen Kalkstein, der sich leicht bearbeiten und polieren läßt, dienten hauptsächlich der Bewahrung von Vorräten. Klingen verschiedener Größe, Beile, Pfeilspitzen, Ahlen, Schaber und feingezähnte Sicheln aus Silex kamen in Mengen ans Licht. Auch Obsidian, ein vulkanisches Glas, das dem Feuerstein durch seine Härte und die

Schärfe der Kanten als Werkstoff überlegen ist und zu den ersten Handelsgütern der Alten Welt gehörte, wurde verwendet. Die Obsidianfunde aus Jericho II sind die ältesten, die bis jetzt in der Levante gelungen sind. Ihre Herkunft aus dem kleinasiatischen Kappadokien ist durch Analysen bewiesen. Die zahlreichen Erntegeräte und eigenartige Handmühlen aus länglichen Blöcken mit einer flach auslaufenden Mahlgrube, hinter der ein Sitz ausgehauen war, bezeugen reichlichen Verbrauch von Korn für diese Periode, in der man wahrscheinlich bereits echten Getreidebau betrieb. Die regelmäßig geformten ovalen Reibsteine sind aus sehr hartem Material, daneben gab es marmorglatte Poliersteine in allen Maßen. Äxte wurden nicht gefunden, dadurch bleibt rätselhaft, womit die Bäume gefällt wurden, die als Türpfosten dienten. Die Bodenbearbeitung erfolgte vielleicht mit Grabstöcken zum Auflockern der Ackererde. Große Steinwerkzeuge, die für den Hackbau notwendig sind, wurden jedenfalls nicht zutage gefördert. Miniaturbeile aus Grünstein erinnern an die später weitverbreiteten Axt-Amulette. Kleine Scheiben und durchlochte Steine wurden als Spinnwirtel und Webgewichte gedeutet. Importierter Malachit wurde zu Perlen verarbeitet.

Das religiöse Leben der neuen Stadtbewohner hinterließ zahlreiche Spuren. Garstang hatte die ersten Beweise hierfür entdeckt: die Reste dreier Figuren aus ungebrannter Tonerde, die einen fast lebensgroßen Mann, eine viel kleinere Frau und ein puppengroßes Kind, vielleicht eine Art Heilige Familie, darstellten. Diese Interpretation ist gewagt, da einzig der männliche Kopf gut erhalten ist, von den anderen beiden Figuren gibt es nur einige Fragmente. Die Bildwerke waren flach, als sollten sie ausschließlich von vorne gesehen werden. Das Haupt des Mannes wirkt im Profil wie eine Scheibe, das Gesicht ist stilisiert aber überraschend ausdrucksvoll durch die großen Augen, die ursprünglich mit zwei Muscheln eingelegt waren. Die Nase ist kurz, der Mund nur eingeritzt, mit brauner Farbe aufgemalte Stirnfransen und ein Kinnbart umrahmen das feierlich starrende Antlitz. Eine zylindrische Kappe, die ähnlich noch viele Jahrtausende später von phönizischen Priestern getragen wurde, bedeckt das Haupt. Garstang schrieb diese Plastiken der spätneolithischen Phase von Jericho zu, heute steht fest, daß sie aus dem Präkeramischen Neolithikum B stammen, ebenso wie das ›Megaronhaus‹, das er 1935 ausge-

1   Überarbeiteter Totenschädel aus Jericho

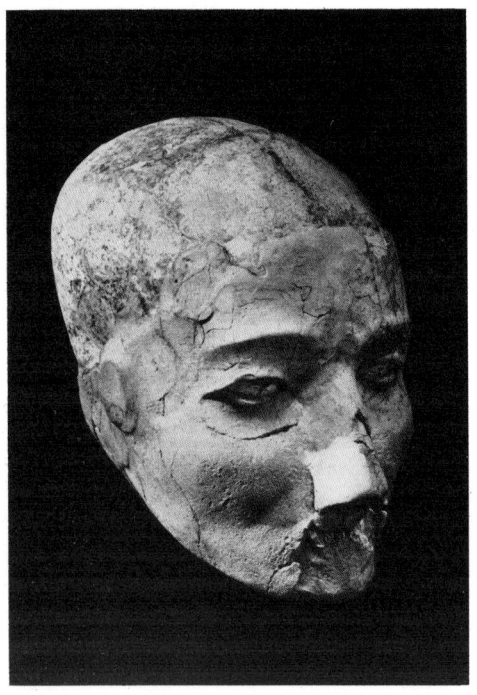

graben hatte. Diese kleine rechteckige Konstruktion mit einem Portikus aus 6 Holzpfosten oder Säulen, einem Vor- und einem Hauptraum, in dem Tonfigürchen von Haustieren gefunden wurden, nimmt eine Bauform vorweg, die in der griechischen Sesklokultur gegen 5000 v. Chr. erscheint und noch den Kern der mykenischen Paläste bildete. Vermutlich war sie auch Vorbild der frühgriechischen Antentempel und beeinflußte lange die Bauweise in Anatolien.

Eine Art Hauskapelle stellte vielleicht ein kleiner Raum in einem Haus dar, in dem sich in einer Nische ein Steinsockel fand, auf dem eine kurze, sorgfältig behauene, oben oval zulaufende Säule gestanden hatte. Sie kann kaum anders denn als ein Kultobjekt interpretiert werden.

In einem ungewöhnlich großen Bau kam ein Mittelraum von 6 m Länge und 4 m Breite mit poliertem Gipsboden und ebensolchen Wänden zutage. An seinen beiden Enden liegen halbrunde Nischen, die vermutlich einmal mit Halbkuppeln überdacht waren. Ein kleines Bassin mit Brandspuren deutet auf Opferriten hin. Wahrscheinlich war das ganze Gebäude ein Heiligtum oder doch ein Versammlungsort, an dem bestimmte Zeremonien stattfanden.

Zwei weibliche Figürchen in der charakteristischen Haltung der Großen Göttin späterer Kulturen, die mit den Händen unter der Brust dargestellt wurde, weisen auf eine frühe Verehrung der Magna Mater.

Gleich ihren Vorgängern bestatteten die Erbauer der zweiten Stadt ihre Toten unter den Hausfluren. Und auch sie hatten einen Schädelkult, der aber von besonderer Art war. Kathleen Kenyon fand zunächst im Winkel eines Wohnraums unter dem Estrich einen sorgsam aufgestellten Totenkopf. Dann

2 Profilansicht desselben Schädels

aber folgte die merkwürdigste Entdeckung aus der Grabungsgeschichte von Jericho: Sieben Schädel wurden aus dem Siedlungsschutt geschält, die von den Schläfen abwärts mit Gips übermodelliert waren und auf diese Art neue Gesichter mit fein ausgearbeiteten, individuell gestalteten Zügen erhalten hatten. Eine rosige Tönung, die in einem Fall noch gut erhalten war, und Augen aus zwei Muschelschalen, die ein Spalt trennt – einmal auch aus zwei quergestellten Kaurimuscheln –, verleihen ihnen einen unheimlich lebendigen Ausdruck. Der besterhaltene Kopf wirkt mit den langgeschlitzten Lidern unter hohen, elegant gewölbten Augenbögen, der edel geschwungenen Wangenlinie, der schlanken Nase und der eigenartig ausgezogenen Form des naturbelassenen Hinterhauptes wie ein naturalistisches Porträt, das Parallelen in ägyptischen Skulpturen besitzt. (Abb. 1 und 2)

Die übrigen Schädel wirken plumper, da die Unterkiefer fehlen und nur unvollkommen durch Modellierung ersetzt wurden. Stets aber hat man den Eindruck, daß sie mit großer Sorgfalt und dem Bemühen um die Nachbildung bestimmter Züge bearbeitet wurden, was die Vermutung gestattet, daß es sich um die Häupter verehrter Ahnen handelte. Viele Bestattungen aus den zahlreichen Schichten der zweiten präkeramischen Kultur enthielten Skelette ohne Kopf. Vielleicht wird im gigantischen Tell von Jericho, der bis jetzt nur zu einem kleinen Teil und hauptsächlich an seiner Peripherie erforscht worden ist, noch einmal ein Heiligtum gefunden, in dem die fehlenden Schädel versammelt wurden.

Sehr bemerkenswert sind in diesem Zusammenhang die Resultate französischer Ausgrabungen eines großen Dorfes im Tell Ramad, der 20 km südlich von Damaskus auf einem Basaltplateau liegt. Diese Siedlung wurde nach C14-Daten in der zweiten Hälfte des 7. Jahrtausends gegründet. Ihre Kultur zeigt viel Ähnlichkeit mit dem Präkeramischen Neolithikum B von Jericho. Sie war in religiöser Hinsicht ebenfalls durch einen Schädelkult mit modellierten, rot bemalten Köpfen gekennzeichnet. Die Augen wurden nicht durch Muscheln dargestellt, sondern mit Pupille und Iris aus Gips geformt. Besonders interessant ist der Fund rudimentärer Statuetten in diesem Zusammenhang, auf die offenbar echte Schädel gesetzt wurden. In einer ovalen Grube mit einer Einfassung aus Lehmziegeln kamen 12 Köpfe zutage, die zu kleinen Gruppen geordnet waren.

Mit den skulptierten Schädeln, die in Jericho und seither auch an anderen Ausgrabungsorten des 8. bis 7. Jahrtausends in Palästina und im Tell Ramad entdeckt wurden, lösen sich für uns zum ersten Mal Gesichter aus dem chaotischen Hintergrund der Urzeit mit ihrer anonym dahingeschwundenen Menschheit, Gesichter, die uns anblicken, die den unseren gleichen, aus denen der Wille selbstbewußter Individuen spricht, dem Gesetz des Vergehens zu trotzen. Seit dem Schädelkult der Natufien-Menschen, der vielleicht bereits mit der Vorstellung von einer Seele – deren Sitz im Kopf geglaubt wurde – zu tun hatte, sollte die Rebellion der Lebenden weitergehen und die Toten immer realer und wichtiger werden lassen.

Auch die Bewohner von Jericho II bauten eine Mauer an der Westseite ihrer Stadt. Sie war roher gefügt als die älteren Bauten, jedoch aus viel größeren Steinen – manche sind tonnenschwere Blöcke –, die aus Flußbetten der nahen Berge geholt worden waren. Die Mauer war mindestens 5 m hoch und ebenfalls an der Innenseite durch einen Lehmwall verstärkt. Nach ihrem Zusammenbruch errichtete man eine neue und nach deren Verfall eine dritte, die über 6 m vorgeschoben wurde. Es konnte bis jetzt nicht nachgewiesen werden, daß diese Mauern die gesamte Stadt, die damals größer war als das bronzezeitliche Jericho, umschlossen hatten. Und es scheint auch nicht mehr sicher, daß Jericho die »älteste befestigte Stadt der Welt« war. Sie erhob sich ohne Zweifel an einem Haupteinfallsplatz der Wüstenvölker, unweit der großen Jordanfurt. Der Besitz dieser Stadt öffnete den Zugang zu Mittelpalästina. In der Frühbronzezeit wurde sie nicht ohne Grund mit starken Lehmziegelwällen umgeben, die dann mehrfach durch feindliche Angriffe und durch Erdbeben zerstört, aber stets wieder aufgebaut wurden. Und doch wird heute daran gezweifelt, daß die mächtigen Steinmauern und der breite Graben der präkeramischen Epoche eine militärische Anlage darstellten. Vielleicht sollten sie Jericho vor einer Gefahr schützen, die nicht von Menschen ausging. Unser Denkmechanismus ist durch Jahrtausende einer immer wieder von Aggressionskriegen gezeichneten Geschichte so konditioniert, daß Wälle am Rande einer Stadt automatisch als Befestigungsbauten aufgefaßt werden, selbst wenn sie eine gestufte Form aufweisen, deren strategischer Wert nicht ersichtlich ist, und ein Turm an der Innenseite einer Mauer ist keinesfalls eine Bastion, höchstens ein Aussichtsposten.

Die französischen Ausgrabungen der großen Siedlung von Minet el-Beidha bei Petra, die aus dem Präkeramischen Neolithikum B stammt, legten an der Bergseite des Dorfes, die in der Regenzeit sicher durch Murbrüche bedroht war, ebenfalls eine terrassenartig gebaute Mauer frei. Dies gab den Archäologen zu denken. O. Bar-Yosef, der Leiter der Abteilung für Vorgeschichtsforschung an der Hebräischen Universität von Jerusalem, und auch französische Forscher erwägen heute eine Erklärung der ältesten Wälle von Jericho, die manches für sich hat.

Hinter dem Westrand des Tells erheben sich in geringer Entfernung die ausgewaschenen Steilhänge der langgezogenen Terrasse, die den Anstieg zu der dahinterliegenden Bergkette bildet. Es ist durchaus möglich, daß die Niederung einmal ein kleiner See war, der durch die Winterregen und Erdlawinen in ihrem Gefolge anschwellen und seine Umgebung verwusten konnte. Die sterile Schicht zwischen Jericho I und II wird ohne Zweifel vor allem durch die Rückstände mehrerer Überflutungen gekennzeichnet. Die »ältesten Festungsmauern der Welt« imponieren nicht minder, wenn sie sich als die »ältesten Dämme der Welt« herausstellen. Auch dann bleiben sie als kollektive wie als technische Leistung einzigartig in der frühesten Geschichte der Zivilisation. Die Bestimmung des großen Turmes wird auch durch eine solche Deutung nicht erhellt. Zur Zeit der zweiten Stadt war er bereits verschüttet.

Kathleen Kenyons Theorie, daß die Erbauer von Jericho II mit seinen ganz neuen Hausformen, anderen Feuersteingeräten und Handmühlen und sehr fein gearbeiteten Erzeugnissen aus Bein Einwanderer aus dem Bereich einer höheren Kultur anatolischer Prägung waren, wurde durch neuere Ausgrabungen frühneolithischer Siedlungen in Israel fragwürdig. In verschiedenen Dörfern konnte man einen allmählichen Übergang von den älteren Rundbauten zu der komplizierteren Architektur der Rechteckhäuser feststellen und wohl einen Fortschritt, aber keinen Bruch in der kulturellen Entwicklung beobachten. Sicher spielten aber auch Einflüsse aus Südanatolien eine Rolle, mit dem sehr alte Beziehungen bestanden. Amerikanische und später französische Ausgrabungen von 1964 und von 1971/72 im nordsyrischen Tell von Mureybet am linken Euphratufer legten an diesem von Palästina so weit entfernten Ort eine Natufiensiedlung frei, deren primitive Anfänge mit runden Hütten aus Holz und Lehm und mikrolithischen Artefakten mindestens in den Beginn des 9. Jahrtausends zurückreichten. Die nächste Phase entsprach dann dem präkeramischen Neolithikum A von Jericho. Der Beginn der Seßhaftigkeit war also auch dort mit den Natufien-Menschen verbunden, und der spektakuläre Aufschwung der frühneolithischen Stadt auf der Konya-Hochebene in Südkleinasien, Çatal Hüyük, der wahrscheinlich schon im 8. Jahrtausend begann und sicher mit dem Obsidian-Handel zusammenhing, blieb vermutlich nicht ohne Folgen für die kulturelle Entwicklung in Syrien und Palästina. Der bemalte Gipsverputz der Böden und Wände in den Häusern von Jericho II, ihre rechteckige Form, die Bestattungsbräuche, dies alles erinnert an Çatal Hüyük, und auch der Schädelkult war beiden Orten gemeinsam. Ungeachtet aller lokalen Variationen zeigen Südanatolien, Syrien und Palästina im 7. Jahrtausend eine auffallend einheitliche Zivilisation mit vielen Übereinstimmungen auf religiösem Gebiet. In dieser höchst dynamischen Epoche, in der die Existenzbedingungen durch die neuen Lebens- und Wirtschaftsformen wesentlich günstiger wurden, erfolgte eine starke Bevölkerungsexplosion, die ihrerseits wieder zu Expansionsbewegungen führte. Der Güteraustausch und damit auch die kulturellen Kontakte nahmen ebenso zu. Obsidianimport aus Zentralanatolien ist bereits für Jericho I bezeugt, das seinerseits vielleicht Minerale aus dem nahen Toten Meer zu bieten hatte.

Die zweite Stadt von Jericho bestand lange Zeit und sicher mindestens bis zum Ende des 7. Jahrtausends. An einer Stelle konnten 19 Wohnhorizonte gezählt werden. Als Jericho aus unbekannten Gründen verlassen wurde, bildeten die Ruinenschichten der beiden ältesten Niederlassungen schon einen Tell von 15 m Höhe!

Auf den glänzenden Aufschwung der präkeramischen Periode folgte eine Zeit des kulturellen Rückganges, in der weniger zivilisierte Völker in Palästina die Oberhand gewannen. Eine zunehmende Austrocknung des Hinterlandes führte vielleicht zu einem verstärkten Andrang robuster Nomadenvölker, die den verschlechterten Lebensbedingungen im damaligen Heiligen Land besser gewachsen waren als die verfeinerten Träger einer damals schon jahrtausendealten Kultur. Über den Ruinen der weiträumigen komfortablen Häuser von Jericho II wurde ein großes Zeltdorf errichtet, dessen Bewohner ihren Vorgängern nur auf einem Gebiet überlegen waren: sie produzierten Keramik. Als Zeugnisse einer langen Anwesenheit blieben hauptsächlich riesige Mengen handgeformter Töpferware zurück, einer sehr groben, schlecht gebrannten und einer feineren mit rotpolierten geometrischen Mustern. Beide Sorten umfaßten flachbodige Gefäße, Vorratskrüge, Schüsseln und Näpfe. Die neue Kultur wird als Keramisches Neolithikum A bezeichnet. Ihre Träger kannten Ackerbau und Viehzucht, ihre materielle Zivilisation war aber wesentlich primitiver als jene ihrer Vorgänger. Ihre Sicheln mit eingesetzten Silexspitzen als Zähne können sich nicht mit den feingearbeiteten Erntemessern aus dem Natufien messen, ebensowenig auch ihre übrigen Artefakte aus Feuerstein. Sie bauten keine Häuser und hinterließen keine Zeugnisse ihrer religiösen Vorstellungen und Bräuche und keine Gräber.

Nach ihnen erhielt der Tell von Jericho Bewohner, die immerhin Häuser aus Lehmziegeln in der Form runder Brötchen mit Steinfundamenten zu konstruieren verstanden und Keramik besserer Qualität herstellten. Ihre Tonware ist historisch wichtig, weil sie mit der schon länger bekannten Keramik der Yarmuk-Kultur Palästinas zu vergleichen ist, deren Hauptfundort im Yarmuk-Tal am Südende des Tiberias-Sees liegt. Die vierte Siedlung von Jericho konnte daher in die spätjungsteinzeitlichen Zivilisationen des Nahen Ostens eingegliedert werden, die dort im 5. Jahrtausend blühten. Auch von ihren Kult- und Totenbräuchen wissen wir bis jetzt nichts. Danach scheint der Tell von Jericho für einen beträchtlichen Zeitraum unbesiedelt geblieben zu sein, während nur etwa 10 km südlicher im Hügelgebiet von Teleilat el-Ghassul, im Nordosten des Toten Meeres, ein bedeutendes Zentrum mit fortgeschrittener Landwirtschaft – die ersten Spuren der Anpflanzung von Oliven und Datteln in Palästina fanden sich dort – mit hoher Wohnkultur und einer reich entwickelten Religion entstand. Die Träger dieser Kultur verarbeiteten Kupfer und produzierten sehr feine, auf der Drehscheibe angefertigte Keramik, die den Hochstand der Töpferkunst dieser Epoche in Mesopotamien widerspiegelt. Ihre interessanteste Hinterlassenschaft aber sind zahlreiche Fresken auf den verputzten Wänden ihrer rechteckigen und quadratischen Häuser aus Lehmziegeln mit Holzdächern, die rätselhafte mythologische Szenen und Symbole, dämonische Wesen, Masken und Tiermotive in verschiedenen Farben zeigen. Ein Stern von fast zwei Metern Durchmesser mit acht langen Strahlen, der mit Wellenlinien, konzentrischen Kreisen und kleineren Sternen gefüllt ist, stellt vielleicht eine kosmische Vorstellung dar, die mit einer Gottheit verbunden war. In der ältesten sumerischen Bilderschrift wurde ein achtstrahliger Stern als Hieroglyphe für *Gott* verwendet; in historischer Zeit war er das Zeichen der großen orientalischen Fruchtbarkeitsgöttin Ashtart. Die chalkolithische Ghassul-Kultur, die in weiten Teilen Palästinas und besonders im Negev im 4. Jahrtausend herrschte, fehlt in Jericho. Sein Tell wurde erst etwa im letzten Viertel des 4. Jahrtausends neu besiedelt, vermutlich von Nomaden, die kaum oberirdische Spuren aber eine Nekropole von Schachtgräbern in den umliegenden Hügelhängen hinterließen. Solche Anlagen aus senkrechten, meist zylinderförmigen Schächten, die manchmal 5 m tief in den Felsgrund reichten und den Zugang zu einer seitlichen, mit einer Platte oder Steinen verschlossenen Kammer bildeten, kamen im 4. Jahrtausend in Syrien und Palästina auf und dienten Kollektivbestattungen. Nach den Ausgrabungsbefunden wird angenommen, daß die Leichen erst an einem anderen Ort der Verwesung ausgesetzt und danach nur die Schädel und Gebeine beigesetzt wurden. In einer großen Kammer entdeckten die Archäologen nicht weniger als 113 Schädel, die um einen Haufen aus Asche und verkohlten Knochen geordnet waren. Bei der Verbrennungszeremonie standen die Totenköpfe, die Brandspuren aufweisen, um das Feuer, gleichsam als sollten die Verstorbenen diesem feier-

Tönerner Idolkopf aus Jericho

lichen Akt beiwohnen. Nachher hatte man viele Tongefäße auf die Schädel gelegt, das Ganze mit Schutt bedeckt und das Grab verschlossen. Die gleichzeitige Bestattung der Reste einer großen Zahl von Toten war jedoch nicht die Regel. In anderen Schachtgräbern fanden sich Beisetzungen aus verschiedenen Epochen.

Während der Bronzezeit, deren drei Phasen etwa von 3200 v. Chr. bis 1250 v. Chr. dauerten, verlief die Geschichte Jerichos ähnlich wie jene anderer wichtiger Städte Palästinas, die immer wieder von Invasionen bedrängt wurden. Josua schickte nicht umsonst seine Späher aus »um das Land und Jericho« zu erkunden, dessen Eroberung ihm die Tore zu den reichsten Gebieten des Heiligen Landes öffnen konnte.

Die winterlichen Sturzregen ließen nicht viele Zeugnisse der bronzezeitlichen Geschichte Jerichos zurück, von der wir heute weit weniger wissen als von seiner ältesten Periode. Unter den Israeliten verlor die Stadt ihre Bedeutung. Seit dem 6. Jahrhundert v. Chr. war dieser Schauplatz eines frühen kulturellen Aufschwungs, den die Menschheit erst Jahrtausende später wieder mühsam neu erringen mußte, fast verlassen. Wenn die Bibel Jericho nicht unsterblich gemacht hätte, wäre sein Name wahrscheinlich längst vergessen.

Urformen der Religion in Palästina

Das Heilige Land, diese Völkerbrücke zwischen Afrika und Asien, brachte niemals eine eigene Hochkultur hervor, doch wurden dort mehr als einmal Gedanken gedacht, die das Antlitz der Welt veränderten. Und dort fanden auch Urerlebnisse des Menschen, die am Anfang seiner religiösen Entwicklung standen, vielleicht früher als in irgendeinem anderen Land, in festgelegten Riten und an selbstgeschaffenen Kultstätten ihren Ausdruck. War dieses Gebiet, in dem später der Monotheismus und schließlich das Christentum geboren wurden, auch die Keimstätte jenes übermächtigen Totenkultes, der die religiösen Manifestationen vieler alter Völker des Mittelmeerraumes und der atlantischen Gebiete Europas beherrschte? Die intensive Auseinandersetzung mit dem Problem des Todes wird jedenfalls bei den Natufien-Menschen früher sichtbar als bei irgendeinem anderen Volk.

Die Fürsorge für die Verstorbenen reicht in Palästina wie in Europa, bis in das Moustérien, die Epoche des Neandertalers, zurück. Die Freilegung eines Kindergrabes aus dieser Periode, die 1969 durch eine französische archäologische Mission in der Grotte von Qafze im Karmelgebirge erfolgte, lieferte neue Beweise für das erstaunlich komplexe Ritual, nach dem die Bestattung bereits in dieser frühen Zeit vollzogen wurde. Die kleine Leiche war in eine Grube von 1 m Länge, 50 cm Breite und 25 cm Tiefe gebettet worden, deren Wände man mit Kalksteinplatten verstärkt hatte. Die untere Hälfte des Körpers beschwerte ein großer Block, der von außen herangeschafft worden war. Die Hände des Kindes lagen zu Seiten des Kopfes. Auf ihnen, auf der Brust und unter dem Haupt des Skelettes fanden die Ausgräber die Reste eines großen Damhirsches, der offensichtlich ein Totenopfer darstellte. Andere Beigaben waren Straußeneier, deren Schalen man noch fand. Jahrtausende später können wir sie in Gräbern der iberischen Megalithkultur entdecken, und noch heute sind sie als Auferstehungssymbol in den orthodox-christlichen Kirchen aufgehängt.

Über die Bestattungsbräuche im Jungpaläolithikum wissen wir bis jetzt nichts. Mit dem Natufien aber erscheinen echte Friedhöfe, sowohl in Höhlen wie bei Freilandsiedlungen, neben Hausbestattungen, für die wahrscheinlich nicht mehr bewohnte Bauten benutzt wurden. Miss Garrod fand in der Grotte von Mugharet el-Wad die Gräber von 64 Erwachsenen und 23 Kindern. Manchen Toten, vor allem den weiblichen, war Hals- und Kopfschmuck aus Muscheln, Tierzähnen und Bein mitgegeben worden. Man hatte sie vorwiegend in Hockerstellung oder mit gestrecktem Oberkörper und angezogenen Knien beerdigt. Die Bedeutung der Hockerlage, die schon im Jungpaläolithikum vorkommt, ist umstritten. Ging es nur um Raumersparnis, wollte man ausdrücken, daß der Tote schlief, war es die Haltung eines Gefesselten, dessen Wiederkehr gefürchtet wurde, oder eines Fötus, der symbolisch in den Mutterschoß der Erde gelegt wurde, um daraus wiedergeboren zu werden? Die letzte Interpretation setzt zweifellos das Bestehen mythischer Vorstellungen voraus.

Die Sitte der Natufien-Menschen, ihren Verstorbenen Zierat mitzugeben, bewahrte der Nachwelt viele Zeugnisse ihres hochentwickelten Kunsthandwerkes. Der schönste Totenschmuck – heute eines der Prunkstücke der Prähistorischen Abteilung des Israel-Museums in Jerusalem – stammt aus der Hayonim-Höhle: tropfenförmige Hänger aus ganz dünn zugeschliffenen Beinplättchen, alle gleichgroß und von feinster Ausführung, die, teilweise in mehreren Reihen, aufgefädelt und um den Hals, die Taille und die Handgelenke einer jungen Frau geschlungen wurden, die mit einem Kind begraben war.

Sakrale Handlungen zu Ehren der Toten verrieten die Ausgrabungen auf der Felsterrasse vor der Grotte von Mugharet el-Wad. Die Höhle selbst war durch eine achteinhalb Meter lange Trockenmauer teilweise verschlossen worden. Vor dieser legte man einen Platz frei, der mit großen Platten gepflastert ist, ebenso fünf kleine runde Bassins und eine ummauerte Feuerstelle, also sichtlich eine Anlage, die einem rituellen Zweck diente.

Wichtige Hinweise auf die früheste Entwicklung des Totenkultes im Natufien brachten auch die Entdeckungen des israelischen Vorgeschichtsforschers M. Stekelis auf einer Terrasse vor der Oren-Höhle im Westhang des Karmelberges. Er legte dort zwischen 1951 und 1960 eine Siedlung aus dem präkeramischen Neolithikum A frei, der ein ummauertes Kamp vorausgegangen war. Sie bestand aus 14 runden oder elliptischen Häusern, die 9 m² bis 15 m² große Räume enthielten. Die Mauern, die manchmal 80 cm dick und bis zu 1 m Höhe erhalten waren, bestanden aus Rohsteinen, die Fußböden aus Pisé oder Kieseln. Neben der gemauerten Feuerstelle, die jedes Haus enthielt, lagen manchmal flache Steine, in die Schalen von verschiedener Weite und Tiefe eingemeißelt waren. Ein Block stellte vielleicht eine Art Hausaltar dar. Auf ihm lagen zwei je 30 cm lange Beilklingen aus Silex und ein ovaler Geröllstein, auf dem das Schema einer weiblichen Figur in einigen gravierten Linien angedeutet ist.

Zu der Siedlung gehörte ein Friedhof, in dem etwa 50 Menschen, meist in Hockerstellung, in flachen Gruben beigesetzt und mit rotem Ocker bedeckt worden waren. Bei vielen Gräbern hatte man steinerne Mörser von etwa 70 cm Höhe gleich Gedenkmalen aufgerichtet. Im Zentrum des Friedhofes kam ein großer Herd aus flachen, polierten Steinen ans Licht, der bis oben mit Asche gefüllt war. Hatte darin ein ständiges Feuer für die Toten gebrannt?

Von großer Bedeutung für die Erforschung der Kultur und Religion der Natufiens sind die französischen Ausgrabungen von Eynan und Beisamun im Bereich des Hulesees im Oberen Jordangebiet, die 1955 begannen und kürzlich wieder aufsehenerregende Resultate brachten. Zu ihrer ersten Etappe gehörte die Untersuchung einer Freilandsiedlung bei Eynan am Westufer des Sees. Man entdeckte die Reste runder und ovaler Häuser, die wahrscheinlich Schilfdächer mit Stützpfeilern aus

Steinen hatten, und zahlreiche Bassins und Vorratsgruben mit verengter Öffnung, deren Wände oft mit einer Art Mörtel verstärkt waren. Einige waren rot ausgemalt und wurden für Bestattungen gebraucht. Die Leichen wurden wahrscheinlich erst nach ihrer Exkarnation durch Insekten oder andere Tiere beigesetzt, meist mit angezogenen Knien. In einem Bassin fanden die Ausgräber zwei Skelette, die einander gegenüber saßen. Oft waren die Knochengerüste unvollständig, die Schädel aber fehlten nie.

Die große Überraschung von Eynan bereitete ein monumentales Rundgrab von 5 m Durchmesser und 80 cm Tiefe, eine Art Wanne mit leicht nach außen geneigten Wänden aus einer sehr harten, zementartigen Masse, die poliert und ursprünglich rot gefärbt gewesen war. Den oberen Abschluß bildete ein 70 cm breiter, leicht gewölbter Rand aus derselben Masse, den ein Steinkranz umgab. Bei der Aufdeckung des Grabes stieß man unter einer Lage aus Erde und kleinen Steinen auf ein rundliches Podium aus sorgfältig aneinander gepaßten Platten, das von einem Mäuerchen eingefaßt war und drei große Steine trug. In der Erdschicht darunter kam ein gepflasterter Streifen längs der Grabwände ans Licht, auf dem ein quadratischer Herd mit viel Asche stand. Neben ihm lag ein Schädel. Im Grunde der Anlage fanden sich zunächst zwei vollständige Gerippe und noch ein wenig tiefer die Reste von sieben älteren Bestattungen. Einige waren mit Steinen beschwert, vielleicht hatte man auch die Füße der Verstorbenen zusammengebunden. Die Einstellung der Lebenden war aber nicht nur durch Furcht bestimmt. Eines der beiden obenauf liegenden Skelette war beinahe liebevoll gebettet worden. Sein Haupt ruhte auf einer Stütze aus Steinen, und es schien, als blickten seine leeren Augenhöhlen hinauf zum gegenüberliegenden majestätischen Gipfel des Hermonberges, der die Landschaft beherrscht. Auf den Füßen und neben der rechten Schulter des zweiten Gerippes lag je ein Schädel. Die meisten Verstorbenen wurden mit Stirnbändern und Halsketten beigesetzt. In einem Becken am Rand des Grabes kamen Geräte aus Silex, Bein und dem lokalen Basalt, zwei runde ›Paletten‹ aus Kalkstein mit Vertiefungen im Zentrum und Ockerspuren sowie ein schematisches menschliches Figürchen aus demselben Material, dessen Kopf fehlte, zutage. Dieses Depot kann wohl nur als ein Totenopfer aufgefaßt werden. Heute wird angenommen, daß der Beginn dieser ganzen Anlage eine der üblichen Bestattungen in einem verlassenen Wohnhaus war, das später – vielleicht zu Ehren der beiden zuletzt beerdigten Toten, in denen man Personen von einigem Rang vermuten könnte – zu einer monumentalen Grab- und Kultstätte umgebaut wurde. Die breite Einfassung paßt nicht in eine Hausarchitektur, ebensowenig wie das Bassin mit Beigaben, das erst nach ihrer Fertigstellung angefügt, wahrscheinlich aber zugleich mit dem Grab zugeworfen wurde. Auch die Plattform mit den drei Steinen und der Herd mit dem Schädel weisen auf einen Ort, an dem religiöse Riten vollzogen wurden. So scheint es, als hätten die Ausgräber von Eynan das bis jetzt älteste gebaute Grabmal entdeckt.

Die französische Spatenforschung in Beisamun, einer unbefestigten Niederlassung aus dem präkeramischen Neolithikum B, die sich auf den Bänken des Hulesees über mehrere Hektar erstreckte, brachte in den letzten Jahren ebenfalls wichtige Funde. Aus dieser und anderen Ausgrabungen von Dörfern derselben Periode einer hochentwickelten Wohn-

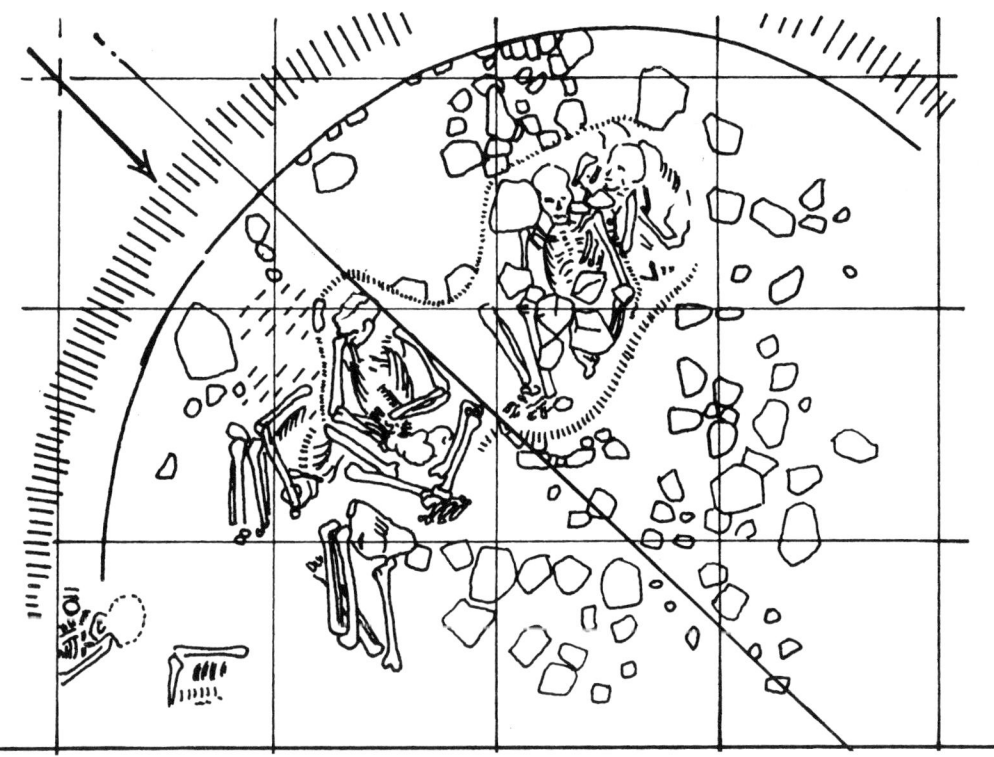

Häuptlingsgrab von Eynan

kultur und wahrscheinlich bereits geregelter Nahrungsproduktion wurde deutlich, daß die Verstorbenen und das Heilige in dieser Zeit bereits vollkommen in das Leben der Gemeinschaft integriert und der Kult mit gebauten Sanktuarien verbunden waren. Die Toten- und Ahnenverehrung stand im Vordergrund aller religiösen Manifestationen.

Ein Bau mit auffallend solider Konstruktion aus Trockenmauern von 60 cm Dicke, der in Beisamun freigelegt wurde, diente wohl kaum profanen Zwecken. Dem 4 x 5 m großen Hauptraum war ein etwas versenktes Vestibül oder ein Portikus vorgelagert, zwei Pfosten trugen das Dach, der Flur war mit einer dicken Kalkschicht bedeckt und ursprünglich rot gefärbt. Außer einem großen Herd aus Steinen kamen vier Kindergräber und zwei mit Gips nachmodellierte Schädel mit Unterkiefer aber ohne Zähne, die nur durch Einkerbungen angegeben wurden, in diesem Gebäude ans Licht. In ihrer Nachbarschaft lagen zahlreiche Artefakte aus Silex und Stücke von Steingefäßen, die vielleicht rituell zerschlagen worden waren.

Viele jener kultischen Handlungen und auch religiöse Symbole, die wir später in den Totenbräuchen der vorgeschichtlichen Kultu-

45

ren des Mittelmeerraumes und West- und Nordeuropas finden, erscheinen im Frühneolithikum des Heiligen Landes bereits ausgereift. Traditionen, die weit ins Jungpaläolithikum zurückreichen, werden noch in Bräuchen wie der Bestreuung der Leichen mit gemahlenem Ocker, ihrer Beschwerung mit Steinen oder Fesselung fortgeführt, doch zeichnet sich auch eine bedeutsame geistige Evolution ab. Zwar besteht noch eine tierhafte Angst vor den Verstorbenen, doch sie sind nicht nur Gefürchtete, sondern auch Erhöhte, denen wertvoller Besitz mitgegeben wird, Mächtige, die Opfer verlangen und bekommen, mit denen man die Verbindung aufrechterhalten muß. Ihre Schädel werden Kultobjekte, ihre Gräber heilige Stätten. Aus der instinktiven Ablehnung des Todes, die im Urgrund jedes Menschen lebt, hatten sich offenbar Jenseits- und Auferstehungshoffnungen kristallisiert, deren Verwirklichung durch bestimmte Formen der Totenfürsorge und festgelegte Riten erreicht werden sollte.

Ein anderer Aspekt der Religion der Vor- und Frühphasen des Neolithikums in Palästina, die angesichts ihrer vielfältigen Manifestationen kaum noch als primitiv bezeichnet werden kann, war der Steinkult, dessen Bedeutung wir nur ahnen können, der aber ohne Zweifel eine wichtige Rolle spielte.

Heilige Steine und die Große Göttin

Die kleine Steinsäule, die in einem Haus von Jericho II auf einem Sockel in einer Nische stand, blieb nicht der einzige Hinweis auf die Verehrung aufgerichteter Steine im Natufien. Auch in Munhata, einer ausgedehnten Siedlung 12 km südlich des Tiberias-Sees, die in den sechziger Jahren unter der Leitung von Jean Perrot erforscht wurde, kamen in den Häusern der drei untersten Bauhorizonte aus dem präkeramischen Neolithikum B mehrfach gipsverputzte Nischen in den Nordwänden zutage, in denen ein großer Stein stand. Zu Munhata gehörte weiter eine interessante Anlage, die sich über mehr als 300 Quadratmeter erstreckte und von einer 1,10 m dicken Mauer aus Lehmziegeln auf Steinfundamenten umgeben war. Ein Podium aus drei großen Basaltplatten mit breiten Abflußrinnen in ihrem Zentrum, ein gepflastertes Bassin von 3 x 2 m Weite und mehrere Feuerstellen legen die Vermutung nahe, daß dieser imposante Baukomplex aus dem 8. bis 7. Jahrtausend v. Chr. ein Heiligtum war.

Mit Sicherheit ein Sanktuarium war die ovale Steinumhegung, die in den siebziger Jahren bei den Ausgrabungen von Rosh Zin, einer anderen Natufien-Siedlung, freigelegt wurde. An ihrem Nordende war eine große rohe Steinsäule aufgerichtet worden. In der Füllung um ihre Basis fand man drei glatte und zwei Paar kunstvoll gerillte Reibsteine, die ineinander paßten, und fünf lange Silexklingen, sichtlich Opfergaben, die wohl anläßlich der Aufstellung der Säule dargebracht wurden.

Bis heute kennen wir kein älteres Zeugnis des Steinkultes, und es scheint daher, als sei die Epiphanie göttlicher Kräfte in einer Steinsäule, einem Menhir, in Palästina früher erlebt worden als in irgendeinem anderen Land. Diese uralte Verehrung von Menhiren begleitete die Geschichte des Steinkultes bis in historische Zeit und bildete eines der religiösen Probleme, die der jüdische Monotheismus zu bewältigen hatte. Im Alten Testament wird der heilige Stein als »Masseba« erwähnt. Im Gegensatz zur Auffassung der Kanaanäer, die ihn mit der Gottheit identifizierten, wird er von den Israeliten als Zeichen von Gottes Gegenwart oder als Denkmal besonderer Ereignisse, als »Zeugnisstein« umgedeutet. Etwas Ähnliches spielte sich noch im Mittelalter bei der Christianisierung heidnischer Megalithen in Westeuropa ab. Der berühmte ›Gilgal‹ der Bibel, der Kreis aus zwölf Steinen, Symbolen der zwölf Stämme Israels, den Josua als Erinnerung an die wunderbare Jordanüberschreitung aufrichten ließ, war vermutlich eine Anlage aus der Epoche der palästinensischen Megalithkultur, die lange vor Josuas Auftreten im unteren Jordangebiet geblüht und dort zahlreiche Monumente hinterlassen hatte. Die Überlieferung verband sie später mit der Einwanderung der Israeliten.

Auch die Geschichte, die Jakobs Traum von der Himmelsleiter erzählt, ist aufschlußreich. Er schlief ein an einem Stein und erkannte nach dem Erwachen, daß »der Herr an diesem Ort war«, stellte den Stein auf, begoß ihn mit Öl und nannte ihn »Bethel«, d. h. »Haus Gottes«. Dies weist unverkennbar auf den Kult des kanaanäischen Gottes El, der auch Beth-El genannt und wahrscheinlich in der Gestalt eines Menhirs verehrt wurde.

Die Elite der mosaischen Monotheisten wandte sich häufig gegen die im Volk tief verwurzelte Anbetung einer im Stein verkörperten Gottheit und mahnte: »Ihr sollt Euch keinen Götzen machen, noch Bilder aufrichten, noch einen heiligen Stein (Masseba), und Ihr sollt in Eurem Lande keinen Malstein (Maskit) setzen, vor dem Ihr Euch demütigt.« (Leviticus 26,1). Moses erhielt von Jaweh selbst den Befehl, die Kultsteine in Kanaan zu zerstören.

Ungeachtet der Bekämpfung der Steinverehrung durch die Propheten blieben noch immer einzelstehende Menhire und Reihen, Kreise und Vierecke aus aufgerichteten länglichen Blöcken in großer Zahl in Israel und Jordanien erhalten. Auffallend häufig sind solche Steinsetzungen im Bereich megalithischer Nekropolen.

Zu den eindrucksvollsten Anlagen gehören Monumente in der Umgebung der Quelle von Ain es Zerka in Ostjordanien auf einer Felsterrasse inmitten von Hügeln, die mit etwa 150 Großsteingräbern besetzt sind. Im Zentrum des Plateaus ragen drei weithin sichtbare Menhire von fast 2 m Höhe empor, die auf einer Erhöhung des Terrains thronen und von einem kleinen Steinkreis umschlossen sind. Früher war der Rand der Terrasse ebenfalls von aufgerichteten Blöcken eingefaßt und ihr Fuß wird noch heute teilweise von einem Menhirkranz umspannt, dessen Durchmesser fast 300 m beträgt.

Die Beduinen nennen diesen Ort »Mutter der Ölbäume«, obwohl sich dort heute weit und breit kein Olivenbaum mehr findet. Lebt in dieser Bezeichnung die Erinnerung an einen verschollenen Kult der Magna Mater in Steingestalt fort? Die drei großen Steinsetzungen aber heißen »el Mreirat«. Dies kann sowohl »die (mit Blut oder Öl) Bestrichenen« als auch »Grabmonumente« bedeuten. Der Zusammenhang der ganzen Anlage mit den umliegenden Grabfeldern ist kaum zu bezweifeln. Es sieht aus, als wären in diesem Gebiet die Toten vieler Generationen im Angesicht der heiligen Male bestattet worden.

Nahe der Nekropole steht der merkwürdige »Hagar el Mansub« auf einem Feld, eine an der Vorder- und den Schmalseiten geglättete Stele von etwa zweieinhalb Metern Höhe und einer unteren Breite von fast anderthalb Metern. Ihr oberster Teil ist gleich einem Kopf gerundet und durch eine tiefe Rinne vom ›Rumpf‹ abgesetzt. Auf beiden Fassaden sind Näpfchen eingemeißelt.

Östlich der »Mutter der Ölbäume« gibt es noch ein riesiges Quadrat von 465 m Seitenlänge aus aufgereihten und fast mannshohen Blöcken. Die ganze Gegend von Ain es Zerka war vermutlich einst eine heilige Zone.

Die Bedeutung dieser megalithischen Anlagen, die wahrscheinlich im Lauf des 3. Jahrtausends v. Chr. entstanden, bleibt dunkel, doch gibt es genug literarische Hinweise auf die Anbetung von Steinen als Epiphanien bestimmter Gottheiten, vor allem aber der ›Großen Göttin‹. Ihre Verehrung in dieser Form dauerte im Nahen Osten vom Beginn der Zivilisation bis zum Ende der Antike

Geröllsteine mit schematischen Andeutungen einer weiblichen Figur

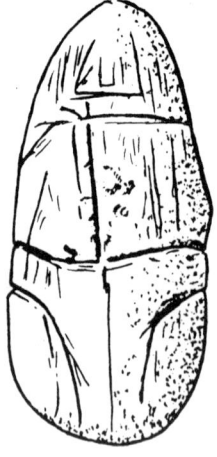

fort. Das berühmte ›Bildnis‹ der Aphrodite in ihrem Hauptheiligtum von Paphos auf Zypern war ein weißer, konischer Stein. Ausgrabungen haben gezeigt, daß sein Kult bis weit in die Vorgeschichte der Insel zurückreicht. Die griechische Aphrodite war nur die letzte Verwandlung einer uralten Fruchtbarkeits- und Todesgöttin. Auch die ›Statue‹ der phönizischen »Herrin von Byblos« stellte einen solchen Fetisch dar. Die kleinasiatische Kybele wurde im »schwarzen Stein von Pessinus« verkörpert, der gleich der Ka'aba von Mekka vermutlich ein Meteorit war und im zweiten Punischen Krieg nach Rom geholt wurde, um den bedrohten Römern im Kampf gegen die Karthager beizustehen. Auf die Verehrung einer Muttergöttin in einer Steinsäule deutet schließlich der Ausspruch des Propheten Jeremias, der gegen die Religion der Kanaanäer predigt und dabei sagt: »...Die da sprechen zum Baum: Du bist mein Vater, und zum Stein: Du hast mich geboren ....«

Alle diese Zeugnisse aus historischer Zeit berechtigen sicher nicht zu der Annahme, daß die Kultsteine aus dem präkeramischen Neolithikum von Palästina anikonische Bildnisse der Magna Mater waren, doch scheint es, daß dort eine Fruchtbarkeitsgöttin, die auch mit dem Totenkult verbunden war, von Anbeginn eine Rolle in der vor- und frühneolithischen Religion spielte.

Ovale Flußkiesel, auf denen das Schema einer weiblichen Figur in einigen gravierten Linien angegeben und manchmal durch Okkerbemalung unterstrichen ist, kamen in Nahal Oren und Eynan, Siedlungen, deren Entstehung ins 9. oder selbst 10. Jahrtausend zurückreichte, mehrfach zutage. Geröllsteine gehörten zu den ältesten Werkzeugen des Menschen, und ihre vielfältigen Formen stimulierten auch früh seine Phantasie und Kreativität. Flußkiesel, Tropfsteine, Silexknollen von auffallender Gestalt, die an menschliche oder tierische Figuren oder Körperteile erinnerten, wurden für den Urmenschen vermutlich zu magisch geladenen Objekten und erfüllten sicher eine wichtige Funktion in der Entwicklung der plastischen Kunst und des religiösen Denkens. Sie wurden – vielleicht schon im Moustérien Westeuropas, zweifellos aber seit den Anfängen der Seßhaftigkeit und bis gegen Ende des Chalkolithikums in verschiedenen Gebieten des Nahen Ostens und Europas – zu mehr oder weniger abstrakten Bildwerken mit kultischer Bedeutung zugerichtet oder nur mit rätselhaften Zeichen markiert. In die letzte Kategorie gehören die vieldiskutierten Kiesel der Azilien-Kultur des ausgehenden Paläolithikums in Südwesteuropa, die mit roten geometrischen Mustern bemalt sind. Sehr ähnliche Exemplare kamen in der unterirdischen Siedlung im Tell Abu Matar bei Beersheba in Südpalästina ans Licht, die aus dem 4. Jahrtausend v. Chr. stammt!

Die Beziehung einer Fruchtbarkeitsgöttin zu den Verstorbenen wird für das Natufien durch ein kleines Kalksteinidol aus dem Monumentalgrab von Eynan und andere verwandte Funde wahrscheinlich. Sehr merkwürdig ist eine Entdeckung in einem mehrfach erneuerten Haus in Eynan, das verschiedene Bestattungen barg. Auf dem Flur der dritten Bauphase kam eine Sammlung von mehr als 20 Reibsteinen und Stampfern ans Licht, von denen sieben – zwei von ihnen mit Spuren roter Farbe – in der Form einer menschlichen Gestalt angeordnet waren.

Figürliche Darstellungen der Großen Mutter sind mit Sicherheit erst in den beiden Tonstatuetten zu erkennen, die ihre Brüste zeigen

und im präkeramischen Neolithikum B von Jericho entstanden. Aus derselben Phase stammen weibliche und männliche Figürchen, meist aus Ton, mit betonten Geschlechtsmerkmalen, die man in Jericho und anderen Fundorten entdeckte, ebenso die großen flachen Statuen aus Lehm, die bereits geschildert wurden, und eine kleine Steinskulptur aus Eynan, die einen Koitus in Sitzhaltung darstellt. Es ist aber durchaus möglich, daß alle diese Plastiken keine göttlichen Wesen, sondern einfach Menschen ausbilden.

Aus der älteren Periode, in der die Bewohner der ersten ortsfesten Niederlassungen vorwiegend von der Jagd lebten, fand man bis jetzt nur tönerne, zum Teil gehörnte Tierfigürchen. Vielleicht stellen manche alte Tiergötter des Paläolithikums dar. Im benachbarten Ägypten waren sie selbst in der historischen Religion noch deutlich wahrnehmbar. Gazellen bildeten das wichtigste Jagdwild des Natufien. Ihre Hörner, Grandeln und Fußknöchel wurden als Opfergaben bei Bestattungen und im Totenschmuck verwendet. Es ist durchaus möglich, daß es ursprünglich einen Gazellenkult gab.

Die Darstellung göttlicher Kräfte in menschlicher Gestalt trat erst mit der zunehmenden Beherrschung der Natur durch den Menschen als Ausdruck eines neuen Selbstbewußtseins immer mehr hervor. Es scheint aber, daß dieser Prozeß mit dem Ende der vorkeramischen Pionierkulturen in Palästina unterbrochen wurde. Die Ausbildung der Gestalt der Großen Muttergöttin als Herrin über alle Lebewesen in ihren positiven wie negativen Aspekten, die in den Heiligtümern von Çatal Hüyük so faszinierend in Erscheinung tritt, erfolgte dort nicht selbständig. Die kanonischen Bildnisse der Göttin als spendende, lebenschenkende und daneben als schreckenerregende, aggressive Macht erreichten das Heilige Land erst etwa im 5. Jahrtausend v. Chr., in der zweiten Phase des keramischen Neolithikums, höchstwahrscheinlich über Syrien.

Nicht nur in Jericho, auch in allen anderen frühneolithischen Niederlassungen des Jordangebietes, konstatierten die Archäologen nach den präkeramischen Kulturen eine Siedlungslücke, die Perrot im Fall von Munhata auf rund 1000 Jahre schätzte. Es scheint, daß sich der Schwerpunkt der Ackerbauzivilisationen in der ersten Hälfte des 7. Jahrtausends aus den gebirgigen Steppenzonen in nördlicher Richtung und an die Mittelmeerufer in Gegenden mit günstigeren klimatischen Bedingungen verschob. Küstenorte wie Ugarit bei Lattakia, dessen Anfänge allerdings in das Frühneolithikum zurückreichen, Mersin an der anatolischen Südküste und Byblos im Libanon wurden gegründet und entwickelten sich später zu den wichtigsten Häfen der Levante. Innerpalästina aber war lange Zeit wahrscheinlich nur von Nomaden oder Halbnomaden bewohnt. Sein Primat innerhalb der neolithischen Revolution im Nahen Osten war zu Ende. Die entscheidenden Schritte, die zur Entfaltung der ersten Hochkulturen führten, wurden in den weiten, fruchtbaren Flußtälern Mesopotamiens und dann auch Ägyptens getan, die über weit bessere Umweltbedingungen für das Entstehen großer städtischer Zentren verfügten. Von nun an wurde Palästina zu einer Zwischenzone, in der sich die verschiedensten Kultureinflüsse kreuzten, Schmelzkessel der Völker und Religionen.

Die dominierende Gestalt der Großen Göttin gewinnt im 5. Jahrtausend auch dort deutliche Umrisse mit einer starken Betonung ihrer furchteinflößenden Seiten. Zahlreiche Terrakottafiguren aus dieser Epoche zeigen sie in Sitzhaltung als die thronende Herrin mit schweren, überquellenden Formen, schrägen Riesenaugen aus je zwei aufgesetzten Lehmwülsten, seltsam atrophiertem Kopf, der spitz oder konisch zuläuft, und prominenter Nase. Eine eindrucksvolle Statuette von 30 cm Höhe aus Munhata vereint alle diese Merkmale einer Gottheit, die die Idee der Fruchtbarkeit aber auch die den Menschen bedrohenden dämonischen Kräfte verkörpert. In dieser Zeit waren die Symbole des Lebens und des Todes noch so eng verbunden, daß sie in einer einzigen Gestalt vereint erscheinen konnten, aus der sich später eine Vielheit von Göttinnen entwickelte.

Auch der Totenkult, der in Palästina so tiefe Wurzeln hatte, manifestierte sich im späten Neolithikum und der frühen Metallzeit in neuen Formen, in denen sich die lokalen Vorstellungen und Bräuche mit den Traditionen von Einwanderern mischten, die zu verschiedenen Zeiten, teils aus dem Norden und Nordosten, teils aus dem Süden der arabischen Halbinsel nach dem Heiligen Land gelangten. Die imponierendsten Zeugnisse dieser Totenfürsorge und Verehrung vorgeschichtlicher Epochen sind die Megalithgräber, die noch immer vom unteren Jordangebiet östlich des Toten Meeres bis zu den Golanhöhen in großer Zahl zu finden sind.

Die Megalithkultur in Palästina

Die Dolmen – so wird die einfachste Form des Großsteingrabes aus vier Tragsteinen und einer Deckplatte nach dem bretonischen Wort für Steintisch genannt – und ihre Erbauer gehören zu den umstrittenen Problemen der Prähistorie des Heiligen Landes. Früher wurden sie im allgemeinen ins Neolithikum oder Chalkolithikum datiert und als eine Hinterlassenschaft halbnomadischer Hirtenvölker betrachtet. Die Mehrzahl dieser urtümlichen Totenhäuser aus mächtigen Blöcken und Platten war längst von Schatzgräbern geöffnet und durchwühlt worden und ergab daher kaum datierbare Funde. Sporadische Untersuchungen einiger ungeplünderter Dolmen lieferten unterschiedliche Resultate. In manchen kam nur spärliches Steingerät und keine Keramik ans Licht, in anderen fand man Beigaben, die bis in den Beginn der Mittleren Bronzezeit (gegen 2000 v. Chr.) reichen. Es steht daher fest, daß die Megalithgräber bis in diese Zeit benutzt wurden. Aus welcher Epoche die ältesten stammen, ist weniger deutlich.

Die megalithische Bauweise war in Palästina älter als in irgendeinem anderen Land, dies beweisen nicht nur der hervorragend konstruierte Turm und die Mauern von Jericho I und II. 1937 und 1938 wurden im Wadi Dhobai südöstlich von Amman auch Rundhäuser aus hochgestellten großen Platten entdeckt, die im vorkeramischen Neolithikum A errichtet wurden, und neuerdings zeigte sich, daß ähnliche Strukturen von maximal 3 m Durchmesser im Negev ebenfalls aus dieser Periode und nicht aus dem Chalkolithikum stammen, wie man früher dachte. Doch wurde bis jetzt kein Megalithgrab entdeckt, daß mit absoluter Sicherheit ins Neo-

lithikum datiert werden kann. Fest steht nur, daß in Palästina und Jordanien mindestens seit der späteren Kupfersteinzeit tausende von Megalithgräbern im Verband mit Steinsetzungen meist rundlicher Form und Menhiren sicher mehr als 1000 Jahre hindurch errichtet wurden.

Die erste umfassende Untersuchung eines Dolmenfeldes wurde 1942/43 durch M. Stekelis unternommen. Sie galt der ausgedehnten Nekropole von Ala-Safat, die sich im welligen Vorland der jordanischen Berge, 8 km östlich von Jisr Damiya am linken Jordanufer, erstreckt. Dort blieben trotz aller Zerstörungen, die nur einen Bruchteil der einstigen Megalithmonumente des Heiligen Landes übrig ließen, noch 164 Dolmen, 14 Steinkisten und drei merkwürdige monolithische Dolmen-Imitationen, die aus dem anstehenden Fels gehauen und mit einem Überlieger gedeckt wurden, erhalten, sowie 12 mehr oder weniger kreisförmige Umhegungen aus kleineren Blöcken und Steinen, manche mit Unterteilungen und Auswüchsen am Rande. In einigen stehen Dolmen, andere umschließen verschiedene lineare oder runde Steinsetzungen. Ihre Weite schwankt von 10 bis zu etwa 40 m. Sie gehörten ohne Zweifel zu der Nekropole und dienten vermutlich kultischen Feiern. In Zusammenhang mit Totenzeremonien standen sicher auch die zahlreichen Schalen und Näpfchen, die – oft durch Rinnen untereinander verbunden – auf manchen Deckplatten der Megalithgräber und freistehenden flachen Blöcken zu finden sind.

Die heute weithin sichtbaren Dolmen steckten einmal in großen Steinhügeln, die sorgfältig aus konzentrischen Kreisen aufgebaut und an der Basis mit größeren Blöcken

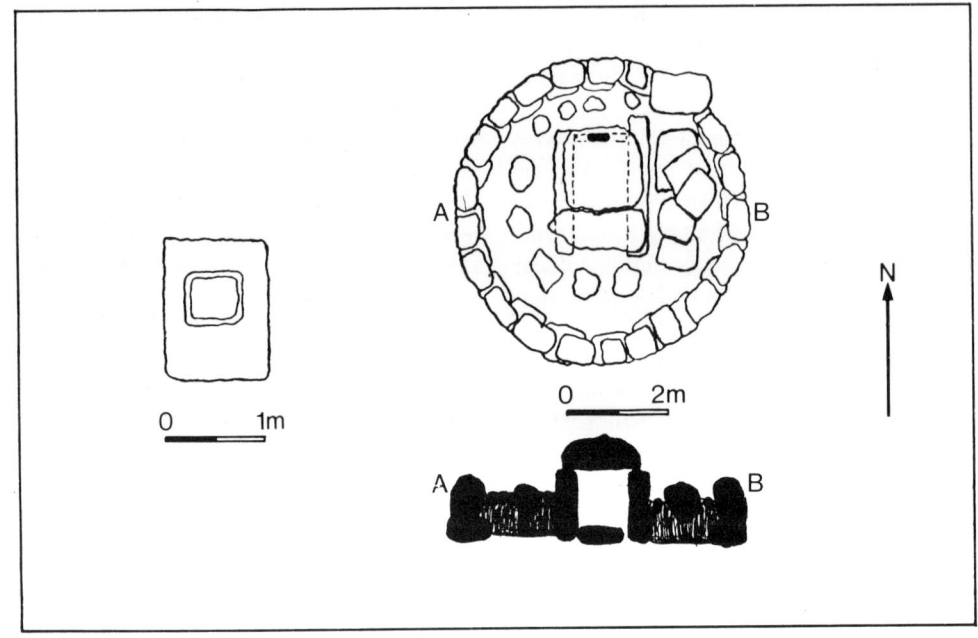

Türlochplatte, Grundriß und Fassade eines Megalithgrabes von Ala-Safat

eingefaßt wurden. Sie bestehen durchweg aus vier Tragsteinen und meistens nur einem mächtigen Überlieger. Die rohen Blöcke der Seitenwände sind bis zu 3,50 m lang und 70 cm dick, die Weite der Cella beträgt 1 m bis 1,20 m, die Höhe der Wände maximal 1,50 m. Sowohl die Rückwand wie die Fassade der Totenhäuser sind aus besser zugerichteten Platten errichtet. Typisch sind die *Tür-* oder *Seelenlöcher* in den Grabfronten, in einigen sogar zwei untereinander, die vermutlich für die Einbringung von Totenopfern und als ›Flugloch‹ für die Totenseelen bestimmt waren. Stekelis stellte fest, daß diese Öffnungen mit Metallwerkzeugen hergestellt wurden. Alle Dolmen waren Kollektivgräber und bargen sowohl Brand- wie Körperbestattungen. Im zweiten Fall waren die Lei-

chen mit angezogenen Knien beigesetzt und ihr Haupt mit einem Linnentuch umwunden worden. Keramikfunde in den wenigen ungeplünderten Totenhäusern bewiesen, daß die ältesten etwa im letzten Viertel des 4. Jahrtausends errichtet wurden. Es scheint, daß der Friedhof, nachdem er viel später außer Gebrauch geraten war, zu Beginn der Mittleren Bronzezeit, gegen 2000 v. Chr., nochmals für Bestattungen benutzt wurde. Damals entstanden die monolithischen Dolmen als eine Imitation der älteren Male.

Das Alter der Steinkisten, die unter kleinen Tumuli lagen und wahrscheinlich Einzelgräber waren, ließ sich in Ermangelung von Funden nicht bestimmen, doch sind sie höchstwahrscheinlich in die Zeit der Dolmen zu datieren.

Die Erbauer des großen Friedhofes von Ala-Safat unterschieden sich in ihren Totenbräuchen von den im Westen, Süden und an den Küsten lebenden Bewohnern Palästinas, ihre Keramik aber entspricht der Tonware, die in der ausgehenden Kupferstein- und der Frühen Bronzezeit im Heiligen Land gebraucht wurde. Von Ursprung waren sie vielleicht Nomaden, bei der Errichtung der Nekropole aber bereits seßhafte Landwirte, die das fruchtbare Gebiet am unteren Jordan bebauten und gemeinsam ihre Megalithmonumente errichteten, deren Konstruktion eine beträchtliche kollektive Anstrengung erforderte. Stekelis vermutete in einigen kleinen Tells der Umgebung die Überreste ihrer Dörfer.

Als Hirtenstämme könnte man sich eher die Schöpfer der Großsteingräber in Galiläa und auf der Golanhochfläche vorstellen. Die vulkanischen Berggebiete oberhalb des Tiberias- und des Hulesees mit ihren felsbestreuten Plateaus, wilden Schluchten und weiten Steppen waren seit sehr alter Zeit ein Bereich von Nomaden und Viehzüchtern. Ruinen ihrer Dörfer aus Steinhütten und ausgedehnte Dolmenfelder, die sich in der Nähe der einstigen Siedlungen und längs prähistorischer Straßen erstrecken, bezeugen bis heute ihre Anwesenheit.

Die soziale Struktur nomadischer oder halbnomadischer Viehzüchter prädestiniert sie sicherlich für eine vom Ahnenkult geprägte Religion. Gewöhnlich leben sie in großen Familienverbänden, um die Herden nicht aufzuteilen und sie besser zu schützen. Die Folge solcher Verhältnisse ist ein stark entwickelter Sippengeist, der bis ins Jenseits hinüberreichen kann. Noch in unseren Tagen bilden in der Vorstellungswelt primitiver Stammesgemeinschaften bei Naturvölkern häufig die Lebenden mit den Abgeschiedenen einen einzigen Organismus. Die Familie bleibt ihren Toten eng verbunden, sorgt für sie und bringt ihnen Opfer. Von den mächtigen Verstorbenen wird dafür Hilfe und Schutz für die Hinterbliebenen erwartet.

Hoch über dem Nordwestufer des Tiberias-Sees, am Osthang des obergaliläischen Plateaus in einer mit schwarzen Basaltbrocken besäten Landschaft sind die megalithischen Totenhäuser von Hirbet Kerazije in länglichen Steinhaufen aus dunklen Blöcken verborgen. Manche stecken noch bis zur Decke in diesen Cairns, wie man die Steintumuli über Megalithgräbern nach einem gälisch-englischen Ausdruck im allgemeinen nennt. Einige sind 15 m lang, über 8 m breit und etwa 2,50 m hoch. Die Grabkammern liegen nicht immer in ihrem Zentrum, gelegentlich gibt es auch zwei unter einem Cairn. Neben einfachen Dolmen kommt die für alle Megalithkulturen typische Form des Ganggrabes vor. Die Kammer hat in diesem Fall einen Vorbau, der niedriger, mit kleineren Platten gedeckt und dadurch als Korridor erkennbar ist. Einige Monumente dieser Art erreichen Längen von sechs bis acht Metern und ihre obere Wandpartie ist aus mehreren Reihen großer Steine errichtet, die gelegentlich nach innen vorkragen, so daß eine jener unechten Wölbungen entsteht, die in den vor- und frühgeschichtlichen Kulturen des Mittelmeerraumes und auch den Kuppelgräbern des west- und nordeuropäischen Megalithikums eine hervorragende Rolle spielen.

Die Erforschung der prähistorischen Monumente des Golangebietes nahm seit seiner Besetzung durch die Israeli einen jähen Aufschwung und ergab bemerkenswerte Resultate. Dieses Hochland mit seinen zahlreichen Quellen und spärlichem aber sehr fruchtbarem

Grund zwischen chaotisch verstreuten Basalt-
trümmern war stets als Weidegebiet sehr geeignet. Selbst in der heißesten Zeit des Jahres
gibt es dort noch Gras und Tränken für das
Vieh.

Die Megalithgräber liegen auch meist in
der Nachbarschaft von Wasserstellen, die
wahrscheinlich eine Funktion in den Totenbräuchen hatten. Die Vorstellung vom Durst
der Toten, die mit Opfergüssen gelabt werden
müssen, war im Vorderen Orient sehr alt.

Die Golan-Dolmen wurden aus dem lokalen Basalt errichtet. Ihre Kammern aus sorgfältig ausgesuchten, teilweise geglätteten Platten sind rechteckig, trapezförmig oder poly-
gonal, innen oft gepflastert und meist mit
einem einzigen Überlieger gedeckt, der manchmal weit über die Wände hinausragt. Türlöcher kommen ebenfalls vor, einige Totenhäuser wurden durch eine Zwischenplatte mit
Türloch in zwei Kammern aufgeteilt. In anderen gibt es horizontale Falze in der Kammer für die Einschiebung einer Platte, durch
die zwei Etagen entstanden. Schalen, Näpfchen und Rinnen kommen auch hier auf Decksteinen vor.

Im Sommer 1972 wurden vier Dolmenfelder auf der Hochebene untersucht. Die
meisten Gräber lagen noch unter mächtigen
Steinhügeln, die an vielen Orten die Landschaft prägen. Korridore waren häufig aber
meistens kurz, ein großer Dolmen des Deir
Saras-Friedhofes besitzt jedoch einen über-
dachten Gang von 4 m Länge, der vom Rand
des Cairns rechtwinklig zu der mit einer
Platte verschlossenen Kammer führt. Viele
Totenhäuser der Golanhöhe sind imposante
Bauwerke. Das größte, das 1972 freigelegt
wurde, ist 10 m lang und 1,30 m breit, die
Höhe beträgt meistens etwa 1,50 m. Bei Tell
el-Bazuk gibt es hingegen auf einem Gebiet

von rund drei Quadratkilometern einige hundert kleine Dolmen, die gewöhnlich frei stehen, von einstigen Tumuli oder Steinumhegungen sind kaum Spuren vorhanden. Rätselhaft bleibt die Bestimmung kleiner trilithi-
scher Monumente aus zwei hochkant gestellten Platten und einem Deckstein.

Die auffallenden Cairns der Golanhöhen
wurden schon früh geplündert, unberührte
Kammern sind sehr selten. Immerhin kamen
genug Scherben ans Licht, um festzustellen,
daß die älteste Töpferware jener der frühbronzezeitlichen Schachtgräber entspricht.
Einige Lanzenspitzen und Dolche aus Kupfer
unterscheiden sich aber wesentlich von Waffen aus diesen Grüften.

Verwandte Völker mit ähnlichem Totenkult konnten durch ihre Umweltbedingungen
doch zu ganz verschiedenen Grabformen gelangen. Weicher Fels eignete sich zur Anlage
von Schachtgräbern, die harten Basaltblöcke
vulkanischer Gebiete oder der in Platten bre-
chende Kalkstein des unteren Jordangebietes
stimulierten die Konstruktion megalithischer
Totenhäuser.

Die neuen Ausgrabungen haben den Eindruck verstärkt, daß die gewaltige Hinterlassenschaft an Megalithgräbern auf dem
Golanplateau auf Nomadenvölker vom Rande der Wüsten der arabischen Halbinsel zurückgeht, die ihre eigenen Stammestraditio-
nen mitbrachten, jedoch kulturelle Kontakte
mit dem Norden und Nordosten unterhielten
und vor allem die Berggebiete Jordaniens im
3. und bis zum Beginn des 2. Jahrtausends
bewohnten. Dieser Zeitansatz für die Megalithkultur der Golanhöhen hat durch die
Entdeckung einer bis dahin vollkommen unbekannten chalkolithischen Kultur in diesem
Bereich eine unerwartete Bestätigung erhalten. Die Ausgrabungen der letzten Jahre

brachten Gruppen von Bauernhöfen zutage, deren Bewohner Terrassen anlegten und ummauerte Felder beackerten, doch hauptsächlich Viehzüchter waren. Auf ihren Hausaltären wurden seltsame säulenförmige Basaltfiguren von 28–40 cm Höhe gefunden. Ein Teil hat oben die Form einer Schale, in die vielleicht Opfergaben gelegt wurden, Glotzaugen und riesenhafte Nasen, andere zeigen tierhafte Züge, tragen Hörner und Ziegenbärte. Waren es Hausgötter, die den Herden Fruchtbarkeit sichern sollten? Es sieht nicht so aus, als hätten die Träger dieser Hirtenkultur aus dem 4. Jahrtausend etwas mit den Dolmen-Erbauern zu tun, obwohl ihre Totenbräuche bis jetzt im Dunkel bleiben. Doch erwies der Fund eines Megalithgrabes, das über einem der Steinhaufen errichtet wurde, die von einem chalkolithischen Gebäudekomplex übriggeblieben waren, daß dieses jedenfalls jünger sein mußte.

Eine andere Frage bleibt der Zusammenhang der Megalithgräber des unteren Jordangebietes mit der Ghassul-Kultur. Stekelis erforschte 1932 unweit vom Nordufer des Toten Meeres einen Teil der ausgedehnten Nekropole von El Adeimeh, die er für den Friedhof von Teleilat el-Ghassul hielt. Die Gräber waren kistenartig aus flachen Steinen von höchstens 1,50 m Länge gebaut, enthielten Hockerskelette und waren mit kleinen Platten bedeckt. Man hatte sie einzeln oder zu mehreren unter Aufschüttungen von rund 1 m Höhe und bis zu 6 m Durchmesser geborgen. Ein Steinkranz umfaßte ihre Basis, und von ihm gingen manchmal zwei Mäuerchen aus, die einen trapezförmigen, für Zeremonien bestimmten Vorplatz bildeten. Viele Hügel wurden durch einen oder mehrere konzentrische Kreise aus größeren Feldsteinen und zusätzlich durch einen kleinen Block in ihrer

Mitte bekrönt. Vermutlich standen solche Male ursprünglich auf allen Hügeln. Ähnlich wie Jahrtausende früher bei den Hausbestattungen von Eynan gehörten Herde zu diesen Gräbern, die teils innerhalb, teils außerhalb der Tumuli standen. Stekelis untersuchte 168 Gräber, von denen sich 16 als unberührt erwiesen. Er fand auf den Kisten zahlreiche Scherben, wahrscheinlich rituell zerschlagener Gefäße einer handgemachten Sorte aus grobem, schlecht gereinigtem Ton mit primitiver Verzierung durch Fingernageleindrücke. In den höheren Schichten der Hügel kam hingegen rote, dünnwandige Ware aus feinem Ton zutage, die gut gebrannt mit Ritzornamenten und fingergetupften Leisten geschmückt und mit Keramik aus Teleilat el-Ghassul vergleichbar war. Dicke Lagen Asche in den Herden innerhalb der Tumuli deuteten auf reichliche Brandopfer vor deren Aufschüttung. Ein Kreis von 30 m Durchmesser aus Blöcken von etwa 35 cm Höhe mit sternspitzenartigen Auswüchsen aus kleineren Steinen in der Art der Anlagen von Ala-Safat gehörte offensichtlich zu dieser Nekropole. Große Dolmen stehen weiter landeinwärts, und in ihrem Umkreis fand Stekelis auch Steinkisten und Scherben, die jenen der unteren Nekropole entsprechen. Er glaubte daher, daß es sich um einen einzigen, wenn auch sehr ausgedehnten Friedhof gehandelt habe. Mangels geeigneter Megalithen habe man sich am Ufer des Toten Meeres mit Steinkisten begnügt und Dolmen nur dort errichtet, wo das nötige Material zur Hand war.

Da Teleilat el-Ghassul gegen 3400 v. Chr. durch eine Brandkatastrophe endgültig zerstört wurde, würde dies ein bedeutend höheres Alter für diese Großsteingräber gegenüber jenen der Nekropolen von Ala-Safat und des Golangebietes ergeben. Eine Calibration der für Teleilat el-Ghassul erzielten C14-Daten würde die Anfänge des Ghassuliums, der hervorragendsten Kultur des 4. Jahrtausend in Palästina, bis ins 5. Jahrtausend zurückverlegen. Fest steht, daß das 4. Jahrtausend, mit dem auch die systematische Kupfergewinnung begann, wie die neuen Ausgrabungen von einfachen Schmelzöfen im Bergbaugebiet von Timna am Golf von Akaba zeigten, eine Epoche des Aufschwunges mit einer reichen Skala kultureller und religiöser Entwicklungen war, in der vermutlich Einwanderungen eine Rolle spielten. Dies resultierte sicher auch aus der Funktion des Heiligen Landes als Verbindung zwischen dem Nahen und Mittleren Osten und Afrika. In Ägypten werden für das 4. Jahrtausend starke Einflüsse aus dem mesopotamischen Kreis und Beziehungen zu Palästina, die unter anderem durch Keramikfunde im Nildelta bewiesen sind, sichtbar. Damals müssen westsemitische Stämme das Niltal über das Sinaigebiet wie das Rote Meer erreicht haben. In

Terrakotta. Ossuarium der Ghassul-Kultur (4. Jahrtausend v. Chr.)

der zweiten Hälfte dieses Jahrtausends erfolgte in Ägypten eine bedeutsame Veränderung in den zuvor recht einfachen Totenbräuchen, die sich auf Bestattungen in Erdgruben beschränkten, in denen die Verstorbenen in Hockerstellung mit bescheidenen Beigaben beigesetzt und mit einer Matte bedeckt wurden. Man begann Grabanlagen aus Ziegeln zu bauen. Ihre Wände bemalte man mit stark schematisierten Darstellungen aus dem täglichen Leben, in denen viele Schiffe vorkommen und konservierte die Leichen. Aus dieser Vorstufe sollte sich mit dem Beginn der dynastischen Zeit der großartigste Totenkult der Geschichte entwickeln.

Die Bestattungsbräuche im Heiligen Land zeigen im Ghassulium verblüffende Variationen, sie reichen von Steinkisten und vielleicht Megalithgräbern bis zu seltsamen Ossuarien aus Terrakotta, die in Felskammern gefunden wurden. Manche haben die Form von rechteckigen Häusern mit Giebeldächern auf vier Füßen. Andere erinnern an schematisierte Tierkörper und tragen überdimensionale eulenschnabelartige Nasen auf ihrer Front. Fast alle sind mit roten und schwärzlichen Mustern, meist Streifen und Dreiecken, bemalt.

Aus dem Chalkolithikum stammen weiter die *Nawamis*, eine besondere Form des Steingrabes, die an der Südostseite des Sinaigebirges auf hochgelegenen Plateaus vorkommt und neuerdings wieder von Bar-Yosef untersucht wurde. Die Nawamis sind leicht konische Grabtürmchen mit meist rundem oder ovalem Grundriß von maximal 6 m Durchmesser und 2,50 m Höhe. Ihre Mauern sind bis zu einem Meter dick und aus mittelgroßen, flachen Blöcken geschichtet. Ein Kraggewölbe bildet den Abschluß. Unter den Beigaben fanden sich Kupfergeräte und auch etwas Import aus Ägypten.

Unter den verschiedenen prähistorischen Grabtypen Palästinas sind die megalithischen und die mit ihnen verbundenen Steinsetzungen durch ihre Ähnlichkeit mit den Monumenten des west- und nordeuropäischen Megalithikums besonders interessant. Stekelis konfrontierte die Dolmen von Ala-Safat mit Totenhäusern der westkaukasischen Megalithkultur, die Dolmengestalt haben, ebenfalls ›Seelenlöcher‹ aufweisen und in verschiedenen Abwandlungen, zu denen monolithische Dolmen gehören, etwa seit der zweiten Hälfte des 3. Jahrtausends v. Chr. und bis gegen 1400 v. Chr. konstruiert wurden. Russische Archäologen denken an einen mediterranen Ursprung dieser Megalithmale, obwohl sie nach ihren Beigaben zur kaukasischen Kubankultur gehören. Sie waren, anders als die palästinensischen, sehr sorgfältig aus behauenen Platten gebaut und anfänglich Einzelgräber. Die bulgarischen Dolmen, die aber erst gegen 1200 v. Chr. aufkamen, könnten ihre Ableger sein. Beziehungen zur Megalithkultur des Heiligen Landes sind höchstens in der Form einer Ideenübertragung vorstellbar.

Die Großsteinkultur des Heiligen Landes wirkt nicht expansiv, und im Unterschied zur europäischen ist sie auch nicht mit Seefahrt verbunden. Ihr eigentliches Reich waren vor allem Weidegebiete des Hinterlandes, nicht die Küsten. Ihre Anfänge lagen vermutlich in den von Sandwüsten und nackten Bergen beherrschten Regionen hinter den fruchtbaren Küstenstreifen der Levante, von wo aus kriegerische Nomadenhorden immer wieder nach Westen drängten. Megalithmonumente sind dort in verschiedenen Zonen signalisiert, aber nicht wissenschaftlich erforscht. Zwischen Homs und Hama in Nordsyrien liegt ein Dolmen- und Ganggräberfeld, bei dem Dorf

Tisnin wurde ein Dolmen mit Türloch in Gesellschaft zweier Menhire entdeckt. Den interessantesten Fund machte der englische Forschungsreisende W. G. Palgrave, der 1862/63 durch Mittel- und Ostarabien zog. Im Steppenhochland von Nedschd in Saudiarabien sah er bei den Dörfern Ajun und Rass drei gigantische Steinkreise, die ursprünglich, wie Stonehenge, aus zahlreichen Trilithen bestanden hatten. Der größte stand bei Ajun auf einem Berghang und zeigte, neben vielen gestürzten, acht oder neun aufrechte, roh zugehauene Pfeiler von etwa 5 m Höhe. Zwei Paare trugen noch den verbindenden Deckstein. Große Grabtumuli mit Steineinfassungen wurden auch von dänischen Ausgräbern auf ihrem Rückweg von Bahrain in Südarabien gesehen und nach Oberflächenfunden von Scherben etwa in die Mitte des 3. Jahrtausends datiert. Das Alter der oben erwähnten Megalithmonumente bleibt aber ungewiß.

Die nomadisierenden Beduinen, deren Zelte aus harter, schwarzer Ziegenwolle bis heute im Sinaigebiet und in anderen dürren Gegenden Israels und Jordaniens dunkle Flecken in die kahle, gelb oder rosa getönte Steinlandschaft zeichnen, leben – auch wenn sie ihr Einkommen manchmal als folkloristische Attraktion für die Touristen aufbessern oder, wie in der Sinaiwüste, für die Mönche des St. Katharinenklosters arbeiten – noch in einer archaischen Hirtenwelt. In ihren Bräuchen hat sich bestimmt viel Urzeitliches erhalten, das zur Deutung des Totenkultes im Megalithikum beitragen kann.

Manche Stämme benutzen, wie schon im Natufien, Höhlen als kollektive Begräbnisorte oder bergen die Verstorbenen unter einigen großen Blöcken und Steinhaufen. Dies war vermutlich einer der ältesten Bestattungsbräuche nomadischer Wüsten- und Steppenvölker, er schützte die Leichen vor Schakalen oder anderen aasfressenden Tieren und machte das Grab kenntlich. Der alten Funktion eines Steintumulus als Schutz und Mal, das sich wiederfinden ließ, war eine lange Geschichte beschieden. Auch die Pyramiden waren schließlich nichts anderes als die zur makellosen Form kristallisierte, ins Ungeheure gesteigerte Vollendung dieser Idee.

Die modernen Heiligtümer der Beduinen unterscheiden sich kaum von den vorgeschichtlichen. Ein Steinkreis oder eine niedrige ringförmige Trockenmauer mit einem Eingang in Trilithenform umgeben meist nur einen leeren Raum. Manchmal umschließt er zwei aufgerichtete Platten, die ein Grab andeuten. Die altorientalische Konzeption eines sakralen Ortes (›templum‹), der durch eine Umhegung von der profanen Welt isoliert wird, lebt in diesen einfachen Anlagen ungewandelt fort.

Hinter der Verehrung männlicher oder weiblicher Heiliger des Islam an deren Gräbern mögen sich oft weit zurückreichende lokale Kulte verbergen, die den Totengeistern, heroisierten Ahnen oder auch Stammesgottheiten galten. Es ist charakteristisch, daß dort um Fruchtbarkeit der Äcker, der Tiere und Menschen und um Regen gefleht wird.

Bei den Arabern Ostjordaniens ist die Anhänglichkeit an die Verstorbenen besonders ausgeprägt. Das Ahnengrab genießt meist hohe Verehrung und ist ein heiliger Ort, der selbst zum Asyl für Verbrecher oder Verfolgte, denen Blutrache droht, werden kann. Am Dahijefest, dem Totengedenktag, erhält jeder Verstorbene ein Opfer. Es kann ein Schaf sein oder eine fehlerlose Kamelstute, die vor der Schlachtung gesattelt und mit voller Ausrüstung für einen Mann: Kleidern, Wasserschlauch usw. in die Wüste gejagt und dann wieder eingefangen wird. Diese Gaben, die anschließend den Armen geschenkt werden, sind symbolisch für den »nackten Toten« bestimmt, der »Kleidung braucht«. Zu Beerdigungen gehört stets ein blutiges Opfer mit anschließendem Leichenschmaus unmittelbar am Grabe.

Stämme aus dem Gebiet des alten Nabatäerreiches, dessen Hauptstadt Petra war, haben ihre eigenen Totengedenktage, an denen sie mit ihren Herden zu den Friedhöfen ziehen, um einige Zeit dort zu bleiben. Die Totenopfer werden gegen Tagesende dargebracht. Das Blut der geschlachteten Tiere muß in das Grab fließen als »Abendmahl für die Abgeschiedenen«. Auch Milch wird ausgegossen. Der Stein zu Häupten des Grabes wird mit Öl gesalbt. Solche Riten sind uralt wie die Lebensweise der Hirten und die ersten vom Menschen gepflanzten Olivenbäume.

Erinnerungen an die einstigen Dolmenerbauer leben wohl in der Beduinenlegende von den »Rephaim« fort, einem riesenhaften Urvolk, das östlich und westlich des Jordans gewohnt haben soll, d. h. in den Regionen der Dolmenfelder. »Rephaim«, ursprünglich sicher ein Stammesname, war bezeichnenderweise sowohl die biblisch-hebräische wie die phönizische Bezeichnung für »Totengeister«.

Kaum berührt vom Ablauf der Geschichte und vom Wandel der Religionen bewahrten die nomadisierenden Beduinen in ihrem zeitlosen Dasein die Traditionen einer längst versunkenen Vorstellungswelt, die vom Toten- und Ahnenkult beherrscht war und hielten uralte Riten lebendig, die vielleicht vor mehr als 10 000 Jahren in Palästina und Südarabien zum ersten Mal ausgebildet und festgelegt wurden.

Direkte Beziehungen zwischen der Großsteinkultur des Heiligen Landes und dem westeuropäischen Megalithikum sind, nach den neuen frühen Daten für das letzte, mehr denn je auszuschließen und eine Beeinflussung in umgekehrter Richtung ist ebenfalls höchst unwahrscheinlich. Der Radius der südfranzösischen und iberischen Zivilisationen mit Großsteinmonumenten reichte schwerlich über Sardinien hinaus. Beruhte die Gleichartigkeit der Grab- und Kultanlagen und gewisser Opferhandlungen in so weit auseinander liegenden Bereichen auf purem Zufall? Kann man annehmen, daß mehr oder weniger identische religiöse Erlebnisse und Impulse in allen Menschen inhärent sind und unter bestimmten ökologischen und sozialen Voraussetzungen zur Entstehung ähnlicher religiöser Strukturen führen? Diese Formel geht z. B. für Länder wie Jordanien und die Bretagne, deren Umweltbedingungen sehr wenig miteinander gemein hatten, sicher nicht auf. Und warum verbreitete sich der Kult, der mit der Forderung eines festen Hauses für die Verstorbenen verbunden war, wohl im Bereich des Mittelmeeres und der atlantischen Länder Europas, während er auf dem Balkan und in Mitteleuropa, deren neolithische Zivilisationen eine frühe glänzende Entfaltung mit komplizierten religiösen Institutionen um die Zentralgestalt der Großen Mutter erlebten, in der gleichen Epoche nirgends Fuß faßte? Die Geschichte der Religionen beweist, daß es immer wieder Brennpunkte gab, von denen neue Gedanken ausgingen. In historischer Zeit waren es die großen Religionsgründer, deren Namen und Lehre überliefert sind. Keiner von ihnen kam aus dem Westen. Aus der Vorgeschichte blieben nur die schweigenden Riesenmonumente verschollener Religionen zurück, geheimnisvolle Zeugnisse der Macht und Dynamik eines Glaubens, der ewiges Leben verhieß und eine aktive Beeinflussung des menschlichen Geschickes nach dem Tode ermöglichte.

Die Ergebnisse der archäologischen Forschung in Israel und Jordanien erweisen diesen Bereich seit dem Natufien als das bis jetzt älteste Zentrum eines hochentwickelten Totenkultes. Dort wurde die erste deutlich formulierte Antwort des Menschen auf die große Frage des Todes gegeben. Der Kult der Toten und der Magna Mater waren die beiden Leitmotive der frühesten ausgebildeten Religionen im Nahen Osten. In Südosteuropa stand vor allem die Göttin im Zentrum der neolithischen und chalkolithischen Religion. Die Wiege des Totenkultes befand sich vielleicht in Palästina. Das Hervortreten der Großen Muttergottheit in ihren vielfältigen Erscheinungsformen aus der gesichtslosen weiblichen Urgestalt des Jungpaläolithikums aber vollzog sich vermutlich in Kleinasien, das noch bis zum Ende der Antike unter der Domination der Kybele stand.

Die Herrin über Leben und Tod und der Stiergott von Çatal Hüyük

Die Vorstellung der Urmutter als Sinnbild des sich ewig erneuernden Lebens manifestierte sich nach dem Auftreten des *Homo sapiens* vor etwa 40 000 Jahren von Südrußland bis Westeuropa in den ältesten Menschenbildnissen und Symbolen. Die fettleibigen ›Venusfiguren‹ dieser Epoche stellen sicher keine individuellen Frauen dar, sie verkörpern bereits Ideen: das Verlangen nach Fruchtbarkeit von Mensch und Tier und vielleicht die Hoffnung einer Auferstehung der Gestorbenen durch die magische Kraft ihrer Vulvasymbole, die als Ritzungen und Reliefskulpturen auf Felsen in der jungpaläolithischen Kunst und in der Form von Kaurimuscheln als Grabbeigaben entdeckt wurden. Der Archetyp der Muttergottheit erscheint in diesem Bereich älter als in Vorderasien.

Mit den Anfängen der Seßhaftigkeit, des Ackerbaus und der Viehzucht aber begann dort ihre weltweite Herrschaft als echte Göttin, deren Kult in neuen Formen und mit erweiterten Inhalten fortgesetzt wurde. Die Periode zwischen dem 10./9. und dem 4. Jahrtausend im Nahen und Mittleren Osten war für die Zukunft der Zivilisation entscheidend, dies zeigen die Ergebnisse der archäologischen Forschung der letzten 30 Jahre sehr deutlich. Der materielle und geistige Aufbruch, der sich damals im Jordangebiet, in den Zagrosbergen, die das iranische Hochland von der mesopotamischen Ebene trennen, und in Anatolien vollzog und von dort aus früh nach Südosteuropa übergriff, schuf die Basis unserer Kultur. In dieser schöpferischen Epoche erscheinen Syrien und Palästina, Anatolien und Mesopotamien sowohl durch Handelsbeziehungen wie auf religiösem und kulturellem Gebiet verbunden. Der Kult der großen weiblichen Gottheit wird in diesem ganzen Bereich in vielgestaltigen Bildnissen und Idolen sichtbar. In ihnen spiegelt sich die geistige Entwicklung einer dynamischen Zeit, in der man die gütigen oder grausamen Mächte, die Herrscher über Leben, Tod und Umwelt, zu personifizieren suchte. Als Höhere Wesen in menschlicher Gestalt wurden sie erreichbar und, wie man hoffte, auch beeinflußbar. Man konnte sie anrufen, durch Opfer und rituelle Handlungen günstig stimmen oder auch versöhnen.

Kein Mythos aus vorgeschichtlicher Zeit ist als mündliche oder schriftliche Überlieferung erhalten, nur Bilder und Formen, deren Sinn vielfach dunkel bleibt. Doch können wir aus absichtlichen Veränderungen und Übertreibungen der dargestellten Realitäten, aus den Themen und den verwendeten Symbolen gewisse Schlüsse ziehen.

Die formalen Traditionen der paläolithischen Frauenstatuetten mit ihrer Überbetonung des Fruchtbarkeitsaspektes blieben bis zum Ende des Neolithikums lebendig. Neben diesen strotzenden gab es aber auch naturalistische, dämonisch verzerrte und weitgehend schematisierte Figuren, die verschiedene Auffassungen der Gottheit verkörperten, und ihre in Palästina bezeugte, vollkommen abstrakte Darstellung in einem aufgerichteten Stein.

Seit der Entdeckung der frühneolithischen Stadt »Hügel am Scheideweg« (»Çatal Hüyük«) am Rand der südanatolischen Hochebene von Konya zu Beginn der sechziger Jahre wissen wir plötzlich bedeutend mehr über das Wesen der ›Großen Herrin‹, ihres Kultes und ihrer Gefährten. Die Ausgrabungen von Çatal Hüyük enthüllten eine ungeahnt komplexe Religion, in der bereits die meisten Leitmotive der späteren vorderasiatischen, mediterranen und osteuropäischen Kulte ausgeprägt erscheinen.

Der britisch-holländische Archäologe James Mellaart, bekannt durch seine erfolgreichen Ausgrabungen im Tell von Haçilar bei Burdur, wo er Wohnschichten einer Siedlung freilegte, die vom vorkeramischen Neolithikum bis zum Chalkolithikum reichte, und des Ruinenhügels von Beycesultan am Oberlauf des Mäander, der die Reste einer Stadt mit Tempel- und Palastanlagen aus der Kupferstein- und der Bronzezeit enthielt, grub zwischen 1961 und 1963 etwa ein Dreißigstel der rund 17 Hektar großen Siedlung aus. Schwierigkeiten mit den türkischen Behörden, die ihn zu Unrecht des Antiquitätenschmuggels verdächtigten, führten danach zum Abbruch der Spatenforschung, sicher einer der wichtigsten unseres Jahrhunderts. Die untersten vier Meter der zwölf Wohnhorizonte, die diese einzigartige Stadt aufwies, blieben unerforscht, ihre älteste Geschichte ungeklärt. Seither liegt der riesige ovale Doppel-Tell verlassen und von Raubgrabungen verwüstet in der weiten Ebene, begrenzt vom 3250 m hohen Vulkankegel des Hasan Daǧ, dessen Obsidianvorkommen sicher am frühen Aufstieg von Çatal Hüyük mitgewirkt hatten. Wahrscheinlich sind damit unschätzbare Informationen und Kostbarkeiten aus der Übergangszeit zwischen den spätpaläolithischen Jäger- und den ersten Bauernkulturen für immer verloren.

Çatal Hüyüks Anfänge gehen vermutlich ins 8. Jahrtausend zurück, denn C14-Daten für Schicht X, die tiefste, die bis jetzt erforscht wurde, ergaben Zeiten um die Mitte des 7. Jahrtausend. Die Siedlung erreichte innerhalb einer Spanne, die wohl auf 1000 bis 1500 Jahre bemessen werden kann, da die Siedlung gegen 5600 v. Chr. verlassen wurde, einen kulturellen Hochstand, der in vieler Hinsicht jenem der Frühbronzezeit nicht nachstand. Ihre fortgeschrittene Landwirtschaft – Analysen ergaben, daß 16 verschiedene Nutzpflanzen angebaut wurden – ihre städtische Organisation und weitgespannten Handelsbeziehungen, die technische Perfektion und Eleganz der handwerklichen Produktion von den einfachsten Gebrauchsgeräten bis zu Luxusgegenständen wie Schmuckketten aus Steinperlen mit unglaublich feiner Durchbohrung oder makellos polierten Obsidianspiegeln, die Verwendung von Kupfer und Blei vor allem für Zierat, die bereits im 7. Jahrtausend einsetzte, die raffinierte Textilindustrie und besonders die malerische und plastische Kunst stellen die frühe Geschichte der Zivilisation in ein neues Licht.

Die eigenartige Architektur dieser Stadt, die sich übrigens bis heute an manchen Orten Zentral- und Ostanatoliens, im Kaukasus und den westiranischen Bergen als Schutz gegen feindliche Angriffe und Überschwemmungen erhalten hat, trug zur relativ guten Bewahrung der verschiedenen Siedlungsschichten bei. Ihre rechteckigen türlosen Bauten aus großen luftgetrockneten Lehmziegeln mit Balkenverstärkungen, flachen Rohrdächern und hochgelegenen Fensterlöchern bildeten ein nur durch wenige offene Höfe unterbrochenes Konglomerat. Der Zugang in die Häuser war einzig über die Dächer und Leitern möglich. Sie enthielten einen großen und kleine, niedrigere Nebenräume. Die Flure und Wände waren mit einer Art Gips verputzt und, wie auch in Jericho II, vielfach rot gefärbt. Die Inneneinrichtung bestand überall aus Schlafplattformen, Bänken längs der Wände, Herden und Backöfen, in denen vielleicht auch manchmal Töpferware gebrannt wurde.

Es scheint, daß Mellaart den Spaten in jenem Teil des mächtigen Tells ansetzte, der das Wohnviertel der Priester mit den religiösen Zentren enthielt. Er entdeckte jedenfalls keine einzige Werkstatt und auch kein öffentliches Gebäude. Von den 139 Räumen, die freigelegt wurden, waren 40 bis 60, vor allem die größten, Schreine. Dafür spricht ihre reiche malerische und plastische Dekoration, deren rituelle und religiöse Bedeutung unverkennbar ist, sowie zahlreiche Kultbilder in Hochrelief, Schädel auf Podien, Votivfiguren und Opfergaben wie Steingeräte, Korn usw.

Die Wandmalereien, für die mineralische Farben, besonders roter, gelber und brauner Okker, Orangerot, Gelb, Mauve, Rosa, Blaugrün, Schwarz und Bleigrau verwendet wurden, zeigen neben an Kelims erinnernden geometrischen Mustern, Handabdrücke in Rot und Schwarz, die eine Tradition der jungpaläolithischen Höhlenkunst fortsetzten und sicher magische Bedeutung hatten, ebenso Blumen- und Insektenmotive, aber auch große Gemälde mit Jagdszenen, auf denen riesenhafte Hirsche und viele kleine Bogenschützen vorkommen. Diese Bogenschützen sind häufig auch mit Keulen bewaffnet und mit Leoparden-fellen und Mützen bekleidet. Der magische Charakter dieser Bilder wird durch tanzende Figuren – eine mit Tamburin – und eine Anzahl weiß und rot gemalter gespenstischer Gestalten ohne Kopf deutlich. Ein Unikum ist eine Ansicht der Stadt mit einem Vulkanausbruch im Hintergrund. Fresken mit gigantischen schwarzen Aasgeiern und verstreuten kopflosen Menschenfiguren beziehen sich ohne Zweifel auf den Brauch der Exkarnation der Leichen vor ihrer Beisetzung. Sanktuarien waren sicher auch die Räume mit Bildnissen der Großen Göttin, die sie sowohl gemalt in prächtiger Gewandung wie als Reliefskulptur

Schrein aus Schicht 6 von Çatal Hüyük

0   1   2m

in Gips als nackte schematische Gestalt mit gespreizten Beinen und Armen, erhobenen Händen und stark betontem Nabel, vielleicht als Gebärende, in umrahmten Nischen zeigen. In dieser Form erscheint sie häufig im Verband mit hochreliefierten Stierköpfen, die bemalt und oft mit echten Hörnern versehen sind, mit Bukranien (Nachbildung von Stierschädeln), die wir noch bis zum Ende der Antike auf Altären und Grabmälern finden, und mit Rinderhörnern, die auf Bänken aufgereiht sind. Hier finden sich die ältesten Zeugnisse der Verehrung eines Stiergottes als Partner der Magna Mater, die sich später im ganzen Mittelmeerraum und darüber hinaus verbreiten sollte. Auch modellierte Widderköpfe mit echten oder skulpierten Hörnern erscheinen in den Heiligtümern als kultische Vorläufer der nahöstlichen Wetter- und Fruchtbarkeitsgötter. Höchst seltsam sind Unterkiefer gewaltiger Eber und Schädel von Aasgeiern, Füchsen und Wieseln, die reihenweise in den Gipsbewurf an den Wänden einiger Schreine gesteckt und mit modellierten Brüsten, deren Warzen rot bemalt waren, umhüllt wurden. Eberhauer und Geierschnabel, die aus einer Brust ragen, symbolisieren wohl den ernährenden wie den schrecklichen Aspekt der Göttin, vergleichbar den Statuetten aus dem syrisch-palästinensischen Bereich, die sie mit den Händen unter den Brüsten, aber mit furchterregenden, oft schlangen- oder vogelhaften Antlitzen zeigen.

Noch deutlichere Hinweise auf die Göttervorstellungen dieser frühen Epoche geben die zahlreichen Statuetten aus Terrakotta, Marmor, Alabaster, Basalt und anderen Steinsorten, die in den Schreinen ans Licht kamen. Alle Erscheinungsformen der großen Muttergottheit von ihrer Urgestalt im Paläolithikum bis zu den vielfältigen Göttinnen der histo-

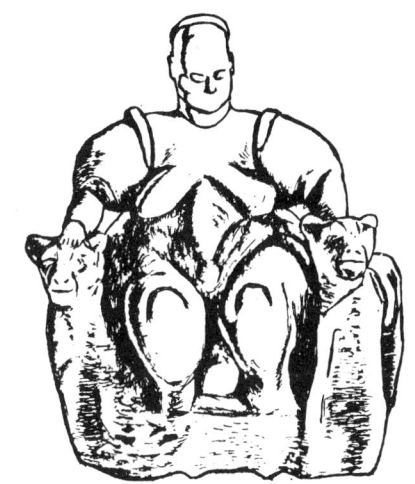

Tonstatuette einer gebärenden Göttin, die sich auf zwei Leoparden stützt

rischen Religionen und ihrer letzten Personifikation in der christlichen Madonna mit dem Jesuskind, künden sich in den Bildwerken aus Çatal Hüyük bereits an. Rudimentär bearbeitete Geröll- oder Tropfsteine bilden nur die Idee eines schwangeren Frauenleibes aus, in einer weiblichen Doppelfigur wird aber bereits das Konzept der Mutter- und der mädchenhaften Göttin sichtbar: Demeter und Kore der griechischen Mysterienreligionen. Neben fettleibigen Sitzfiguren, die manchmal zwei junge Leoparden – die auch in Schreinen dargestellt sind – als die heiligen Tiere der Göttin im Arm halten, gibt es zierliche Statuetten, ebenfalls mit dem Leoparden verbunden, die als Vorgängerinnen der Artemis, der ›Herrin der Tiere‹ wirken. Andere Bildwerke betonen die absolute Herrschaft der ›Großen Mutter‹, die auch in den Sanktuarien so deutlich wird, und zeigen sie als majestätisch Thronende, die sich auf zwei Leoparden stützt und ein Kind gebiert.

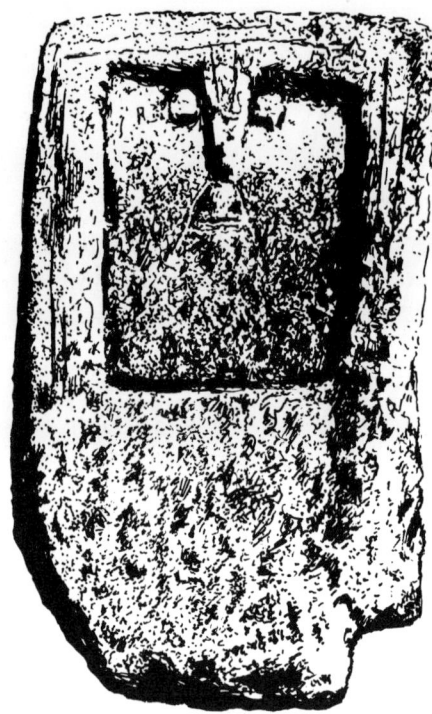

Stele von Asquera mit Muttergottheit

Augenidole aus Tell Brak

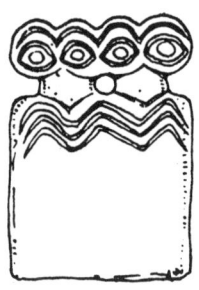 

Anders als in den Heiligtümern, in denen das männliche Prinzip nur in Widdern und Stieren verkörpert ist, erscheint der Partner, Sohn oder jugendliche Geliebte der Göttin in einigen Statuetten auch in menschlicher Gestalt. Einzigartig ist ein Relief auf einer Schieferplatte, das ein Paar in einer Umarmung und eine Frau mit einem Kind darstellt. Sechs bis sieben Figürchen aus Marmor und anderem Stein zeigen teils knabenhafte Gestalten – eine reitet einen Leoparden – teils erwachsene Männer. Zwei tragen Bärte, einer sitzt auf einem Stier. In diesen drei Figuren kann man Gatten der Magna Mater vermuten.

Der düstere, chthonische Aspekt der Erdmutter als Herrin der Unterwelt tritt in einer kleinen, kompakten Marmorplastik stark hervor, die zusammen mit der Figur eines Aasgeiers, dessen Todessymbolik in Çatal Hüyük stets deutlich ist, gefunden wurde. Der übergroße Kopf dieses Idols zeigt das drohende ›Eulengesicht‹, das später die Menhirstatuen der ›Dolmengöttin‹ in den europäischen Megalithkulturen kennzeichnet, die Betonung der magischen Kraft des Blickes, eine Vorstellung, die sich vor allem im syrisch-mesopotamischen Bereich, in Palästina und Südosteuropa entwickelte und noch heute im Glauben an die Macht des ›Bösen Blickes‹ in den Mittelmeerländern lebendig ist. Terrakottafiguren der Göttin mit atrophiertem Kopf, der eigentlich nur aus einem aufgemalten Riesenauge besteht, stammen aus der Halaf-Kultur (um 4000 v. Chr.) in Nordmesopotamien. Die extremste Ausbildung dieses Gedankens aber erfolgte im Tempel der ›Augengöttin‹, der im Tell Brak in Ostsyrien ausgegraben wurde. Dort kamen zahllose flache Miniatur-Votivfiguren aus Alabaster ans Licht, bei denen das Antlitz auf Riesenaugen unter geschwungenen Brauen, hier wohl Symbole der allessehenden Gottheit, reduziert ist. In diesen seltsamen Weihegaben, die gegen 3000 v. Chr. datiert werden, manifestierte sich vielleicht eine neue, mehr metaphysische Auffassung der Muttergottheit. Das Auge wurde zum Zentrum ihrer Macht, zu ihrem heiligen Zeichen, das auch auf Symbolkeramik und Steinmalen des westlichen Megalithikums erscheint.

Palästina, Syrien, Mesopotamien und Anatolien wirken noch immer als Keimstätten von Erfindungen und Ideen, die am Beginn der Zivilisation standen und deren Ausstrahlungskraft ohne Zweifel groß war. Daß diese Zentren keinerlei Anteil am gewaltigen religiösen Aufbruch hatten, der sich im Lauf des Frühneolithikums in West- und Nordeuropa vollzog, ist auch seit den neuen Daten schwer vorstellbar. Selbst die meist fanatischen Antidiffusionisten schließen die Möglichkeit von Kontakten und Stimulierung nicht ganz aus, und es gibt noch immer eine Reihe von Faktoren, die dafür sprechen.

Die großen Wanderungen

Endloses Wandern war das älteste Geschick der Menschheit: ewiger Aufbruch unter dem Zwang der Suche nach Nahrung, nach neuen Jagdgründen, Verfolgung des ziehenden Wildes, Flucht vor einer sich feindlich verändernden Umwelt, vor plötzlichen Katastrophen. Während unermeßlicher Zeiträume hatte der Mensch wenig andere Verteidigungsmittel als seine Anpassungsfähigkeit und seine vom Selbsterhaltungstrieb angespornte Beweglichkeit. Tropischer Überfluß wechselte mit der grausamen Kargheit der Eiszeiten, Länder verschwanden im Meer oder tauchten daraus empor, der Grund bebte und barst, Feuer brach aus den Bergen. Nur durch Ausweichen konnte der Mensch diese Gefahren überleben. So war er, obwohl von Anbeginn vielleicht zur Seßhaftigkeit neigend, doch viele Jahrhunderttausende hindurch Nomade.

Unvorstellbare Strecken wurden in der Altsteinzeit von Jäger- und Sammlergruppen bewältigt, von winzigen verlorenen Häuflein in einer von riesenhaften Tierherden und gefährlichen Raubtieren beherrschten Welt. Über längst versunkene Brücken zwischen den Kontinenten und solche, die heute noch bestehen, ging die nie abreißende Wanderung, in der sich die Urrassen begegneten und vermischten. Die Völker der Alten Welt sind das Ergebnis solcher Zusammentreffen zwischen Europiden, Asiaten und Afrikanern.

Alle diese Vorgänge verschwimmen im Dämmer einer Urzeit, deren Geheimnisse nur zu einem winzigen Teil entschleiert werden konnten. Immerhin wissen wir aber seit den Entdeckungen der sechziger Jahre in der Olduwai-Schlucht in Nordtansania und am Omofluß in Südwest-Äthiopien, daß sich der Übergang vom Tier zum Menschen unendlich viel früher vollzog als angenommen wurde: vielleicht vor 1,5 oder sogar 3,5 Millionen Jahren, die Meinungen der Gelehrten gehen zur Zeit darüber noch stark auseinander. Aber erst seit etwa 100 000 Jahren werden die Umrisse des Urmenschen für uns deutlicher mit dem Neandertaler und seinem Nachfolger, dem homo sapiens. Einige große Lebensströme werden im Mittleren und im

Jungpaläolithikum sichtbar, die sehr weite Gebiete berühren. Der Mittelmeerraum und seine Ausstrahlungszonen erscheinen als ein organisches Ganzes, von mehr oder weniger denselben Rassen bewohnt und mit gemeinsamen Kulturerscheinungen und religiösen Bräuchen. Nordafrika mit einer vorwiegend weißhäutigen Bevölkerung, die noch in den Berbern und den Tuaregs fortlebt, gehörte seit dem späten Paläolithikum vollständig in diesen Kreis. Die vielleicht aus dem Osten eingewanderte Cro-Magnonrasse und altmediterrane Völker formten die Basis, auf der später die neolithischen Kulturen entstanden.

Mit dem Ausklang der letzten Eiszeit setzten im Gefolge der Klimaänderungen in dieser Region wie auch in Mittel-, West- und Nordeuropa besonders rege Wanderbewegungen ein. Damals begann die langsame Austrocknung der Sahara, die aus einem grünen wasserreichen Grasland, einem Lebensraum vieler Tiere und Menschen, immer mehr zur Wüste wurde. Auch die Arabische Halbinsel machte vielleicht eine ähnliche Entwicklung mit. Es begann der große Zug ihrer nomadischen Bewohner nach Westen, Osten und Norden, der die Geschicke des Nahen und Mittleren Ostens und auch Ägyptens viele Jahrtausende hindurch immer wieder beeinflussen sollte. Die afrikanischen Wüstenstämme drängten nach dem fruchtbaren Nilgebiet und gelangten vielleicht auch über Gibraltar nach Iberien.

Die Erwärmung des Klimas in Westeuropa führte ungeachtet der verbesserten Existenzbedingungen keineswegs zu einer Erhöhung der Kreativität seiner Bewohner. Im Gegenteil: das Azilien beispielsweise, das dem Magdalénien mit seiner unvergleichlichen Höhlenkunst und hochentwickelten Stein-

und Knochenindustrie folgte, wirkt im Vergleich recht ärmlich und hinterließ außer den bereits erwähnten rotbemalten Kieseln nichts Bemerkenswertes. Eine Neuerung von weitreichender Bedeutung wurde allerdings im Mesolithikum West- und Nordeuropas eingeführt: seine Menschen wagten sich in dieser Periode wahrscheinlich zum ersten Mal aufs Wasser. Das Großwild wurde damals, teils durch die Auswanderung der Rentiere nach kälteren Zonen, teils vielleicht durch verbesserte Jagdmethoden einer angewachsenen Bevölkerung, knapp, und man mußte an einen Ersatz der alten Fleischkost denken. Fische und Muscheln wurden damals ein wichtiger Bestandteil der Ernährung. Zunächst befuhr man wahrscheinlich nur Binnengewässer mit Flößen und Einbäumen. Ein solches Boot, das rund 9000 Jahre alt ist, kam in holländischem Moorgrund ans Licht, und die dänische Maglemose-Kultur aus der Mittelsteinzeit lieferte Ruder-Funde. Für seegängige Boote gibt es nur indirekte Beweise in den Resten von Tiefseefischen, die man in den riesigen Küchenabfallhaufen der Nordseeküstenbewohner fand.

Erst mit dem Einsatz des Neolithikums begann eine neue schöpferische Phase, ausgelöst durch Wanderbewegungen, die sich aber langsamer und gezielter vollzogen als die früheren. Diesmal waren es nicht mehr Jäger, die planlos auf den Spuren ihres Wildes die Welt durchstreiften, sondern feste Gemeinschaften von Ackerbauern und Viehzüchtern. Durch die Bevölkerungsexpansion, die sich im Osten mit der Einführung einer geregelten Produktions- und Vorratswirtschaft vollzogen hatte, durch die Erschöpfung des extensiv bewirtschafteten Ackerbodens und andere Ursachen wie Dürrezeiten usw. waren sie gezwungen, von Zentren in Anatolien und Südosteuropa aus allmählich nach Westen vorzudringen. Die Donaukultur, die auf Brandrodung beruhte, blühte nach den neuen Datierungen schon im 6. Jahrtausend auf den fruchtbaren Lößböden zwischen Dnjestr, Donau und Rhein und drang allmählich über große Teile von Ost- und Mitteleuropa bis an die atlantischen Küsten vor. Ihre Spuren blieben in den Resten von hölzernen Langhäusern, der typischen kugeligen Bandkeramik mit Spiral- und anderen Mustern aus parallelen eingeritzten Linien und Tüllenbeilen sowie in Schmuck aus Spondylusmuscheln altmediterraner Tradition zurück.

Eine Periode intensivierter Kontakte, des Austausches von Gütern, Kenntnissen, kulturellen und religiösen Bräuchen und Konzeptionen hatte auch für Zentral-, West- und Nordeuropa begonnen, in der die großen Wasserwege, die ältesten Verbindungsrouten zwischen den Völkern und Ländern, sicher eine entscheidende Rolle spielten. Dies galt naturgemäß in noch höherem Maße für den mediterranen Raum.

Die Entwicklung des Seeverkehrs im Mittelmeer

Der älteste Beweis für Handel über See, den wir bis jetzt besitzen, wurde zu Beginn der siebziger Jahre in der Franchthi-Höhle auf der Peloponnes entdeckt. Dort fand sich Obsidian in einer mesolithischen Wohnschicht, die mit der C14-Methode etwa in das letzte Viertel des 8. Jahrtausends datiert wurde. Seine petrologische Analyse enthüllte, daß er von der Insel Melos stammte, die gute hundert Kilometer entfernt in der Ägäischen See liegt. Welcher Art die Flöße oder Boote waren, mit denen man sich in dieser Zeit bereits auf so weite Fahrt wagte, bleibt ein Rätsel.

Die ersten Schiffsdarstellungen aus der Ägäis erscheinen erst etwa viereinhalb Jahrtausende später auf den feingearbeiteten, meist mit spiraligen Motiven gravierten Griffschalen aus Terrakotta, die aus der frühkykladischen Kultur stammen und wohl kultischen Zwecken dienten. Die berühmteste zeigt über dem Dreieckmotiv der Großen Göttin ein langes schmales Ruderboot mit hohem, scharfgeschnittenem Bug und flachem Achterdeck. Dieses sicher sehr wendige und rasche

Plankenschiff hatte zweifellos eine weit zurückreichende Entwicklungsgeschichte.

Rückseite einer Griffschale aus Syros mit Schiffsdarstellung (1. Hälfte 3. Jahrtausend v. Chr.)

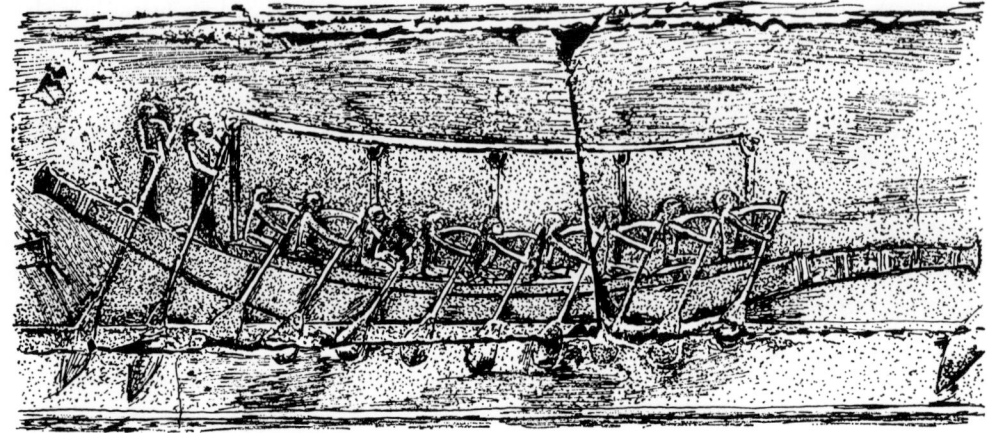

Ägyptisches Ruderschiff aus Binsenbündeln

Mindestens tausend Jahre älter sind Schiffsbilder aus Ägypten, die sowohl auf Felsgravierungen im Wadi Hammamat östlich des Nils wie auf bemalten Gefäßen und Grabfresken der vordynastischen Zeit erscheinen. Die erstgenannten Fahrzeuge unterscheiden sich übrigens deutlich von den ägyptischen und gehörten vermutlich Einwanderern, die über das Rote Meer gekommen waren.

Es ist heute sehr wahrscheinlich, daß man in Mesopotamien den Ägyptern auch im Schiffsbau voraus war. Neuerdings ergaben Analysen zahlreicher Tonware des vorsumerischen Ubaid-Stils, die in Saudi Arabien, Qatar und auf Bahrain zutage kamen, daß diese Keramik aus Orten wie Ur, Eridu und Tell al-Ubaid in der Nähe des arabischen Golfes stammt. Es gab daher schon gegen 5000 v. Chr., Jahrtausende vor dem historisch verbürgten Handel mit Dilmun (der alte Name für die Insel Bahrain), regelmäßigen Seeverkehr zwischen den Protosumerern und Ostarabien. Ging es damals bereits um

›Fischaugen‹, wie die Perlen aus Dilmun später in Handelsdokumenten genannt wurden? Höchstwahrscheinlich waren um diese Zeit bereits auch Segelschiffe in Gebrauch.

Auf ägyptischen Darstellungen tauchen Segelschiffe etwa in der ersten Hälfte des 4. Jahrtausends v. Chr. auf. Die ältesten Fahrzeuge, mit denen sich die Ägypter aufs Wasser begaben, waren wohl die vielfach abgebildeten leichten Boote aus Binsen- und Schilfbündeln, mit denen sie vermutlich nur den Nil befuhren. Im 4. Jahrtausend verfügten sie aber mit Sicherheit über große seetüchtige Schiffe aus Holz. Aus Berichten geht hervor, daß sie zur Zeit der ersten Dynastie, d. h. gegen Ende des 4. Jahrtausends, regelmäßig längs der Küsten Palästinas nach Byblos fuhren, um das kostbare Zedernholz aus dem Libanon einzuhandeln. Auch Navigation längs der nordafrikanischen Ufer und Seeverkehr mit Kreta fand sicher statt.

Neun prächtige Schiffe mit schnabelförmigem Bug, hohem Achterdeck, Steuer und vielen Rudern, eines davon auch mit Mast und einem

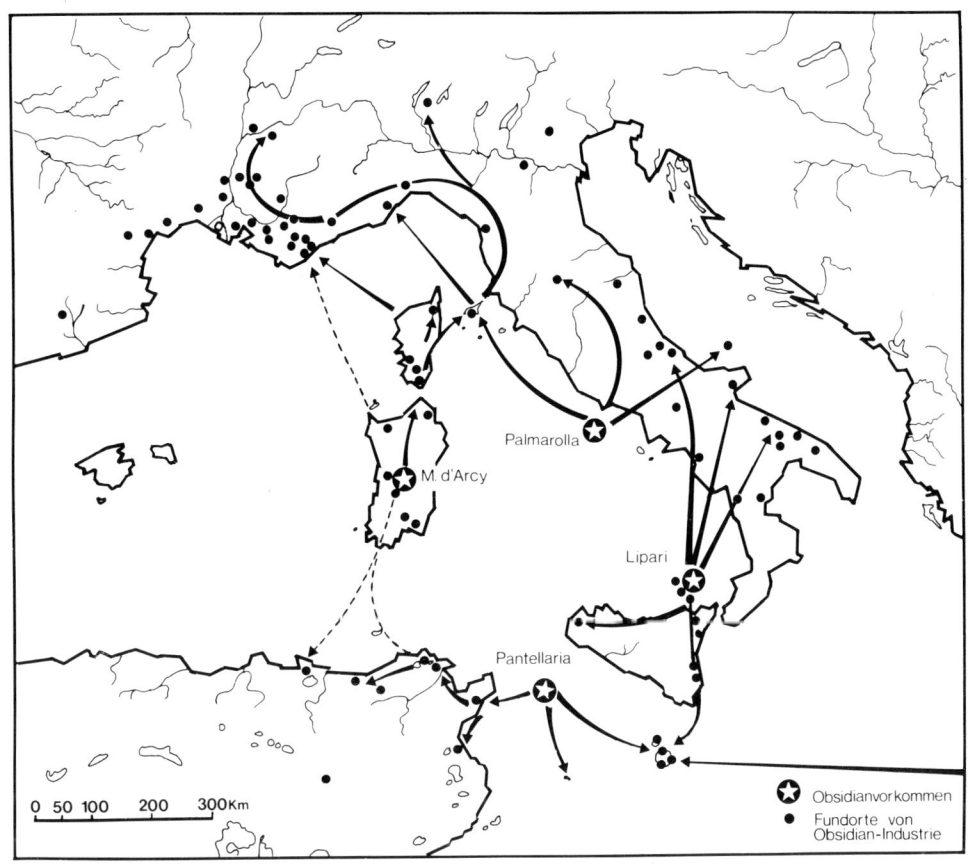

Obsidianhandel im Westmittelmeer (nach der Karte von J. Courtin, 1972). Die gestrichelten Routen sind sehr zweifelhaft.

quadratischen Segel, sind nach James Mellaarts Beschreibung auf dem Silberblatt eines Prunkschwertes aus dem mysteriösen Dorak-Schatz dargestellt. Dieser soll aus zwei Königsgräbern in Südwestanatolien stammen und sich in Privatbesitz befinden. Mellaart durfte Zeichnungen von Gegenständen aus diesem Schatz, der durch einen Stempel des Pharaos Sahure (2487–73) auf einem goldüberzogenen Thron datiert ist, anfertigen, übernahm jedoch die Verpflichtung, den Namen der Besitzer nicht preiszugeben, eine Angelegenheit, die viel Staub aufwirbelte.

Die bildlichen Beweise für eine hochentwickelte Seefahrt im Ostmittelmeer sind also spärlich und reichen nicht über die erste Hälfte des 4. Jahrtausends hinaus. Die indirekten Beweise für die Existenz von Fahrzeugen, die beträchtliche Ladungen transportieren konnten, sind jedoch zahlreich. Inseln wie Zypern und Kreta wurden nachweislich spätestens gegen Ende des 7. Jahrtausends von den ersten Kolonisatoren erreicht, die in beiden Fällen höchstwahrscheinlich aus Kleinasien kamen. Die Adria war um diese Zeit ebenso befahren wie das Westmittelmeer, dessen Inseln nicht später als die ostmittelmeerischen von Menschen betreten wurden, wie u. a. die neuesten Funde auf Korsika bezeugen. Diese früheste Seefahrt hat eine Spur hinterlassen, die von Mersin in Südanatolien und Byblos am Libanon, Argissa in Thessalien, den Adria-, den ligurischen Küsten und von Sizilien bis zur Provence und den Iberischen Ufern zu verfolgen ist. In allen diesen Gebieten sind die frühesten Ackerbaukulturen durch die Impresso- oder Cardiumkeramik gekennzeichnet, deren schlichte Gefäßformen durch reichen Dekor verziert sind, der mit Vogelknöchelchen oder anderen Gegenständen, besonders aber mit den gezähnten Rändern der Cardiummuschel eingedrückt wurde. Man hat die Verbreitung dieser Tonware als Zeichen einer weiträumigen Küstenschiffahrt interpretiert. Auch in Nordafrika ist die älteste Keramik von ähnlicher Art. Im Westmittelmeer ist sie der früheste Hinweis auf eine Art Handelsverkehr, der danach,

etwa seit dem 4. Jahrtausend oder noch früher, wenn man die Calibration der C14-Daten anwendet, ganz deutlich durch den Obsidianexport demonstriert wird, der von Pantelleria, den Liparischen Inseln, Palmarolla und Sardinien nach Italien und Frankreich ging. Die modernen Verfahren zur Bestimmung der Herkunft von Steinen haben die genaue Nachziehung der einzelnen Routen ermöglicht. Dabei gab es manche überraschende Resultate, die zeigten, wie große Abstände die Navigatoren damals bereits bewältigen konnten. Daß solche Unternehmungen nicht notwendigerweise auf Seefahrer aus dem Ostmittelmeer zurückgingen, wurde schon gesagt, doch ist es sicher nicht unberechtigt, den mediterranen Raum im Neolithikum und den darauffolgenden Perioden als eine Art Einheit zu sehen, die er auch in der Antike bildete, und das Mittelmeer als eine der Hauptrouten, über die Kulturübertragung erfolgen und neue Impulse sich verbreiten konnten, die schöpferische Vorgänge im Westen auslösten. An Hinweisen auf eine solche Entwicklung fehlt es nicht.

Buch II: Die heiligen Inseln

Malta und Gozo

Zwischen der östlichen und der westlichen Hälfte des Mittelmeeres, nicht weit von Sizilien und wenig mehr als 300 Kilometer von der afrikanischen Küste entfernt, liegt der Archipel von Malta. Die ovale Hauptinsel ruht als steilaufragendes kahles Felsfloß in der gleißenden See. Sie umfaßt kaum 250 Quadratkilometer Bodenfläche; das benachbarte Gozo hat nur etwa ein Drittel ihrer Ausdehnung und die Eilande Comino, Cominotto und Filfola sind größere Felsriffe.

Die grelle Sonne, der Wüstenhauch von Süden, der salzige Wind, dörren und verwehen die karge Krume auf dem harten Boden der fast baumlosen Inseln. Gozo ist grüner als Malta; aber auch dort gibt es nur Quellen, Grundwasser und die kurzen Regenzeiten, in denen sich die steinige Nacktheit dieser Insel mit dem bunten Schimmer vieler rasch blühender und welkender Blumen verschleiert. Selbst die ›macchia‹, der anspruchslose, würzig duftende Busch der Mittelmeerküsten, gedeiht dort nicht; nur Agaven und Kakteen wuchern hemmungslos. Hier und da hat man einige Palmen und schüttere Kiefernhaine gepflanzt und Feigenbäume in den Windschatten der Häuser gesetzt. Einzig Johannisbrotbäume wachsen manchmal wild. Ihre armstarken Kriechäste bilden dann runde Zelte aus grünlackiertem Laub, die geduckt und breit ausladend allen Stürmen trotzen. Die leichte Erde, eine dünne Haut über felsigem Grund, wird von zahllosen Mäuerchen eingekreist und gehütet. Jeder Acker ist eine Festung, in der sich der Bauer gegen eine erbarmungslose Natur verteidigt und ihr ein wenig Nahrung abringt.

Kein vulkanischer Ausbruch hat diese Inseln aus dem Meer emporgetrieben, wie viele andere im sizilischen Bereich. Der dunkle Glanz von Granit und Lava fehlt in ihrem Relief aus gelblichem oder grauem Korallenkalk. Die südliche See aber umschließt den toten, sonnengebleichten Felsleib funkelnd wie lebender Diamant und füllt die zerklüfteten Uferbuchten mit tiefen blauen, grünen und violetten Schatten.

Vermutlich waren diese kleinen Inseln vor rund 7200 Jahren (C14-Daten + Calibration) weniger unwirtlich als heute, als die ersten Menschen an ihren Küsten landeten. Sizilien, das nur 80 km entfernt ist, war wohl der Ausgangspunkt der ersten Kolonisatoren, die außer Ziegen, Schafen, Schweinen und Rindern und verschiedenen Getreidesorten auch Keramik mitbrachten. Sie waren die Begründer einer Kultur, die noch immer viele Rätsel aufgibt. Malta besitzt keine Bodenschätze und keine ständigen Wasserläufe, seine Bedeutung resultierte damals, wie noch heute, wahrscheinlich aus seiner geographischen Lage und den tiefeingeschnittenen Buchten, in denen Schiffe aller Größen bequem landen und sicher vor Anker liegen können. Der fjordartige, verzweigte ›Große Hafen‹ von La Valletta, der Hauptstadt von Malta, konnte in unserem Jahrhundert noch die gesamte britische Mittelmeerflotte aufnehmen. Zudem liegt der Archipel am Kreuzungspunkt von Routen, die sowohl längs der afrikanischen Küste von Osten nach Westen liefen, wie auch über Sizilien nach Afrika führten. Es ist anzunehmen, daß alle diese Faktoren nicht ohne Einfluß auf die Entfaltung der einmaligen Megalithkultur auf Malta und Gozo waren, die etwa anderthalb Jahrtausende blühte und dann jäh und endgültig verschwand. Sie hinterließ die Ruinen von 23 teilweise noch gut erhaltenen Tempeln, einige von kolossalen Maßen, und dies war vermutlich höchstens die Hälfte der ursprünglichen Heiligtümer, die auf diesen kleinen Inseln standen. Es gibt noch mehr als 20 Orte, an denen verstreute Megalithen auf einstige Bauwerke deuten. Die ungewöhnlichen architektonischen und künstlerischen Leistungen, die mit dieser Tempelkultur verbunden waren, wirken um so merkwürdiger, als ihnen bis jetzt nur sehr wenige und primitive Zeugnisse des Alltagslebens ihrer Schöpfer gegenüberstehen, nur kleine Siedlungen aus der Vorphase der Megalithbauten. Sehr einfach waren auch die Werkzeuge, mit denen die Erbauer der oberirdischen Sanktuarien und einer weitläufigen unterirdischen Grab- und Kultanlage gearbeitet hatten. Sie bestanden durchweg aus Stein oder Bein; retouchierte Feuersteinklingen ähneln Geräten aus dem Moustérien. Metall erschien auf dem Archipel erst nach dem Ende der Tempelkultur mit einem neuen Volk. Die frommen, friedlichen Inselbewohner besaßen keine Waffen außer Schleudern, die wohl nur für die Jagd gebraucht wurden. In ihrer sakralen Architektur, ihrer Plastik und Keramik hingegen schufen sie jedoch Meisterwerke, deren handwerkliche Ausführung geradezu perfekt ist. Allein aus diesen Relikten können wir das Wesen dieses kleinen, hochbegabten Volkes annähernd rekonstruieren.

Sein kultureller Hintergrund lag sicher im Osten und es scheint, daß die Inseln in der ersten Hälfte des 5. Jahrtausends v. Chr., in der sich verschiedene Neuerungen in der kulturellen Entwicklung abzeichnen, noch einmal Zuwanderung erhielten. Seeverkehr bestand in der Frühphase mit Sizilien, Lipari und Pantelleria. Feuerstein, Ocker und Obsidian mußten von dort eingeführt werden. Neuerdings ergab die Analyse der maltesischen Obsidianfunde ein sensationelles Ergebnis: eines der Stücke stammt von der gut 1000 km entfernten Insel Melos! Welche Einflüsse auch am Werk gewesen sein mögen, im Wesen war die maltesische Tempelkultur eine bodenständige Schöpfung der Insulaner, die auch heute noch immer Staunen und Ehrfurcht weckt.

Aus dem Samen sehr alter Kulte, der im sonnenwarmen Schoß der mediterranen Erde, dem Reich der mächtigen Toten, der mystischen Erneuerung durch die große Mutter, der seherischen Träume, gereift war, aus Einsamkeit, Versenkung und visionärer Schau erwuchsen Bauwerke, Formen und Gestalten, deren Bedeutung kein Schriftzeugnis, kein antiker Bericht, nicht einmal eine Legende für uns erhellt. Es scheint, als seien alle schöpferischen Kräfte des Inselvolkes in einem religiösen Erleben von überwältigender Intensität verhaftet und auch nur diesem geweiht gewesen. Diese Menschen müssen ganz im Schatten der Toten und rätselhafter Gottheiten gelebt haben, deren monströse Fülle wohl die Idee der Fruchtbarkeit verkörperte. Wie die Figürchen, die unter dem Rocksaum der kolossalen Frauenstatue aus dem Tempel von Hal Tarxien kauern, waren auch sie in dieser tellurischen Welt geborgen.

Nirgends sonst im Bereich der westmittelmeerisch-europäischen Megalithkulturen verdichteten sich die Glaubensvorstellungen einer Epoche, die von der Auflehnung gegen den Tod besessen war, in Werken von solcher Größe und urweltlicher Schönheit. Und nirgends sonst können wir vielleicht der Gedanken- welt jener Zeit, für die sich das Ewige im Stein und in der Rundform ohne Anfang und ohne Ende verkörpert haben mag, näher kommen als vor den Heiligtümern des malte- sischen Archipels.

Der Beginn der Malta-Kultur

Die ältesten Spuren der Anwesenheit von Menschen auf dem maltesischen Archipel ka- men bis jetzt in der Höhle von Ghar Dalam zutage, die auch tiefe Ablagerungen aus der Urzeit mit Resten ausgestorbener, ungefähr 250000 Jahre alter Tierrassen enthielt. Kleine Flußpferde und Zwergelefanten, deren End- form nicht größer war als ein Bernhardiner- hund, zeigen, daß die Lebensumstände da- mals ganz anders waren. Auch die Reste eines Riesenschwanes wurden gefunden. Malta und Gozo waren in dieser Periode vielleicht Teile einer Landbrücke, die Süditalien über Sizi- lien mit Afrika verband.

In Ghar Dalam fanden sich auch die älte- sten Terrakottascherben, die von meist rund- bodigen bauchigen Gefäßen mit Impresso- Dekor stammen und ungefähr der Tonware der sizilischen Stentinello-Kultur aus dem Neolithikum entsprechen. Bis zur Freilegung der Reste eines Dorfes bei Skorba im Norden von Malta durch D. H. Trump waren außer den Wohnspuren in der Höhle keine Sied- lungsrelikte aus der gesamten Frühkultur von Malta bekannt! Die Ausgrabungen des briti- schen Forschers, die zwischen 1961 und 1963 durchgeführt wurden, galten ursprünglich einem weitgehend zerstörten Megalithtempel. Groß war die freudige Überraschung der Archäologen, als sich herausstellte, daß die- sem eine Niederlassung vorangegangen war, deren Anfänge heute etwa um 4600 v. Chr. datiert werden. Sie bestand etwa 1200 Jahre lang und war durch eine typische Keramik gekennzeichnet. Der zweite und der dritte Abschnitt der ersten Phase der maltesischen Vorgeschichte werden seither nach dieser grauen und der späteren, ebenfalls hochpo- lierten Ware, die mit einer roten Engobe überzogen war, Skorba grau und Skorba rot benannt.

Die Untersuchung der Niederlassung von Skorba ergab hochinteressante Resultate. Be- deutungsvoll war die Entdeckung, daß die Bauten von Skorba nach orientalischer Tradi- tion Lehmziegelmauern auf Steinfundamen- ten hatten. Die Überdachung bestand aus lehmverstrichenem Reisig. Diese Bauweise kann nur als Festhalten an einem alten Brauch erklärt werden, da es Steinmaterial in Fülle gab, während der Lehm aus etwa anderthalb Kilometer Entfernung herangeführt werden mußte. Unter den Küchenabfällen kam eine Linsensorte vor, die aus neolithischen Sied- lungen in Anatolien bekannt ist. Reste menschlicher Skelette sprachen in einem Fall für Hausbestattung. In einer interessanten Konstruktion, die Trump wohl richtig als Schrein interpretierte, kann man eine Vor- stufe der späteren Tempel sehen. Sie besteht

aus einem ovalen Hauptraum von 8,40 m
Länge und 5,40 m Breite mit einem Eingang
an der Westseite und einem kleineren D-för-
migen im Süden der Anlage. Östlich und
westlich der beiden Strukturen erstrecken
sich gepflasterte Höfe. Die etwa 70 cm hohen
Steinfundamente der Mauern, die an einer
Stelle 1,50 m dick sind, bestanden aus zwei
parallellaufenden Reihen ziemlich großer
Blöcke mit einer dazwischenliegenden Schutt-
füllung. Vom Oberbau aus Lehmziegeln gab
es nur geringe Überbleibsel. Fragmente der
roten Skorba-Ware kamen in beiden Räumen
in großer Zahl zutage, und im nördlichen
fanden sich vier beschädigte Terrakottasta-
tuetten und eine aus Stein. Alle stellen eine
stark stilisierte weibliche Figur mit zurückge-
worfenem, dreieckförmigem Kopf dar, der
es nicht an nahöstlichen Vorbildern mangelt.

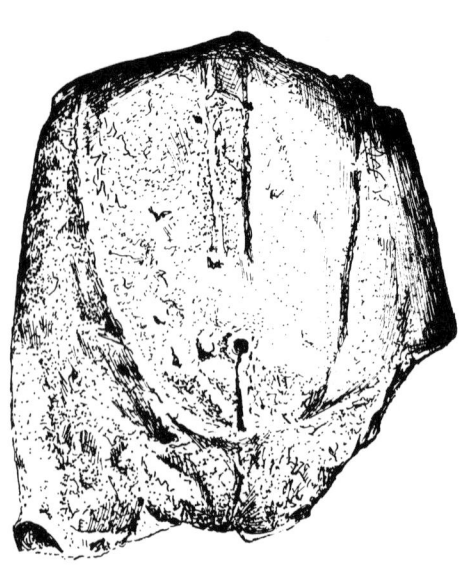

Älteste Malta-Skulptur

In einer Art Halma-Figuren aus Rinderknochen vermutet Trump phallische Symbole,
die später in Stein auch in den Tempeln vor-
kamen. Auf die kultische Bestimmung des
gesamten Komplexes deuten schließlich sechs
Ziegenschädel mit langen Hörnern, deren
faziale Knochen entfernt wurden.

Die Ausgrabungen von Skorba brachten
die endgültige Bestätigung der schon früher
vermuteten Zäsur in der ersten Maltakultur.
Wahrscheinlich ging sie auf neue Zuwanderung aus Südsizilien zurück. Sie zeichnete sich
zuerst in fünf Felsgräbern ab, die 1947 bei
Żebbuġ von Straßenarbeitern freigelegt wurden. Der Oberteil der kleinen Grüfte war
durch Verwitterung angegriffen; in ihrem
Grunde aber fanden sich noch vollkommen
unberührte Bestattungen. Die Totengebeine
lagen in großer Unordnung, die wohl durch
Nachbestattungen entstanden war, vermischt
mit Tonscherben und anderen Beigaben im
Grabe. Dazwischen gab es Tierknochen, die
aller Wahrscheinlichkeit nach Reste von
Speiseopfern oder rituellen Mahlen darstellten. Die Leichen waren mit rotem Ocker bestreut. Zu den Beigaben gehörten Perlen,
Knöpfe und Muschelschalen, Klingen aus
importiertem Flint, ein Mörser aus lokalem
Stein und schließlich der Oberteil einer zer-
brochenen Stele aus Kalkstein.

Diese Skulptur, bis jetzt die älteste auf
Malta, zeigt ein schematisches Gesicht in
Flachrelief mit Spuren roter Bemalung. Der
Mund ist nur ein kleines Loch, unter dem ein
senkrechter Strich eingeschnitten wurde. Zwei
kleine Grübchen zu Seiten der Nase sollten
vielleicht Augen bedeuten. Der Ansatz einer
Schulter deutet an, daß das Bildwerk einmal
so etwas wie eine Menhirstatue war. Dieser
Fund steht völlig allein auf den Inseln; alle
übrigen Plastiken zeigen einen ganz anderen

Stil. Am meisten erinnert die Stele noch an manche Menhirstatuen der westlichen Megalithkulturen, obwohl sie auch mit der Stele mit herzförmigem Gesicht verglichen wurde, die vor dem Tor von Troja I ausgegraben wurde. Ein westliches Element könnte man in Perlmutt- und Steinknöpfen mit V-förmiger Durchbohrung sehen, die auch bei Gegenstücken aus dem südfranzösischen und iberischen Chalkolithikum vorkommt.

Auf Malta wurde von Anbeginn Kollektivbestattung praktiziert, dies unterscheidet die erste Inselkultur von der sizilischen aus Stentinello, die nur Einzelgräber kannte. Waren die Kolonisatoren des Archipels von älteren, nahöstlichen Totenbräuchen beeinflußt?

Woher immer die Stele von Żebbuġ stammen mag, sie wirkt fremd im Rahmen der Inselkunst. Vielleicht verbarg sich hinter ihrem maskenhaften Antlitz die gleiche Totengöttin, die später auf Malta nach einem ganz anderen Schema dargestellt wurde. Vielleicht waren auch primitiv gezeichnete Figürchen und Andeutungen von Gesichtern, die in dieser Epoche auf Gefäßen erschienen, Hieroglyphen für dasselbe Höhere Wesen und alle diese Neuheiten Manifestationen einer eingewanderten Gruppe.

Im 4. Jahrtausend begann auf dem Archipel ein Aufstieg der Töpferkunst, der in Westeuropa nicht seinesgleichen hatte. Die Keramik wurde zum Teil bunt. Die Anregung hierzu mag aus Sizilien und Süditalien gekommen sein, wo ein neues Volk, wahrscheinlich griechischer Abstammung, bemalte Ware eingeführt hatte. Die farbige Malta-Keramik zeigt aber einen sehr persönlichen Stil mit roten oder braunen Ornamenten auf Elfenbeingrund oder mit lichtgrauen Bändern auf dunklem Fond. Außerdem gab

es eine reizvolle gelbliche Ware mit Ritzmustern, die rot inkrustiert wurden. Die Farbfreudigkeit eines Volkes, das im klaren starken Licht des mittelmeerischen Südens lebte, triumphiert in diesen geschmackvollen Gefäßen. Die Ureinwohner des Archipels kannten keine Töpferscheiben und doch gelangen ihnen kleine Kunstwerke von vollendeten Formen und feinster Qualität. Neben der anmutigen bunten Ware gab es auch dünnwandige Krüge mit glockenförmigen Hälsen, echten Henkeln und Flachböden, die mit zarten fallenden Linien übersponnen wurden. Besonders originell sind kometenartige Ritzmuster von elegantem Schwung.

Die Ausprägung eines eigenen Keramikstils war nur ein Aspekt der allgemeinen überraschenden Entfaltung der Inselkultur. Was hinter diesem Geschehen stand, werden kaum

Maltesischer Krug des frühen Tempelstils

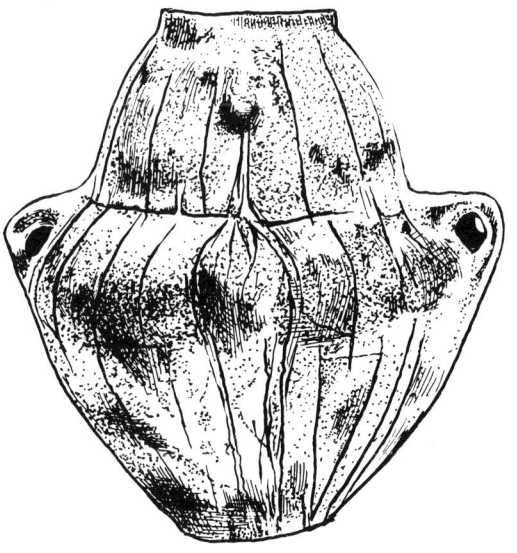

umwälzende Ereignisse gewesen sein. Die Periode des härtesten Lebenskampfes, die Pionierzeit, war vorbei; ein gewisser Wohlstand mag durch Ackerbau und vor allem Viehzucht entstanden sein; rundum bot das Meer Fische in Fülle und kein feindlicher Überfall scheint die Inselbewohner bis zu ihrem jähen Untergang beunruhigt zu haben. So mag sich dieses Volk, das unter einem grenzenlosen Himmel inmitten eines grenzenlosen Meeres in einer Welt ohne Anfang und Ende königlich frei und gleichzeitig gefangen auf zwei winzigen Felsen lebte, immer mehr auf die mystischen Bereiche des Jenseitigen, der Träume und des Umganges mit den Toten und den fruchtbarkeitsspendenden Mächten der Tiefe konzentriert haben. Vielleicht beherrschten und lenkten Priester und Priesterinnen das Leben der »heiligen Inseln« und spornten das Volk zu seinen ungeheuren Leistungen im Dienste der Unterirdischen an. Etwas vom »genius loci«, vom Geist dieser verschollenen Epoche, scheint heute noch in der fanatischen Frömmigkeit der Maltesen und in ihrem unveränderten Bedürfnis nach riesenhaften runden Kultbauten fortzudauern. Die barocken Inselkirchen bezeugen dies. Für eine Konstruktion wie die Kirche des Dörfleins Musta auf Malta, deren Kuppel größer als jene der St.-Pauls-Kathedrale von London und die drittgrößte von Europa ist, gibt es ebensowenig eine rationelle Erklärung, wie für die gewaltige Tempel-Last, die den winzigen Archipel in der Urzeit beschwerte.

Die Entwicklung der Tempelarchitektur

Die vorgeschichtlichen Funde und systematischen Grabungen der letzten Jahre haben bis zu einem gewissen Grade den bis dahin nicht durchschaubaren Ablauf einer Entwicklung aufgehellt, die zu Megalithmonumenten führte, für die es weder auf Sizilien noch sonst im westeuropäischen oder östlichen Bereich Parallelen gibt. Vor allem sind Zusammenhänge zwischen den Felsgräbern und der oberirdischen Sakralarchitektur sichtbar geworden. 1955 entdeckte man in den Höhen von Xemxija eine Nekropole, die wahrscheinlich den Schlüssel zum Rätsel der Entstehung und der Funktion der megalithischen Heiligtümer geliefert hat.

Die Grüfte von Xemxija sind in der Hauptsache kleine, etwa nierenförmige Kammern mit leicht gewölbter Decke, in die man durch ein rundes Türloch am Grunde eines Schachtes gelangt. Es gibt auch Doppelkammern mit je einem gesonderten Eingang, die aber untereinander durch einen kurzen Korridor verbunden sind. Für die Geschichte der Tempelbauten sehr aufschlußreich ist ein fünf mal sechs Meter großes Grab von besonderer Gestalt. Bei der Ausschachtung der weiten Höhlung ließ man schmale Wandvorsprünge als Deckenstützen stehen, wodurch der Raum rundum verschieden breite, rundlich ausgebuchtete Nischen erhielt. Der Grundriß dieser Gruft gleicht damit überraschend jenem der ältesten Heiligtümer, deren unregelmäßige Gestalt auf ihre Ausgräber unerklärlich kompliziert gewirkt hatte. Nun aber erhielt sie als Nachahmung eines Felsgrabes plötzlich Sinn. In der Totenkammer von Xemxija hatten die Nischen wohl einzig strukturelle Aufgaben; als traditionelle Formen wurden sie dann offenbar getreulich auch für die Steinbauten übernommen, obwohl ihnen dort keine funktionelle Bedeutung mehr zukam. Eine solche Erklärung des merkwürdigen Planes, den vor allem das frühe Tempelchen von Mgarr zeigt, hat manches für sich.

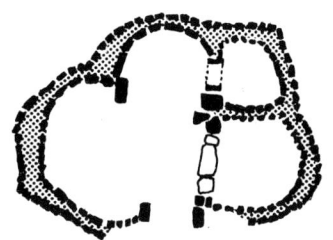

Plan des frühen Tempelchens von Mgarr

Auch in anderen Megalithkulturen wurden nicht selten Felsgräber in Steinarchitektur übersetzt. Allerdings gibt es bis jetzt noch keinen Beweis dafür, daß in den Kultbauten auf Malta jemals Bestattungen vorgenommen wurden. Außerdem wissen wir nicht, ob sie alle tatsächlich jünger waren als die ersten Felsgräber der Inseln.

Ein weiter Weg führt von den kleinen Sanktuarien der Frühzeit zu den Riesentempeln der Hochblüte. Die primitive Anlage von Mgarr, die etwa 75 m² Boden bedeckt, enthält aber schon den Keim der künftigen Entwicklung. Heute sind nurmehr einige niedere, stark restaurierte Mauern zu sehen; die annähernd ovale Gesamtform des Bauwerkes und manche Einzelheiten lassen sich trotzdem gut erkennen. Ein kurzer Korridor aus je drei größeren Platten führte an einer Langseite in das Innere; rechts und links davon lagen zwei hufeisengestalte Kammern, und dem Eingang gegenüber fand sich eine dritte, die ursprünglich durch ein Trilithen-Tor mit einem weiteren Gelaß verbunden war. Eine Fassade fehlte noch; sie erscheint erst bei späteren Bauwerken. Auch das kleine Steinmodell einer ähnlichen Konstruktion, das bei den Grabungen zutage kam, zeigt keine. Die in Mgarr angewandte Gruppierung rundlicher Räume um einen Innenhof und längs des Korridors sollte, wenn auch in ent-

wickelteren Formen, bis zum Schluß das architektonische Grundprinzip der prähistorischen Sanktuarien auf Malta und Gozo bleiben (Abb. 3 und 4).

Neben dem Tempelchen von Mgarr, dessen Außenmauern aus recht kleinen, achtlos geschichteten Steinen bestehen, während in seinem Inneren bereits einige schwerere Blöcke verwendet worden waren, wurde später ein

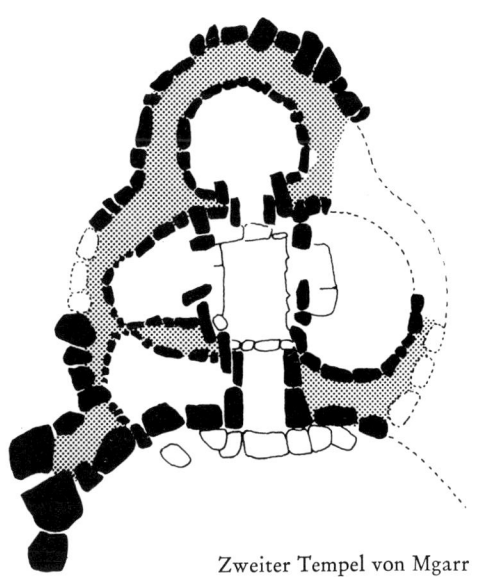

Zweiter Tempel von Mgarr

Ein starker Wall aus Erde und Kies, den eine zyklopische Außenmauer zusammenhält, umgibt die megalithische Innenarchitektur dieses Sanktuariums. Solche Aufschüttungen, die manchmal so breit sind, daß sie die Tempel fast wie Tumuli umschließen, waren ebenfalls für die altmaltesischen Kultbauten typisch und nähern sie formal wie gedanklich den großen Megalithgräbern unter Hügeln an, die in Westeuropa errichtet wurden.

3/4 Tempelmodell, Seiten- und Oberansicht

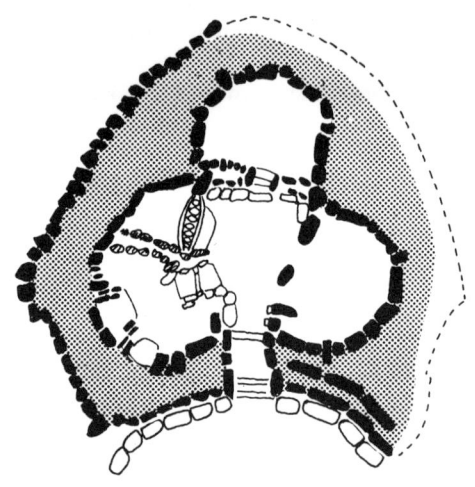

Tempel von Corradino

neues Heiligtum errichtet, das doppelt so groß und weit sorgfältiger konstruiert war. Sein sakraler Charakter wurde diesmal durch eine massive konkave Fassade aus rohen Blöcken betont, die noch teilweise erhalten ist. In ihrer Mitte öffnet sich der Haupteingang, zu dem vier Stufen ansteigen. Durch einen Korridor und ein wuchtiges Trilithen-Tor gelangt man zu einem rechteckigen gepflasterten Innenhof, um den drei apsidenartige Räume gleich einem Kleeblatt angeordnet sind.

Die Kleeblattform, mit der die Sakralarchitektur der Inseln zum ersten Mal klare Umrisse und eine festgelegte Einteilung erhielt, findet sich noch bei anderen frühen Megalithkonstruktionen. 1954 wurde auf den Höhen von Corradino (bei La Valletta) ein technisch weiter fortgeschrittener Bau dieser Art freigelegt, dessen Längsachse etwa 18 m mißt. Die hochgestellten flachen Blöcke des Fassadenbogens und der Korridore sind behauen und zeigen Spuren von Glättungen; der Vorplatz ist gepflastert.

Anlagen in Dreiblattgestalt sind nicht nur auf Malta, sondern auch bei Felsgräbern des mediterranen Bereiches, einschließlich Nordafrikas, vorhanden und in der ersten Hälfte des 3. Jahrtausends wurden im fernen Irland monumentale Kuppelgräber nach diesem Plan errichtet. Die Kleeblattform weist also wieder auf Zusammenhänge mit dem Totenkult hin. Außerdem entspricht die konkave Tempelfront, durch die ein halbrunder Vorplatz entsteht, einer Tradition, die in der megalithischen Grabarchitektur weit verbreitet war.

Höfe solcher Art fanden sich von Sardinien und der Iberischen Halbinsel bis hinauf nach England in die Totenhügel eingebaut oder, von sichelförmig ausgreifenden Mauern begrenzt, vor den Eingängen zum Grab. Reste von Opferbränden und Votivgeschenke verrieten, daß in ihrem Bereich kultische Handlungen vollzogen wurden, durch die man wohl mit den Toten und Ahnen in Verbindung trat.

Der Schritt vom mehrräumigen Grab mit einem angeschlossenen Kultplatz zum eigenen Sanktuarium für die Totenverehrung ist nicht sehr groß. Manches weist darauf hin, daß er auch innerhalb der westeuropäischen Megalithkulturen gelegentlich getan wurde. Wenn wir auch nicht wissen, ob die ältesten kleinen Heiligtümer auf Malta und Gozo wirklich Gräber waren, so ist doch ihr Zusammenhang mit dem Kult der Verstorbenen wahrscheinlich.

Die religiöse Entwicklung auf dem Archipel brachte einen Ausbau des Rituals, der immer größere und vielfältigere Sakralanlagen erforderte. Diese wurden zu selbständigen Organismen, während man weiterhin die Toten in Höhlen und Felsgrüften beisetzte. Die Entdeckung des Hypogäums von Hal Saflieni hat gezeigt, daß parallel zu dieser oberirdischen Entwicklung auch die Felsgrüfte, ähnlich wie auf Sizilien und Sardinien, später zu weitläufigen Systemen mit eigenen Kulträumen gestaltet wurden.

Aus den dunklen, runden Höhlenwohnungen der Abgeschiedenen, den Sinnbildern des alles hervorbringenden, aber auch wieder zurückfordernden Schoßes der großen Mutter, mögen so im Laufe der Jahrhunderte die großen Steintempel geworden sein. Immer aber blieben sie durch ihre Umschließung mit breiten Doppelwällen gleichsam in der Erde, den unteren Regionen eng verbunden.

Das Sanktuarium der Giganten

Der älteste aller großen Tempel des Archipels, die ›Gigantija‹, steht auf der Höhe von Gozo. Keines der späteren Heiligtümer erreichte mehr die Maße dieses Baues, mit dem die Sakralarchitektur der Inseln jäh ins Ungeheure gewachsen war. Weithin sichtbar thronen seine grauen Steinmassen über der Landschaft, die unter ihm in langen Furchen und Wellen zur schroffen Küste absinkt. Der breite Bogen der Fassade öffnet sich der Morgensonne; das Doppelheiligtum ist Malta zugewandt, das nur ein Meeresarm von Gozo trennt; die Anlage stellt eine eigene, in sich ruhende Welt dar, die nicht dem Draußen zugewandt ist.

Abseits der Geschichte, die Malta mit den Palästen, Kirchen und Festungen der Ordensritter und den Kriegshäfen der englischen

Flotte gezeichnet hat, lauscht die kleine Insel Gozo unberührt und traumversponnen den ewig gleichen Stimmen des Windes und der Flut. Der Bann versunkener Epochen scheint hier nicht ganz gelöst. Als die zerfallenden Tempel der Urbewohner neuen Einwanderern fremd und unbegreiflich geworden waren und man der Menschheitsmutter- und Totengöttin längst andere Namen gegeben hatte, blieb Gozo doch mythischer Boden im Schatten einer Unsterblichen und wurde zum legendären Reich der Okeanos-Tochter Kalypso. In der Nähe einer korallenfarbenen Bucht, die im Rücken der ›Gigantija‹ sichelförmig aus den Uferhängen geschnitten ist, wird noch die Grotte der schönen Nymphe gezeigt, in der Odysseus nach der Sage sieben Jahre lang die Heimat vergaß.

In der magischen Mittagsstille, wenn der rote, vom Meer glattgewalzte Sand glühend die Füße sengt und die Sonnenstrahlen huschende Lichter über blaue Tangwälder im Grund der glasklaren See verstreuen, gehört die Bucht immer noch der Kalypso. Und die Zeitlose in ihrer Zaubergrotte wird dann zu einer der vielen Verwandlungen der Magna Mater, die vielleicht einst oben in dem höhlenhaften Riesentempel herrschte. Göttinnen, nicht Götter haben immer auf dieser Insel gewohnt!

Dunkle Erinnerungen an eine weibliche Herrin der ›Gigantija‹ mag auch das Volk von Gozo noch in einer Sage von ihrer Entstehung bewahrt haben. Kein Mann, ein Weib mit einem Säugling an der Brust sei der Baumeister der Tempel gewesen. Gestärkt durch ein magisches Bohnengericht, habe es in einem Tage die kolossalen Blöcke herangeschleppt und sie bei Nacht dann aufgemauert.

Es ist verständlich, daß spätere Generationen die Gigantija für ein Werk vorsintflut-

licher Riesengeschlechter hielten. Auch heute noch scheinen ihre wild zum Himmel starrenden Steintrümmer aus zackig verwittertem Korallenkalk von Titanenfäusten, nicht von Menschenhänden aufgetürmt.

Vor mehr als 130 Jahren wurde der ganze Baukomplex im Auftrag des Inselkommandanten aus dem Schutt der Jahrtausende geschält. Wind und Wetter haben seither vieles zerstört, was auf alten Zeichnungen noch zu sehen ist. 1954 erhellten Grabungen die verschiedenen Bauphasen der Tempel und ermöglichten durch Keramikfunde eine annähernde Datierung. Der älteste Teil der Gigantija entstand gegen 3400 v. Chr. Keramikfunde aus dieser Zeit mit rot inkrustierter Ritzverzierung gehörten zu der Kleeblatt-Anlage, mit der man offenbar den Südtempel begann.

Drei hufeisenförmige Kammern, jede an die 10 m lang und fast ebenso breit, gruppieren sich um einen viereckigen Innenhof. Die gesamte Konstruktion mißt über 30 m. Davor wurde, wahrscheinlich erst später, ein kleineres Oval gesetzt, das durch einen Korridor mit dem Innenhof der rückwärtigen Anlagen verbunden ist. Hohe behauene und geglättete Blöcke aus gelblichem Kalkstein flankieren den Tempel-Ausgang, der aus dem vorderen Zentralraum ins Freie führt. Runde Löcher in den Torpfeilern verraten, daß der Eingang durch Balken verschlossen wurde. Vor dem Portal des Sanktuariums bildet eine enorme Platte eine Stufe.

Neben dem Südtempel wurde ein etwas kleinerer Bau aus weniger großen Steinen errichtet. Nach den Keramikfunden stammt er aus einer späteren Epoche. Auch diese Konstruktion besteht aus zwei Teilen von elliptischem Umriß, die durch einen Mittelgang verbunden wurden. Die alte Dreiblattform

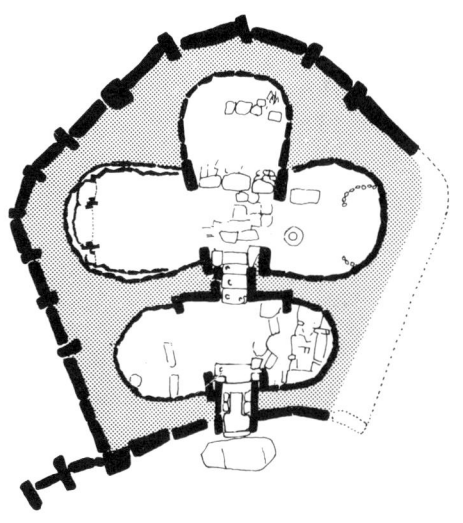

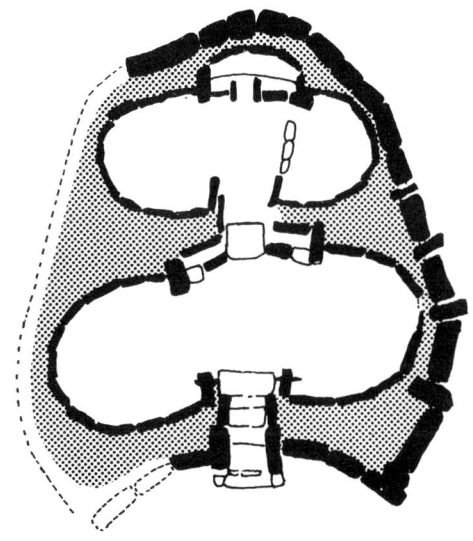

Südtempel der Gigantija

Nordtempel der Gigantija

aber hat sich bei der rückwärtigen Anlage verwischt; die mittlere Apsis ist zu einer flachen Ausbuchtung geschrumpft. Anders als bei dem ersten Bau ist beim Nordtempel das vordere Oval das größere. Der Plan dieses zweiten Heiligtums blieb die Grundlage aller späteren Sakral-Konstruktionen der Inselkultur.

Beide Tempel stecken in einer breiten Umwallung aus Erde und Kies, die den südlichen in ein Fünfeck einschließt und seinen Nachbarn in eine Form, die überraschend an den Umriß mancher Hügel über nordwesteuropäischen Großsteingräbern erinnert. Eine mächtige Außenmauer umgibt den gesamten Komplex (Abb. 5). Sie besteht nicht mehr nur aus regellos übereinandergesetzten Felsbrokken, sondern größtenteils aus einem Sockel von breitgestellten flachen Blöcken – der größte mißt 5,5 m zu 4 m im Geviert – zwischen die kleinere mit der Schmalseite nach

außen gleich Keilen eingeschoben sind, eine neue Konstruktionstechnik, die den Mauern noch mehr Stabilität verlieh. Über diesen Unterbau wurden längliche Blöcke in Reihen gelegt, die sich leicht nach innen vorschieben, wie zum Ansatz einer falschen Kuppel.

Die Innenwände der Tempel sind in der alten primitiven Art aus Natursteinen verschiedener Größe aufgeschichtet. Ihre Unregelmäßigkeiten wurden durch eine dicke Mörtelschicht ausgeglichen. Zahlreiche Farbspuren beweisen, daß die Mauern einmal rot übermalt waren. Die Wände zeigen, soweit sie noch bis zu einer entsprechenden Höhe stehen, eine Neigung nach innen. Das gleiche läßt sich auch bei anderen großen Sanktuarien des Archipels feststellen und führte zu der kühnen Vermutung, daß die Rundräume einmal mit steinernen Bienenkorbkuppeln überdacht waren. Bei den ungewöhnlichen Ausmaßen der Gigantija war

81

5 Umfassungsmauer der Gigantija

dies jedoch unmöglich. So ist es wahrscheinlich, daß man die Mauern der Rundräume
zwar nach oben zu möglichst verengte, sie
dann aber mit Holz- oder sogar Steinbalken
deckte. Kleine Modelle runder Megalithbauten, die sich in den Tempeln fanden, zeigen
Dächer aus langen Balken und im Höhlen-
heiligtum von Hal Saflieni wurde eine Decke
aus vorkragenden Steinkreisen mit einem
flachen Abschluß im Fels imitiert. Es mag
auch kein Zufall sein, daß die maltesischen
Bauern heute noch kleinere Bauten manchmal
oben mit Steinbalken schließen.

Vor den leicht sichelförmig geschwungenen
Fronten des Doppelheiligtums erstreckt sich
eine fast runde, vielleicht ursprünglich ummauerte Plattform von etwa 30 m Durchmesser. Sie wurde aus mehreren Lagen großer
Feldsteine aufgebaut und durch einen megalithischen Wall vor dem Abrutschen bewahrt.
Grabungen förderten unter ihr zahllose Keramikscherben zutage, die bewiesen, daß die
Terrasse eine späte Zutat zu der Tempelanlage darstellte.

Unvorstellbare Kraftleistungen wurden
bei der Errichtung der Gigantija von den

Inselbewohnern gefordert. Manche der verwendeten Megalithen haben das Volumen kleiner Häuschen und wiegen zwischen 40 und 50 Tonnen. Man rollte sie auf Steinkugeln heran, die noch in der Umgebung der Tempel herumliegen. Wie an den Kathedralen des Mittelalters viele Generationen Jahrhunderte lang weiterbauten, so wird auch hier das ganze Volk fast ein halbes Jahrtausend an diesem Heiligtum gearbeitet haben, das ihm ein Sinnbild ewiger Dauer und Geborgenheit gewesen sein mag.

Mehr als alle anderen großen Sanktuarien der Inseln muß die in den Berghang gebaute Gigantija mit ihren runden Kuppeln und der breiten Umwallung einem Grabhügel geglichen haben. Von außen erschien das komplexe Bauwerk, solange es noch unzerstört war, als eine kompakte, wenig gegliederte Masse im grauen Panzer der ungeheuren Mauer, als ein Heiligtum, das eng mit der Erde verwachsen und der Tiefe, nicht den Himmelshöhen zugewandt war. Wenn wir mit den korrigierten C14-Daten rechnen, entstand es beinahe 800 Jahre vor der ersten großen Stufenpyramide der Ägypter, die man bisher für den ältesten monumentalen Steinbau der Welt hielt.

Nichts deutet bei den Sakralanlagen des maltesischen Archipels auf eine Verehrung der Himmelskörper. Sie gehören ihrem Wesen nach in die Welt der frühen tellurischen Religionen des Ostmittelmeerraumes, die vom Totenkult und der Großen Muttergottheit beherrscht waren. Auch ihre runden und ovalen Formen setzen die Tradition der ersten nahöstlichen Hausarchitektur fort, das gleiche gilt für die rote Färbung der gipsverputzten Wände und für die vielfache Verwendung von Ocker auch bei wichtigen Teilen der Innenausstattung. Verwandte Baugedanken finden wir auch auf Zypern im frühneolithischen Städtchen Khirokitia aus dem 7. Jahrtausend.

Seine Wohnbauten von maximal 10 m Durchmesser bestanden aus einem breiten Mauerring aus Feldsteinen, auf dem eine Bienenkorbkuppel aus Lehmziegeln und Pisee, einer Mischung aus Schlamm und Lehm, ruhte. Innen waren die Wände ebenfalls mit feinem Pisee verputzt und – dies ließ sich zumindestens in einigen Fällen nachweisen – rot bemalt. Die Toten wurden innerhalb der Häuser unter den Fluren in Hockerstellung mit Beigaben wie Schmuck und feingearbeiteten Steingefäßen – Keramik gab es noch nicht auf der Insel – begraben. Wie in Palästina waren manche Skelette mit Steinen beschwert oder gefesselt worden, doch gab es auch Anweisungen für Trankopfer, die man ins Grab fließen ließ, und für Kinderopfer in verschiedenen kultischen Zusammenhängen.

Auf den ›heiligen Inseln‹ wurden keine Menschen geopfert. Man brachte nur Tiere und Trankspenden dar. Welche Rituale sonst noch im roten Dämmerlicht der weiten Rundräume der Gigantija vollzogen wurden, läßt sich nur ahnen. Die magische Ockerfarbe, die seit unmeßbaren Jahrtausenden den Toten Leben schenken sollte, ließ die Tempelgewölbe Grüften gleichen, in denen man sich wohl den Abgeschiedenen ganz nahe glaubte. Funeräre Bedeutung hatten wahrscheinlich auch die kleineren und größeren Tabernakel aus behauenen und geglätteten Platten, die sich in der Gigantija wie in den anderen großen Heiligtümern fanden. Im vorderen Teil des Südtempels stand in einem solchen Schrein noch ein Baetyl in der Form einer Granate. Im kretischen Kult bedeuteten Tabernakel, die eine kleine Steinsäule umschlossen, das Grab und den Toten, und ähnlich könnte man sie wohl auf Malta interpretieren. Zu Seiten des Durchganges von den äußeren in die inneren Räume gibt es im Südtempel zwei große ›Altäre‹ aus horizontalen dicken Platten in eigens konstruierten Nischen. Der eine ist mit Reliefspiralen verziert. Für die Innenausstattung beider Sanktuarien wurde gelblicher Globigerinen-Kalk verwendet, der leicht zu bearbeiten ist.

Plastiken, die in den späteren Heiligtümern Maltas zutage kamen, fanden sich bei den Grabungen in der Gigantija bis jetzt kaum. Nur zwei Köpfchen zeigen, daß auch hier Idole eine Rolle spielten. Auf einem Block wurde eine aufgerichtete Schlange in Relief, das uralte Symbol der Großen Göttin, entdeckt.

Das Heiligtum auf Gozo war sicher das religiöse und geistige Zentrum, auf welches das ganze Leben der kleinen Insel ausgerichtet war. Vielleicht war die Gigantija aber auch die ewige Heimat der Inselbewohner, in die sie alle nach dem Tode eingingen. Jedenfalls birgt sie Geheimnisse, die bis heute noch nicht entschleiert werden konnten. Es gibt einen Bericht aus dem 18. Jahrhundert, in dem ein Antiquar schildert, wie er unter den Tempeln ein Labyrinth entdeckt und durchforscht habe. An der Glaubwürdigkeit dieses Dokumentes ist nicht zu zweifeln; aber bis heute gelang es nicht, den Zugang zu diesen urzeitlichen Katakomben wiederzufinden. Vielleicht erstreckt sich unter der Gigantija eine Felsnekropole gleich dem dreistöckigen Hypogäum von Hal Saflieni, ein Totenreich, das im Lauf der Jahrhunderte ein ganzes Volk aufnahm, und das oberirdische Heiligtum war nur der Torbau zu einem noch größeren unterirdischen.

Die goldenen Tempel von Qrendi

Auf einer leicht ansteigenden Felsterrasse unweit des Dorfes Qrendi stehen am Rand der steilen Südküste Maltas die goldfarbenen Ruinen der Hagar Kim, der ›Steine des Gebetes‹. Etwas tiefer, dem Abgrund näher, zeichnet sich das phantastische Profil der Mnaidra ab.

Das windgepeitschte Hochplateau muß eine der altheiligen Zonen des Archipels gewesen sein. Noch vor den mächtigen Megalithbauten waren hier kleinere Sanktuarien errichtet worden. Anders als die Gigantija waren diese Tempel der Ferne, dem Meere, zugewandt. Ihre Fronten sahen nach Südosten über die grenzenlose, irisierende Wasserfläche, auf der Filfola als silbernes Felsboot schwimmt. Vor fast fünf Jahrtausenden erschienen ihre kaum gegliederten hellen Steinmassen über dem Horizont den vorbeifahrenden Schiffern wie eine Vision aus mythischer Zeit.

Es liegt nahe, auf den Inseln, deren Kleinheit und Armut in keinem Verhältnis zu den Dimensionen und der Menge ihrer Heiligtümer stand, eine Art altmediterranes Delphi zu vermuten, allerdings eines, das nicht dem apollinischen, sondern dem Ur-Delphi ähnelte, der Kultstätte einer weiblichen chthonischen Macht, der Riesenschlange Delphyne, deren Name ein archaisches Wort für Uterus enthält. Erst nachdem der Lichtgott das Ungeheuer mit seinen Pfeilen erlegt hatte, wurde er zum neuen Herrn von Delphi. Auf Malta und Gozo aber hatte sich ein solcher Übergang von der alten tellurischen zu einer uranischen Religion sicher nicht vollzogen. Das Orakelwesen, das meist mit den unterirdischen Mächten verquickt und in Delphi sicher älter als Apollo war, scheint jedoch ein Zug der alten Inselkulte. Es gibt auch manche Hinweise, daß man einst in den Sanktuarien Befreiung von Krankheit suchte und, wie noch in der klassischen Antike, den Tempelschlaf übte, um im Traum mit den Unteren zu verkehren und von ihnen Heilung oder Rat und Weissagung zu erfahren.

In geschichtlicher Zeit bestanden im Ostmittelmeer berühmte Inselheiligtümer. Auf Samothrake zog das Sanktuarium der Kabiren vor allem die Seefahrer an. Die Eingeweihten des kabirischen Geheimkultes erhielten eine Purpurbinde, die sie als Schutz gegen die Gefahren des Meeres um den Leib trugen.

Galt dasselbe für Malta und Gozo? Die Lage des maltesischen Archipels etwa an der Grenze zwischen der östlichen und der westlichen Hälfte des Mittelmeeres ließ ihn wahrscheinlich im Lauf des 3. Jahrtausends immer mehr zu einer bevorzugten Station des mediterranen Seeverkehrs werden. Seine zahlreichen Buchten bildeten ideale Häfen für die Überwinterung der Schiffe auf großer Fahrt. Von den Phöniziern wissen wir aus der Bibel (Buch der Könige), daß ihre Westflotte für eine Reise nach dem südspanischen Eldorado Tartessos und wieder zurück volle drei Jahre rechnete. In dieser Zeitspanne war allerdings sicher ein längerer Aufenthalt auf der Iberischen Halbinsel inbegriffen. Rasch

6   Luftaufnahme der Tempelanlage von Hagar Kim

7 Fassade von Hagar Kim

war das Reisetempo jedoch keinesfalls. 30 bis
40 km waren die Tageshöchstleistung der
Schiffe, die nur ungern aus der Sichtweite des
Landes gelenkt wurden. Nächtliche Navigation vermied man möglichst und verbrachte
nur die gute Jahreszeit, die vom Frühling bis
zu den herbstlichen Äquinoktialstürmen

dauerte, auf See. Im Herbst wurde jede Überfahrt unterbrochen, die Schiffe wurden zur
Ausbesserung an Land gezogen, die Mann-
schaft baute Hütten, bestellte den Boden,
jagte und fischte, um ihre Ernährung bis zur
Weiterreise zu sichern, die erst wieder nach
einem halben Jahr fällig war. Die Kolonisie-

rung der meisten Inseln des Mittelmeeres wird auf solche Winteraufenthalte zurückgehen.

Malta mag seine Anziehungskraft als Zwischenstation mit dem Ruhm seiner Riesentempel erhöht haben, die nicht umsonst in Meeresnähe standen. Die Gegner dieser Hypothese berufen sich vor allem auf den Mangel an ausländischen Funden auf den Inseln. Unter der zahlreichen Keramik aus den Tempeln gibt es nur eine schöne Fußschale, die sicher importiert wurde und ihre Gegenstücke in Troja II und Thermi auf Lesbos hat. Eine der merkwürdigen Knochenleisten mit geschnitzter Buckelverzierung, die auch in Sizilien, Süditalien, Südgriechenland und Troja ans Licht kamen, kann über Sizilien nach dem Archipel gelangt sein. Zweifellos nicht aus Malta kommt eine zylindrische Perle aus hartem grünen Stein von 1,7 cm Durchmesser, auf die mysteriöse Zeichen aus einem horizontalen und drei vertikalen Balken graviert und mit Gold und kostbaren Steinchen eingelegt wurden. Das gleiche Zeichen kommt noch auf einem Hänger aus Kieselstein und einer Keramikscherbe vor. Ein ähnliches erscheint in der kretischen Linear A-Schrift. Die Einfuhr von Ocker und verschiedenen Steinsorten wurde bereits erwähnt. Das Material für Beilamulette aus Grünstein, die schon in den vorkeramischen Kulturen des Nahen Ostens erscheinen, kam wahrscheinlich aus Süditalien.

Ungeachtet der mageren Ausbeute an fremdländischen Gütern ist die von den meisten Archäologen verfochtene weitgehende Isolierung des maltesischen Archipels schwer vorstellbar. Die Häufung der Heiligtümer in der Nähe des Hafens von La Valletta und der Xaghra-Bucht auf Gozo beruht sicher nicht auf purem Zufall, dort müssen sich wichtige Lebenszentren der Inseln befunden haben, die mit dem Seeverkehr zusammenhingen. Zwei Steinobjekte aus den Tempeln von Mgarr und Tarxien sind vermutlich Votivanker, Gaben von einheimischen oder fremden Seeleuten und schließlich gibt es in Tarxien eine Stele mit vielen Ritzzeichnungen von Schiffen, darunter typisch ägäische Langboote, die schwer anders denn als Graffitti dankbarer Navigatoren erklärt werden können, die günstige Auskunft von den Tempelorakeln erhalten hatten oder glücklich heimgekehrt waren.

Inmitten der steinigen, von wenig versengtem Grün gefleckten Hochfläche über dem Meer leuchten die majestätischen Ruinen von Hagar Kim in warmen goldenen Tönen (Abb. 6). Die gesamte Architektur des Heiligtums, das in einer langen Baugeschichte immer größer und komplexer wurde, besteht aus gelblichem Globigerinen-Kalk. In der Gigantija wurde dieser Stein nur für die Innenarchitektur verwendet. Durch seine Weichheit ist er der Verwitterung stärker ausgesetzt als der harte Muschelkalk, aber er läßt sich viel leichter bearbeiten und besser glätten. Man hatte zu jener Zeit die ästhetischen Möglichkeiten des Baumaterials entdeckt und bemühte sich um genaue Steinmetzarbeit und dekorative Wirkungen.

Die breit lastende Fassade der Hagar Kim atmet ruhevolle Kraft (Abb. 7). Ihr flacher Bogen begrenzt und umfängt einen Vorplatz, den große Platten pflastern. Im Hintergrund dieser steinernen Bucht öffnet sich in der Mitte der Front das tiefe, schattige Tor. Wahrscheinlich war die Vorderwand des Tempels aus regelmäßigen und genau zusammengefügten Platten und Blöcken einst etwa 10 m hoch. Heute steht nurmehr ihr Sockel aus sechs ungeheuren Vierecken, die das Portal

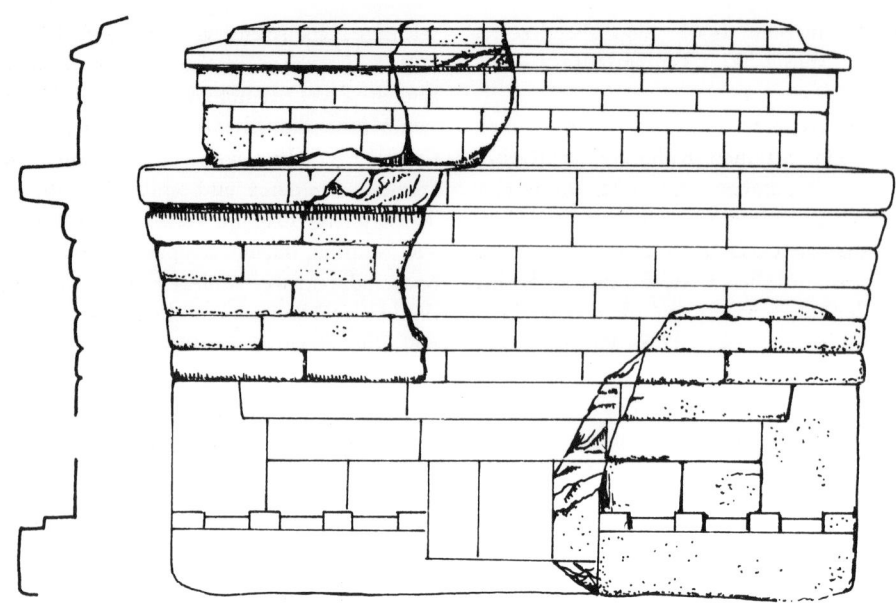

Rekonstruktion des Modells einer Tempelfassade aus der Blütezeit

rahmen. Die beiden äußeren sind 4 m hoch und ebenso breit. Auf diesem Unterbau liegen noch zwei Reihen länglicher Quadern. Die obere überragt die untere an den Seiten und ist in einen Ausschnitt der großen Randsteine der Fassade eingepaßt. Der Eingang aus zwei Megalithen, über die ein dritter gelegt wurde, erinnert in seiner Wucht an das rückwärtige Burgtor von Mykene. Eine steinerne Stufe, die als Bank diente, läuft die ganze Front entlang.

Fragmente eines kleinen Architekturmodells, die in den Kultanlagen von Hal Tarxien bei La Valletta gefunden wurden, vermitteln eine Vorstellung vom Aussehen einer Fassade in der Blüteperiode der Tempelkultur. Danach könnten sich über dem Unterbau von Hagar Kim noch sechs Ränge aus recht-

eckigen Blöcken zu einer oben etwas verbreiterten Front aufgebaut haben. Eine schmälere, ähnliche Konstruktion aus weniger großen Quadern hätte das Ganze gekrönt. Eine solche Fassade wird 10 oder sogar 12 m Höhe erreicht haben.

Hinter der wundervoll ausgewogenen und geschlossenen Front des Tempels breitet sich ein überraschend chaotisches Gewirr von Apsiden, Durchgängen, Höfen und Kammern aus. Der Hauptbau, neben dem es noch zwei kleinere Anlagen und Spuren einer dritten gibt, bestand ursprünglich aus den beiden traditionellen Ellipsen. Das rückwärtige Oval wurde aber durchbrochen. Anstatt der Mittelnische gibt es einen Ausgang ins Freie, der dem vorderen Tor gegenüberliegt. Die Stelle der linken Apsis nimmt ein breiter

Korridor ein, der zu einem fächerförmigen südwestlichen Anbau aus viereckigen Kammern verschiedener Größe und Gestalt führt. Es scheint, daß fast alle Gebäude, die vor 120 Jahren freigelegt und 1954 noch einmal näher erforscht wurden, etwa zwischen 2800 und 2700 v. Chr. fertiggestellt wurden.

Aus der kühlen Dämmerung des Torweges kommt man in den ersten Zentralraum, den heute die afrikanisch grelle Sonne badet. Aber auch hier in diesen aufgedeckten, dem Tage preisgegebenen Gelassen wird man an dunkle Grabhöhlen erinnert. Die Apsiden sind durch fast drei Meter hohe Platten abgetrennt, in denen jene typischen Türlöcher ausgeschnitten sind, die von Palästina bis hinauf nach Nordwesteuropa in vielen Megalithgräbern erscheinen. Die halbrunden Kammern dahinter zeigen als die einzigen in diesen Anlagen recht grobgefügtes Mauerwerk und stellen daher möglicherweise deren ältesten Teil dar.

Die jüngsten Ergänzungen der weitläufigen Bauten sind nach Keramikfunden zwei kleine Pfeilernischen, die aus dem letzten Abschnitt der maltesischen Tempelkultur stammen.

Für den Außenwall, den auch hier eine Füllmauer von der Innenkonstruktion trennt, wurden wieder gigantische, nur wenig behauene Megalithen verwendet. Einer ist 6,40 m lang, 2,80 m hoch und 60 cm dick. Hinter der rechten rückwärtigen Ellipse steht ein über 5 m hoher, 50 Tonnen schwerer Block, dessen Funktion innerhalb der Architektur unklar bleibt.

An der Seeseite sind die Bausteine der Hagar Kim in den Jahrtausenden zu zerrissen, bizarr durchlöcherten Formen verwittert; im Inneren des Heiligtums aber haben sich vielfach die regelmäßigen Umrisse und glatten honigfarbenen Flächen der Blöcke und Plat-

ten bewahrt. Nirgends fanden sich Spuren von Stuck. Für die Zurichtung des Baumaterials scheint man nur einfache Steinhämmer sowie Rinder- und Ziegenhörner benutzt zu haben. Die Glättung erfolgte mit kleinen Werkzeugen aus importiertem Flint.

Gleich den Erbauern von Jericho II hatten auch die Urbewohner von Malta eine Abneigung gegen scharfe Brüche und Winkel und rundeten vielfach die Kanten ihrer Steinarchitektur ab.

Sichtbare Anzeichen für eine Verengung der Innenmauern nach oben zu gibt es in Hagar Kim fast überall, wo noch mehrere Reihen der Mauerquadern über dem megalithischen Unterbau erhalten blieben. In einem Fall sind die vorkragenden Blöcke einander so fein angeglichen, daß keine Abstufungen entstanden. Manche Platten und Blöcke in den Kammern und Korridoren sind mit einem Punktmuster aus zahllosen kleinen Löchern übersät, das sie der Struktur von Bienenwaben gleichen läßt. Die Vertiefungen waren mit einer weißen Masse gefüllt, ihre Umgebung rot bemalt.

Größere Löcher, Schalen und Näpfchen finden sich auf den Boden- und Gangplatten aller megalithischen Tempel der Inseln. In den Durchgängen und Torwegen dienten sie jedenfalls praktischen Zwecken: der Anbringung von Holzbalken oder, als Ringlöcher, der Befestigung von Seilen und Gurten, die Türen hielten. Auch die Opfertiere mag man angebunden haben. Die maltesischen Bauern ketten auch heute noch immer ihr Vieh auf diese Art an.

Die oft recht großen Vertiefungen und Schalen aber, die sich dem Haupteingang gegenüber in Hagar Kim und anderen Sanktuarien finden, hatten sicherlich keine praktischen, sondern religiöse Funktionen. Man fand sie teilweise durch genau eingepaßte

Steinpfropfen verschlossen und mit Tierknochen gefüllt.

In Hagar Kim gibt es, wie bereits in der
Gigantija, große aus Platten gebaute Nischen
und kleinere Schreine. In einigen kamen Tierknochen zutage, Reste von Opfern, die man
wohl in diesen symbolischen Gräbern den
Ahnen dargebracht hatte. Außer diesen Einrichtungen gibt es rechts und links eines Korridors zwei monolithische Altäre in Pilzform,
deren Tischplatten erhöhte Ränder haben, als
seien sie zur Aufnahme einer Flüssigkeit bestimmt gewesen. Sie sind auf dem Archipel
die einzigen ihrer Art, gehören aber zu einem
im ostmittelmeerischen Bereich weitverbreiteten Typ.

9 Sitzfigur aus Hagar Kim

8 Altar aus Hagar Kim

Wieder gibt es viele niedere kistenförmige
Altäre, die aus Platten zusammengesetzt sind.
Auf einem sind zwei einander gegenüberge-
stellte Reliefspiralen auf lochgemustertem
Grund herausgearbeitet. Wahrscheinlich verbirgt sich hinter diesem Motiv, das im Sanktuarium von Hal Tarxien wiederkehrt, das
magische Auge der Großen Göttin. Auch von
Verschlußplatten sizilianischer Felsgräber
blickt es in Gestalt zweier Spiralen unter
Brauenbögen. Dort gehört dazu noch die schematische Andeutung einer menschlichen Figur, die keinen Zweifel daran läßt, daß die
Spiralen tatsächlich Augen vorstellen.

Der schönste Altar aus Hagar Kim ist ein
Stein von etwa 70 cm Höhe, an dessen Ek-
ken je ein Paar kleiner Pfeiler herausgearbeitet ist. Eine entsprechend ausgezackte
Platte, die einen leicht gehöhlten runden Aufsatz trägt, krönt ihn. Auf seinen vier Seiten
sind hohe, an Farnkraut erinnernde Pflanzen
dargestellt, die aus einem Topf wachsen (Abb.
8). Der ganze Opferstein ist wieder mit klei-

nen Löchern übersät, und Farbspuren zeigen, daß er einmal rot bemalt war. Ähnliche Altäre kommen auf kretischen Kunstwerken vor. Zu Füßen des Kultsteines fanden sich fünf kleine Figuren und in der westlichen Apsis des Tempels vier weitere. In einigen mag sich das Bildnis der unbekannten Gottheiten erhalten haben, denen man auf den Altären der maltesischen Heiligtümer geopfert hatte.

Monströs beleibt, mehr Sinnbild der Fruchtbarkeit als menschliches Wesen, kauert eine nackte Figur auf ungeheuren Schenkeln. Der Unterleib und der ebenso strotzende Oberkörper der Gestalt sitzen als eine größere und eine kleinere Ovalform übereinander. Auf den Fleischmassen des Schoßes der rätselhaften, weder als Mann noch als Frau erkennbaren Gottheit liegen überraschend winzige Hände und auch die seitlich untergeschlagenen Füße sind sehr zierlich (Abb. 9). Sämtlichen Statuetten dieser Art, die zwischen 22 cm und 25 cm hoch sind, fehlt der Kopf. Eine Aushöhlung mit durchlochtem Rand verrät aber, daß das Haupt gesondert eingesetzt wurde und vielleicht beweglich war. Lose Köpfchen kamen in verschiedenen Heiligtümern auf Malta und Gozo ans Licht. Sie sind klein und recht naturalistisch.

Alle bis jetzt gefundenen kauernden Figuren erscheinen geschlechtslos. Eine ist merkwürdigerweise vorne nackt, während rückwärts ein Fransenrock angedeutet ist, über den ein langer dicker Zopf herabhängt. Die enge Verwandtschaft der Sitzfiguren mit weiblichen Idolen aus dem anatolischen und griechischen Neolithikum ist unverkennbar.

10 Geschlechtslose Steinfigur aus Hagar Kim

11 Weibliche Figur mit Glockenrock aus Hagar Kim

Die maltesischen Kultbildwerke sind keine abstrakten Plastiken; ihre Asexualität ist nicht die Folge einer weitgetriebenen Schematisierung. Sie mag eher Ausdruck der Idee einer göttlichen Wesenheit sein, in der sich für das Inselvolk über die menschlichen Aspekte hinaus kosmische Kraft und Fülle verkörperten. Auch Engel werden geschlechtslos dargestellt!

Dieselbe Gottheit mag in nackten Stehfiguren erscheinen, die ebenfalls in Hagar Kim ausgegraben wurden. Eine solche feingearbeitete Kalksteinskulptur ist über einen halben Meter hoch. Der unförmige Leib mit den überhängenden Fleischwülsten steht mit plumpen Füßen auf einem punktierten, rot-

gefärbten Sockel. Der rechte Arm hängt herab, die linke Hand ist zur Brust gehoben. Der Kopf fehlt auch hier (Abb. 10).

Außer diesen seltsamen Gestalten kam in Hagar Kim noch eine eindeutig weibliche Statuette zutage. Sie trägt ein ausgeschnittenes Gewand mit weitem Glockenrock und eine dicke Halskette (Abb. 11). Die zarte Linke ist wieder zur Brust gehoben. Ihre Füße sind unsichtbar; wahrscheinlich ist sie als Sitzfigur gedacht. Vielleicht verkörpert sie die große mütterliche Göttin, in deren Hut die Lebenden wie die Toten ruhten. Zu ihrem erdhaft schweren Körper mag einmal ein Madonnenhaupt gehört haben, einem Terrakottaköpfchen ähnlich, das in Hal Tarxien

12/13   Vorder- und Rückansicht der ›Venus von Malta‹   14   Köpfchen einer weiblichen Statue ▷

ans Licht kam. Dieses kleine Kunstwerk zeigt ein liebliches Gesicht mit hoher Stirn, über der die Haare in schöngeordneten Strähnen liegen. Die Augen wirken wie träumend geschlossen; einmal waren sie vermutlich durch Bemalung belebt. Der Hauch eines Lächelns liegt über dem stillen Antlitz, das an Mariendarstellungen des Quattrocento erinnert (Abb. 14).

Die Feinheit der Köpfe und die zerbrechlichen Händchen bilden in ihrer Vergeistigung einen eigenartigen Kontrast zu der massigen Körperlichkeit aller dieser Kultfiguren. Vollkommen statisch, zeitlos in sich ruhend, ähneln die sitzenden Idole manchen fernöstlichen Statuen des meditierenden Buddha und lassen uns etwas von der religiösen Atmosphäre der Inseln erahnen.

Neben diesen stilisierten Bildwerken wurde in Hagar Kim noch eine kleine Plastik ganz anderer Art aus rötlicher Terrakotta, die ›Venus von Malta‹, entdeckt. Sie stellt eine nackte volle Frau von normalen Proportionen dar, deren linke Hand unter der Brust liegt, während die beschädigte Rechte vielleicht auf den Schoß deutete. Kopf und Füße der Statuette fehlen. Der Rumpf verrät erstaunliche anatomische Kenntnisse, seine Rückseite ist ein kleines Meisterwerk der Modellierkunst, das an Skulpturen von Maillol denken läßt. Ob diese Figur eine menschliche Frau oder eine Göttin sein sollte, bleibt dahingestellt. Die Handhaltung, die häufig bei östlichen Idolen vorkommt, spricht vielleicht für das letzte (Abb. 12 u. 13). Alle diese Bildwerke aus Hagar Kim, Zeugnisse eines sehr entwickelten Kultes, der vielleicht mehreren Gottheiten galt, stammen wahrscheinlich aus der Spätphase der Tempelkultur.

Lange bevor Hagar Kim errichtet worden war, erhob sich etwas tiefer unten in einer Mulde ein kleines kleeblattförmiges Heiligtum. Seine zierliche Konstruktion ist noch klar erkennbar. Daneben ragen gleich einer Mondlandschaft die Ruinen des großen Doppelheiligtums, der Mnaidra, empor. Sie erstrecken sich fast bis zum Rande des Plateaus, das hier in breiten Geröllströmen zum Meer abfällt (Abb. 15). Tag und Nacht hallen die hohlen dunklen Stimmen der Brandung, die sich in den abgrundtiefen Spalten der Klippen fängt, zu den Tempeln hinauf. Stürme und Wetter haben die Außenwälle aus Korallenkalk zerfressen und die sichelförmige Fassade zerstört.

Grabungen enthüllten, daß die südwestliche Konstruktion mit ihren zahlreichen Anbauten die ältere ist. Ihre Innenarchitektur aus gutgeglätteten und zusammengefügten Megalithen ist teilweise erhalten. Vor allem die Räume des vorderen Ovales, in die ein massiver gedeckter Torweg führt, zeigen über dem wuchtigen Unterbau stellenweise noch vier Reihen vorkragender Quadern. In eine der hohen Sockelplatten ist eine niedere Türöffnung geschnitten, zu der drei Stufen ansteigen. Sie geleitet in eine kleine Kammer mit einigen kompliziert konstruierten Nischen, von denen eine durch eine Platte mit Fensterloch teilweise verschlossen ist (Abb. 16).

In der Nordseite des Walles gibt es ein anderes eingebautes Gelaß, das nur von außen zugänglich ist. Man kann von dort durch eine Maueröffnung in die Frontsäle des Tempels blicken. Fast dieselbe Einrichtung findet sich auch in Hagar Kim. Sie mag für geheime Kulthandlungen, vielleicht für eine Art Orakel bestimmt gewesen sein, bei dem die Stimme des unsichtbaren Priesters aus der Wand drang.

Ein überdachter Korridor, den wieder zwei Altäre rahmen, führt in die sehr deformierte

15   Blick über die Ruinen der Mnaidra

rückwärtige Ellipse des älteren Sanktuariums. Links enthält sie drei Pfeilernischen. Diese Schreine müssen besonders wichtig gewesen sein, da sie noch einen eigenen Zugang haben, der einen Höhepunkt der altmaltesischen Baukunst darstellt. Ihre dekorative Architektur ist in die Rückwand des Vorderraumes eingefügt. Zwei stattliche Blöcke stehen gleich Wachen rechts und links von einem eleganten Trilithenportal, das eine Platte mit genau ausgehauener Türöffnung umrahmt. Sämtliche Steinflächen dieses Torbaues sind mit Tausenden von eingepickten kleinen Löchern bedeckt, die sie mit einem zarten Netzwerk aus Licht und Schatten überziehen. Einmal leuchteten sie weiß und rot (Abb. 17).

Kein anderes Heiligtum ist so reich mit diesem merkwürdigen, trotz seiner Feinheit

17 Trilithen-Portal in der Mnaidra mit Lochverzierung

◁ 16 Eingang der Mnaidra

urtümlich wirkenden Muster geschmückt, das in der Spätzeit zugunsten einer raffinierteren Reliefdekoration wieder aus der Mode kam.

Der zweite, nordöstliche Tempel der Mnaidra, der in einem Winkel von 45 Grad neben dem ersten liegt, ist mit seinen beiden gleichmäßigen Ellipsen als Anlage größer und einheitlicher, aber weniger monumental als sein Nachbar. Die tadellosen Orthostatensockel der Innenmauern bestehen aus recht kleinen Platten. Eine Fassade fehlt, da die ganze Konstruktion etwas erhöht auf einer runden Plattform aus Steinen ruht, die von einem zyklopischen Wall umkränzt wird. Der Haupteingang besteht aus einem kurzen Korridor, der vor einer massiven, heute halbzerstörten Platte mit großem Fensterloch endet, wie sie sonst nur in den Räumen vorkommt. Es sieht aus, als habe man hier zu einem Zeitpunkt, da die Sanktuarien immer weniger Mausoleen ähnelten, noch einmal ihre Urfunktion betonen wollen. Die hohe Schwelle, die das Tor versperrte, mag vielleicht eine magische Grenze gewesen sein, die zwischen der Welt der Profanen und dem geheimen Bereich der Toten aufgerichtet war. Bis in unsere Tage haben Schwellen noch magisch-abwehrende Bedeutung im Volksglauben.

Eine Platte mit einem Fenster in einem Trilithon verschließt auch einen kleinen Anbau mit einer Pfeilernische hinter der linken Apsis. Die verschiedenen, auffallend kleinen und schwer zugänglichen Kammern in den späteren Tempeln könnten auf eine schärfere

Scheidung zwischen den Laien und den Priestern deuten, die vermutlich ihre Mittlerstellung zwischen Diesseits und Jenseits und damit ihre Macht im Lauf der Jahrhunderte immer mehr ausgebaut hatten. Wahrscheinlich erhoffte man von ihnen auch Heilung von Krankheiten und Gebrechen.

In der Mnaidra kam ein weibliches Tonfigürchen mit unnatürlich aufgeschwollenem Bauch und auffallend eingesunkenem Rücken zutage, das wie eine lebensechte Studie einer an Bauchtumor Leidenden wirkt. Roh gearbeitete Statuetten von anderen Kultstätten zeigen ebenfalls Deformierungen. Einer hatte man scharfe Muschelsplitter an vielen Stellen in den Leib gestochen. Es ist wahrscheinlich, daß diese kleinen Plastiken Exvotos von Geheilten oder auch Zaubermittel waren, mit deren Hilfe man Krankheiten bekämpfte oder eine Person behexte.

Nicht anders wie heute die Pilger zu den Wallfahrtsorten werden vor Jahrtausenden die Frommen, die Kranken und die Traurigen zu den goldenen Tempeln über dem Meer gezogen sein.

Gegen Abend füllt sich das leere Labyrinth der ›Steine des Gebetes‹ mit blauen Schatten und die letzte Sonne entzündet die hohen Blöcke noch einmal in feurigem Glanz. Dann scheint die Einsamkeit voll unfaßbaren Lebens und der Wind in den gestürzten Mauern ein Echo raunender, flehender, ekstatischer Stimmen, der immer gleichen Bitten und Klagen des Menschen, der seinem Schicksal zu entgehen sucht. Und die beiden breiten Ovale der oberen Mnaidra werden zum Umriß des Riesenleibes einer vergessenen Gottheit, die wie die Erde unpersönlich, gütig und schrecklich zugleich war.

Das unterirdische Reich der Magna Mater

Während oben im Licht die Sanktuarien des Archipels aus kleinen Grabzellen zu gigantischen Tempeln wurden, senkte man die Toten immer tiefer in den Felsleib der Inseln.

1902 wurden in der Straße von Hal Saflieni, an der Peripherie von La Valletta, neue Wohnbauten errichtet. Bei der Ausschachtung einer jener glockenförmigen Zisternen, die zu jedem Hause dieses wasserarmen Landes gehören, brach der Boden in unterirdische Hohlräume durch. Die Konstruktion der Häuser wurde trotz dieser Entdeckung unbekümmert fortgesetzt. Erst nach Beendigung der Arbeiten dachte man an eine Verständigung der Regierung von Malta, die einen Ausschuß zur Erforschung der Gewölbe einsetzte.

Unter der Leitung von E. Magri begannen die Freilegungsarbeiten. Man fand ein mehrstöckiges System von Grabkammern, Hallen, Durchgängen und Treppen, das mit den Gebeinen von etwa 7000 Menschen gefüllt war. Magris Ausgrabungen endeten vorzeitig, da er versetzt wurde. Glücklicherweise führte Themistocles Zammit, der Direktor des Museums von La Valletta, das Werk fort. Diesem vielseitigen, ungewöhnlichen Manne ist es zu danken, wenn das Studium der maltesischen Vorgeschichte nach den dilettantischen Ausgrabungen des 19. Jahrhunderts, bei denen auch vieles unschätzbare Fundmaterial verloren gegangen war, mit wissenschaftlicher Methodik vorangetrieben wurde. Von da an begann sich die Vorgeschichte der Inseln immer klarer abzuzeichnen. Zuvor waren die megalithischen Altertümer auf Malta und Gozo meist den Phöniziern zugeschrieben worden; einzig der deutsche Archäologe Albert Mayr hatte um die Jahrhundertwende bereits ihre wahre Natur erkannt, sie ausgezeichnet dargestellt, gedeutet und in die mediterrane Vorgeschichte einzuordnen gesucht. Zammit vollendete die Erforschung der Nekropole und veröffentlichte 1911 eine ausführliche Beschreibung der Anlage mit einem Plan.

Das Hypogäum war, genau wie später die christlichen Katakomben zu Füßen der alten Inselhauptstadt Mdiny, zugleich Friedhof und Heiligtum gewesen. Es ist aus dem Kalkstein einer Hügelkuppe ausgeschachtet, und seine Anfänge werden nicht viel anders ausgesehen haben als die Gräber von Xemxija, von denen ein Paar bereits durch einen kurzen Korridor verbunden war. Nach den Funden aus dem obersten Stockwerk, das naturgemäß das älteste ist, reichte die Nekropole bis in das letzte Viertel des 4. Jahrtausends zurück. Jahrhundertelang war sie immer weiter in den Grund des Felsens hinabgetrieben worden, bis der riesige Dachsbau mit einer Tiefe von über 10 m etwa der Höhe der oberirdischen Sanktuarien entsprach.

Das ursprüngliche Trilithentor zu dem weiten Labyrinth war durch die Hausbauten versperrt und stark zerstört worden. Bereits lange zuvor war eine megalithische Anlage verschwunden, die einmal davorstand. Ihre Reste kamen 1909 bei Straßenarbeiten ans Licht. Heute führt ein moderner Zugang mit einer Treppe aus der stechenden Hitze und Grelle der lauten Vorstadtstraße hinab in Dämmerung, feuchte Frische, Schweigen. Die elektrische Beleuchtung verdrängt das dichte Dunkel dieser verborgenen Totenstadt nur unvollständig. Alles geht hier unten in Kurvenlinien, konkaven Flächen und runden Wölbungen weich ineinander über. Im ungewissen Licht kleiner Öl- und Fettlampen – nirgends fanden sich Spuren von Fackelbrand – mögen diese Gewölbe einmal an die bergende Nacht eines Mutterschoßes erinnert haben, in den man die Toten gleich reifem Samen senkte, damit sie in seiner ewigen Kraft erneuert und wieder fruchtbar würden.

Von den obersten grob ausgehauenen Räumen, um die sich die Grabzellen gleich dunklen Augenhöhlen öffnen, geht es tiefer in eine sakrale Zone, in der man vielleicht in einem Geheimkult den chthonischen Mächten diente. Lange gewölbte Hallen mit sorgsam geglätteten Wänden, an denen die heilige Ockerfarbe an vielen Stellen Spuren wie von Blut hinterlassen hat, führen dorthin. Spiralornamente in verschiedenen Variationen überranken die Decken mit einem Gewirr symbolschwerer Zeichen. Das mystische Siegel der Großen Göttin der mediterranen Frühwelt thront auch hier über ihrem Reich. Nur auf einer Wand zeichnet sich noch ein anderes Muster ab, ein schwarzweißes Schachbrett, das auch auf Tonware aus Xemxija vorkommt und auf südfranzösischen Gefäßen dieser Epoche. Westlicher Einfluß, der auf Malta ungreifbarer als der östliche, aber doch deutlich immer wieder auftritt, mag hier sichtbar werden.

Die Nähe des ›Allerheiligsten‹ kündet sich in einer feierlichen großlinigen Architektur an, die mit außerordentlicher Präzision aus dem weichen bräunlichen Kalkstein gearbeitet ist. Die elegante Fassade eines megalithischen Tempels mit einem Trilithenportal und vorspringenden Pfeilern zwischen Nischen entfaltet sich im ungewissen Licht. Grabkam-

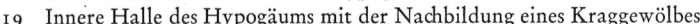

18 Portal der vorderen Halle des Hypogäums
19 Innere Halle des Hypogäums mit der Nachbildung eines Kraggewölbes

mern rechts und links wirken mit ihren skulptierten Steinpforten wie Kapellen. An der Decke dieses Saales sind lange vorkragende Balken oder Quadern nachgeahmt (Abb. 18).

Hinter dieser Halle liegt eine kleinere, die noch schöner ausgestaltet wurde. Ihre linke ausgebuchtete Wand erinnert an eine Apsis, in der ein wieder von Pfeilern und Nischen eingefaßtes Tor mit gewaltigem Architrav und darüber der Ansatz einer unechten Halbkuppel aus dem gewachsenen Fels herausgehauen sind. Schräg vor dem Eingang befinden sich zwei runde, ziemlich weite und tiefe Löcher im Boden, die mit Steinpfropfen verschlossen waren. In einem lag ein Paar Ziegenhörner (Abb. 19).

Die beiden Hallen mit den dekorativen Innenfassaden, die vor Zeiten vermutlich rot übermalt waren, bereiten auf den kleinen Raum vor, der vielleicht das Herz dieser Nekropole war. Diese Cella in der alten Nierenform der Felsgrüfte diente zugleich als Grab und Sanktuarium. Es sieht aus, als sei sie gerade erweitert worden, als die Inselkultur jäh zu Ende ging. In einer Art Altarnische ist im Boden eine Mulde ausgehöhlt, in der vielleicht ein Kultobjekt stand. Eine steinerne Öse nahe der Decke könnte der Fixierung seines Oberteiles gedient haben. Vor dieser improvisiert wirkenden Anlage, möglicherweise einer Zwischenlösung während der Umgestaltung der Kapelle, gab es hier scheinbar eine Pfeiler-Nische. Die Sakralhandlungen in diesem Raum waren vermutlich geheim. Der Eingang und ein Ausgang, der sich auf den Weg zum untersten Stockwerk öffnet, zeigen Löcher in den Wänden, in die jedenfalls einmal eine Tür oder sonst eine Vorrichtung eingepaßt war, die das ›Allerheiligste‹ vor den Blicken der Profanen abschirmte.

An der Cella vorbei führt ein Torweg zur Treppe in den tiefsten Teil der Nekropole. Auf die gegenüberliegende Wand war ein Stier in schwarzer Farbe gemalt. Es scheint, als hätte die obere Kultstätte die Grenze der Katakomben bestimmt, die unter ihr zellenförmig angelegt sind. Die Kammern des letzten Stockwerkes haben zwar die für Gräber typische Backofenform, doch enthielten sie keine Bestattungen. Die Wände waren reichlich mit rotem Ocker bemalt. Wie in der Krypta einer romanischen Basilika stützen dort unten massige Pfeiler die Decke, die zur Sicherung der oberen Gewölbe bei den Ausschachtungsarbeiten stehen gelassen wurden. War das unterste Stockwerk im Gefolge des plötzlichen Endes der Inselkultur leer geblieben? Waren die Räume nicht Gräber, sondern Magazine, wie D. H. Trump suggerierte? Aus den Keramikfunden läßt sich eine lange Lebensdauer des Hypogäums rekonstruieren. 700 Jahre lang wurden die Katakomben von Hal Saflieni immer weiter in den Fels gehöhlt. Funde und Spuren der Bearbeitung auf halbfertigen Wänden zeigen, mit welch rudimentären Geräten diese Leistung vollbracht wurde und wie man vorging. Zunächst wurden Keile oder Spitzen von Rinderhörnern und Hirschgeweihen mit Hämmern aus Hartstein in den Globigerinen-Kalk getrieben, der in bergfeuchtem Zustand ziemlich weich ist. Die ausgestemmten Höhlungen wurden dann mühsam mit kleinen Feuersteinklingen geglättet. Mit großem Geschick hat man natürliche waagerechte oder senkrechte Spalten des oft in glatten Flächen brechenden Felsens für die Wände und Böden mancher Räume ausgenutzt.

Der Kreis der architektonischen Entwicklung auf den Inseln schließt sich hier unten. Vom Vorbild der kleinen rundlichen Grab-

kammern im Felsgrund führt der Weg hinauf
in die Helligkeit zu den elliptischen Riesentempeln und kehrt dann wieder zurück in
die Tiefe, wo diesmal die oberirdischen Bauten nachgebildet werden.

Das Hypogäum von Hal Saflieni kann niemals, wie die großen oberirdischen Sanktuarien, der Schauplatz eines öffentlichen Kultes
gewesen sein. Außer der Priesterschaft stiegen
vermutlich nur wenige Bevorzugte zu rituellen Handlungen besonderer Art in seine düsteren Hallen hinab, um Totenopfer darzu-
bringen, die Ahnengeister und chthonischen
Gottheiten anzurufen oder Orakel zu empfangen und geheilt zu werden. An keinem
anderen Ort kam man den Unteren Mächten
näher als in der heiligen Höhle. In hypnoti-
schem Schlaf und bedeutungsvollen Träumen
mag die Zwiesprache mit ihnen erfolgt sein.

In geschichtlicher Zeit gab es in griechischen
und römischen Heiligtümern eine besondere
Art des Orakels, die ›Inkubation‹, bei dem
Priester oder Priesterinnen in einem verborgenen und unheimlichen Raum, meist einer
Höhle oder Grotte, schliefen und dann aus
ihren Traumgesichten weissagten. Auch um
geheilt zu werden, schlummerte man in Sanktuarien oder am Grabe der Ahnen. Auf das
hohe Alter solcher Kultbräuche mögen zwei
seltsame Bildwerke aus dem Hypogäum weisen: schlafende weibliche Gestalten auf Ruhe-
betten aus einer der Hallen mit spiralenge-
schmückter Decke.

Das schönere der beiden Terrakottafigürchen
liegt auf der rechten Körperseite. Das zierliche Haupt mit halblangen Haaren stützt
sich auf eine Art festes Kissen oder Schemel
(Abb. 20 und 21). Wieder verblüfft der Gegensatz zwischen der Grazie des Kopfes und der
Puppenhändchen und den überbetonten Rundungen der Gestalt. Der nackte Oberleib mit

den schweren Brüsten läßt diesmal keinen
Zweifel an ihrer Weiblichkeit. Ein weiter
Dreiviertelrock nach kretischer Mode mit geschwungenen Ornamenten und langen Fran-
sen, der in der Taille eng geschnürt wirkt, bedeckt die ausladenden Hüften und Schenkel.
Die Füße sind von normalen Maßen. Trotz
ihrer Massigkeit wirkt die sehr fein modellierte kleine Plastik der ›sleeping lady‹, wie
man sie nicht ohne Zärtlichkeit getauft hat,
in ihrer gelösten Schlafversunkenheit sehr anmutig. Das konkave Ruhebett, das ähnlich
auch unter manchen bekleideten Sitzfiguren
erscheint – vielleicht ein Holzgestell mit
Rohrgeflecht –, bietet sie wie in einer Muschel
dar. Die Schlummernde wirkt fremdartig,
aber als ein menschliches, kein göttliches Wesen. Vielleicht stellt sie eine Priesterin vor, die
in seherischem Schlaf den chthonischen Stimmen lauscht.

Die Vorliebe der Inselbevölkerung für
Rundformen scheint auch ihr weibliches
Schönheitsideal bestimmt zu haben. Man hat
nicht den Eindruck, daß der Üppigkeit der
Schläferin nur symbolische Bedeutung zukam. Fast alle Frauendarstellungen der altmaltesischen Kunst zeigen mehr oder weniger
volle Gestalten. Auf einer Keramikscherbe
aus Hal Tarxien ist eine Tänzerin eingeritzt,
die ebenfalls sehr korpulent wirkt. Solche
Fülle entsprach offenbar dem Geschmack der
Ureinwohner des Archipels und im übrigen
einer orientalisch-afrikanischen Vorstellung
von der Frau, die noch in unseren Tagen
fortlebt.

Die zweite schlafende Figur aus Hal Saflieni, deren Haupt fehlt, reicht künstlerisch
nicht an die ›schlafende Dame‹ heran. Sie liegt
auf dem Bauch in einer Haltung, die an die
Geste der totalen Unterwerfung erinnert.

Der merkwürdigste Fund aus dem Hypo-

20/21 Vorder- und Rückansicht der ›Schlummernden Priesterin‹ aus dem Hypogäum

gäum ist aber eine dritte Figur aus weichem Stein, wieder auf dem üblichen Ruhebett; sie stellt keinen Menschen dar, sondern einen Fisch. Es gibt noch einen tönernen Fisch aus dem Hypogäum, und in den Tempelruinen von Buggiba, die in unmittelbarer Meeresnähe stehen, kam ein Relief mit Fischen zutage. Sicher gehörten Seetiere zu den Opfergaben, die man in den Sanktuarien darbrachte. Unerklärlich bleibt aber das Lager, auf dem der Fisch aus Hal Saflieni gleich einem menschlichen Wesen liegt.

Im Hypogäum wurden dieselben geschlechtslosen, übermäßig dicken Figuren gefunden wie in den Tempeln. Das Schema ist immer das gleiche. Ein nacktes stehendes Idol aus Hal Saflieni hat bei einer Höhe von etwa 40 cm einen Leibesumfang von 75 cm!

Neben diesen Plastiken rein maltesischen Stils kamen auch ein violinförmiges Idol aus Bein und ein Köpfchen aus Ton mit stark vorspringender Nase zutage, die auf die ägäisch-anatolische Welt verweisen. Zu den Totenbeigaben gehörten neben großen Mengen von Gefäßen – darunter ein prächtiger Teller mit eingeritzten Darstellungen von asiatischen Buckelrindern – Beilamulette aus Grünstein, die auch in Spanien, Frankreich und auf Sardinien in der Kupfersteinzeit getragen wurden. Nach Westen weisen auch eine phallische Doppelperle aus demselben Material und Knöpfe mit V-förmiger Durchbohrung. Welche kulturellen Anregungen und religiösen Ideen aus beiden Hälften des Mittelmeeres aber immer den Archipel erreichten, sie wurden dort mit höchster Intensität aufgegriffen und zu etwas Eigenem vollendet.

Im heiligen Höhlenreich von Hal Saflieni gab es vermutlich Orakel und akustischen Zauber mancher Art. In der Wand der Halle der roten Spiralen öffnet sich eine kleine Höhlung. Für ein Grab ist sie nicht groß genug; sie ist auch keine halbfertige Totenkammer, die aus irgendeinem Grunde nicht weiter ausgehauen wurde, da sie mit demselben Muster bemalt wurde wie der Saal. Ihr Zweck muß ein anderer gewesen sein. Wer in diese Öffnung hineinspricht, hört den Ton mit unheimlicher Resonanz durch die Gewölbe rollen. Eine Art Gesims an der Hallenwand leitet ihn weiter. So mögen die Gläubigen mit heiligem Schrecken hier unten körperlosen Stimmen gelauscht haben, die raunend oder mit Donnerklang aus der Tiefe des Felsens zu steigen schienen.

Die Nekropole von Hal Saflieni, die im Lauf vieler Jahrhunderte ein Heer von etwa 7000 Toten aufgenommen hatte, war vielleicht der Friedhof einer Elite. Für die Einwohnerschaft einer großen Siedlung erscheinen etwa 1000 Bestattungen in je 100 Jahren wenig. Wenn man aber an die Konzentration von Heiligtümern im Bereich von Valetta denkt, in dem mindestens sieben Tempel standen, spricht manches, und nicht zuletzt auch die unterirdischen Kultanlagen, für eine Begräbnisstätte des Tempelpersonals. Ohne Zweifel gehörte zu diesem, außer der Priesterschaft, eine große Schar von Dienern, Handwerkern und Künstlern.

Die Nähe des Hypogäums zum Tempelkomplex von Hal Tarxien, dem bedeutendsten der Inseln, war sicher kein Zufall.

Vollendung und Untergang

Die Tempel von Hal Tarxien liegen kaum eine Viertelstunde Weges vom Hypogäum entfernt. Ihre Entdeckung in riesigen Schutthügeln, aus denen die Spitzen der Megalithen ragten, geht auf das Jahr 1914 zurück. Viele bedeutende Funde, die neues Licht auf die letzte Phase der Tempelkultur der Insel und das Schicksal ihrer Bevölkerung warfen, waren das Ergebnis ihrer Freilegung, die fünf Jahre in Anspruch nahm. Drei untereinander

Teller aus dem Hypogäum mit Darstellungen von Buckelrindern

verbundene große Gebäudekomplexe und eine kleinere Anlage kamen zutage, die etwa ein Hektar Bodenfläche bedeckten.

Ursprünglich erstreckte sich die sakrale Zone aber noch viel weiter. Im Süden wie im Norden und Osten der Tempelruinen bezeugen verstreute Megalithen einstige Bauwerke, und in alten Dokumenten wird selbst von einer Häufung großer Blöcke auf dem 300 m weiter nördlich liegenden Hügel von Tal Borg berichtet. Es handelte sich hier um den zweifellos größten Komplex kultischer Anlagen

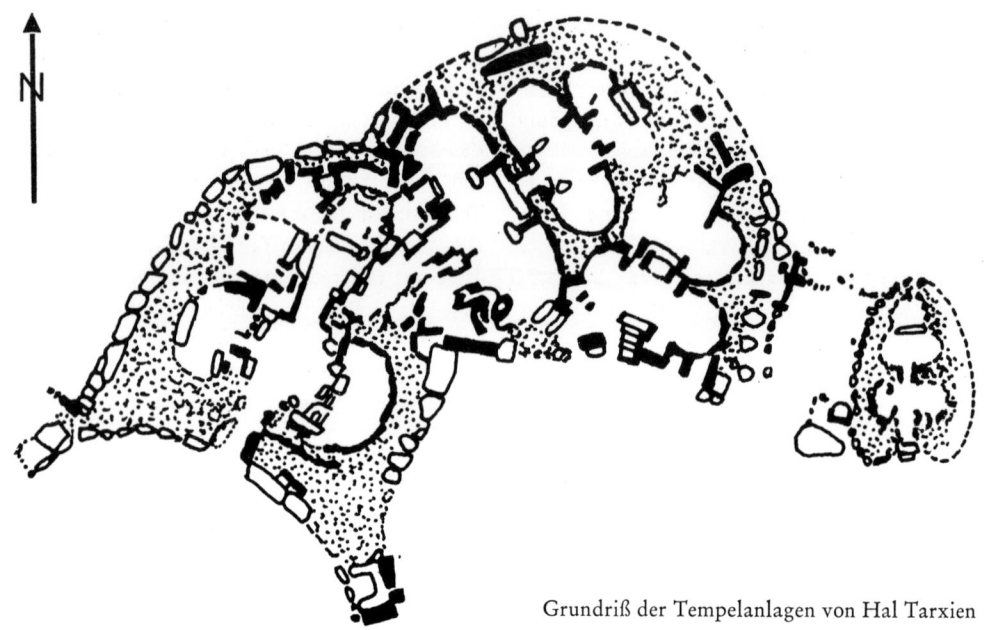

Grundriß der Tempelanlagen von Hal Tarxien

auf den Inseln, um eine Art Vatikan. Die Einwohner des umliegenden Gebietes hatten die Ruinenstätten vielleicht schon seit Jahrtausenden als Steinbruch benutzt. Was trotzdem erhalten blieb, läßt nach sorgfältiger Restaurierung den alten Glanz, wenn auch nicht den Umfang dieser ›heiligen Stadt‹ ahnen.

Der Reichtum einer vollentfalteten Kultur kennzeichnet die Tempel der Tarxien-Phase aus dem zweiten Viertel des 3. Jahrtausends. Das südlichste und älteste der drei großen Heiligtümer, eine Konstruktion mit vier Apsiden, war am reichsten geschmückt. Die Verfeinerung der Innenarchitektur und die barocke Fülle der Dekorationen balancieren auf dem schmalen Grat zwischen Höhepunkt und Dekadenz einer Kultur.

In den grandiosen Steinskeletten der älteren Heiligtümer weht noch ein Schauer frommer Ergriffenheit; die Prunksäle des Süd-

tempels aber wirken mehr repräsentativ als weihevoll. Das spontane mystische Erleben scheint hier in ein wohlorganisiertes, in genauen Formeln festgelegtes religiöses System umgewandelt. Die verschiedenartigen Einrichtungen in den einzelnen Räumen deuten auf ein kompliziertes Ritual, für das sicher ein Stab von Spezialisten nötig war. Hal Tarxien und das nahe Hypogäum waren vielleicht die Hochburgen einer Priesterkaste, in deren Händen nicht nur die geistliche, sondern auch die weltliche Macht über das Inselvolk konzentriert war.

Die dreifachen Tempelanlagen haben heute ihre einstige Monumentalität weitgehend verloren. Die Außen- und große Teile der Innenmauern sind verschwunden und durch moderne Wälle ersetzt oder bloß als Orthostatensockel stehengeblieben. Vor allem aber fehlt die Fassade, von deren ungewöhnlich breitem Bogen nur noch einige Blöcke vorhanden sind. Einstmals war sie jedoch länger als jene von Hagar Kim. Das Fragment eines kleinen Tempelmodells aus Tarxien, das im vorletzten Kapitel erwähnt wurde, ist vermutlich ein Abbild der Vorderansicht des Südbaues. Jedenfalls war es noch bei den Etruskern, den Erben vieler altmediterraner Kultbräuche, Sitte, Miniaturkopien der Tempel in diesen aufzustellen. Die Fassade von Hal Tarxien war mit ihrem megalithischen Unterbau und dem schmäleren Oberbau aus länglichen Quadern sicher haushoch. An ihren beiden Enden standen merkwürdige Kapellchen, die sonst nirgends gefunden wurden. Von dem rechten ist eine große viereckige Platte erhalten, die auf drei Seiten ein breiter Rand begrenzt. Sechs unregelmäßig angeordnete konische Löcher sind darüber verteilt und das Ganze steckte ur-

sprünglich offenbar in einem Plattenschrein, dessen Reste noch zu sehen sind. In der Nähe dieser rätselhaften Anlage waren Steinkugeln verstreut. Man vermutete daher, daß sie einem rituellen Spiel galt, bei dem die Kugeln in die runden Öffnungen geworfen wurden. Wahrscheinlich stammten die steinernen Bälle aber vom Transport der Megalithen, die man mit ihrer Hilfe herangerollt hatte. Gerade in Hal Tarxien kamen solche Kugeln noch an Ort und Stelle unter den tonnenschweren Pflastersteinen zum Vorschein. Die konischen Vertiefungen könnten der Befestigung von Statuetten oder anderen Kultgegenständen gedient haben. Der gelochten Platte ähnliche, nur kleinere Untersätze für Votivfiguren fanden sich bei prähistorischen Heiligtümern auf Sardinien. Es wäre auch möglich, daß die ziemlich geräumigen Löcher für flüssige Opferspenden bestimmt waren.

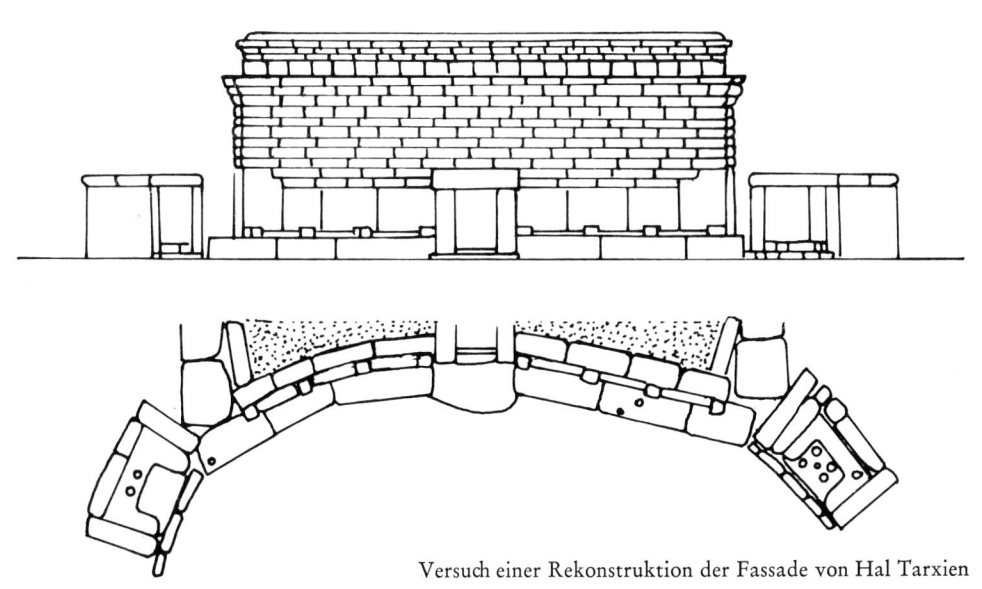

Versuch einer Rekonstruktion der Fassade von Hal Tarxien

22 Gefäß mit plastischer Verzierung aus der Hochblüte der Malta-Kultur

Der Eintritt in die Tempelfolge von Hal Tarxien entbehrt durch die Zerstörung von Fassade und Portal des geheimnisvollen Zaubers von Hagar Kim. Innen sind alle Proportionen beinahe zierlich, und überall triumphiert das skulptierte Ornament. Zwei sehr schön gearbeitete, mit Reliefs bedeckte Miniaturfassaden trennen den Hof von den Seitenkammern. Die zahlreichen länglichen Steinblöcke und Altäre in diesen Räumen sind über und über mit feinausgemeißelten Dekorationen geschmückt, deren Wirkung einmal vielleicht durch rote und weiße Farbe erhöht wurde. Die Spirale ist fast immer das Grundthema, das in vielen Variationen abgewandelt wurde. Sie erscheint hier meist ihrer sakralen Bedeutung entkleidet, zu pflanzenhaftem Rankenwerk verflacht, oft auch in ihre Bestandteile zerlegt und zu neuen Motiven erweitert oder vereinfacht. Die wundervoll klare Ausarbeitung der ziemlich hohen, leicht konvexen Reliefs, für die keine Metallwerkzeuge benutzt wurden, ist verblüffend.

Die Töpferkunst erreichte in der Tarxienphase einen Hochstand, der im westmittelmeerischen Gebiet bis in historische Zeiten unerreicht blieb. In den späteren Heiligtümern kamen Tausende von Scherben ans Licht. In der Hauptsache gehörten sie zu stattlichen bauchigen Töpfen mit Knickwand und großen Dreieckhenkeln, die vielleicht einzig rituellen Zwecken dienten, da sie keine Spuren längeren Gebrauches zeigen. Die Formvollendung dieser handgemachten Ware von makellosem Brand ist ebenso erstaunlich wie der Reichtum an dekorativen Einfällen, der sie schmückt. Wie bereits in der älteren Zeit spielten rotinkrustierte Ritzzeichnungen eine große Rolle, aber daneben gab es neue, reizvolle Spiele mit Farben und Formen.

23 Tierfries in Flachrelief auf einem länglichen Altar in Hal Tarxien

Große, prächtige Gefäße wurden vor dem Brand mit Voluten aus rotgefärbtem Ton eingelegt, die nach der Feuerung eine gravierte, weißinkrustierte Umrandung erhielten. Der honigbraune Überzug des Grundes wurde auf Hochglanz poliert. Doppelkonische Vorratskrüge erreichten Höhen von fast einem Meter. Meist dominiert die Kurve in den Ornamenten, nur gelegentlich gibt es Rhomben oder auch eine Art Netzmuster (Abb. 24).

Auf einigen Schüsseln fanden sich Ritzzeichnungen von Schafen, Ziegen, Rindern, Vögeln und Schlangen. Sehr dekorativ wirken Töpfe mit plastischem Schmuck aus vielen kleinen Buckeln, die aus der Gefäßfläche aufgewölbt wurden und sich dunkel aus einem mit weißer Masse bedeckten Grund heben (Abb. 22).

Die große Menge der Scherben in den Sanktuarien deutet auf Trank- und Speiseopfer und eine rituelle Zertrümmerung der Gefäße, die nicht durch den Alltagsgebrauch profaniert werden sollten. Ihre hohe Qualität stand vielleicht mit ihrer sakralen Funktion in Zusammenhang.

24 Großes Knickwandgefäß der Tempelkultur

Ähnliche Tierdarstellungen wie auf der Keramik gibt es auch in den Tempeln von Hal Tarxien. In der ersten linken Apsis des Südtempels ist ein schöner Tierfries in Flachrelief auf einem länglichen Altar zu sehen: Böcke, ein Schwein und ein Widder (Abb. 23). Wie viel später in römischer Zeit hatte man hier bereits die Tiere verewigt, die in den Heiligtümern dargebracht wurden. Beweise für solche blutigen Opfer fanden sich nebenan im Zentralhof des Tempels.

Einer der beiden kubischen spiralverzierten Altäre, die wie immer das Portal zum rückwärtigen Teil des Sanktuariums rahmen, ist hohl. Er trägt ein kunstvoll gearbeitetes Tabernakel, das um eine kleine Platte mit Fen-sterloch gebaut ist (Abb. 25). Durch diese Öffnung hatte man viele Tierknochen in den Altar geworfen, den bei der Ausgrabung diese Reste uralter Opfer noch bis oben füllten. In seiner Vorderfront war außerdem ein halbmondförmiger Teil ausgeschnitten und wieder eingesetzt worden. Dahinter befindet sich eine kleine Höhlung, in der ein scharfgeschliffenes Flintmesser mit gekrümmter Spitze lag; ein perfektes Mordinstrument, das mit einem einzigen Schnitt eine Kehle durchtrennen konnte (Abb. 26).

Das Blut der geschlachteten Tiere wurde möglicherweise in ein Steingefäß mit hoher Basis gegossen, das vor dem linken Altar stand. Starke Brandspuren in einer Mulde

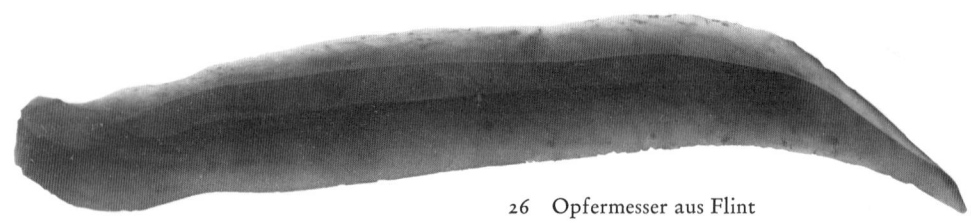

25 Opferaltar von Hal Tarxien mit Tabernakel

inmitten des Hofes sprechen für Verbren-
nungszeremonien, die wohl mit dem Opferritual verbunden waren.

Die Große Herrin aber, für die das Blut
der Tiere vergossen und das Feuer entzündet
wurde, ragte als kolossale Statue in diesem
Raum empor. Bei den Freilegungsarbeiten
kamen der Sockel und der beschädigte untere

Teil eines Kultbildes ans Licht, das einmal
etwa 2,5 m hoch gewesen sein muß (Abb.
27). Man darf vermuten, daß es die in
schwerer Fülle auf einem Schemel sitzende
Göttin zeigte. Ihre grotesken birnenförmigen
Beine mit verhältnismäßig kleinen Füßen
sehen unter einem fransen- und faltenge-
schmückten Rocksaum hervor. Eine Miniatur-

26 Opfermesser aus Flint

27 Die Große Göttin von Hal Tarxien

ausgabe dieser Statue zeigt in ihrem Schatten kleine Menschenwesen. Auf mittelalterlichen Bildern finden wir die schutzflehende Christenheit ähnlich winzig unter dem Mantel einer mächtigen Madonna kniend dargestellt!

Votivfigürchen aus Tarxien, die man höchstwahrscheinlich als Kopien des großen Kultbildes ansehen kann, lassen die ruhevolle Göttin im weiten Rock mit lieblich-ernstem Antlitz und zur Brust gehobener Hand noch einmal für uns erstehen, wie sie in unserer Vorstellung einst im Schein des Opferfeuers in ihrem Tempel thronte.

Der Kult in Hal Tarxien war vermutlich dieser ewigen Muttergestalt, den Toten und phallischen Steinen geweiht (Abb. 28). Kleine Modelle aus Tarxien zeigen Schreine mit rot-

bemalten Säulchen. Vielleicht waren diese nicht nur Sinnbilder der Fruchtbarkeit spendenden machtvollen Toten, sondern Symbole einer Gottheit, eine Epiphanie der kosmischen Zeugungskraft im Stein.

In den Mutterkulten und Sagen der klassischen Griechen finden sich Hinweise auf eine mediterrane Urreligion, in der der Phallos als selbständige Wesenheit verehrt wurde. Wenn Demeter manchmal mit einem seltsamen Schwarm kleiner phallischer Geschöpfe, den Daktylen oder Fingerlingen auftritt, spiegelt sich darin wohl die Erinnerung an eine Ära, in welche die Phantasie der Griechen noch nicht alle Götter vermenschlicht hatte und in der das männliche dem weiblichen Prinzip untergeordnet war. Bemerkun-

28 Phallische Idole

Darstellung des Pfeilerkultes auf einem Goldring von Mykene

gen in der griechischen Literatur deuten auch an, daß der zwielichtige Hermes einmal nur ein phallischer Stein war. Die Hermen der Antike, ithyphallische Pfeiler, die das Haupt des Gottes krönte, erscheinen tatsächlich wie eine Übergangsform zu seiner allmählichen Vermenschlichung. Die Anbetung phallischer Säulen dürfte einer Stufe der religiösen Entwicklung entstammen, in der es noch keinen kriegerischen Vater- und Himmelsgott mit der Blitzaxt gab, sondern nur die Erdmutter, die Toten und mit dieser Welt verbunden den vieldeutigen Steinkult. Solche frühen Vorstellungen mögen auch der archaischen Wesensart der Urbewohner Maltas entsprochen haben, die ihrer Göttin keinen menschengestaltigen Partner zugesellten, sondern die unpersönliche Verkörperung der zeugenden Kräfte im heiligen Stein.

Vielleicht stand im zweiten Oval des Südtempels wie in der Gigantija ein konischer Kultstein in der großen rückwärtigen Nische, deren dekorative Architektur noch erhalten blieb. Ein breites Podium, dessen Frontseite mit einer prächtigen Doppelreihe laufender Spiralen verziert ist, verwehrt den Zugang zur heiligen Stätte. In ihrem Hintergrund erhebt sich auf einem Sockel das schöngearbeitete Tabernakel.

Außer dieser feierlich gestalteten Nische mit dem leeren Schrein, dessen Bestimmung sich nur ahnen läßt, enthält der rückwärtige Teil des Heiligtums keine erkennbaren Kulteinrichtungen. Anstelle der linken Apsis erstreckte sich möglicherweise ein offener Hof, und rechts gibt es eine Anzahl kleiner Gelasse. Ein megalithischer Korridor führt von dort in das mittlere Heiligtum, von strengeren und monumentaleren Formen und edler Schlichtheit, das vermutlich nicht sehr lange nach dem ersten gebaut wurde.

29   Barriere mit dem Oculus-Symbol

Das weite Frontoval mit seinem großflä-
chigen Pflaster und den massiven Wänden aus
hohen und breiten gutbearbeiteten Blöcken,
über denen stellenweise noch einige Reihen
der alten Mauerquadern liegen, wirkt groß-
zügig und harmonisch. In seiner Mitte steht
ein runder Herd, und an der Südseite öffnen
sich zwei Kammern mit weiten, von schweren
Platten überdeckten Nischen. In der einen
steht heute ein riesiges steinernes Gefäß, das
sich ursprünglich im Mittelraum befand. Es
mag für rituelle Waschungen bestimmt gewesen sein.

30 Durchblick auf den Zugang zum Allerheiligsten im Mitteltempel von Hal Tarxien mit Oculus-
Spirale

Die reiche Ornamentierung fehlt in diesem Sanktuarium. Auf den Wandplatten der rechten Apsis wurden aber eine Muttersau mit 13 säugenden Ferkeln und zwei Stiere in Relief ausgemeißelt. Die letzten sind wieder Buckelrinder der sogenannten indischen Rasse. Ein Tonfigürchen aus Mgarr zeigt dafür eine Kuh europäischer Rasse. Die Begegnung östlicher und westlicher Elemente wird auch hier wieder sichtbar.

In diesem Teil des Tempels muß eine Brandkatastrophe gewütet haben. Ihre Spuren reichen an den Wandplatten bis unter das Pflaster, das scheinbar später neu gelegt worden war. Es gab also jedenfalls brennbares Material in den Tempeln, vermutlich eine Holzdecke.

Die Überdachung der Räume von Hal Tarxien steht außer Zweifel. Allein der gute Zustand des Steinbodens und der Reliefs aus dem empfindlichen Globigerinenkalk bezeugte dies bei ihrer Freilegung. Die rasche Verwitterung der Skulpturen nach ihrer Ausgrabung veranlaßte die Überführung der besten Stücke ins Museum. Die Originale sind heute durch Kopien ersetzt. In einer Freilichtanlage hätten die Reliefs niemals die Zeiten überdauert!

Die ziemlich leere erste Ellipse des zweiten Heiligtums erweckt den Eindruck eines Vorraumes. Die Frommen werden sich hier mit ihren Opfergaben versammelt haben. Die inneren Kammern des Tempels, der als einziger auf den Inseln drei hintereinandergelegte, immer kleinere Ovale, d. h. als einziger auf Malta sechs Apsiden aufweist, waren ihnen aber wahrscheinlich verschlossen. Der Beginn einer verbotenen Zone kündet sich schon in der Ausgestaltung des Durchganges an.

Zwei mannshohe rechteckige Steinklötze, vor denen Altäre stehen, fassen die megalithische Rückwand des Zentralhofes ein, in der sich ein Torweg aus gewaltigen Platten öffnet. Den gesamten Bodenraum vor dem Portal füllt ein steinernes Podium; eine Stufe, die der Fuß des Profanen vielleicht nicht mehr betreten durfte. Das fürchterliche Augenpaar der Göttin bannte ihn vor dieser Schwelle. Es starrt aus zwei enggedrehten Reliefspiralen von einer steinernen Barriere, die den Einlaß versperrt. Die ganze Anlage wirkt wie eine Bühnendekoration aus sparsamen großen und einfachen Formen, wie der feierliche Schauplatz eines zeitlosen Mysterienspieles (Abb. 29).

Die magische Oculus-Spirale erscheint noch einmal vierfach im abgeriegelten Bereich auf zwei feingearbeiteten Platten, deren Grund das alte Lochmuster überzieht. Diesmal steht das Abwehrzeichen im Durchgang zu den beiden Apsiden, ohne ihn aber völlig zu verschließen. Im Zentralhof gibt es wieder einen Herd.

Die beiden rückwärtigen Ellipsen sind noch sorgfältiger konstruiert als die vordere. In der letzten, die rechts unvollständig ist, findet sich außer einigen Schreinen und einer auffallend breiten Mittelnische eine architektonische Sensation.

Auf der ersten Platte des wunderbar gleichmäßig gefügten Orthostatensockels der linken Apsis liegt eine der langen Quadern, aus denen einmal der obere Teil der Mauer bestand. Dieser Block wurde an der Rückseite durch steinerne Keile angehoben, so daß er leicht nach vorne geneigt erscheint. Wenn das seine ursprüngliche Lage darstellt, stünden wir hier vor dem bis jetzt im Mittelmeerraum ältesten Ansatz zu einem echten Gewölbe. Die kleinsten halbrunden Räume der hochentwickelten späten Tempelbauten wären dann mit richtigen Halbkuppeln überdacht gewesen! Die altmaltesischen Architekten hätten damit eine

31   Linke Apsis des Mitteltempels von Hal Tarxien

Entwicklung vorweggenommen, die in Europa erst mit den Etruskern begann (Abb. 31).

Der versperrte Teil des zweiten Tempels hat kein Steinpflaster, sondern einen Boden aus *torba,* einer Masse aus zerkleinerten Kalksteinen. Grabungen brachten hier eigenartige Ergebnisse. Die Räume waren anfäng-

lich, wie auch manche in Hagar Kim und anderen Tempeln, in den Fels eingetieft worden; merkwürdigerweise hatte man den Flur aber danach wieder durch Aufschüttungen auf sein normales Niveau erhöht. In der unteren Schicht gab es viele Scherben aus der vorletzten Phase der Tempelkultur, die zu einem älteren Bauwerk gehört haben könnten. Vielleicht erklärt dies die besondere Heiligkeit des inneren Bereiches als einer sehr alten Kultstätte.

Auf welchem Wege die Priester die verbotene Zone einmal betraten, deutet eine schmale Treppe an, die zwischen der Rückwand des Frontovals und der Mauer des dritten Tempels im Osten des Gesamtkomplexes erhalten blieb. Sie führt noch bis zur Höhe des Walles empor, der die rechte Apsis des ›Allerheiligsten‹ begrenzt. Früher gab es hier oben in der breiten Doppelmauer wahrscheinlich einen verborgenen Gang, den nur Eingeweihte benutzten, um in die rückwärtigen Räume zu gelangen.

Vermutlich inszenierte die Priesterschaft mancherlei mystische Erscheinungen und Vorgänge in den dämmrigen Gelassen der Tempel. Die Köpfe der Statuen mögen an Schnüren bewegt worden sein, geheimnisvolle Stimmen ertönten. Im dritten Sanktuarium, in das man vom mittleren aus gelangt, gibt es wieder, wie in den Heiligtümern von Qrendi, eine versteckte Kammer zwischen dem äußeren Wall und der sehr massiven rechten Apsis im rückwärtigen Teil der Anlage. Diese Zelle war nur von außen zugänglich, hatte aber ein Fensterchen nach innen. Außerdem gibt es darin ein röhrenförmiges Loch, das in Kniehöhe schräg nach unten durch eine der Wandplatten gebohrt wurde und dicht über dem Boden der vorderen Halle mündet. Durch diese als Tonverstärker wirkende Öffnung könnte einst die hohlklingende Stimme eines Priesters gleich einer Botschaft aus dem Jenseits zu den Gläubigen im Frontraum gedrungen sein.

Im Hypogäum lag das Ritual vielleicht vorwiegend in den Händen von Frauen; in Hal Tarxien herrschten eher Priester. Es ist möglich, daß sich ihre Bildnisse in drei Terrakotta-Statuen erhalten haben, die im versperrten Teil des mittleren Tempels gefunden wurden. Die drei Skulpturen sind aus nur schwach gebranntem Ton und innen hohl. Es sieht aus, als seien sie über einem Strohkern modelliert worden, der dann beim Backen verkohlte. Alle waren sehr beschädigt und mußten stark restauriert werden. Die besterhaltene Figur mißt ohne die fehlenden Füße immer noch etwa einen halben Meter und war sicherlich bemalt. Der Kopf ist in einem Stück mit dem Rumpf gearbeitet, und auch dies spricht dafür, daß es sich nicht um ein Idol handelt. Die Proportionen der Gestalt sind normal. Der Oberkörper, von dem nicht viel mehr als der linke Arm mit der Schulter blieb, war unbekleidet; die Arme sind vor dem Leib verschränkt. Ein langer Faltenrock verhüllt den Unterkörper. Eine kurze, in abgezirkelte Wellen gelegte Frisur umrahmt das ausdrucksvolle Haupt. Die Figur ist durch die Zerstörung des Oberkörpers bei allen drei Plastiken nicht mit absoluter Sicherheit als männlich erkennbar; sie wirkt aber nicht wie das Bild einer Frau, sondern viel eher wie das würdevolle Porträt eines hohen Tempelfunktionärs. Die sehr lebendigen Züge des Antlitzes mit der langen Nase unterscheiden sich deutlich von den volleren, zartgebildeten Gesichtern der weiblichen Köpfchen (Abb. 32).

Vielleicht wurde in dieser ernstblickenden Persönlichkeit einer der Führer eines Priesterstaates, in dem alle Inselbewohner zu einer engen, religiös untermauerten Gemeinschaft zusammengefaßt waren, verewigt. Wo der Sitz der weltlichen Macht über den Archipel lag, wie er aussah, ob es ein megalithisches ›Anaktoron‹, ein Fürstenpalast im Stil der mykenischen Burgen war, wie sich einer aus späterer Zeit bei Pantalica auf Sizilien

32 Rekonstruierte Figur eines Priesters

sind angedeutet, es könnte eine Residenz in der Art eines Klosters darstellen. Vielleicht liegen die Ruinen dieser Anlage unter den Häusern rings um Hal Tarxien begraben.

Es wäre immerhin möglich, daß sich unter La Valletta und der alten Inselhauptstadt Mdiny die Reste großer Siedlungen befinden, deren Bewohner zahlreich genug waren, um die gewaltigen Bauleistungen der Megalithtempel aufzubringen. Aber auch dann bleibt es unerklärlich, daß bis jetzt keine Dörfer aus dieser Phase gefunden wurden. Skorba war bereits verlassen, als die ersten großen Heiligtümer entstanden! Auf Sizilien und den Äolischen Inseln wurden zahlreiche Ortschaften aus der neolithischen Periode entdeckt, und auch auf dem maltesischen Archipel gibt es eine Menge vorgeschichtlicher Wohn- und Festungsbauten aus der Zeit zwischen dem Ende der ältesten Zivilisation und der Besetzung der Inseln durch die Phönizier im Lauf des 9. Jahrhunderts v. Chr. Eine merkwürdige Parallele zur Urgeschichte des Archipels bildet die Tatsache, daß die mehr als 600 Jahre umspannende Herrschaft der Phönizier über Malta und Gozo ihre Spuren nur in Gräbern hinterlassen hat. Müssen wir unter La Valetta auch die Ruinen einer phönizischen Hafenstadt vermuten?

Vorläufig stehen die Megalith-Tempel gleichsam ohne Hintergrund vor uns, ohne die Organisation, die Menschen, die das gigantische Werk verwirklichten, gleich Konstruktionen einer Geisterschar wie die Schlösser orientalischer Märchen.

Wenn das Leben der ersten Inselbewohner, deren Zahl auf höchstens 11 000 geschätzt wurde, für uns auch rätselvoll bleibt, so haben die Ausgrabungen in Hal Tarxien doch Hinweise auf das Ende seiner Geschichte gebracht, das plötzlich und total war.

gefunden hat, bleibt Geheimnis. Einen Hinweis auf einen großen Profanbau haben die Ausgrabungen in Hal Tarxien aber doch geliefert. Zusammen mit der Miniatur-Tempelfassade wurde auch das Bruchstück eines Architekturmodells gefunden, das wie der Entwurf eines Baumeisters für eine große elliptische Konstruktion mit vielen rechteckigen Räumen aussieht, die auf einer Plattform steht. Nur die Grundmauern des Gebäudes

Bei der Freilegung des Südtempels fand sich in den kleinen rückwärtigen Kammern in einer schwärzlichen Erdschicht ein Brandfriedhof mit Urnen und zahlreichen Beigaben, die nicht das Geringste mehr mit den Erzeugnissen der ersten Inselkultur zu tun hatten. Eine etwa 90 cm tiefe Lage feiner heller Erde trennt die Schicht mit der fremdartigen Nekropole vom Boden des Tempels. Offenbar wurde sie erst einige Zeit, nachdem der Seewind die verödeten Räume des Heiligtums mit Staub und Sand zugeweht hatte, in den Ruinen angelegt.

Das neue Volk war primitiver als die Ureinwohner des Archipels; aber es besaß gefährliche Waffen: Dolche und Äxte aus Kupfer und scharfe Pfeilspitzen aus Obsidian. Technisch war es durch seine Metallkenntnisse den Ureinwohnern voraus, nicht aber auf künstlerischem Gebiet. Seine plumpen, schlecht gefeuerten Tongefäße mit geradlinigen und eckigen Ritzmustern hatten keine Ähnlichkeit mit der wundervollen Tempelkeramik. Das neue Volk liebte Schmuck: breite Halsketten aus mehreren Reihen winziger flacher Perlen aus Muschelschale und bläulicher Fayence und Anhänger aus Stein, Ton und Perlmutt.

Auch diese Eindringlinge aus einer dynamischen und kriegerischen Welt, die ihre Toten verbrannten, verehrten die Große Mutter des östlichen Mittelmeeres, allerdings in einer Gestalt, die in äußerstem Gegensatz zu der Auffassung des Inselvolkes stand. Ihre bizarre Göttin sitzt als runde, mit geometrischen Ornamenten überzogene Scheibe auf einem kleinen Thron. Einzig die Beine und ein Vorsprung an der Stelle des Kopfes lassen sie noch als menschliche Form erkennen (Abb. 33).

Nur zwei unter diesen Idolen, die sich zahlreich unter den Beigaben fanden, sind

33 Scheibenförmiges Idol der Neuankömmlinge

etwas naturalistischer gebildet, mit Brüsten und einem Gesicht. Das eine trägt einen großen halbmondförmigen Kopfschmuck.

Die neuen Herren von Malta und Gozo kamen höchstwahrscheinlich aus dem ägäisch-anatolischen Kulturkreis. Megalithisches Bauen war ihnen nicht fremd, obwohl sie nichts hervorbrachten, das sich im Entferntesten mit der Architektur ihrer Vorgänger messen konnte. Nach J. D. Evans errichteten sie die meist ziemlich kleinen Dolmen und Menhire, die sich verstreut auf dem Archipel finden. Diese Male und ihre Keramik gaben Hinweise auf ihre Herkunft. Eine isolierte Gruppe gleichartiger Megalithgräber entdeckte man in der Umgebung von Otranto am äußersten Ende des italienischen Stiefels, an dem seit früher Zeit immer wieder östliche Völker gelandet waren. Die süditalienische Keramik der frühen Bronzezeit und jene des sogenannten Capo-Graziano-Stiles von den äolischen Inseln sind außerdem in den Formen und Dekorationen den Gefäßen aus dem Friedhof von Hal Tarxien verwandt. Der Weg dieser Art von Tonware läßt sich über Griechenland und Troja bis nach Kilikien und Zypern verfolgen.

Vor der Entdeckung des Urnenfriedhofes schien das jähe Auslöschen der Tempelkultur vollkommen unerklärlich. Die Brandgräber von Hal Tarxien zeigten, daß die Inseln von einem ganz neuen Volk bewohnt wurden, das absolut nichts mit seinen Vorgängern gemein hatte. Diese hatten zur langschädeligen altmediterranen Rasse gehört, während die neuen Eroberer die Merkmale einer rundschädeligen alpinen Rasse zeigten. Waren sie die Ursache des Verschwindens der Urbewohner, oder fanden sie den Archipel bereits verlassen vor? Manches spricht für die letzte Annahme. Es ist vorstellbar, daß die gesamte männliche Bevölkerung von den Invasoren ausgerottet wurde, die weibliche aber dürfte in diesem Fall wenigstens teilweise diesem Geschick entgangen sein und als Beute der Eroberer mit diesen weitergelebt haben. Zu-

mindest in der Keramik, die vor der Einführung der Töpferscheibe Frauenarbeit war, hätten dann gewisse Traditionen weitergelebt, und auch die heiligen Plätze wären nicht gänzlich verlassen worden. Die Spuren von Bränden in Hal Tarxien und dem Tempel von Skorba deuten nicht zwangsläufig auf absichtliche Verwüstung, und in keinem Heiligtum fanden sich Anzeichen gewaltsamer Zerstörung oder kriegerischer Handlungen. Hatte eine Seuche die gesamte Inselbevölkerung ausgerottet, hatte übermäßige Entforstung im Gefolge des Holzverbrauches für die Tempelbauten katastrophale ökologische Veränderungen bewirkt, so daß Dürre und Hungersnot eine globale Auswanderung nötig machten? War diese nach Sardinien gerichtet, wo zu einem bestimmten Zeitpunkt Grabanlagen entstanden, die stark an Hal Saflieni erinnern?

Namenlos wie sie einst erschienen, verschwanden die Schöpfer der Riesentempel wieder von den Inseln, die durch sie zu heiligem Boden wurden, auf dem die religiösen Gedanken der mediterranen Urwelt auf ihrem Weg nach Westen tiefe Wurzeln geschlagen hatten, um in einer mystischen steinernen Blüte sichtbar zu werden.

Was sie erkannt, geglaubt und in einem großen Aufschwung gestaltet hatten, ging aber selbst für uns nicht spurlos verloren. In den Mysterienkulten der Antike stiegen die Gedanken der alten Religionen der Erdmutter und der Toten aus tieferen Seelenschichten wieder ans Licht und wurden zu einer neuen Heilslehre, die später nicht ohne Einfluß auf die Anfänge des Christentums war.

Buch III: Sardinien im Schatten der Nuraghen

Die Vorgeschichte

Im Morgengrauen, wenn sich das Schiff vom Kontinent Sardinien nähert, tauchen die Granitgipfel der Ostküste in scharfen, finsteren Umrissen wie eine Drohung aus dem perlblassen Meer. Steile Felseilande bewachen die Einfahrt in den langgestreckten Golf von Olbia. Die erste Sonnenwärme entfesselt betäubenden Duft aus der macchia, dem nachtfeuchten Busch der Uferhänge, der im Frühjahr von Millionen weißer, gelber und rosa Blüten durchflochten ist. Auch in den Wochen dieses ekstatischen Blühens aber ist die Schönheit der gebirgigen Landschaft ohne südliche Heiterkeit, streng und von tragischem Pathos.

Die Spuren einer frühen Schöpfungsphase zeichnen das Antlitz der Insel mit Fremdheit, als gehöre sie noch nicht ganz in das Zeitalter des Menschen. Sardinien ist als Rest einer im Tertiär untergegangenen Landbrücke zwischen Europa und Afrika geologisch älter als Italien. Ketten kleiner erloschener Vulkane, flachgeschliffene Tafelberge, bizarre Täler aus Tuff und Basalt, metallisch schimmernde Gebirge aus Urgestein bestimmen sein Aussehen. Nichts scheint noch vom nivellierenden Strom der Jahrhunderttausende abgeschliffen oder vom Menschen verwandelt und gezähmt. Nur eine große, sehr fruchtbare Tiefebene, das Campidano, durchschneidet die Südhälfte der Insel vom breiten Golf von Cagliari bis zur Bucht von Oristano an der Westküste. Die Hochplateaus Innersardiniens aber sind durch die rücksichtslose Abholzung der letzten Jahrhunderte vielfach zu Steppen geworden.

Die intensivierte archäologische Forschung auf Sardinien und Zufallsfunde im Gefolge der Ausbreitung des Straßennetzes und erhöhter Bautätigkeit und Industrialisierung ergaben seit den sechziger besonders aber seit den siebziger Jahren eine Fülle wichtiger Erkenntnisse und aufsehenerregender Entdeckungen, die noch jährlich zunehmen und das Bild der sardischen Vorgeschichte grundlegend veränderten. Zuvor galt die Insel in kultureller Hinsicht mehr oder weniger als ein Spätling innerhalb der westmediterranen Welt, dessen Kolonisierung erst gegen 2000 v. Chr. im Gefolge des ost-westlichen Seeverkehrs begonnen haben soll. Heute zeichnen sich das hohe Alter ihrer Zivilisation, deren Reichtum, Originalität und Ausstrahlungskraft sowie die bedeutende Rolle der Insel als Bindeglied zwischen der anatolisch-ägäischen und der westmediterranen Welt immer klarer ab. Wir wissen jetzt, daß die außerordentlich ergiebigen Obsidianvorkommen des Monte Arci bei Oristano an der sardischen Westküste sehr früh, wahrscheinlich schon im 6. Jahrtausend entdeckt und sicher seit dem 4. Jahrtausend in großem Stil ausgebeutet und für den Seehandelsverkehr genutzt wurden. Während die Liparischen Inseln und Palmarolla Sizilien, Malta und die untere Hälfte Italiens mit dem kostbarsten

Rohstoff der neolithischen und chalkolithischen Steinindustrie belieferten, versorgte Sardinien vor allem Südfrankreich. Spektral-Analysen der zahlreichen Obsidianfunde in der Provence haben gezeigt, daß diese fast durchweg aus Sardinien stammen und etwa zwischen 4000 und 2000 v. Chr. eingeführt wurden, wobei die Navigatoren Distanzen bis zu 280 km zurücklegten.

Vermutlich kamen die ersten Menschen über das nahe Korsika nach Sardinien. Die Nachbarinsel wurde bereits im 7. Jahrtausend, wahrscheinlich über den Toskanischen Archipel, von Jägern und Sammlern erreicht. Da der Meeresspiegel in dieser Periode noch 30–40 m unter dem gegenwärtigen lag, war die Überfahrt kürzer und auch mit primitiven Fahrzeugen zu bewältigen. Bis jetzt wurden keine menschlichen Spuren aus dem Mesolithikum auf Sardinien entdeckt, wohl aber frühneolithische Siedlungsreste in Höhlen und anderen natürlichen Schlupfwinkeln mit Scherben von Impressokeramik und einer Steinindustrie, die noch teilweise mesolithische Züge aufweist. In den Grotten wurde gewohnt und bestattet. Skelettfunde zeigten die Ursarden als Angehörige einer altmediterranen Rasse. Bei den Bergbewohnern Sardiniens gibt es noch heute reine Cromagnon-Typen.

Die sardischen Prähistoriker sind durchweg überzeugt, daß die Einführung von Ackerbau, Viehzucht und Impresso-Keramik auf die Ankunft von Seefahrern östlichen Ursprungs zurückging, die auch mit dem systematischen Abbau der Obsidianvorkommen begannen. Der Handel mit diesem begehrten Material schuf die Grundlage für die Beziehungen Sardiniens zum Osten wie zum Westen, die während seiner ganzen Vorgeschichte von großer Bedeutung blieben.

Gegen Ende des Neolithikums, etwa um 3000 v. Chr. zeichnen sich zwei verschiedene Kulturkreise auf der Insel ab. Ein nördlicher in der Granitlandschaft der Gallura, der auf diesen Bereich beschränkt blieb, und die nach ihrem ersten Fundort genannte Kultur von San Michele oder Ozieri, deren östliche Komponenten unverkennbar sind. Diese verbreitete sich über den ganzen Rest von Sardinien und führte im Verlauf einer langen Entwicklung zu einer glänzenden kulturellen und religiösen Entfaltung. Ihre Spuren blieben in den ausgedehntesten Felsnekropolen des Westmittelmeeres mit weit über 1000 Kammern erhalten, die teilweise architektonisch ausgestaltet und mit Reliefs und Malerei verziert wurden, in einem monumentalen Kultbau, den man mit einer mesopotamischen Zikkurrat verglichen hat, in Menhiren als Darstellungen der Magna Mater und ihres Gatten, des Stiergottes, dessen Hörnersymbole in den Gräbern seinen chthonischen Aspekt hervorheben, sowie in zahlreichen kleineren und größeren Idolen, die ägäische und anatolische Vorbilder abwandeln. Der geistige Hintergrund dieses religiösen Aufbruches, in dem der Totenkult, die Große Göttin als Herrin der Unterwelt und der Stiergott als die beherrschenden Motive hervortreten, ist ohne Zweifel im Osten zu suchen.

Den prunkvollen Gräbern, in denen die Toten für ewig hausen sollten, standen bescheidene Dörfer aus Rundhütten gegenüber, die aus Steinen, Schilf oder Reisig erbaut wurden. Alle diese Bauarten kommen noch heute, allerdings nicht als ständige Wohnungen, auf Sardinien vor. Die Siedlungen waren nicht befestigt und ihre Einwohnerzahl betrug nicht mehr als 200 bis 300 Menschen. Daneben wurden noch vielfach Grotten bewohnt. Ackerbau, Jagd und Fischerei bildeten die Wirtschaftsgrundlage dieser friedlichen Dorfgemeinden.

Von ganz anderem Charakter war die nordsardische Gallura-Kultur, deren Träger, halbnomadische Hirtenstämme, vermutlich kriegerischer Art waren. Bei ihnen herrschte eine strenge Rangordnung, die deutlich in den Totenbräuchen zum Ausdruck kommt. Die Granitfelsen der Gallura bieten nicht nur zahlreiche Grotten, sie bilden oft auch natürliche Burgen, in denen man sich notfalls verschanzen und die Herden vor Viehräubern schützen konnte. Die Punta Candela bei Arzachena ist eine solche Felsenhöhe, die ein unterirdisches Dorf verbirgt, das nach den Funden in Wohnhöhlen eine lange Geschichte hatte. Der Totenkult spielte auch in dieser Hirtengesellschaft eine bedeutende Rolle, die Bestattungsbräuche unterschieden sich jedoch grundlegend von jenen der Ozieri-Kultur. Während für gewöhnliche Stammesmitglieder Gräber in den Grotten ausreichten, erhielt die Herrenschicht sorgsam konstruierte Steinkisten-Einzelgräber unter Aufschüttungen aus Schutt und Erde, die durch hochkant gestellte Megalithen eingefaßt wurden. Die Toten wurden in gestreckter Haltung beigesetzt und manchmal mit Ocker bestreut. Es ist möglich, daß die Leichen zuerst in runden Umhegungen aus bis zu 1 m dicken Steinmauern der Verwesung ausgesetzt wurden. Der Eingang zu diesen Konstruktionen öffnet sich meist gegen Nordosten und ihm gegenüber wurde vor die Innenwand der Einfassung eine Stele gesetzt. Zwischen den aneinander grenzenden Hügelgräbern fanden sich kleine Kisten, die für Totenbeigaben bestimmt waren, und aufgerichtete Steine. Unter den Beigaben waren eine schöne Schale und Perlen aus Steatit sowie durchlochte Kugeln aus demselben Material, die wahrscheinlich keine ›Keulenköpfe‹ waren, sondern Zeremonialgeräte. Die große Schale mit Bauchknick und Spulenhenkeln erinnert an Exemplare aus Ägypten und Kreta. Die Qualität des Steatits deutet auf Kreta als Herkunftsort.

Der megalithische Charakter der Arzachena-Kultur kommt außer in den monumentalen Hügelgräbern des Hirtenadels auch in einer Anzahl Dolmen des Hügelbereichs zum Ausdruck, die den Großsteingräbern Südkorsikas gleichen. Die Gallura, am Kanal von Bonifacio gelegen, der eine der Durchfahrtsrouten nach dem Golf von Lion bildete, war ohne Zweifel in den frühen Seeverkehr eingeschaltet. Die Verbindungen mit dem Westen, der Provence und wahrscheinlich sogar mit Katalonien, das 420 km von Sardinien entfernt ist, werden nicht nur durch die Obsidianfunde, sondern später auch durch zunehmende westliche Züge in der Inselkultur deutlich.

Die orientalischen Elemente treten in der Ozieri-Kultur in den Hintergrund. Mit dem beginnenden Chalkolithikum erscheint auf der Insel eine neue Kultur höchstwahrscheinlich iberischen Ursprungs, deren keramische Leitform der *Glockenbecher* war, ein ziemlich großes, glockenförmiges Trinkgefäß ohne Henkel aus feingeschlämmtem rotem Ton. Es ist stets gut geglättet und poliert und zeigt eine typische Dekoration aus strichgemusterten Bändern, die durch glatte Zonen getrennt sind. Die Verzierungen wurden vor dem Brennen mit Sticheln, einem kammartigen Instrument oder auch Zahnrädchen eingedrückt. In Spanien, wo sich diese Tonware wahrscheinlich entwickelte, kam sie hauptsächlich im Süden und Südwesten in Küstennähe vor. Eine Abart, die vor allem in Alt- und Neukastilien gefunden wurde, war flacher und weiter in der Form mit abgesetztem, etwas ausladendem Rand und sehr reicher Ritzverzierung mit weißer Inkrustation. Diese Ausgabe blieb jedoch auf Innerspanien begrenzt, während die erstgenannte sich in West-, Südwest- und Mitteleuropa und bis hinauf nach England und in östlicher Richtung über Sardinien bis nach Sizilien verbreitete. Es waren Kultgefäße, die man den Toten, gefüllt mit einem wahrscheinlich alkoholischen Trank, auf die letzte Reise mitgab. Die Glockenbecher-Leute erscheinen als eine äußerst dynamische Gruppe, die in zahlreichen Gegenden des Nordens und Westens die Kupferverarbeitung einführten und offenbar auch tüchtige Seefahrer waren. Zu ihrer Ausstattung gehörten Bogen und Pfeile mit Widerhaken und Armschutzplatten aus Bein oder weichem Gestein, um Verletzungen durch die zurückschnellende Bogensehne zu vermeiden, sowie der westeuropäische Typ des Griffzungendolches aus Kupfer. Sie unterschieden sich rassisch durch ihre ausgesprochenen Rundschädel von den Mediterranen und Atlantomediterranen. Von Haus aus bestatteten sie ihre Toten einzeln in Gruben oder unter Hügeln, doch benutzten sie auch oft ältere Megalith- oder Felskammergräber. Viele Funde von Glockenbechern stammen aus solchen Grabstätten.

Auch die sardischen Glockenbecher wurden durchweg in Felsgräbern der Ozieri-Kultur gefunden, nur ganz vereinzelt in Grubenbestattungen. Aufgrund ihrer hohen Qualität ist anzunehmen, daß es Originalprodukte eingewanderter Gruppen waren, die sich etwa zu Beginn des 2. Jahrtausends an den Westküsten der Insel festsetzten und mit der einheimischen Bevölkerung vermischten. Tatsächlich tauchen in Gräbern dieser Periode der Glockenbecher, die etwa 300 Jahre dau-

ert, in den Bestattungen einzelne Rundschädel unter den mediterranen Langschädeln der Urbewohner auf. In den Gräbern und in Siedlungen finden sich Waffen und Werkzeuge aus Kupfer, deren Formen iberischen, südfranzösischen und norditalienischen eng verwandt sind. Auch Silber spanischer Abkunft wurde entdeckt. Sardinien erscheint in der Kupferstein- und der Frühbronzezeit als ein Mosaik verschiedener Mischkulturen, in dem nur die konservative Hirtengesellschaft der Gallura statisch bleibt, während sich in den anderen Gebieten lokale Entwicklungen, stimuliert durch ein weitgespanntes Netz auswärtiger Verbindungen, abzeichnen. Die Archäologen haben die verschiedenen Aspekte dieser Entwicklung nach ihren typischen Fundorten Monte Claro-, Filigosa- und Abealzu-Kultur genannt. Beibehalten werden in dieser ganzen Zeit und auch noch später die Felskammergräber, allerdings mit gewissen Variationen im architektonischen und malerischen Dekor. In den Hirtengebieten Innersardiniens bestattete man weiter in einfachen Dolmen. Die Sitte der Aufrichtung von Menhiren, die manchmal leicht ikonischen Charakter erhalten, geht unverändert weiter.

Die mittelbronzezeitliche Monte Claro-Kultur, in der östliche Einflüsse wieder stärker hervortreten, bildete den Hauptnährboden, auf dem sich die erste ganz eigenständige sardische Kultur entwickelte, ihr Wahrzeichen sind bis heute die *Nuraghen*. Tausende gigantischer Wehrtürme und Burgen aus großen Steinblöcken, die ohne Mörtel aufeinandergetürmt wurden, zyklopisches Mauerwerk, das die Hellenen dem einäugigen Riesen aus der Odyssee zuschrieben, da sie sich nicht vorstellen konnten, daß es von Menschenhänden geschaffen wurde. Mit den Nuraghen erlebte die megalithische Bauweise, die sich zuvor auf Sardinien nur auf kultische Monumente beschränkt hatte, eine neue, ganz auf das Monumentale gerichtete Entwicklung. Sie fällt in eine Periode, in der die Seeherrschaft der Mykener oder Achäer begonnen hatte, die wahrscheinlich auf Sizilien wie auf Sardinien Stützpunkte für die Navigation nach dem Westen anlegten. Die Erinnerung an eine achäische Kolonisation der Insel lebte noch in Legenden weiter, die von Schriftstellern aus der Antike überliefert wurden.

Die ausführlichsten Angaben beziehen sich auf die Kolonisation der Insel durch 41 der 50 Söhne, die Herkules mit den Töchtern des Thespios zeugte. Diese sagenhafte Brüderschar sei unter Führung von Herakles' Neffen Iolaos gelandet und habe sich in einer fruchtbaren Ebene niedergelassen, die daher Iolaion heiße. Olbia sollte eine Gründung der Thespiaden sein. Iolaos habe auch Dädalos berufen, der in der griechischen Sage stets ein Symbol für das Erwachen der Künste ist, und ihn Tempel und Gymnasien bauen lassen. Diodor will diese selbst gesehen haben und Pausanias bemerkt, daß die Sarden das Andenken des Iolaos noch zu seiner Zeit hoch in Ehren hielten.

Hinweise auf die Ursarden gibt es vielleicht in babylonischen und ägyptischen Texten, in denen »Sherdani« als Söldner und unter den Seevölkern erwähnt werden, die Ägypten bedrohten. Die Sherdani auf den Reliefs von Medinet Habu, dem großen Tempelkomplex, den Ramses III. in Theben errichten ließ, gleichen in der Tat in Tracht und Bewaffnung den bronzenen Kriegerfigürchen der späteren Nuraghenzeit.

Es ist sicher möglich, daß die Inselbewohner, deren Hinterlassenschaft aus der Nuraghen-Kultur sie als ein sehr kriegerisches Volk zeigt, seit den letzten Jahrhunderten des 2. Jahrtausends v. Chr. Eroberungszüge unternahmen und sich als Söldner verdingten. Seefahrer waren sie vielleicht schon seit der Periode des Obsidianhandels, und die Einschaltung Sardiniens in die mykenische Navigation mag ebenfalls stimulierend gewirkt haben. Dies änderte sich wahrscheinlich, nachdem die Phönizier das Erbe der mykenischen Thalassokratie angetreten hatten und sich auch auf Sardinien festzusetzen suchten. Obwohl die Nuraghen damals zu einem gewaltigen Verteidigungssystem koordiniert wurden, gelang es den Phöniziern und später den Karthagern doch, sich an den Süd- und Westküsten der Insel Stützpunkte zu schaffen, aus denen später die großen Hafenstädte Nora und Tharros hervorgingen. Die Sarden wandten sich in dieser Zeit vom Meer ab und zogen sich immer mehr in das Innere der Insel zurück, wo sie zäh an ihren alten Lebensformen festhielten. Nach dem Sieg Roms über Karthago wurde auch Sardinien von den Römern besetzt, doch dauerte es noch Jahrhunderte, ehe der Widerstand der Inselbevölkerung endgültig gebrochen war. Und bis in unsere Tage blieb im Bergland etwas vom Wesen des Nuraghenvolkes erhalten. Die Vergangenheit lebt dort nicht nur als stumme Aussage vorgeschichtlicher Gräber und zyklopischer Wehrtürme fort, sondern auch in seltsamen Bräuchen, im dunklen Zwang der Blutrache, im zeitlosen Dasein der Hirten.

›Feenhäuser‹ und ›Gigantengräber‹

Die Felshänge Sardiniens sind noch an vielen Orten von kleinen und größeren Zellen und Kammern durchsiebt, den Nekropolen der Urzeit, die sehr lange benutzt und immer besser ausgebaut wurden. ›Domus de Janas‹, ›Feenhäuser‹, wurden sie vom Volk genannt, das diese Grotten in unbewußter Erinnerung an ihre einstige Bestimmung von Geisterwesen erfüllt glaubte.

Zu den frühbesetzten Gebieten der 24 000 km² großen Insel gehörten außer den südlichen und westlichen Meeresbuchten auch die Hochebenen Innersardiniens. Im Norden werden diese von den kulissenhaft hintereinandergeschobenen Bergzügen der Gallura und im Osten von dem fast 2000 m hohen Massiv des Gennargéntu begrenzt. Heute ist die einmal sicher waldige und ziemlich dicht besiedelte Landschaft eine silbrige Steppe von planetarer Leere und Stummheit, über der die geometrischen Gebilde tafel- und pyramidenförmiger Hügel, die großen Kegelstümpfe erloschener Vulkane und die kleineren der Nuraghen stehen. Da und dort sind die öden Flächen von Felsstufen aus beige- und goldgestreiftem Kalk, braunem Tuff oder schwärzlichem Basalt unterbrochen. In solche Hänge wurden die ältesten Backofengräber ostmittelmeerischer Art und später eckige Kammern mit flachen Decken gehöhlt. Die kleinen Türlöcher dieser frühen Nekropolen öffnen sich vielfach in der Mitte einer größeren flachen Ausbuchtung in der Felswand, der Andeutung eines Vorraumes (Abb. 34).

Oft hausen Schafhirten, die Herren dieser Steppen, deren hohes dürres Gras niemals geschnitten, sondern im Lauf des Jahres von den ziehenden Herden abgeweidet wird, in den Totenhäusern ihrer Urahnen.

Die Grotten von Ozieri, die der ersten ausgeprägten Kultur – die mit Ausnahme der Gallura ganz Sardinien umfaßte – ihren Namen gaben, dienten als Friedhof und als Heiligtum. In diesen unheimlichen Gewölben mögen die Ursarden das Walten unterirdischer Mächte besonders stark empfunden haben. Ein enger Schacht führt hinab in einen gespenstischen Stalaktitensaal, der 30 m lang, 10 m breit und 4,5 m hoch ist. Hinter ihm liegt ein zweiter Raum, in dem ein tiefer Brunnen gleichsam die Verbindung zur Unterwelt herstellt. Aus einem Alkoven gelangt man von dort durch einen Stollen und eine schmale Schlucht bis zu einem Abgrund, in den unsichtbare Wasser mit dumpfem Dröhnen und scharfem Zischen stürzen. Zahlreiche Tote wurden in diesen von geisterhaften Lauten erfüllten Höhlen bestattet und vermutlich als mächtige Ahnen verehrt. Unter den Beigaben fanden sich neben Steingeräten vor allem die Scherben zahlreicher Tongefäße. Offenbar wurde an dieser heiligen Stätte fortlaufend geopfert. Scherben am Fuß des Schachteinganges zeigten, daß man immer wieder Gefäße hinabgeworfen hatte.

Ein Heiligtum stellten auch die kleinen Grotten an der Peripherie von Macomer dar, in denen Tausende von Steingeräten von teilweise recht altertümlicher Gestalt gefunden wurden: Klingen, Schaber, dreieckige Messer, Pfeil- und Lanzenspitzen wurden nur retouchiert, Äxte, Beile und Keulenköpfe – die letzten ähneln Exemplaren aus dem vordynastischen Ägypten und dem kretischen Neolithikum – wurden hingegen fein poliert. Der interessanteste Fund aber war ein steatopyges Basaltfigürchen ohne Arme und Füße und mit rudimentärem Kopf, das noch ganz

34 Urzeitliche Felsgräber von Riu Mulinu

in die Tradition der paläolithischen Frauenstatuetten paßt, vielleicht das älteste weibliche Idol, das bis jetzt auf Sardinien gefunden wurde.

Weniger altertümlich jedoch im Stil sowohl
an die eulengesichtige Marmorstatuette aus
Çatal Hüyük wie an frühneolithische Figuren aus Thessalien und die üppigen Frauenfiguren von Malta erinnernd, ist die ›Göttin
von Decimoputzu‹, ein Fund aus den sechziger Jahren. Die 15 cm hohe Alabastersta-
tuette zeigt sie sitzend mit den Händen unter der Brust. Gesäß und Beine sind zu einer
nur durch schwache Einschnitte gegliederten
üppigen Rundform gestaltet, während der
Oberleib mit den durch eingravierte Kreise
angedeuteten Brüsten normale Proportionen
besitzt. Der im Verhältnis übergroße Kopf

mit perückenartiger Frisur ist leicht erhoben,
das Antlitz nach dem T-förmigen Schema gestaltet, das von Anatolien bis nach Nordeuropa für das Gesicht der Großen Göttin
gilt. Noch ausgeprägter ist das ›Eulengesicht‹
bei einem Idol aus Tuffstein gleicher Größe,
das in den siebziger Jahren anläßlich einer
Straßensprengung ans Licht kam und nach
einigen Irrfahrten im Museum von Sassari
landete. Auch diese Figur, die stehend, aber
ohne Füße dargestellt ist, zeigt dieselben vo-
luminösen Rundungen und den übergroßen
Kopf, doch ist sie noch strenger stilisiert als
die erste. Die Entdeckung dieser beiden Idole,
in denen die Tradition der steatopygen weiblichen Figuren des östlichen Neolithikums neu
interpretiert wurde, bewies, daß sardische
Bildner bereits gegen Ende des Neolithikums

einen eigenen Stil gefunden hatten, während man früher annahm, daß die Idolplastik weitgehend nur kykladische Figuren imitierte.

Idole ägäischen Stils kamen vor allem in der berühmten Nekropole von Anghelu Ruju zutage, die 1904 im Hinterland von Alghero freigelegt wurde und zum ersten Mal ein zusammenhängendes Bild der steinkupferzeitlichen Kultur auf Sardinien ergab. Ihre 36 Kollektivgräber liegen im Felsboden eines kleinen Plateaus. Die sorgfältig aus dem Stein gehackten und architektonisch gestalteten runden, ovalen und eckigen Kammern sind über Schächte, Treppen oder auch lange, schräg hinabführende Gänge in der Art der mykenischen Dromoi zu erreichen. In einigen unterirdischen Sälen sind, wie in Hal Saflieni, massige Pfeiler aus dem gewachsenen Fels ausgespart. Spuren roter Farbe deuten auf einstige Bemalung der Wände. In einem Raum sind die Mauern mit einem Kassettenmuster in Relief verziert. Für die Verstorbenen hatte man Ruhebänke ausgehauen. Die meisten Toten – allein in einer Gruft waren es 130 – wurden aber auf der Seite liegend oder in der Hocke auf den Boden gebettet. Alle waren scheinbar mit Ocker bestreut worden. Eine Leiche lag in einer Grube innerhalb der Kammer, über die ein Deckel aus einem halben Baumstamm gestülpt war.

Anders als im Hypogäum von Malta wachte hier nicht das Zeichen der Großen Mutter, die heilige Spirale, über den Toten. Zu Seiten einer Türöffnung, auf Pfeilern und an Wänden ist das Symbol des östlichen Wettergottes, der die Blitze schleudert und den befruchtenden Regen entfesselt, als schematischer Stierschädel mit lyraförmigen Hörnern reliefartig ausgemeißelt. Zweifach erscheint auch eine quergestellte Sichelform mit einer längeren Spitze, vielleicht die Darstellung eines Schiffes. In der Mitte einer Halle fand sich ein kleiner konischer Pfeiler. Merkwürdigerweise trägt er ein Kreuz auf seiner Spitze eingraviert. Aschenreste und Muscheln deuteten in einzelnen Räumen auf rituelle Mähler oder Opferzeremonien zu Ehren der Verstorbenen.

Obwohl die Nekropole bereits in alter Zeit geplündert worden war, enthielt sie noch zahlreiche Beigaben, die auf eine Kultur ägäischer Art, aber auch auf Einflüsse von der Iberischen Halbinsel weisen. So fand man Beilamulette und flache Steinfigürchen der Großen Göttin in kykladisch-kretischem Stil, daneben Dolche, Armreifen, Nadeln, Pfeilspitzen und Perlen aus Kupfer, silberne Ringe

Grundriß und Längsschnitt eines Grabes von Anghelu Ruju

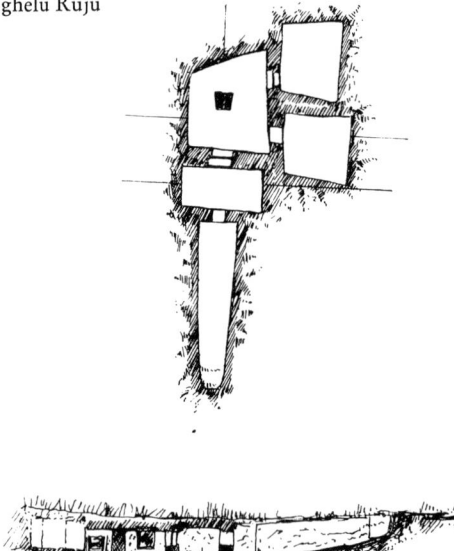

und Perlen und Anhänger aus Blei. Ebenso gab es Gerät aus Silex, Scheibenperlen, Anhänger und Armringe aus einheimischem wie ausländischem Steinmaterial und Ketten aus Tierzähnen und Muscheln. Unter den Resten polierter und mit geometrischen Mustern verzierter Tonware kamen Scherben von Glokkenbechern zutage und ermöglichten Rückschlüsse auf das Alter der Gräber. Diese Gefäße und das Silber deuten auf Beziehungen zu Spanien.

Die Keramik blieb auf Sardinien wie in Westeuropa bis in geschichtliche Zeit handgemacht. Neben sehr roher und schlechtgebrannter Gebrauchsware, die ähnlich noch heute von den Bauern hergestellt wird, gab es von Anbeginn auch feiner gearbeitete, polierte Töpfereien für kultische Zwecke mit eingedrückten, geritzten und aufgemalten geometrischen Ornamenten. In den Höhlen von Ozieri kam vorwiegend diese Art zutage. Aufschlußreich ist die Verwandtschaft mancher Gefäße mit Ware aus Hal Saflieni. Wie jene sind sie mit Kurvenornamenten geschmückt, deren gravierte Umrisse rot und weiß inkrustiert wurden. Das Motiv der konzentrischen Halbkreise, das in den iberischen und den nordwesteuropäischen Megalithkulturen auch als Grabschmuck vielfach vorkommt, erscheint auf einer Reihe von Topfscherben. Auf ägäische Vorbilder mögen Dreifußschalen zurückgehen. In der Reichhaltigkeit dieser Tonware wird, genau wie aus den Beigaben der Nekropole von Anghelu Ruju, die Vielfalt von Einflüssen sichtbar, die am Anfang der Inselkultur standen.

Die schönste Felsnekropole von ganz Sardinien liegt bei dem Kirchlein S. Andrea Priu, nahe von Bonorva und Macomer in einer Felswand aus hartem rotem Trachyt geborgen, die gleich der Ruine eines sagenhaften

Keramikscherben aus der Grotte von S. Michele Ozieri

Palastes mit klaffenden Tor- und Fensterhöhlen aus niedrigem Busch emporragt (Abb. 35). Auf ihrer Höhe zeichnet sich ein merkwürdiges Monument ab, das vorzeiten aus dem gewachsenen Fels gehauen wurde. Im Profil gesehen gleicht es einer Gestalt, die sich in anbetender Haltung auf Knie und Hände stützt.

Früher wurde diese Totenstadt aus dem 3. Jahrtausend, die ein ganzes Felsmassiv unterhöhlt, wegen ihrer architektonischen Ausgestaltung, die stark an etruskische Felsnekropolen erinnert, in die Zeit der lebhaften Kontakte zwischen Sardinien und der Südtoskana datiert. Strabo erwähnt die Anwesenheit von Etruskern auf Sardinien, und Festus spricht sogar von sardischen Königen der Tyrrhener. Die Verwandtschaft der Anlagen ist verblüffend, obwohl die skulptierten Fronten und Eingänge durch die starke Verwitterung des Hanges, von dem haushohe Trümmer abge-

35 Felsnekropole von S. Andrea Priu

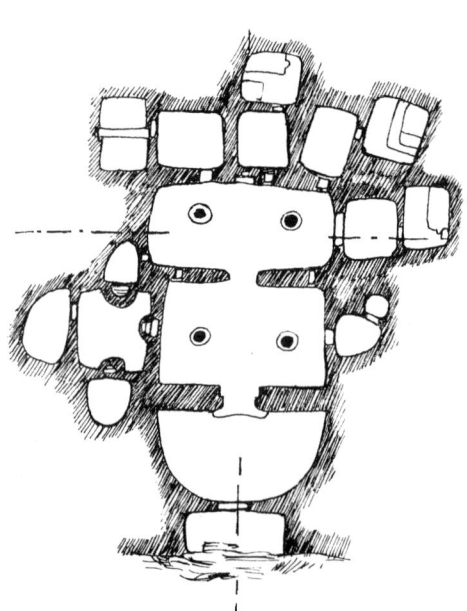

brochen sind, weitgehend zerstört wurden.
Die Innenkammern aber sind gut erhalten.

Das größte der zahlreichen Gräber, vielleicht die Familiengruft eines Fürstengeschlechtes, in der auch die Gefolgsleute beigesetzt
wurden, ist über eine gedeckte Terrasse zu
erreichen, die einen konkaven Vorhof bildet.
Dahinter liegt ein halbkreisförmiges Vestibül
mit flacher Decke, in die eine Scheibe, von der
Strahlenlinien ausgehen, gemeißelt ist. Ein
sehr ähnlicher Plafond findet sich in einem
archaischen Grab des etruskischen Friedhofes
von Cerveteri! Eine Bank längs der Wand
des Vorraumes war vielleicht für Opfer- und

Grundriß des größten Felsengrabes von S. Andrea
Priu

Votivgaben bestimmt. Durch ein Portal mit einem Architrav in Hochrelief gelangt man in einen Saal von etwa 7 m Länge und 4 m Breite, den zwei Pfeiler stützen. Seitlich öffnen sich kleine Kammern. Hinter dieser Halle liegt eine schmälere, wieder mit zwei Pfeilern und einem Lichtschacht, an die acht kleine Kammern angeschlossen sind. Manche haben Bettnischen, in denen die Toten ruhten. Für ihre Häupter hatte man Kopfstützen ausgehauen.

Im Mittelalter wurden die zentralen Säle der alten Grabstätte zu einer Kirche gestaltet. Verwischte Fresken bedecken noch die Wände, die einmal vielleicht im magischen Rot der Urzeit leuchteten.

Neben dieser grandiosen Anlage aus drei großen, symmetrisch angeordneten Sälen und 14 Kammern gibt es noch 19 andere Gräber. In einigen sind, genau wie viel später in etruskischen, Hausformen nachgebildet. Einmal das Dach eines Giebelhauses (Abb. 36), ein anderes Mal eine runde konische Hütte. Schalen und Gruben wurden auch in den Totenwohnungen von St. Andria Priu, wie in den maltesischen Heiligtümern, in den Boden einiger Räume eingetieft.

An etruskische Parallelen erinnern auch bemalte Gräber der Ozieri-Kultur. Einfache rote Färbung der Wände, wie in Hal Saflieni ist häufig, doch im Hauptraum von Mandra Antine, der 3,60 m lang, 1,60 m breit und

36   Felsgrab von S. Andrea Priu mit Nachahmung des Dachgebälks

1,20 m hoch ist, herrscht eine Farbenpracht, die von keinem der archaischen etruskischen Gräber übertroffen wird. Die Wände werden durch rote und grünlich schwarze Linien oben und unten abgegrenzt, während ihre Flächen rosa und goldgelb bemalt sind. Auf der Rückwand ist eine Scheintüre zu sehen, die wahrscheinlich, wie viel später auch bei den Tyrrhenern, den Eingang zur Unterwelt darstellt. Zwei lang ausgezogene Stierhörnerpaare bekrönen und rahmen die Türe gleich Flügeln, sie sind, ebenso wie die Türeinfassung zinnoberrot, während der Grund goldgelb ist. Vom unteren Paar hängen auf jeder Seite drei braunbemalte Scheiben oder Kugeln. In den Ecken der Wand hängt noch je eine Scheibe von einem ebenfalls braunen Viereck. Die flache Grabdecke, die ein gemalter Balken durchschneidet, ist in Felder eingeteilt, in denen sich hellgelbe Voluten, Spiralen, Kreissegmente vom dunklen Grund abheben.

Eine Scheintür ist auch im Totenpalast von Santu Pedru dargestellt, der zufällig bei Straßenarbeiten freigelegt wurde und neun Kammern enthält, in denen wieder Stierhörnermotive in Relief erscheinen und aus dem anstehenden Fels gehauene Pfeiler wie in Hal Saflieni die Decke stützen.

Von besonderem Interesse ist die Verzierung eines kleinen Grabes von Corongiu-Pimentel, das über und zu Seiten des Einganges ein rot bemaltes Graffitto von Schiffen mit spiralig aufgebogenen Enden zeigt; die Schiffe überfahren Meereswellen in der Gestalt von Zickzacklinien und sind vielleicht als Totenschiffe aufzufassen.

Neben der Architektur und Ausgestaltung der Felsgräber wirken die Dolmen aus der gleichen Epoche als primitive Hirtengräber. Aber auch die Megalithgräber erfahren auf Sardinien in der Nuraghenzeit eine Entwicklung ins Monumentale, die alle Bauwerke

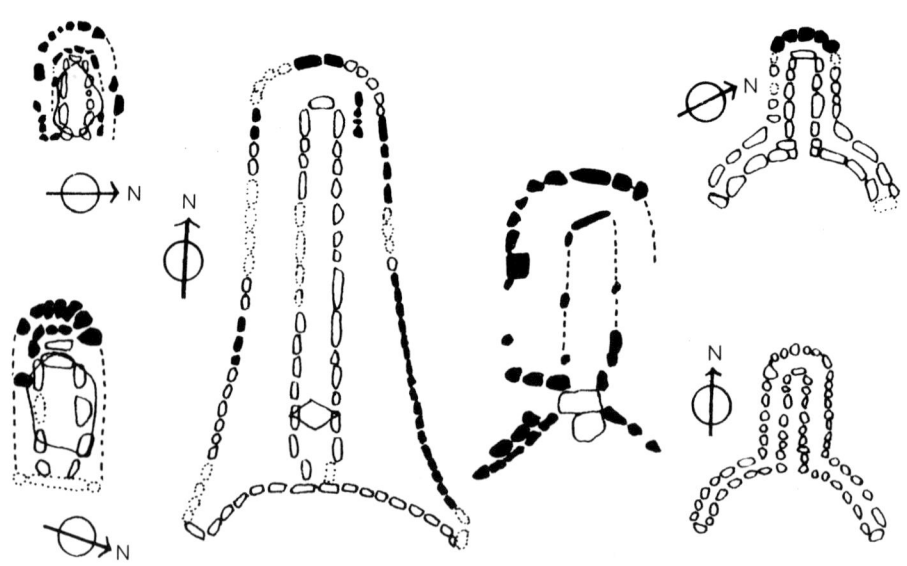

Grundrisse von altsardischen Gigantengräbern

dieser Epoche kennzeichnet. Sie werden zu den ›Gigantengräbern‹, langen Galerien unter Steinaufschüttungen mit halbrundem Vorplatz, die wahrscheinlich um die Mitte des 12. Jahrhunderts aufkamen und bis etwa 500 v. Chr. gebaut wurden. Meist bestehen sie aus einem Orthostatensockel, über dem sich zyklopisches Mauerwerk zu einem Kraggewölbe schließt. Gelegentlich bestand die Decke auch aus großen Platten. Diese bis zu 20 m messenden Konstruktionen waren vielleicht Sippengräber der Nuraghenherren oder Kollektivfriedhöfe kleiner Dörfer. Die ältesten sind ziemlich roh gefügt; später aber wurde ihre Fassade sorgfältiger gebaut und monumental gestaltet. Eine hohe eckige oder oben abgerundete Stele mit skulptiertem Rahmen verschloß den Eingang. Durch eine Öffnung an ihrem unteren Rand konnte man den Abgeschiedenen Speiseopfer hineinschieben; vielleicht war dieses Loch auch als Ausschlupf für die schweifenden Totenseelen gedacht. Für gewöhnlich blieb es allerdings verschlossen. Heute noch ragen einige dieser Frontplatten als einziger Überrest eines zerstörten Totenhauses aus hohem Gras oder inmitten eines Kornfeldes empor. Wo sich mehr von dem ursprünglichen Bauwerk erhalten hat, kann man gelegentlich sehen, daß der Steinhügel, der das Grab umschloß, vorne breiter wurde und eine konkave Front bildete, deren Mitte die Stele einnahm. Bei manchen Galerien springen zu Seiten der Verschlußplatte zwei halbrunde Mauern vor. Der Grundriß des gesamten Monumentes gleicht dann merkwürdig den Stierschädeln aus Anghelu Ruju. Die Vorplätze, die durch die sichelförmigen Grabfassaden entstanden, waren ohne Zweifel Kultstätten. Kleine Bänke längs der Wand dienten vielleicht der Aufstellung von Votivgeschenken und Gruben im Boden einem Opferritual.

Grabungen brachten in diesen Vorhöfen weit mehr Weihegaben zutage, als in den Gräbern selbst (Abb. 37). Imitationen dieser Gräber erscheinen auch in Felsnekropolen. Die Stele wird dann über dem Grabeingang aus dem Stein herausgemeißelt.

Es gibt in der antiken Literatur einige Hinweise auf den Kult an den Gigantengräbern.

37 Frontplatte eines Gigantengrabes mit ›Seelenloch‹

In historischer Zeit galten die riesenhaften Monumente als Mausoleen der legendären Heroen Sardiniens, des Iolaos und der Thespiaden, und es wird berichtet, daß die Sarden fünf Tage lang bei ihnen schliefen, um Orakelträume zu erhalten oder auch von Leiden befreit zu werden.

Der Glaube an die Herkunft der Träume aus dem Totenreich und an die magischen Wirkungen des Schlummers am Ahnengrabe gehörte vermutlich zu den ältesten religiösen Vorstellungen der Megalithvölker, die so tief verwurzelt waren, daß sie sich kaum verändert bis in historische Epochen erhielten. Aristoteles, Diodor und Pausanias erwähnen den Kultschlaf, und es steht fest, daß er noch im zweiten nachchristlichen Jahrhundert in Tempeln geübt wurde. Bei den Libyern spielte die Inkubation eine besondere Rolle, und bis heute ist es bei den Berbern und Tuaregs, die mancherlei Traditionen aus vorgeschichtlicher Zeit bewahrt haben, Sitte, zu gewissen Anlässen an einem der alten Megalithgräber Nordafrikas zu schlafen, um von den Toten Hilfe zu erlangen.

Auch das Christentum hat den urtümlichen Brauch nicht ganz ausrotten können. Er lebte verwandelt weiter als Schlaf an den Heiligengräbern in den Kirchen, von dem man visionäre Träume erwartete. In Irland hat sich diese Sitte bis in unsere Epoche erhalten.

Aufschlußreich für den Totenglauben der alten Sarden und damit wohl auch der Erbauer von Megalithgräbern im allgemeinen ist ein anderer antiker Bericht, in dem behauptet wird, daß die Sagenhelden der Insel nach ihrem Tode nicht verwest seien, sondern stets Schlafenden geglichen hätten. Diese Legende erhellt nicht nur den Ursprung des sardischen Märchens von den Neunschläfern, sondern möglicherweise auch die im Bereich der Megalithkulturen heute noch eigentümlich häufige Verehrung der sieben Jünglinge von Ephesos. Die Legende erzählt von ihnen, daß sie im Jahre 250 bei einer Christenverfolgung unter Kaiser Decius in einer Grotte eingemauert wurden, aus der sie nach hundertjährigem Schlaf durch Gottes Gnade unversehrt wieder hervorgingen. Hinter diesen Heiligengestalten stehen vermutlich keine geschichtlichen Vorgänge, sondern die viel älteren Vorstellungen von den Ahnengöttern, die unsterblich in ihren Steingräbern hausten.

Der Konservativismus der Sarden, die bis in historische Epochen an den Kulten ihrer megalithischen Vergangenheit festhielten, enthüllt so für uns etwas von den Geheimnissen der Riesensteingräber Alteuropas.

Die Große Göttin und ihr Gatte

Die ältesten Rundplastiken aus Sardinien stellen die Magna Mater dar. Als ›Venus von Macomer‹ ist sie noch ein primitives, vereinfachtes, aber naturalistisches Figürchen, nur ein gesichtsloses Sinnbild der Lebensträgerin wie in der Altsteinzeit. In der ägäisch beeinflußten Epoche von Anghelu Ruju aber wurde sie in der vergeistigten Gestalt eines fast meterhohen Marmoridols verehrt (Abb. 38).

Ein ungegliedertes Haupt ohne Augen, mit einer dominierenden Nase als Essenz des Antlitzes, sitzt auf einem Oberkörper, der mit den rituell verschränkten Armen zu einem umgekehrten Trapez verdichtet wurde. Zwei sphärische Brüste ragen aus dieser glatten Fläche. Der übrige Körper ist nur eine runde, unten verjüngte Säule, dazu bestimmt, in die Erde oder einen Sockel gesteckt zu werden.

Als steingewordene Idee von welttragender Kraft, konzentriert in geometrischen Formen von höchster Klarheit und abstrakter Schönheit, steht die schimmernd weiße Skulptur unberührt vor uns. Mehr als vier Jahrtausende trennen sie von der Epoche der Atomspaltung, und doch ist sie unmittelbar verständlich geblieben als zeitloses Symbol eines elementaren Erlebnisses der Menschheit.

Es ist ungewiß, ob dieses Bildwerk, das im Süden, bei Senorbì, zutage kam, von einem einheimischen Künstler stammt. Die Ähnlichkeit mit kykladischen Idolen des 3. Jahrtausends ist unverkennbar. Keine vorgeschichtliche Steinskulptur von gleicher Vollendung hat sich bis jetzt auf Sardinien gefunden; doch wurde die Muttergottheit, vermutlich unter dem Einfluß der südfranzösischen Megalithkultur, auch in der urtümlichen Form einer Menhirstatue dargestellt.

Konische Steine mit Frauenbusen wurden mehrfach in Verbindung mit Gigantengräbern auf der Insel entdeckt. Drei von ihnen, die ›Pédras Marmuràdas‹, stehen auf einem Hochplateau über Macomer (Abb. 39). Ein stundenlanger Anstieg über Grasgelände führt zu ihnen hinauf. Die Einförmigkeit der Steppe wird nur da und dort von einer windgebeugten Korkeiche unterbrochen oder von einem dunklen Basaltfels, der wie eine Riesenschildkröte im Gelände hockt. Anfangs mag man noch einer Kavalkade von Bauern begegnen, die unter großen grünen Schirmen vom Viehmarkt heimwärts reiten. Weiter oben aber herrscht vollkommene Einsamkeit. Stille deckt die Landschaft wie ein dichter Schleier, den

38   Marmoridol der Magna Mater

einzig Krähenschreie oder das sanfte Läuten der Herdenglocken, deren Klöppel Schafsknöchelchen sind, manchmal zerreißen. Im Frühling schwanken die blaßlila Blütenkandelaber der Asphodelen auf hohen Stielen zu vielen Tausenden über den Hängen. Die Grie-

39 Weiblicher Menhir von den ›Pédras Marmu-
radas‹

ragt. Wahrscheinlich gehörte das Megalithgrab zu dieser Burg. Drei der etwa meterhohen Menhire sind geglättete zuckerhutför-
mige Steine, die anderen drei erscheinen mit
ihren kleinen Brüsten wie seltsame Zwergen-
frauen, die ein Zauber zu Granit erstarren
ließ.

Man kann sicher annehmen, daß die einfachen konischen Menhire eine männliche
Figur verkörperten. Die Steine von Tamuli
stellten daher drei Paare dar, vermutlich
Ahnen- oder Totengottheiten. Analogien mit
westeuropäischen Grabskulpturen sprechen
für eine Totengöttin und ihren Partner, die
das Prinzip des Lebens und der Fruchtbarkeit
symbolisierten. Dieses sollte die Verstorbenen
regenerieren und mit seinen Kräften erfüllen.
Vielleicht waren die Menhire auch als Schutz
des Grabes gemeint, als Abwehr feindlicher
Dämonen.

Das mystische Paar fand sich noch einmal
im Inneren des Gigantengrabes von Perdu
Cossu als weiblicher und als phallischer Stein
und mag auch auf dem Monte d'Accoddi,
einem megalithischen Tempel in der Form
eines Stufenturmes mit langer Zugangsrampe,
verehrt worden sein, der wahrscheinlich gegen Ende des 3. Jahrtausends erbaut wurde.

Die Ausgrabung dieses Monumentes nahe
der Straße, die von Sassari nach Porto Torres
führt, bedeutete eine archäologische Sensation. Die mächtige, leicht trapezoide Konstruktion in der Form einer oben abgeschnit-
tenen Pyramide, besitzt einen Kern aus Erde
und Steinen, der mit rohen Kalksteinblöcken
verkleidet wurde und etwa 10 m hoch, 38 m
lang und 30 m breit war. Eine breite Rampe
führte auf die Höhe, die vermutlich einen
Altar trug, an dem Priester oder Priesterinnen im Angesicht des Volkes, das um den
Tempelturm versammelt war, den Gottes-

chen glaubten, daß die Hadeswiesen mit diesen gläsern schimmernden Blüten bewachsen
wären; auf der Insel aber heißen sie die ›sardischen Blumen‹, weil sie unlöslich zu ihren
Landschaften gehören; Sinnbilder ihrer
Schwermut, die sich in ihrer geisterhaften
Schönheit verklärt.

Die ›Pédras Marmuràdas‹ stehen gleich
Wachen in Abständen vor einem zerstörten
Gigantengrab. Hinter ihnen hebt sich die
Steppe in langen Wellen zu einem Hügel, auf
dem der Nuraghe Tamuli in den Himmel

dienst zelebrierten. Vor dem Bau fanden die Ausgräber einen Opfertisch aus einer Steinplatte mit Durchbohrungen, die zum Anbinden der Tiere dienten. Ein Kultobjekt war sicher auch ein großer kugeliger Stein, eine Art *Omphalos,* wie er noch in Delphi verehrt wurde. Kleine Idole der Magna Mater bezeugten ihren Kult auf diesem Tempelturm, und zwei Menhire, ein weißer von 2,30 m Höhe und ein kleinerer aus rotem Sandstein, die in der Nähe des Monte d'Accoddi aufgerichtet wurden, verkörperten vermutlich wieder das göttliche Paar.

Die Verehrung einer männlichen Gottheit in Gestalt eines phallischen Pfeilers war auf ganz Sardinien verbreitet. Auf dem Vorplatz des romanischen Kirchleins von San Lorenzo bei Silanus standen bis vor kurzem noch 5 stattliche phallische Menhire, die vermutlich von einer prähistorischen Kultstätte stammten und im geweihten Bereich des Gotteshauses wiederaufgerichtet wurden. Die männliche Gottheit der Ursarden mag im Wesen der Stiergott des vorderasiatisch-anatolischen Bereiches gewesen sein. El, der ›Große Stier‹ oder der Wettergott Bal Hadad der Kanaanäer waren seine Epiphanien in historischer Zeit und stets wurde er auch in einer Steinsäule verehrt.

Trotz aller indirekten Hinweise auf einen Toten- und Fruchtbarkeitsgott gibt es keinen schriftlichen Beleg seiner Existenz. Sardus Pater, dessen Kult auf Sardinien aus historischer Zeit verbürgt ist, wurde auf einem Thron und mit einer Federkrone dargestellt, genau wie der karthagische Baal. Er war daher wohl die Hauptgottheit der Punier, die seit dem 5. Jahrhundert an den Küsten siedelten. Die Einheimischen mögen diesen Baal in der Spätzeit mit einer eigenen Gottheit identifiziert haben.

Wenn die Herrschaft eines Vatergottes auf Sardinien sich nur schattenhaft abzeichnet, so ist doch die Aussage der Nuraghen-Kultur um so deutlicher. Eine patriarchalische Gesellschaftsstruktur, eine ausgeprägt männlich kriegerische, keine mütterlich bestimmte kontemplative Welt wie auf Malta, tritt uns in den ungeheuren Wehrbauten ähnlich wie später in der Bronzekunst entgegen. Tiefe Religiosität ist auch ihr Kennzeichen, aber ihr Wesen entspricht der titanischen Spätphase des Megalithikums mit ihrer zum Heroenkult gesteigerten Ahnenverehrung. Die riesenhaften Rundbauten der alten Sarden sind keine Tempel, nicht Symbole des Seienden, in sich Ruhenden, sondern Festungen, Ausdruck einer kämpferischen, dynamischen Mentalität. Stark und fürchterlich wie die Zyklopen der griechischen Sage stehen die Erbauer der Nuraghen vor uns, und ihre Wildheit scheint bis heute nicht ganz aus den Herzen der Inselbewohner geschwunden.

Der Werdegang dieser Architektur im Rahmen der früh- bis mittelbronzezeitlichen Monte Claro-Kultur ist erst durch neuere Ausgrabungen einiger sogenannter Protonuraghen deutlicher geworden. Es handelt sich bereits um festungsartige Anlagen meist ovaler bis rechteckiger Form mit sehr starken Umfassungsmauern in megalithischer Bauart, die rundliche, durch Korridore verbundene Wohnräume umschließen. Gewisse bauliche Einzelheiten, die später in den Nuraghen in raffinierterer Form auftreten, finden sich schon in diesen Häuptlingssitzen, doch fehlt die Eindeckung mit Bienenkorbkuppeln bei den niedrigen, langgestreckten Bauten, die noch nichts Turmartiges haben. Die falsche Kuppel aus vorkragenden Steinreihen, die für alle Nuraghen kennzeichnend ist, ging wohl tatsächlich auf Anregungen aus dem Osten zurück. Die Nawamis des Sinaigebietes sind bereits kleine Nuraghen, und die Kanaanäer wie die Hethiter und Mykener waren Meister im Bau zyklopischer Zitadellen. Die Kuppelsäle der Nuraghen wirken wie barbarische Nachahmungen der Grabgewölbe von achäischen Fürsten, und Verbindungen zur ägäischen Welt werden auch in den Formen von Bronzewaffen und Geräten sowie in der Keramik sichtbar. In Verwahrfunden der frühen Nuraghenzeit kamen zudem kretische Doppeläxte und drei je 30 kg schwere Kupferbarren zutage, die mit minoischen Schriftzeichen versehen sind.

Im eigentümlichen Namen der altsardischen Türme wird allerdings eher ein phönizischer als ein griechischer Ursprung sichtbar. Nurhag hieß auf punisch ›großes Haus‹. Es gibt außerdem das Wort Nur oder Nurra im Inseldialekt, das soviel wie Steinhaufen bedeutet.

Umstritten wie die Herkunft ihres Namens ist auch das Alter der Nuraghen. Ihr urweltliches Aussehen und der rein bronze-zeitliche Aspekt der gesamten Nuraghen-Kultur führten früher zu einer übertrieben hohen Datierung bis in den Beginn des 2. Jahrtausends v. Chr. Neuere Forschungen haben gezeigt, daß sie wesentlich jünger sein müssen. Man neigt heute dazu, die ältesten echten Nuraghen um etwa 1500 v. Chr. zu datieren.

Die ersten Nuraghen waren stets einstökkig, meist 9 bis 10 m hoch und umschlossen einen einzigen 6 bis 9 m weiten Raum mit einer unechten Kuppel aus vorkragenden Steinreihen. Die fast vollkommene Abdichtung gegen die Außenwelt war von Anbeginn das Charakteristikum dieser Wehrtürme. Kompakt wie Felskegel, fast ohne Schießscharten, mit Eingängen, die niedrig sind wie das Loch eines Fuchsbaues oder hoch über dem Erdboden angebracht, so daß sie nur über eine Leiter erreichbar waren, erscheinen die Nuraghen als Urbild einer Festung. Manchmal haben sie sogar nur einen unterirdischen Ausgang ins Freie. Fast völlige Finsternis

Innenkonstruktion eines Nuraghen mit Stiegenaufgang und Kuppelräumen

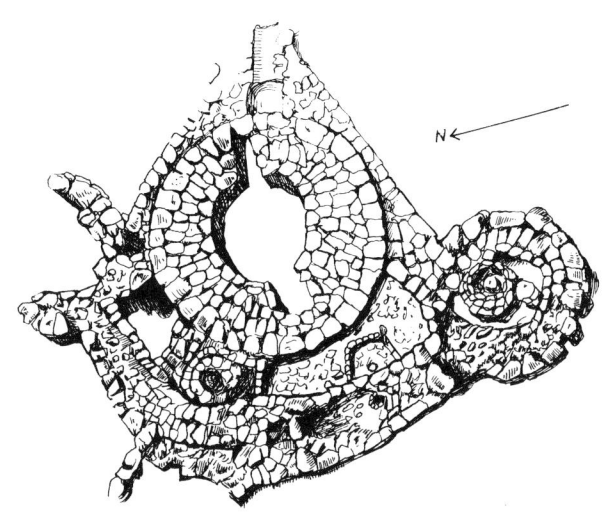

N

Grundriß einer Nuraghenfestung

herrscht meist in ihrem Inneren. Zur Linken des Einlaßkorridors beginnt häufig eine Rampe oder Wendeltreppe, die in das Mauermassiv gehöhlt ist und zur Dachterrasse hinaufsteigt; zur Rechten öffnet sich oft ein Kämmerchen für die Wache. Eindringende Feinde konnten auf diese Weise an ihrer nicht vom Schild geschützten rechten Seite attackiert werden. Das gleiche Prinzip wurde bei den mykenischen Burgen angewandt.

Aus dem einzelligen Kegelstumpf entwikkelten sich in der Blütezeit der Nuraghen-Kultur, etwa zwischen 1000 und 500 v. Chr., teilweise gewaltige Zitadellen mit mehreren Türmen, Terrassen, Höfen und Außenwällen. In ihren raffinierten Verteidigungsanlagen und der verbesserten Bautechnik mag sich der Einfluß der phönizischen und griechischen Architektur spiegeln. Der rohe Packbau aus polygonalen Megalithen wurde später stellenweise oder auch ganz von regelmäßigen Reihen aus rechteckigen Quadern abgelöst. Man glättete die Außenwände und dichtete die Fugen mit kleinen Steinen und Lehm. Die riesigen Blöcke der Frühzeit wurden zum Teil durch kleineres Baumaterial ersetzt.

Immer aber behielten die Festungen als Ganzes ihr urweltliches Aussehen, das sie zu Sinnbildern einer weit älteren als ihrer Entstehungszeit macht.

Anfänglich waren die Nuraghen vermutlich die befestigten Sitze einzelner Clans, später aber wurden sie häufig zum Mittelpunkt größerer Siedlungen und waren dann zugleich Häuptlingssitz und Fluchtburg. In der Hut ihrer 5 bis 15 m dicken Wälle fanden sich Brunnen, Zisternen, Magazine und selbst Schmelzöfen und Schmiedewerkstätten. So waren diese Zitadellen Lebenszentrum und Rückhalt der Gemeinschaft, die sie in einer gewaltigen kollektiven Anstrengung errichtet hatte.

Die Hütten der 47 Nuraghensiedlungen, die bis jetzt auf Sardinien gezählt wurden, imitieren im kleinen die Häuptlingsburg. Sie waren meist rund und hatten vor allem in der Frühzeit erstaunlich dicke Mauern, die bis zu 3,40 m stark sein konnten. Die größten hatten einen Durchmesser von 9 m, die kleinsten von 3 m. Die Eingänge waren zum Unterschied von den Burgen ziemlich hoch und aus großen Platten konstruiert. Steinerne oder Holztüren waren mit Zapfen in die Schwellen eingepaßt; Wandnischen dienten im Inneren als Schränke. Es gab steinerne Bänke und runde oder viereckige Herde, neben denen sich öfters ein Mörser fand. Meist enthielten die Hütten nur einen Raum, dem ein Pferch für das Vieh angeschlossen war. Der Boden bestand aus gestampftem Lehm, aus Pflaster oder auch aus dem gewachsenen Fels. Über den kleinen Behausungen wölbte sich eine Bienenkorbkuppel, die größeren hatten vermutlich kegelförmige Dächer aus Reisig und Lehm.

Bei Ausgrabungen in dem Nuraghendorf von Serra Orrios kam der Laden eines Lebensmittelhändlers zutage. Auf einer Bank standen noch die Reste von Tongefäßen mit Korn. Auch eine Schmiedewerkstatt mit einem Amboß und Gußformen wurde freigelegt. Auffallend große Gebäude mögen für Versammlungen gedient haben. Eine Hütte barg eine Kultanlage, die mit ihrem Steintisch vor drei Wandnischen den Einrichtungen in den maltesischen Tempeln gleicht. Steinerne Becken und Tröge dienten vielleicht einem Opfer- oder Reinigungsritual.

40 Nuraghe Losa

Wenig berührt von den Sitten der Fremd-völker in den Küstenstädten hausten die Ur-bewohner Sardiniens unbesiegt und unab-hängig in ihren Dörfern im Schutz der Zy-klopenburgen und bewahrten noch in der Zeit einer offenbar friedlichen Koexistenz mit den Phöniziern ihren Lebensstil und ihre eigene Kultur.

Eines der großartigsten Denkmale ihres wehrhaften Daseins und gleichzeitig ein Bei-spiel für die Entwicklung der Festungsbauten von der frühen bis in die Endphase ist der Nuraghe Losa. Er steht als braunes Basalt-massiv immer noch etwa 15 m hoch und groß wie ein Häuserblock mitten im Hirtenland auf dem Plateau von Abbasanta; ein gültig gebliebenes Sinnbild für Wesen und Geschick der Inselbevölkerung (Abb. 40).

Hohes Gras weht auf dem Scheitel des gigantischen Nuraghen, Efeu deckt seine Flanke dicht wie Moos, in seiner Brust woh-nen Falken, und in den Schießscharten nisten Bienen. Er ist keine tote Ruine, Vogelschreie und Summen füllen seine Klüfte mit Le-ben, und mittags halten Hirten mit ihren langhaarigen Schafen in seinem breiten Schat-ten Rast. Im Frühsommer schweben ringsum die hohen gelben Wedel des blühenden Fen-chels über dem Buschwerk, das die Reste der Außenbastion begraben hat, und auf herab-gestürzten Mauertrümmern ragen flammende Königskerzen empor.

Durch eine hochgelegene Türöffnung steigt man in die Burg wie in ein Bergwerk oder die Sagenhöhle des Polyphem. Es fällt schwer, sich diese dämmrigen Steinschluchten als von Menschen geschaffen vorzustellen. Die Blöcke des ältesten Kernbaues sind roh und riesen-haft wie die Wurfgeschosse, die der einäugige Zyklop in der Odyssee den Griechenschiffen nachschleudert. Vom Eingang führt ein Kor-ridor an der Nische vorbei, in der einst der Wächter mit gezücktem Schwert den Feind empfing, in den Hauptsaal. Im Halbdunkel runden sich die Steinringe der Kuppel feier-lich empor. Die Halle scheint hoch wie ein Dom. Dem Torweg gegenüber öffnet sich der Beginn der Wendeltreppe in der viele Meter starken Wand. Der Nuraghe ist wie eine Muschel von ihren Gängen von den Windun-gen dieser Rampe durchzogen. Im ersten Stock liegt wieder ein Kuppelraum. Der ko-nischen Form des Turmes entsprechend ist er kleiner. Der oberste Teil des Baues ist im Lauf der Jahrtausende teilweise abgestürzt. Die dritte Zelle ist zerstört; ein Stück der Dach-terrasse blieb noch erhalten. Man fand auf

Blick in die Kuppel des Nuraghen Losa

41   Durchgang im Nuraghen Losa

ihr einen rundlichen Schacht, der gegen die Feuchtigkeit mit Korkplatten ausgelegt war, vermutlich ein Waffenversteck.

An den großen Turm, der sicher vor 1000 v. Chr. entstand, wurden später drei weitere angesetzt, die untereinander durch eine Mauer verbunden sind. Auf diese Weise wurde er aus einem freistehenden Nuraghen zum Kern einer mächtigen dreieckigen Zitadelle. Hohe schmale Galerien mit vorkragenden Wänden, die in schlanken Spitzbogen zusammentreffen, geleiten vom Mittelbau zu den Kuppelsälen der beiden seitlichen Konstruktionen (Abb. 41). Der dritte Turm ist nur über die obere Plattform zu erreichen, von der eine Rampe hinabführt. Er hat aber ein Außentor, das zwei Meter über dem Erdboden liegt und wahrscheinlich mit Strickleitern erklommen wurde.

Als Wohnort ist die düstere Zyklopenburg wenig einladend, als Festung aber höchst sinnreich angelegt. Im Ernstfall war sie wohl nur durch Aushungerung zu bezwingen. Auch im Innern ist alles auf Abwehr eingerichtet. Die Durchgänge sind so niedrig, daß sie gebückt oder sogar kriechend passiert werden müssen. Zudem wurden sie durch schwere Platten verschlossen. An den Türen, wie in den engen Galerien, war der Feind in seiner Bewegungsfreiheit sehr gehemmt. Zwei Krieger genügten, um eine ganze Kolonne am Aufstieg in die oberen Stockwerke des Hauptgebäudes zu hindern und mit wenigen Mann konnte man eine beträchtliche Zahl von Eindringlingen in den Hallen wie in Mausefallen fangen.

Der Außenwall mit kleinen runden Wachtürmchen, der den Nuraghen in einigem Abstand umgibt, wurde vermutlich im 3. Jahrhundert v. Chr. angelegt. Damals hatte der Kampf zwischen Rom und Karthago begon-

nen, der auch für Sardinien eine unmittelbare Bedrohung brachte.

Ursprünglich waren die Nuraghen wohl im Gefolge häufiger Stammesfehden der Inselbewohner untereinander erbaut worden. Unverträglichkeit und ein ausgeprägter Partikularismus sind heute noch Wesenszüge der Sarden. Als aber im 8. und 7. Jahrhundert v. Chr. die großen Kolonisationsbewegungen der Phönizier, Griechen und Etrusker den westmediterranen Raum erfaßten, wird die ständige Bedrohung Sardiniens vom Meere her seine Bewohner zu gemeinsamen Verteidigungsmaßnahmen geeint haben. In der engen Gruppierung von Nuraghen längs der Einfallsrouten wird deutlich ein strategisches System sichtbar. Die Abstände der Burgen untereinander ermöglichten in manchen Gegenden gerade noch die Weitergabe von Feuersignalen, sobald die Wachen eines Küstenturmes feindliche Schiffe erspäht hatten. In einigen Gebieten stehen die Nuraghen so dicht beieinander, daß man an eine Konföderation oder auch an ein Fürstentum unter einheitlicher Führung denken möchte. Es ist wohl möglich, daß die Insel in der Blütezeit von wenigen Häuptlingen regiert wurde, die jeweils einen ziemlich großen Bereich kontrollierten.

Die erstaunlichste militärische Anlage in großem Stil findet sich auf der Giara di Gesturi, einem 12 km langen und 4 km breiten Tafelberg, der sich als steilwandiger Basaltsockel fast 600 m hoch aus der Ebene hebt. Der Rand dieser Naturfestung, auf deren flachem Gipfel Tausende von Menschen mit ihren Herden Zuflucht finden konnten, wurde noch mit über 20 Wehrtürmen besetzt, die zur Verteidigung der Aufgänge dienten. In der Mitte der Felstafel stehen außerdem zwei

42   Durchblick in einen Innenhof des Nuraghen Santu Antine

Nuraghen, die vielleicht das Hauptquartier dieser Zitadelle darstellten.

Die jüngsten Wehrbauten wie der mehrtürmige, heute noch 18 m hohe Nuraghe Santu Antine (Abb. 42) oder die Burg Dom' e S'Orcu wurden vermutlich unter der Leitung punischer Ingenieure als Bollwerk gegen die Römer gebaut. Dom' e S'Orcu hatte einen Umfang von 148 m; der 20 m hohe Mittelnuraghe war von kleineren Türmen und Plattformen umgeben, auf denen ein ganzes Regiment Platz hatte. Das Erdgeschoß der Anlage enthielt zehn Räume, darunter einen sehr großen Saal mit vielen Nischen. Elf Galerien durchzogen die ungeheure Festung, die von vier Höfen umgeben war; vier Pforten führten hinaus. Eine solche Anlage wurde wohl nur in Erwartung eines Großangriffes errichtet.

Es kostete die römischen Legionen drei Jahre, bis sie nach der Erstürmung der karthagischen Hafenstädte im Jahre 238 v. Chr. auch die Ureinwohner Sardiniens unterworfen hatten. Die riesenhaften Burgen waren sicher einzig durch lange Belagerungen bezwungen worden. Die Sarden zogen sich vor den Römern immer weiter in die Berge zurück und gaben jeden Fußbreit Bodens nur nach erbittertem Ringen preis. Die Erbarmungslosigkeit dieses Vernichtungskampfes, bei dem sie mit Bluthunden bis in die entlegensten Schlupfwinkel verfolgt wurden, geht aus einem Bericht des Siegers, des Konsuls Titus Sempronius Gracchus, hervor. Er rühmt sich darin, 80 000 Sarden getötet oder gefangen zu haben. Der Unabhängigkeitswille des Nuraghenvolkes war mit dieser Schlächterei noch lange nicht gebrochen; es kam immer wieder zu Kämpfen und noch 177 v. Chr. mußten die Römer eine Armee gegen Sardinien einsetzen.

Kein anderes Volk der europäischen Vorgeschichte hat den zyklopischen Rundbau zu ähnlich monumentalen Konstruktionen weiterentwickelt und bis zum Ende seines Eigenlebens mit solcher Hartnäckigkeit beibehalten wie die Sarden. Von der Urzeit bis heute sind die Nuraghen der Ausdruck ihres Wesens geblieben; Symbole ihres unbezähmbaren Kampfgeistes, ihrer Verschlossenheit und mißtrauischen Abwehr, ihres schwerblütigen Konservatismus.

Keramik und Metallbearbeitung

Der unverwechselbare Stil der altsardischen Kultur wurde nicht nur in der Architektur sichtbar. Im bergenden Schatten der Nuraghen entfaltete sich auch die künstlerische Begabung der Inselbewohner in Werken, die das Erbe älterer mittelmeerischer Zivilisationen auf sehr persönliche Art interpretieren und neu gestalten.

Für die Tonware der Nuraghenzeit sind feingearbeitete polierte bauchige Krüge von grauer oder schwarzer Farbe typisch, die an etruskische Buccheroware erinnern. Sie sind mit geritzten und gekerbten Mustern oder plastischem Schmuck verziert. Die magisch-religiöse Symbolik einiger Gefäße gibt nicht nur Aufschluß über Vorstellungen der Inselbewohner, sondern ist darüber hinaus wichtig für das Verständnis bestimmter Zeichen, die in den Megalithkulturen Westeuropas immer wieder vorkommen.

Auf Sardinien und in älteren ostmittelmeerischen Kulturen, vor allem in den anatolischen und ostbalkanischen, hatte die Keramik
ohne Zweifel eine Funktion im Kult der
Großen Göttin. Das bauchige Gefäß mußte
im Weltbild des Frühmenschen, seiner elementaren Erfahrung entsprechend, zu einem
Inbegriff des Weiblichen werden. Aufneh-
mend, bewahrend und Nahrung spendend
wurde es zum Sinnbild der Frau als des Ge-
fäßes, in dem sich das Leben bildet und aus
dem es hervorgeht, und gleichzeitig als der
Milchspenderin. In den trojanischen Gesichts-
urnen, die seit der dritten Stadt ganz als
schematischer weiblicher Körper geformt
wurden, trat diese Identifizierung sehr deutlich zutage.

Auf dem Bruchstück eines schwarzen sardischen Kruges erscheint das Relief eines dä-

44 Schwarzpolierter Krug der Nuraghen-Keramik mit konzentrischen Kreisen

43 Bruchstück eines Kruges der Nuraghen-
Keramik mit dämonischem Frauenwesen

monischen Frauenwesens mit übergroßem
Kopf zusammen mit konzentrischen Kreisen,
die einen Punkt in der Mitte haben. Die Bedeutungen dieser mystischen Siegel sind hier
ganz klar. Sie stehen für die Augen, die Brust-
warzen und den Nabel, die Zentren der
Fruchtbarkeit und der Macht der Magna Mater (Abb. 43).

Auf anderen Gefäßen sind konzentrische
und einfache Kreise mit Punkten in der Mitte
in verschiedenen Größen über die Oberfläche
verteilt oder zu dekorativen Ornamenten geordnet (Abb. 44). Neben diesem typischen
Zeichen des Fruchtbarkeitskultes, dem sicher
auch apotropäische Wirkung zugeschrieben
wurde, gibt es häufig Buckel auf der Keramik,
die als Sinnbild weiblicher Brüste ebenfalls
auf den Kult der Großen Mutter weisen.
Tonware mit solchen Symbolen diente wahrscheinlich ausschließlich rituellen Zwecken.

Bestimmten Ornamenten auf den prähistorischen Töpfereien kam wohl magische Bedeutung zu.

Zu den eingravierten Mustern auf der Nuraghen-Keramik gehörten neben den heiligen Kreisen auch senkrechte und waagerechte Schraffierungen, übereinandergesetzte Reihen von Zickzacklinien, Rauten und Schachbrettmuster.

Die Meisterwerke der Inselkunst aber entstanden im Gefolge der Metallindustrie, deren außerordentlicher Aufschwung durch die einheimischen Vorkommen bedingt war. Zunächst war das Kupfer eingeführt worden, wie der Fund der ägäischen Barren gezeigt hat. Um die Mitte des 2. Jahrtausends waren im ostmediterranen Bereich die Erzlager des Sinaigebietes und Zyperns schon seit Jahrtausenden ausgebeutet worden und auch der Abbau der iberischen hatte mindestens seit der Mitte des 3. Jahrtausends v. Chr. begonnen. Die sardischen Kupfer- und Bleiminen waren vermutlich, ebenso wie zuvor die spanischen, von ostmittelmeerischen Fachleuten entdeckt worden, die auch fortschrittliche, den toskanischen weit überlegene Methoden der Metallgewinnung und Verarbeitung auf der Insel einführten. Das Zinn für die Herstellung der Bronze mußte importiert werden. Südostfrankreich, die Toskana oder Spanien könnten die Lieferanten gewesen sein. Der Kupferreichtum Sardiniens war sicherlich die Ursache der ungewöhnlich langen Dauer der Bronzezeit auf der Insel. Da Eisen eingeführt werden mußte, begnügte man sich so lange wie möglich mit dem billigeren einheimischen Metall.

Fast 50 Verwahrfunde mit Bronzegegenständen wurden bis jetzt auf Sardinien entdeckt. Zum Teil waren es Depots von Schmieden, zum anderen Schätze, die ihrem Charakter nach den Münzenhorten historischer Epochen entsprachen. Anstatt Geld enthielten sie Metallstückchen und kleine Beile, die jedenfalls die gängige Tauschware darstellten. Die bedeutendsten Funde aber waren Depots von Votivgaben, die zu Kultstätten gehört hatten. Die verschiedenen Horte waren in Tonkrügen, Steinkisten oder auch nur in der Erde aufgehoben worden.

Über die Gußtechnik auf Sardinien haben zahlreiche Formen aus Steatit, steinerne Schmelztiegel, aus denen das Metall mit Steinlöffeln geschöpft wurde, und die Bronzegegenstände selbst Auskunft gegeben. Für die Statuetten wendete man den Guß in verlorener Form an, außerdem wurde die Bronze gehämmert. Schweißen war unbekannt, man benutzte nur Nieten. Ausgrabungen brachten eine Anzahl von Schmelzöfen zutage, die etwa 1 m Durchmesser haben und aus feuerfestem Lehm bestehen. Man legte abwechselnd eine Schicht Holzkohle und eine Schicht Erz ein und heizte von unten.

Die vielen und schöngeformten Bronzegeräte gehen fast alle auf sehr alte ägäische Vorbilder zurück, denen die konservativen Inselbewohner bis zum Ende der Bronzezeit treu blieben. Nur die Beilklingen verraten Beziehungen zu Spanien oder Südfrankreich. Neben Äxten, Beilen und Spitzhacken kamen Scheren, Sägen, Sicheln und Schöpflöffel ans Licht. Einige Bronzegefäße mit Tierhenkeln, die Rinder- und Taubenmotive zeigen, weisen auch auf östliche Modelle.

Der kriegerische Charakter der alten Sarden wird wieder in der Vielfalt ihrer Bronzewaffen sichtbar. Allein fünf verschiedene Typen von Degen und Schwertern wurden hergestellt, darunter Degen von 1,5 m Länge und außerordentlich feine Votivdegen. Daneben gab es gefiederte Lanzen, Wurfspieße und

Hellebarden. Dolchen kam vielleicht als Abzeichen der Häuptlings- und der Priesterwürde eine besondere Bedeutung zu. Für die Helme und Rüstungen der Krieger wurden Leder und Bronze verwendet. Neben lederbezogenen Holzschilden kamen kleine runde Bronzeschilde vor.

Für den Schmuck der Nuraghenzeit sind Ketten aus zylindrischen Bronzeperlen und Ringen und breite Metallbänder mit getriebenen Parallelstreifen, sogenannte ›Hundehalsbänder‹, die auch in West- und Nordeuropa Mode waren, kennzeichnend.

Die schönsten Erzeugnisse der altsardischen Metallindustrie aber waren Bronzestatuetten, in denen das Nuraghenvolk und sein Dasein mit bezaubernder Spontaneität festgehalten sind.

Ein Volk vor seinen Göttern

Den Schöpfern der Bronzefigürchen der Nuraghenkultur lag, wie allen Primitiven, der Gedanke fern, Kunstwerke hervorzubringen. Was sie schufen, diente stets einem religiösen Zweck. Alle diese Statuetten, deren Füße mit Stiften versehen sind, damit sie in oder vor den Heiligtümern in steinerne Untersätze gesteckt werden konnten, sind Votivgaben. Soweit sie Sterbliche verkörpern, waren sie wohl Ersatz des Gläubigen selbst. Für den in magischen Vorstellungen befangenen Frühmenschen war das Bild mit dem Dargestellten in gewisser Weise identisch. In seiner Statuette war er unmittelbar im Sanktuarium anwesend, um seinen Dank oder sein Anliegen der Gottheit vorzutragen und auf diese Art in steter und enger Verbindung mit ihr zu bleiben. Der primitive uralte Glaube, daß Gleiches Gleiches hervorbringen müßte, veranlaßte die sardischen Bronzebildner außerdem zur Wiedergabe bestimmter Dinge oder Geschehnisse, durch die deren Verwirklichung herbeigeführt werden sollte. Figuren von Jagdtieren können daher sowohl Dankspenden als auch eine Beschwörung des Jagdglückes bedeuten. Die Statuetten von Herdenvieh mögen teilweise symbolische Tieropfer gewesen sein; die Nachbildung einer trächtigen Sau aber sollte vermutlich eine Vermehrung der Schweineherde durch die Gunst der Gottheit erzielen.

Aus solchem Bildzauber entstand, wie schon in der Höhlenmalerei der Altsteinzeit, auch noch im Sardinien der Nuraghenkultur fast absichtslos die künstlerische Aussage. In den Kleinbronzen der Insel gelang es den mit einem ungewöhnlichen Gefühl für Stil und plastische Wirkung begabten Bildnern, die Essenz ihrer Welt, die bis zum Ende der Nuraghenkultur noch jene der Megalithvölker war, in ebenso einfachen wie expressiven Formen herauszukristallisieren. Echtheit, Kraft und Geschlossenheit dieser Kunst rühren unmittelbar an. Formal war sie wohl vom geometrisierenden Stil der frühgriechischen, frühetruskischen, phönizischen und iberischen Kleinplastik etwas beeinflußt; trotzdem unterscheiden sich ihre Werke, in denen die Art der Inselbewohner so klar zutage tritt, wesentlich von den zeitgenössischen Arbeiten der anderen Mittelmeervölker.

In über 500 Figuren, deren Größe von wenigen Zentimetern bis zu 39 cm variiert, tritt uns das Volk der Nuraghenerbauer lebensvoll entgegen. Vom demütigen Hirten und Bauern bis zum stolzen Stammeshäuptling und grimmigen Krieger, von der Wasserträgerin mit dem Lendentuch bis zu der schöngekleideten Priesterin waren sie alle vor ihren Göttern versammelt. Auffallend viele Bronzen stellen Gewappnete dar. Auch hier wird sichtbar, daß Kampf ein Lebenselement der rauhen, streitbaren Inselbewohner war.

Entsprechungen zwischen Waffenformen sowie Helm- und Rüstungstypen, die in der nuraghischen Kleinplastik erscheinen, und phönizischen aus der ins 8. Jahrhundert zurückreichenden Nekropole von Tharros im Golf von Oristano wie auch datierbare Funde sardischer Bronzen in Südetrurien ermöglichen es heute, die Blütezeit der Inselkunst zwischen dem 9. und dem 6. Jahrhundert anzusetzen. Drei verschiedene Stilgruppen lassen sich unterscheiden, deren Aufeinanderfolge allerdings noch nicht geklärt werden konnte.

Die hervorragendsten Werke stammen aus einem Depot, das am Hang des Monte Arcuosu oberhalb von Uta in der Umgebung von Cagliari entdeckt wurde. Sie sind von allen Statuetten die am meisten geometrisierten, mit langgezogenen schmalen und flachen Körpern und oft überdimensionalen, sehr ausdrucksvollen Häuptern. Wenige große Linien und Flächen wurden zu beinahe kubistisch wirkenden Kompositionen zusammengefügt. Die schönste, fast 40 cm hohe Skulptur stellt wohl einen Häuptling dar, den würdevollen Herren eines Nuraghen (Abb. 45). Er hat ein breites Schwert über die rechte Schulter gelegt und hält in der Linken einen knotigen Stock. Schräg über die Brust läuft das Wehrgehänge mit einem langen Dolch. Über dem kurzen glatten Wams trägt er einen einfachen Mantel aus einem viereckigen Stoffstück, der seinen Rücken bedeckt und auf den Schultern be-

45 Bronzefigur eines Häuplings der Uta-Gruppe

149

festigt ist. Die Füße sind nackt, während die Beine von Ledergamaschen geschützt erscheinen. Auf dem Haupt sitzt ein rundes Käppchen. Das Antlitz mit den übergroßen mandelförmigen Augen unter ornamentalen Brauen und der sehr langen Nase über einem kleinen Mund ist von feierlichem Ernst.

Nach dem gleichen Schema sind noch mehrere kleinere Figuren des gleichen Stils gearbeitet. Anstatt ein Schwert zu halten, haben sie aber die Rechte in der Geste der Adoration vor der Gottheit erhoben.

Dem großen Häuptling in Gebärde und Gesichtsbildung eng verwandt sind zwei eindrucksvolle Kriegerfiguren aus Uta. Die eine hält einen runden Schild in der Linken (Abb. 46), die andere hat einen Bogen über die Schulter gehängt. Beide tragen wieder Schwerter über den Schultern und kleine Hörnerhelme.

Zwei interessante Ringergruppen stammen ebenfalls aus dem Fund von Uta. Die erste zeigt die Gegner mit erhobenen übergroßen Händen bereit zum Angriff; die zweite schildert die Endphase des Kampfes, wobei der Sieger auf dem Unterlegenen kniet (Abb. 47). Man hat diese Szenen als Darstellung eines Götterstreites interpretieren wollen. Aber die altsardischen Bronzen erwecken im allgemeinen stets den Eindruck, lebensgetreue Schilderungen aus der realen Welt der Inselbewohner zu sein. So mag auch die Ringkampfszene eine Bitte um Sieg in einem Wettstreit sein, der vielleicht rituellen Sinn hatte.

Die zahlreichen Kriegerfiguren des Uta-Stiles (Abb. 48), unter denen sich ein Schleuderschütze, ein im Profil gezeigter Krieger mit gespanntem Bogen und ein Bogenschütze in eigenartiger Tracht, die an die Uniform assyrischer Soldaten erinnert, befinden, könn-

46 Bronzefigur eines Kriegers der Uta-Gruppe

ten Bitten um Kriegsglück oder Dank für gute Heimkehr aus der Schlacht verkörpern.

Viele Statuetten stellen Männer und Frauen als Opfernde dar. Der Hirte bringt der Gottheit einen Erstling, den er über die Schulter gelegt hat, der Bauer bietet ihr ein Brot, eine Schale mit Milch oder einer anderen Flüssigkeit (Abb. 49). Wenn diese meist recht kleinen Plastiken auch künstlerisch nicht an die Meisterwerke von Uta heranreichen, ist ihnen doch eine große Intensität des Ausdrucks gemeinsam. Die plumpe Gestalt eines spitzbärtigen Bauern mit Lendenschurz, zy-

lindrischer Kappe und Umhängtasche, der dem höheren Wesen sein grobes Antlitz und seine Hände mit einem kleinen Kuchen und einem Napf voll demütiger Inbrunst entgegenhebt, ist in ihrer frommen Einfalt ergreifend (Abb. 51).

Das Figürchen eines Mannes mit Krücke, das sich bei Ausgrabungen in dem großen Bergheiligtum von Santa Vittoria di Serri fand, beweist, daß man dort auch Heilung von Gebrechen suchte.

Als urzeitliche Pietà wirkt die Sitzfigur einer Frau, die einen toten Krieger auf dem

47 Ringergruppe aus Uta

48   Kriegerkopf aus Uta

49   Figur einer opfernden Frau

50   Frau mit totem Krieger auf dem Schoß ▷

Schoß hält (Abb. 50). Beide Gestalten sind recht roh gearbeitet und von schlechten Proportionen. Und doch gehört diese Gruppe zu dem Stärksten, das die altsardischen Bronzebildner hervorbrachten. In dem übergroßen schmalen Haupt der Frau mit den fest geschlossenen Augen unter breiten Brauen und den zusammengepreßten Lippen scheint der unstillbare Schmerz aller Mütter über ihre gefallenen Söhne zu einer zeitlosen Maske verdichtet. Erstarrt in erhabener Trauer bietet die Mutter den Toten in stummer Klage der Gottheit dar. Vielleicht sollte auf diese Weise Rache auf seinen Mörder herabgerufen werden.

Diese Gruppe wurde auch als eine Göttin mit ihrem Sohn gedeutet und als Illustration eines unbekannten Mythos. Naheliegender ist es aber, in ihr die Wiedergabe eines im kriegerischen Leben des Nuraghenvolkes nur allzu häufigen Ereignisses zu sehen. Im übrigen kamen noch andere Mutter-Kind-Darstellungen zutage, die ebenfalls für eine solche Interpretation sprechen. Bei der einen ist der Sohn auf den Knien der Mutter kein Krieger und offensichtlich lebendig; bei der anderen hält die Sitzende ein kleines Kind auf dem Schoß. Beide Mütter haben außerdem die Rechte in der üblichen Geste der Anbetung erhoben. Es wird sich daher kaum um Göttinnen handeln, sondern eher um Mütter, die vielleicht Hilfe für ihr krankes Kind erflehen. Wahrscheinlich vollführte auch der heute fehlende rechte Arm der Pietà ursprünglich dieselbe Gebärde. Kultbilder wurden außerdem meist nach einem sehr einheitlichen Schema gestaltet, während diese drei Gruppen ziemlich verschieden voneinander sind.

Religiöse Bedeutung hatten sicherlich die zahlreichen Votivboote, die zu der altsardischen Bronzekunst gehörten. Ihr Bug endet in elegant stilisierten Hirsch- oder Rinderköpfen, und manchmal sind auch Tiere in diese Barken oder rundherum auf ihre Ränder gesetzt (Abb. 52). In einem Schiffchen steht anstatt des Mastbaumes eine Säule, die etwas wie ein Hörnerpaar trägt, auf dem eine Taube, das Symboltier der Großen Göttin auf Kreta und Zypern, thront. Manche Boote haben Aufhängevorrichtungen und könnten daher Öllämpchen gewesen sein.

In einem etruskischen Grab aus dem 7. Jahrhundert, das in der Nekropole von Vetulonia im toskanischen Erzgebiet freigelegt wurde, kam ein solches, sehr prunkvolles Bronzeschiffchen mit einer ganzen Menagerie zutage. Man wollte darin u. a. einen Beweis für Viehtransporte zwischen Sardinien und den etruskischen Hafenstädten sehen. Ohne Zweifel lassen sich Beziehungen zwischen Südetrurien und der Insel ableiten. Die Tierfigürchen aber mögen dem orientalisierenden Stil des 7. Jahrhunderts entsprechen und eher

eine religiöse als eine realistische Bedeutung haben. Die Barke könnte ein rituelles Objekt des Totenkultes sein. In frühen etruskischen Gräbern fanden sich mehrfach tönerne Boote, die vielleicht die Reise des Verstorbenen über das Wasser zu den jenseitigen Gestaden erleichtern sollten. Die sardischen Votivschiffchen könnten allerdings auch Weihegeschenke von Seefahrern sein.

52 Votivboot

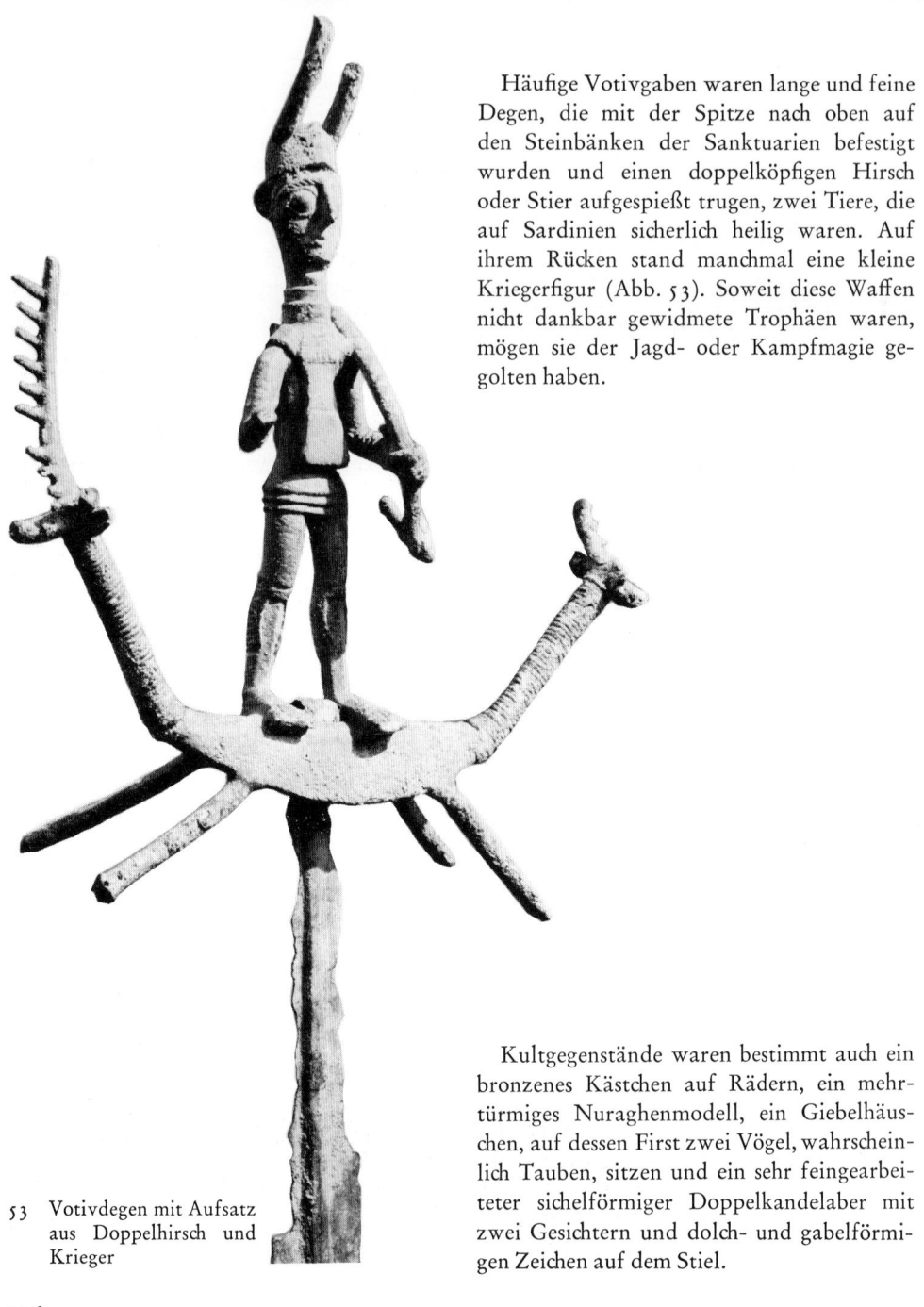

Häufige Votivgaben waren lange und feine Degen, die mit der Spitze nach oben auf den Steinbänken der Sanktuarien befestigt wurden und einen doppelköpfigen Hirsch oder Stier aufgespießt trugen, zwei Tiere, die auf Sardinien sicherlich heilig waren. Auf ihrem Rücken stand manchmal eine kleine Kriegerfigur (Abb. 53). Soweit diese Waffen nicht dankbar gewidmete Trophäen waren, mögen sie der Jagd- oder Kampfmagie gegolten haben.

53 Votivdegen mit Aufsatz
aus Doppelhirsch und
Krieger

Kultgegenstände waren bestimmt auch ein bronzenes Kästchen auf Rädern, ein mehrtürmiges Nuraghenmodell, ein Giebelhäuschen, auf dessen First zwei Vögel, wahrscheinlich Tauben, sitzen und ein sehr feingearbeiteter sichelförmiger Doppelkandelaber mit zwei Gesichtern und dolch- und gabelförmigen Zeichen auf dem Stiel.

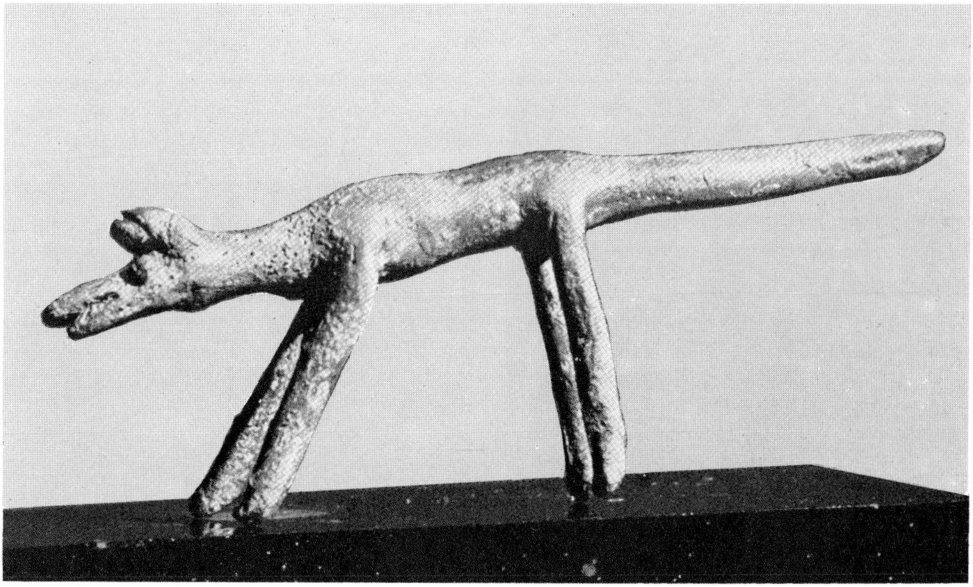

54 Kleinbronze eines Fuchses

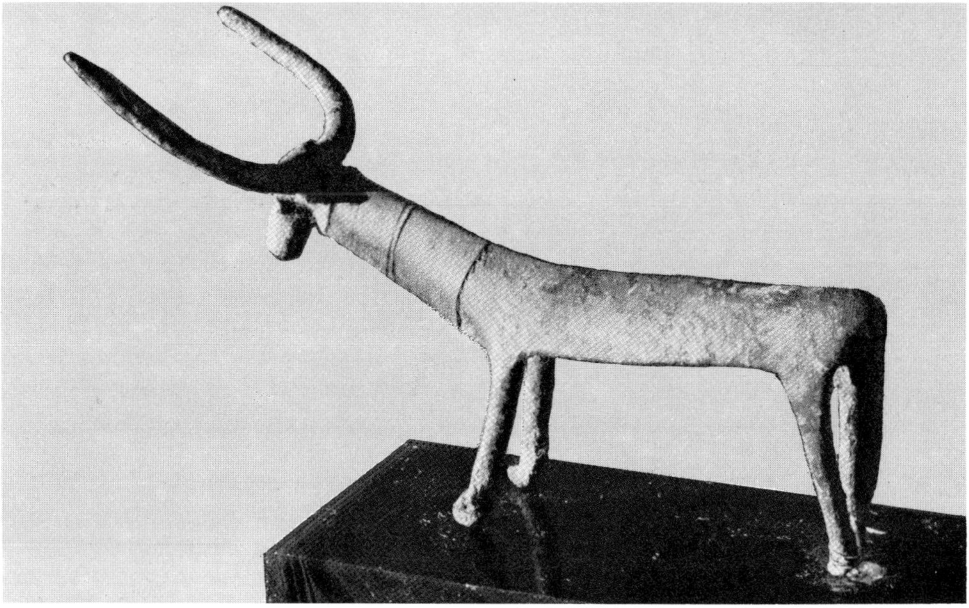

55 Kleinbronze eines Stieres

Gestalten von Uta eigen ist, fehlt. Wieder gibt es zahlreiche Kriegerstatuetten in Paraderüstungen mit verschiedenartigen Helmen, die sowohl mit Federbüschen wie mit ungewöhnlich langen Hörnern geschmückt sind (Abb. 57). Jedenfalls sollte diese mächtige Helmzier ihren Trägern im Kampfe die Kräfte des Stieres verleihen. Manchmal sind die Hörnerspitzen mit Kugeln tamponiert. Die älteste bis jetzt bekannte Darstellung solcher Hörner findet sich auf einem kretischen Siegel.

57   Zwei Kriegerfiguren des Abini-Stils

56   Mehrfache stilisierte Stierhörner über dem Grabeingang von Bodrv

Die große Rolle von Viehzucht und Jagd im Leben der Inselbewohner wird in vielen außerordentlich lebendigen Plastiken von zahmen und wilden Tieren sichtbar. Der expressive lineare Stil von Uta spiegelt sich auch im spannungsgeladenen gestreckten Körper eines witternden Fuchses oder eines elegant überlängten Stieres (Abb. 54 und 55). Die häufigen Rinderdarstellungen sind wieder ein Hinweis auf einen Stierkult (Abb. 56). Ein bronzener Kentaur mit Helm und Federbusch mag auf fremde Vorbilder zurückgehen.

In scharfem Gegensatz zu der geometrischen Abstraktion des Uta-Stiles stehen Figuren, die vor allem im Heiligtum von Abini im innersardischen Berggebiet gefunden wurden. Sie sind naturalistischer, voluminöser, mehr im Detail ausgearbeitet und vor allem sehr reich mit linearen Oberflächenmustern verziert. Die Überlänge der Figuren, die den

Die merkwürdigsten Bildwerke der Abini-Gruppe sind drei Krieger mit je vier Augen und vier Armen, die zwei Rundschilde halten. Ein Helm mit riesigen boulierten Hörnern erhöht das groteske Aussehen dieser Figuren (Abb. 58). Wahrscheinlich handelt es sich hier nicht um einen sterblichen Krieger, der durch die magische Verdoppelung eine Vermehrung seiner Kräfte erreichen wollte, sondern eher um einen Gott oder einen Heros, dessen übernatürliche Fähigkeiten auf diese Weise betont wurden. Im gesamten Mittelmeerraum gibt es keine Erscheinung, die sich mit diesem Vieräugigen und Vierarmigen vergleichen ließe. Auch der dreigesichtige Geryon der griechischen Sage hat schwerlich etwas mit dieser seltsamen Gestalt zu tun, die als Wunschprojektion des Nuraghenvolkes typisch ist.

Ein Bogenschütze, der auf einem Pferde steht, wurde nach orientalischen Vorbildern als ein Gott auf seinem heiligen Tiere interpretiert. Wahrscheinlich geht es aber eher um einen Wettkampf. Noch heute werden auf Sardinien zu religiösen Festen Reiterspiele abgehalten, bei denen die Dorfburschen solche Kunststücke auf dem Rücken ihrer Pferde vollführen.

Zu der Abini-Gruppe gehört auch eine Frauenfigur in einem kurzen gefälteten oder ornamentierten Umhang, die einen hohen scheibenförmigen Kopfschmuck trägt. In der Hand hält sie einen Gegenstand, der eine Flöte sein könnte. Vermutlich stellt sie eine Priesterin oder eine kultische Musikantin dar.

Für gewöhnlich erscheinen die Frauen mit einer langen glatten Tunika und mit dem gleichen einfachen Mantel über den Schultern, den die Männer tragen. Meist bieten sie der Gottheit eine Schale dar und heben die rechte Hand. Eine dieser Statuetten trägt einen spit-

58 Vieräugiger und vierarmiger Krieger der Abini-Gruppe

zen Hut, der dem Tutulus der Etruskerinnen ähnelt, und um den Hals einen breiten Schmuck. Eine andere steht mit verhülltem Haupt vor der Gottheit.

Neben dem anspruchsvollen Uta- und dem kalligraphischen Abini-Stil gibt es noch eine primitivere Kunst, die ausschließlich Menschen niederen Standes abbildet. Die Formen sind ziemlich roh und verwischt; im Ausdruck sind aber auch diese Figürchen sehr lebensvoll. Eines dieser wenig ausgearbeiteten Bildwerke zeigt einen ithyphallischen Hermaphrodit. Er bläst eine dreirohrige Flöte, die sich als Launeddas bis heute im Süden der Insel gehalten hat. Die Sarden entlocken ihr eine zugleich liebliche und wilde Musik, in deren reichen ekstatischen Rhythmen verschüttete Erinnerung an einen orgiastischen Kult hervorbrechen mag, dessen Mittelpunkt vielleicht der faunische Fruchtbarkeitsdämon gewesen ist.

Bis 1974 dachte man, daß die einfachen Dorfkulturen der späteren Nuraghenzeit wohl eine Bronzekleinkunst von hoher Qualität hervorbringen konnten, daß aber der Schritt zur Großplastik nicht geschah, die ganz andere Werkstätten und Vorrichtungen voraussetzt, als sie in diesen Gemeinschaften von Bauern und Hirten vorstellbar waren. Heute wissen wir, daß die Schöpfer der Statuetten, die trotz ihrer Kleinheit etwas Monumentales haben, sich an große Bildwerke wagten.

Durch die auch auf Sardinien eingeführten mechanischen Methoden der Feldbearbeitung wird der Ackerboden tiefer aufgewühlt als zuvor mit den archaischen Pflügen, und dies führte bereits vielfach zu überraschenden Entdeckungen. Auf diese Weise kamen auf einem Acker der Halbinsel von Sinis di Cabras im Bereich von Oristano Fragmente von überlebensgroßen Statuen aus Sandstein und von Tempelarchitektur ans Licht. Zunächst dachte man an ein punisches Heiligtum; neue Funde im Januar 1977 bestätigten jedoch, daß es sich um Kriegerstatuen im strenglinigen Stil der Nuraghenbronzen des 8. bis 7. Jahrhunderts v. Chr. und um ein Heiligtum deutlich sardischer Art handelte, das zu einer Siedlung gehört hatte. Die bisherige Ausbeute – fünf Torsi, drei eindrucksvolle Häupter mit übergroßen Augen und viele Bruchstücke, die zur Zeit restauriert werden – öffnet ganz neue Perspektiven der altsardischen Kunst.

Der heilige Berg und die Brunnentempel

In Sichtweite der gigantischen Nuraghen-Festung auf der Giara di Gesturi erhebt sich ein kleinerer Basaltsockel von 3 km Länge und 1 km Breite, die Giara di Serri, aus der vulkanischen Landschaft Innersardiniens. Auf der flachen Höhe dieses mehr als 600 m über dem Meere emporragenden Tafelberges lag in vorgeschichtlicher Zeit das vielleicht bedeutendste religiöse Zentrum Sardiniens. Dieser einsame und erhabene Ort, der schon von Natur aus wie eine Götterburg wirkt, mag dem Inselvolk heilig und unangreifbar wie kein anderer erschienen sein.

Wiederholte Ausgrabungen auf dem Plateau haben die Reste zahlreicher Sakralanlagen und Profanbauten ans Licht gefördert, aus denen sich ein recht klares Bild von der einstigen Beschaffenheit dieser großen Kultstätte gewinnen ließ.

Ein Zyklopenwall aus Basaltblöcken, dessen Verteidigungskraft an den strategisch wichtigsten Punkten durch kleine Türme mit Schießscharten verstärkt wurde, schützte das Hauptheiligtum der Akropolis, den Brunnentempel, der sich innerhalb einer elliptischen Einfassung erhob. Der wohl bereits von den Römern zerstörte oberirdische Teil des Sanktuariums bestand wahrscheinlich aus einem runden Brunnenhaus mit einem von zwei Mauerflügeln begrenzten rechteckigen Vorhof, an dessen Wänden Steinbänke für die Votivgeschenke standen. Der architektonische Schmuck dieses Bauwerkes, von dem noch Bruchstücke – unter ihnen ein schematischer

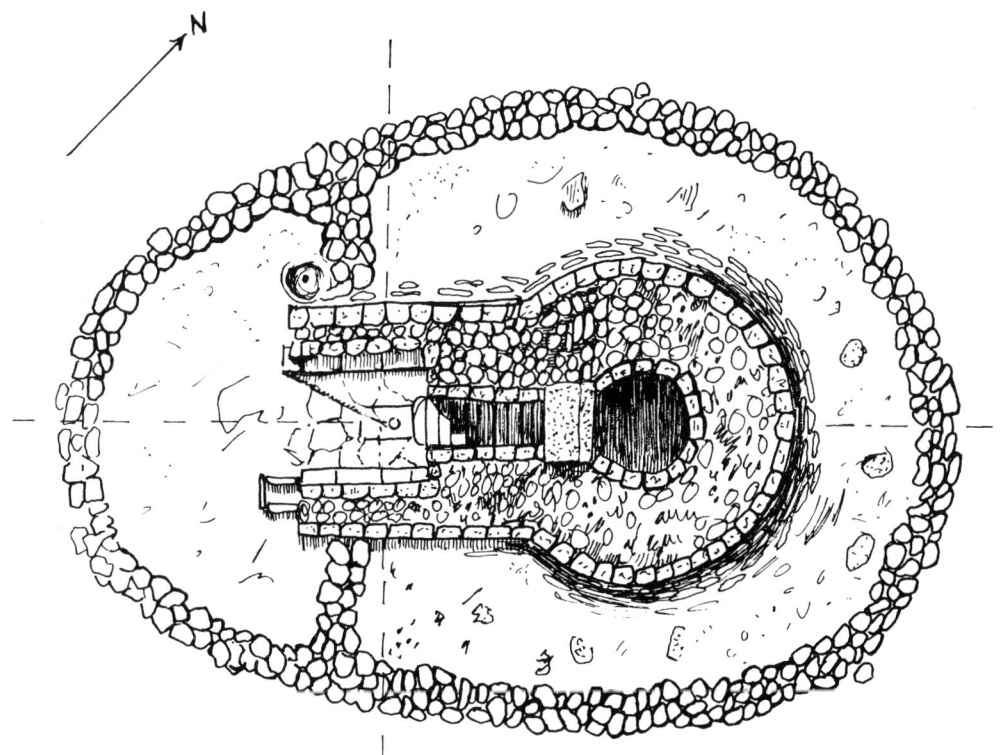

Grundriß des Brunnentempels von S. Vittoria auf der Giara di Serri

Stierkopf – gefunden wurden, verrät phönizischen Einfluß. Vor dem Eingang liegt eine Steinplatte mit einem Abflußloch in der Mitte, das in eine Grube im Felsboden mündet. Vermutlich diente diese Einrichtung einem Opferritual. Hinter dem Portal führt eine steile Treppe unter einer gestuften Decke hinab zur Quelle. Das heilige Wasser war in einem sehr sorgfältig konstruierten runden Schacht gefaßt, den eine Kuppel aus vorkragenden schwarzen und weißen Ringen überwölbte, für die man abwechselnd Basalt- und Kalksteinquader verbaut hatte. Die Innenarchitektur der Nuraghen war hier in einem kühnen Einfall unter die Erde verlegt worden.

Außer dem geschlossenen Quellhaus gab es auf der Giara di Serri noch mehrere offene Kultstätten, die die alte Tradition der Megalithvölker, das Göttliche innerhalb eines steinumkränzten Sakralraumes zu verehren, fortsetzten.

Ein zyklopischer Mauerring von 11 m Durchmesser, an dessen Innenseite eine Bank für die Votivgeschenke entlangging, enthielt nicht anders als Jahrtausende früher die Steinkreise Palästinas, nur einen Baetyl.

Innerhalb einer viereckigen Einfassung fand sich ein merkwürdiges Paar oben abgerundeter Säulen, die durch einen in quadratische Flächen aufgeteilten, skulptierten Fries verbunden sind. Viele kleine Löcher in diesem Monument lassen den Schluß zu, daß sein Oberteil einmal mit Weihegeschenken besteckt wurde. Ehe dieser Doppelpfeiler in das Museum von Cagliari überführt wurde, war er, wie oftmals auch die Menhire Westeuropas, das Objekt abergläubischen Tuns, in dem sicher sehr alte Vorstellungen weiterwirkten. Das Volk hatte die Säulen ›Himmel‹ und ›Hölle‹ getauft und offenbar mit der ersten den Glauben an segenbringende Kräfte verknüpft. Der Kopf des Himmelspfeilers wurde jedenfalls durch die Berührung unzähliger Hände und Lippen völlig abgeflacht und glattpoliert.

Außer den verschiedenen heiligen Steinen verehrte das Nuraghenvolk nach kretischem Vorbild innerhalb einer weiteren Einfassung auch eine bronzene Doppelaxt auf zylindrischem Sockel.

In der Spätzeit der Nuraghen-Kultur wurde auf der Giara noch ein Forum errichtet: ein ummauerter Platz von 60 m Durchmesser mit einem von Pfeilern getragenen Portikus. Es ist anzunehmen, daß sich dort die Wallfahrer zusammenfanden. Vielleicht wurden Volksversammlungen und Feste in diesem weiten Rund abgehalten. In seinem Nordteil standen Bänke und Tische und ein Bauwerk, das möglicherweise als Gemeinschaftsküche diente. In einer Schmelzhütte innerhalb dieses Bereiches wurden die Votivbronzen gegossen, die dann in Kaufläden zusammen mit Amuletten an die Pilger verhandelt wurden. Im Ganzen mag der Betrieb auf diesem Marktplatz der Akropolis von Serri sich nicht sehr von dem Leben unterschieden haben, das heute noch an den großen Wallfahrtsorten der Christenheit herrscht.

Vermutlich war der heilige Berg auch der Sitz einer Priestergemeinschaft. Die auffallend gutgebauten Hütten, kleine Nuraghen mit einem rechteckigen Vorhof, deren Reste bei den Grabungen freigelegt wurden, könnten ihre Behausungen gewesen sein.

Die zahlreichen Sanktuarien auf der Giara di Serri, denen im Mittelalter das Kirchlein der Heiligen Vittoria gegenübergestellt wurde, zeigen den Reichtum des religiösen Lebens in den letzten Jahrhunderten der Nuraghen-Kultur. Vielleicht wurden auf dieser himmelsnahen Höhe zugleich uranische und chthonische Mächte verehrt. Der Stierkopf aus dem Quellheiligtum weist wieder auf den vorderasiatischen Wetter- und Fruchtbarkeitsgott. Die konischen Steine, die Doppelaxt und kleine Bronzetauben aus den Heiligtümern deuten ebenfalls auf den Kult einer männlichen und einer weiblichen Gottheit. Der Quellkult, dessen inferischer Charakter durch den unterirdischen Kuppelraum betont wird, war wohl der Verehrung der Magna Mater und der Toten geweiht.

Das Wasser spielte seit dem Neolithikum eine große Rolle in den religiösen Vorstellungen vieler Völker. Im mesopotamischen Schöpfungsmythos galt es als die Ursubstanz, aus der die Welten hervorgegangen waren. Als das Lebenselement par excellence vermochte es die Sterblichen und selbst die Götterbilder zu regenerieren, die durch den mystischen Akt des Eintauchens gleichsam ins Ungeschaffene zurückkehrten, um aus ihm wiedergeboren zu werden. Die reinigende Macht des Wassers machte den Menschen würdig, dem Sakralen eingefügt zu werden, sie konnte Verbrechen von ihm nehmen und die Vergangenheit auslöschen. Wasser stillte auch den Durst der Toten, verjüngte, besaß magische Heilkräfte und konnte prophetische Gaben verleihen. Kulte an Heilquellen dauerten manchmal von der Jungsteinzeit bis in unsere Tage, und Wasserorakel gehören noch

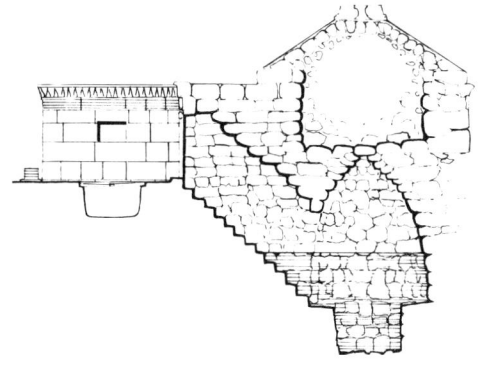

Versuch einer Rekonstruktion des Brunnentempels von Sardara

heute zum Volksbrauch. Auch im Christentum lebt der uralte Wassersymbolismus in der Taufe weiter. Durch das Eintauchen stirbt der Mensch symbolisch und wird wiedergeboren, gereinigt, erneuert, ganz wie Christus, der, wie der hl. Paulus sinngemäß sagt, aus dem Grab auferstanden ist. Die Vorstellung vom ›Lebenswasser‹ findet sich in den Märchen und Sagen sehr vieler Völker.

Auf Sardinien mögen die zahlreichen Mineralquellen der vulkanischen Insel zur Entstehung und großen Verbreitung des Wasserkultes beigetragen haben. Kaum eines der alten Sanktuarien war ohne Quelle. Innerhalb des Heiligtums von Abini, das aus einem elliptischen, fast 2 m dicken Wall aus Granitblöcken um einen Kultraum von über 14 m Durchmesser in einer weiten ovalen Einfas-

Querschnitt durch den Brunnentempel von Sardara

59 Gestufte Decke des Brunnenhauses vom Golfo Aranci

sung besteht, gibt es sogar zwei Brunnenanlagen mit Bassins und runden Schächten. Die berühmten Statuetten der vieräugigen und vierarmigen Krieger kamen teils im Bassin des Hauptheiligtums, teils in Verstecken daneben zutage.

Die alte Kultstätte von Abini war für die Einwohner des nahen Dorfes Teti bis ins 20. Jahrhundert ein gemiedener Geisterbereich. In Dürreperioden aber begaben sich die Hirten vor Sonnenaufgang dorthin, schlugen die Felsen mit langen Stöcken und riefen die Dämonen dieses Ortes um Regen an.

Ein schönes Beispiel für die Fortdauer des Kultes einer Heilquelle ist der Brunnentempel von Sardara, über dem später das Kirchlein der Heiligen Anastasia errichtet wurde, wohl um den heidnischen Zauber zu brechen. Die Bevölkerung steigt noch heute über Stufen, die von den Füßen zahlloser Generationen glattgeschliffen sind, in den 5,5 m tiefen und 3,5 m weiten Brunnenraum, um das heilkräftige Mineralwasser der ›Fontana de is dolus‹ zu holen. Die über 2 m hohe Pforte zum Heiligtum und der gepflasterte Vorplatz, der wieder von zwei Mauerflügeln eingefaßt war, sind noch wohl erhalten, und die Steinringe der unterirdischen Kuppel verengen sich bis zu einem Kreis von 1 m Durchmesser.

Man kennt etwa 30 Wasserheiligtümer auf Sardinien, die alle ähnlich konstruiert sind. Die Kuppel der Fontana Coperta, einer Mineralquelle bei Ballao, und der rechteckige Vorraum blieben bis heute unversehrt, und viele dieser alten Sanktuarien werden immer noch als Brunnen benutzt.

Der erstaunlichste Tiefbau dieser Art ist der Brunnen bei Golfo Aranci, eine 13 m in die Erde hinabreichende Konstruktion mit hoher spitzer Kuppel. Vierzig Stufen, deren

Gegenbild die ebenfalls abgetreppte Decke ist, führen zwischen gleichmäßig gefügten Wänden aus behauenen Quadern hinunter zum schwarzen blinkenden Spiegel des heiligen Wassers (Abb. 59).

In diesen meisterhaft gebauten Brunnensanktuarien feierte die nuraghische Architektur ihren letzten Triumph, ehe ihre schöpferische Ära zu Ende ging. Eine Ahnung von den verschiedenen Bestimmungen dieser Kultstätten vermitteln einige Hinweise in der antiken Literatur. Eine Bemerkung bei Sallust zeigt, daß die therapeutischen Tugenden der sardischen Quellen schon damals weithin bekannt waren. Er spricht von ihrer Heilwirkung auf kranke Augen. Solin erwähnt hingegen Ordalien, bei denen der Angeklagte eine Wasserprobe bestehen mußte. Der Schuldige wurde durch das Untertauchen im heiligen Brunnen blind, während der zu Unrecht Angeklagte dem Wasser mit erhöhter Sehkraft und neu gestärkt entstieg.

Die Vorstellung magischer Heilkräfte des Wassers bei Augenleiden hat sich auf Sardinien noch in mancherlei Bräuchen erhalten. So genießt eine Felsmulde bei Bonusó in der Provinz Sassari, in der sich die Schmelzwasser sammeln, besonderen Ruf bei den Hirten. Man wirft Münzen, Rosenkranzmedaillen und andere Gegenstände in dieses Bassin und badet dann die Augen in seinem Wasser.

Eine unbewußte Erinnerung an den alten Quellkult mag auch zu dem eigenartigen Heiligtum unter der Kirche der Beata Vergine dei Martiri geführt haben, das zu Beginn des 18. Jahrhunderts in Fonni, dem höchstgelegenen Bergdorf Sardiniens, errichtet wurde. In der höhlenhaften Unterkirche wachen die bäuerlichen Figuren ernster Heiliger, die in Gebärde und Ausdruck noch den Nuraghen-Bronzen ähneln, über einer in zehn Brünnlein aufgeteilten Quelle, die die zehn Tugenden der Jungfrau Maria symbolisiert.

Die alten heiligen Brunnen, deren Wasser noch nicht versiegt sind, scheinen Sinnbild einer Kontinuität, die auf Sardinien niemals ganz abgerissen ist. Die vorgeschichtlichen Sanktuarien, Zyklopenburgen, Gräber und Kultsteine, die die wilde Insellandschaft wie kaum eine andere mit dem Mysterium einer verschollenen Epoche erfüllen, sind nur die äußeren Zeichen einer inneren Wirklichkeit, die in den Menschen der Berggebiete noch vielfach vorhanden ist. Bis in unser Jahrhundert blieb in ihnen die Ausstrahlung einer schöpferischen Urzeit fühlbar, in der die verschiedenstämmigen Kolonisatoren der Insel zu einem einzigen Volk verschmolzen, das auf den kulturellen und religiösen Traditionen früher Mittelmeerzivilisationen etwas Neues aufzubauen vermochte, in dem es sein Wesen, seinen Glauben und sein Schicksal zum Ausdruck brachte.

Grundriß und Längsschnitt des Brunnenheiligtums

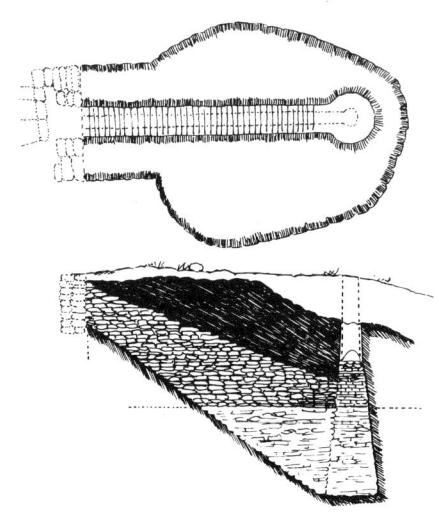

Das Gesetz der Vorfahren

Die Zyklopen der Odyssee sind Schafzüchter, und auch die Nuraghenerbauer betrieben wahrscheinlich mehr Viehwirtschaft als Ackerbau. Seit der Festsetzung der Phönizier in den großen Hafenbuchten hatten sich die Sarden langsam von den stets bedrohten Küsten zurückgezogen, an denen während der ganzen Geschichte ihrer Insel immer wieder neue Eroberer und beutesuchende Piraten landeten, und sich allmählich zu einem ausgesprochenen Binnenvolk entwickelt, das die Seefahrt den fremdstämmigen Bewohnern der Uferstädte überließ. Durch diese Absperrung und Konzentration auf die schwerer zugänglichen gebirgigen Zonen bewahrten sie bis in historische Zeit weitgehend ihre Unabhängigkeit und später wenigstens ihre Eigenart und ihre Überlieferungen in selten hohem Maße. Die Abkehr der Inselbewohner vom Meere dauert bis heute und geht so weit, daß selbst die Fischerei seit Menschengedenken nicht von Einheimischen, sondern von eingewanderten Genuesen und Neapolitanern betrieben wird.

Das Dasein von Hirten- und Inselvölkern wird stets durch starke Traditionsgebundenheit gekennzeichnet, und dies gilt bis fast in unsere Zeit für die Bauern- und Viehzüchter Innersardiniens. Erst seit etwa 25 Jahren wird ihre archaische Welt, in der sie solange geborgen aber auch gefangen waren, durch die zunehmende Industrialisierung der Insel und den rasch aufkommenden Tourismus langsam aufgebrochen. Die junge Generation drängt nach den Städten, die alte Seele der Insel lebt nur noch im wenig bebauten, dünnbevölkerten Landesinneren mit seinen öden linearen Hochflächen, der undurchdringlichen macchia, den Eichenwäldern und Felstälern voll vom süßen Duft blühender Oleanderhaine, den eisengrauen und braunen Bergen der Barbagia, an deren Hänge die Dörfer aus dunklem Stein geklammert sind. Auch in der Lebensweise, den Bräuchen, dem seltsam heidnischen Christentum und der Mentalität der schwerblütigen, unbändigen Bergbewohner zeichnen sich manchmal wie in einem Rückspiegel Zustände und Vorstellungen ab, die für sehr frühe Epochen gültig waren.

Wie einmal die Clans der Nuraghenherren teilen sich heute noch die Hirtenaristokratien der Bergdörfer in riesige Weidegebiete und führen ein Dasein, dessen Gesetze in längst vergangenen Zeiten festgelegt wurden. Im Steppengebiet um Macomer, über das die großen Schafherden gleich ruhelosen Wolken ziehen, baut der Hirte noch seine Rundhütte, den ›Pinneddu‹ aus trocken aufgemauerten Steinen mit spitzem Reisigdach oder mit einer flachen Bienenkorbkuppel, und seine Hände sind nur das letzte Glied in einer endlosen Kette von Händen, die immer wieder die gleichen Hütten errichteten. Sein Urhaus ist fensterlos wie die Nuraghen und nur von einem offenen Feuer erhellt, dessen Rauch durch die niedere Türöffnung und die Mauerritzen abzieht. Im Sommer schläft er auf dem nackten Boden, im Winter auf einem Schaffell.

Wenn der Hirte alt ist – die jungen Männer tragen ihre Trachten nurmehr zu Festtagen – trägt er die schwarze phrygische Wollmütze, die ›beretta‹, die jedes Dorf anders legt oder faltet, die wadenlangen weiten Leinenhosen und das ärmellose Wams mit abstehendem Röckchen aus schwarzem Lammfell oder rauhem, hausgewebtem Wollstoff, die ›mastrucca‹; ein altmediterranes Kleidungsstück, das Cicero schon als typisch sardische Tracht erwähnt.

Die Methoden der Käsebereitung waren bei den Berghirten noch in unserem Jahrhundert manchmal genau die gleichen wie die prähistorischen: Die Milch wurde in einem Behälter aus Kork oder einem ausgehöhlten Eichenstumpf durch hineingeworfene heiße Steine zum Sieden gebracht. Dieselbe Rohrflöte mit vier Löchern, die seine Vorväter schnitzten, verfertigt sich der Schafhüter auch heute und verziert sie mit den geometrischen Mustern, die bereits in die ersten Näpfe auf der Insel geritzt wurden. In den fremdartigen, monotonen Tonfolgen, die er auf ihr bläst, leben Melodien fort, die älter sind als alle Musik, die man auf dem Kontinent kennt (Abb. 60).

Die heiligen Instrumente der Vorzeit, die Launeddas des bronzenen Hermaphroditen, das Schwirrholz, dessen hypnotisches Summen einmal magische Riten begleitete, schrillende Pfeifchen aus Kürbisstengeln und Rebenholz, Muschel- und Rinderhörner, auf denen dumpfhallende Signale geblasen werden, und das Lied des Hirten selbst, wenn er auf einem sonnenwarmen Fels kauert, sein Haupt über die hohlen Hände geneigt, und in einförmigen fast murmelnden Lauten singt, aus denen jäh eine wilde, langgezogene Klage bricht, dies alles macht auf Sardinien noch heute uralte Vergangenheit lebendig.

Wenn der Bauer im Bergland mit den großen samtbraunen Kühen, die stolz und beweglich wie halbwilde Tiere sind, über die trockenen Felder zog und noch bis vor wenigen Jahrzehnten die Erde mit dem einzahnigen Holzpflug ritzte, die Frauen in bunten Wollröcken die kleinen Getreideflecken zwischen Busch und Felstrümmern mit der Handsichel mähten und die Rinder zur Drescharbeit

60 Launeddas-Bläser

paarweise im Rundgang über die kreisförmig ausgebreiteten Ähren in der Tenne geführt wurden, wenn der dreieckige Urkarren aus einem mit Brettern aufgespreizten Baumstamm mit plumpen Scheibenrädern über die Dorfstraße ächzte, schienen auf Sardinien ›tausend Jahre nur wie ein Tag‹.

In den Höfen drehten kleine Esel mit verbundenen Augen primitive Mühlen aus kaum geglättetem Stein und in ihrem blinden unentrinnbaren Rundgang lebte etwas vom Schicksal ihrer Herren, die manchmal ebenso ausweglos an urzeitliche Einrichtungen gekettet schienen. Nicht nur die Poesie und Schlichtheit archaischer Daseinsformen, auch ihre dunklen, grausamen Züge sind auf Sardinien noch manchmal sichtbar. Die enge Gemeinschaft zwischen Lebenden und Verstorbenen ist seit der Epoche der Felsnekropolen und Megalithgräber nicht abgerissen. Der Abgeschiedene fordert weiterhin von seiner Sippe Hilfe, und wenn er durch Gewalt gestorben ist, bedeutet dies: Rache. Der weit in die Vorgeschichte zurückreichende Gedanke vom physischen Blutdurst der Abgeschiedenen, der gestillt werden muß, vom Recht des Erschlagenen auf die Opferung seines Mörders, hat sich auf der Insel mit unheilvoller Macht erhalten. Die gleichen Spielregeln, nach denen einstmals Tod und Leben ausgewogen wurden, gelten noch heute. Die ganze Familie eines Ermordeten ist zur Vendetta verpflichtet. Daran konnten auch anderthalb Jahrtausende Christentum nichts ändern. Die Heiligen und selbst die Madonna werden im Gegenteil von den Bergbewohnern am blutigen heidnischen Ritual beteiligt. Vor der Tat mag der Rächer wohl in die Kirche gehen und sein Messer in das geweihte Wasser tauchen, damit es besser trifft, und der heilige Antonius gilt als Schutzpatron einer magischen Verwünschungszeremonie, die neun Nächte lang fortgesetzt wird.

Der sardische Bluträcher tötet aber nicht unversehens und aus dem Hinterhalt. Heute heftet er meist eine schriftliche Warnung an die Friedhofsmauer; früher war seine Sprache barbarischer. Eines Tages fand der Feind sein Lieblingspferd an Ohren und Schwanz verstümmelt, seinen Ochsen mit durchschnittenen Sehnen oder auch sein Kornfeld in Brand gesteckt. In diesem Stadium der Tragödie gab es meist noch eine Möglichkeit der Versöhnung, des Loskaufes. Wenn aber drei Kugeln auf der Fensterbank des Bedrohten lagen, konnte die Vendetta nicht mehr aufgehalten werden. Auch heute binden furchtbare Eide den Rä-

cher, er muß töten und damit zwangsläufig zum ›fuori legge‹, zum außerhalb des Gesetzes Stehenden werden, dem als Zuflucht nur die Räuberbande bleibt. Die erste Untat aber führt zu immer neuen Racheakten, durch die schließlich ganze Familien zugrunde gehen. Noch zu Anfang unseres Jahrhunderts konnte ein großes Dorf durch eine generationenlange Vendetta entvölkert werden.

Die Polizei steht der Vendetta fast machtlos gegenüber. Die Bewohner der Barbagia kümmern sich nicht um die staatliche Justiz; für sie gelten die heiligen Gesetze der Ahnen und niemand wird einen Bluträcher verraten, sei es aus Solidaritätsgefühl, sei es aus Angst um das eigene Leben.

Im vergangenen Jahrhundert gab es auf der Insel auch noch Sippengerichte für Verstöße gegen die äußerst strengen Moralbegriffe, deren Ursprung ebenfalls weit zurückliegen mag. Ein Mädchen, mit einem verheirateten Liebhaber ertappt, konnte von einem solchen Verwandtengericht unter Umständen zur Strangulierung mit seinen eigenen Zöpfen verurteilt werden.

Die alte Wildheit des Nuraghenvolkes, die als unausrottbarer Instinkt noch in der Brust der Sarden wohnt, die Armut der rückständigen Berggebiete, die Blutrache und eine Tradition, die seit den Fehden der vorgeschichtlichen Periode nicht mehr abgerissen ist, sind auch die Wurzeln des Bandenwesens, das bis heute auf der Insel nicht ausgerottet werden konnte. Strabon berichtet schon, daß die Bewohner der sardischen Berge im Winter in starken Abteilungen in die fruchtbaren Ebenen einfielen, und noch um die Jahrhundertwende versetzten die ›grassazioni‹, organisierte Raubzüge in großem Stil, die Bevölkerung in Schrecken.

Neben dem düsteren Erbteil einer mitleidlosen Frühwelt lebt aber auch etwas von ihrer Ganzheit und Würde in den Bergbewohnern Sardiniens fort, denen die Familie und die Gastfreundschaft noch heilig sind, die im Kriege stets die tapfersten Soldaten stellten. Die Schönheit, den Reichtum und die Geheimnisse einer alten Kultur aber verwalteten in früheren Zeiten vor allem die sardischen Frauen in einer einzigartigen Volkskunst, in der sich von der magisch-religiösen Symbolsprache der Nuraghenepoche bis zu dem Prunk spanisch beeinflußter Trachten die Reflexe der bunten, wilden Vergangenheit der Insel erhalten hatten. Heute ist das Kunstgewerbe auf den Verkauf an Touristen ausgerichtet und hat viel von seiner Originalität verloren.

Die Hüterinnen der Vergangenheit

In diesem Kapitel wird Dorgali geschildert, wie es war, heute haben der Tourismus und der technische Fortschritt vieles verändert. Vor über drei Jahrzehnten aber bot Dorgali noch ein anderes Bild:

»An Sommerabenden, wenn die Bewohner des Felsennestes Dorgali in der Barbagia heimgekehrt sind, scheint das Dorf ein großer Bienenstock, der vom leisen Summen vieler Stimmen vibriert. Kein künstlicher Lampenschein zerteilt die warme Dämmerung in den steilen Gassen, nur der Mond schwemmt Honiglicht über die braunen Dächer der an den Berg geduckten Häuser. Auf den Balkons und Schwellen sitzen bewegungslos schwarze Gestalten. Einzig die Handspindeln der Frauen kreisen ohne Rast. Die scheuen Mädchen wandeln paarweise als schlanke Schatten mit hohen Krügen auf den Häuptern lautlos zwischen Haus und Brunnen. Die Burschen aber sammeln sich und ziehen eingehakt in langen schwingenden Reihen mit gedämpftem Gesang durch die milde Nacht. Eine Stimme setzt ein, und die anderen folgen in einem polyphonen Chor. Die unteren beharren oft nur auf einem dunklen Vokal, meist dem U, das auch die Sprache der Sarden mit seiner melancholischen Musik untermalt.

›Isteddu accurtu a sa luna; tristu chi è deponne‹ (›Stern nahe dem Mond; wen es traf, der trauert‹), singen die Liebenden, oder sie vergleichen die Augen der Geliebten mit dem aufgehenden Mond und sie selbst mit einem zarten Lamm. Und immer sind ihre Melodien voll Schwermut.

Die Antlitze der alten Frauen, die abends auf den Eingangsstufen hocken, sind zu Masken geduldiger abgrundtiefer Traurigkeit erstarrt. Sie lächeln kaum, müde von einem harten Leben in der Armut der Bergdörfer, das ein strenger Traditionalismus in manchmal grausam drückende Fesseln schlägt.

Eine Witwe muß ein ganzes Jahr lang ihr Gesicht verhüllen und zeitlebens Trauer tragen. Kein Mädchen, das auf seinen Ruf hält, darf allein zum Brunnen gehen; alle Verstöße gegen Herkommen und Sitte werden unerbittlich bestraft. Eine patriarchalische Lebensform hat diese Frauen vielfach zum absoluten Besitz der Männer und zu Arbeitstieren gemacht, auf denen die Hauptlast des Alltags ruht, während die Männer als Hirten ein weit weniger aufreibendes, freies Leben führen; noch ältere Überlieferungen aber hatten sie in mancher Hinsicht auch mit einer ungewöhnlichen Stellung und Macht ausgerüstet.«

Die Frauen waren, mehr noch als die Männer, die Hüterinnen der Vergangenheit und damit der Eigenart Sardiniens, aber manchmal ein ernstes Hindernis für wirtschaftliche und soziale Reformen in den unterentwickelten Zonen der Insel. Alles Fremde und Neue wurde in den Berggebieten von ihnen meist abgelehnt; zäh verteidigten sie ihre archaische Lebensweise und Bräuche, deren Wurzeln in vorgeschichtliche Epochen zurückreichen. Wie in den vielfältigen Trachten mit den weiten, oft plissierten Wollröcken, den ungewöhnlich geschnittenen Miedern und sehr verschiedenartigen Kopfbedeckungen hier und da ein Abglanz altmediterraner Moden fortzuleben scheint, so treiben in ihren berückend farbenprächtigen handgewebten Teppichen und den unerschöpflich reichen Mustern ihrer Gewebe noch die stilisierten Hirsche und Tauben der Nuraghenzeit und die Palmetten, Lotusblüten und Fabeltiere der orientalisierenden Mittelmeerkunst des 7. Jahrhunderts v. Chr. ihr Wesen.

In Geheimwissen, magischem Tun und merkwürdigen Ritualen bewahrten gerade die Frauen zahlreiche Erinnerungen an heidnische Rituale und Glaubensvorstellungen. »S'attittidu«, die Totenklage, wurde noch im vorigen Jahrhundert wie in der Antike von eigenen Klageweibern besorgt, die lautlos in das Sterbezimmer traten und dann mit einem langen Schrei das Drama wilder Verzweiflung begannen, zu dem Raufen der Haare, Zerkratzen des Gesichtes, Zerreißen der Kleider und Zur-Erde-Werfen gehörten. Heute erweisen nurmehr die weiblichen Angehörigen den Verstorbenen diese Ehre. Wenn der Tote durch Mord oder die Vendetta ums Leben gekommen ist, spielen sich an seiner Bahre immer noch unheimliche Szenen ab, bei denen die Klage zum maßlosen Rachechor an-

schwillt und die Vergeltungsschwüre durch das Blut des Getöteten, in das man die Finger taucht, zum magischen Ritual werden.

Das Erbe eines barbarischen Brauches, der in der antiken Literatur von den Sarden überliefert wird, hatte sich bis ins vorige Jahrhundert vielleicht im Amt der ›accabbadores‹, der ›Totschlägerinnen‹, auf der Insel erhalten. Nach Berichten, die auf Timaios zurückgehen dürften, wurden auf Sardinien die Greise und Greisinnen über 70 Jahre mit Ruten- und Stockhieben von ihren Söhnen zu einem Abgrund getrieben und unter unmenschlichem (sardonischem!) Gelächter hinabgestürzt.

Eine solche Sitte wirkt gerade bei einem Volk mit sehr ausgeprägtem Totenkult auf den ersten Blick recht unwahrscheinlich. Trotzdem ist es möglich, daß sich mit ihr tatsächlich eine uralte Vorstellung aus der religiösen Welt der Megalithkulturen bis in historische Zeit erhalten hatte. Nicht wirtschaftliche Motive dürften hinter der Tötung der Alten gestanden haben, sondern viel eher der Glaube, daß der lebende Leichnam im Steingrabe in derselben Verfassung weiterexistiert, in der sich der Mensch im Augenblick seines Todes befunden hat. Man glaubte vielleicht, den Toten einen wichtigen Dienst zu erweisen, wenn man die Alten ins Jenseits beförderte, ehe sie allzu hinfällig geworden waren.

Im düsteren Beruf der ›accabbadores‹ mögen solche Gedanken fortgedauert haben, wenn sie gleich Priesterinnen der Urzeit bei den Sterbenden erschienen und sie durch einen Beilhieb oder Erwürgen von ihren Leiden erlösten.

In unserem Jahrhundert gab es auf Sardinien keine ›Töterinnen‹ mehr, aber als Hexen können die Frauen immer noch eine erstaunliche Rolle spielen. Die Furcht vor dem ›Bösen Blick‹, ein Rest der prähistorischen Vorstellung vom machtvollen Auge der Großen Göttin, die bei der mediterranen Bevölkerung weit verbreitet ist, vor Zauberei und Dämonen, ist auf der Insel bis in unsere Tage nicht erloschen und erklärt die eigentümliche Stellung der Hexen. Kaum eines der abgelegenen Dörfer ist ohne eine solche Erscheinung; meistens besitzt es sogar mehrere Zauberinnen von verschiedener Art.

Die harmloseste ist die ›ispiridada‹ oder ›visionaria‹, die mit den Totengeistern verkehrt und den Hinterbliebenen deren Wünsche, Befehle oder Ratschläge übermittelt.

Richtige Hexen sind dann die ›magliaias‹, erfahren in vielerlei geheimen Mitteln. Sie heilen Krankheiten von Mensch und Vieh, können schädlichen Zauber zunichte machen und vom Bösen Blick verursachtes Unheil abwenden, Liebestränke brauen und die Zukunft vorhersagen. Von der ›magliaia‹ erwirbt man urtümliche Amulette gegen den Bösen Blick, sogenannte ›Augensteine‹, die kleine Kiesel von seltsamer, manchmal menschenähnlicher Gestalt sind; olivenförmige Anhänger aus Onyx, in Silber gefaßt, Beutelchen mit Zauberkräutern und Zetteln voll magischer Sprüche sowie silberne Dämonenfigürchen. Die ›magliaia‹ greift auch ein, wenn jemand befürchtet das Opfer einer ›fattura‹ zu sein, die jedes Unglück, ja selbst den Tod bringen soll.

Eine solche ›fattura‹ kann nur die von abergläubischer Angst umgebene ›malefica‹, die ›Bösartige‹, verfertigen. Ihre Spezialität ist der tief in vorgeschichtliche Epochen zurückreichende unheilbringende Bildzauber. Aus Brotteig, Wachs oder Stoff wird ein magisches Abbild der zu treffenden Person hergestellt. In dieses Püppchen verarbeitet die Hexe et-

was zu ihr Gehörendes: abgeschnittene Nägel, Haare, einen Kleiderfetzen. Soll die ›fattura‹ eine innere Krankheit bewirken, sticht die ›malefica‹ einen Kaktusstachel in die entsprechende Stelle des Puppenkörpers, z. B. in die Gegend der Leber. Soll das Opfer erblinden, steckt sie die Spitzen in die Augen usw. Wenn sie aber das Herz des magischen Bildes durchbohrt, bedeutet dies den Tod. Das solcherart präparierte Püppchen wird dann irgendwo im Hause des Feindes versteckt, am liebsten unter der Schwelle. Wird diese dann überschritten, so beginnt nach dem Volksglauben der Zauber zu wirken. Die behexte Person bricht zusammen, beginnt zu siechen, erleidet unerklärliche Schmerzen usw. Rettung kann dann nur die Auffindung der ›fattura‹ und ein kräftiger Gegenzauber bringen. Die ›magliaia‹ wird gerufen und muß zunächst ein Orakel befragen. Sie gießt z. B. Wasser in einen Teller, streut unter besonderen Gesten und Geheimsprüchen drei Salzkörner hinein und läßt von ihrem rechten Zeigefinger drei Öltropfen in das Wasser fallen. Verbreitet sich das Öl, ist dies der Beweis, daß eine ›fattura‹ im Spiel ist. Meist vermag die Hexe dann schon zu sagen, in welchen Kreisen die Urheberschaft zu suchen sei. Solch finsterer Aberglauben führt naturgemäß oft zu schlimmen Feindschaften und erschwert überdies die Gesundheitsfürsorge in den Dörfern, deren Bewohner meist mehr Vertrauen zur Hexe als zum Arzt haben.

Jedermann sucht sich mit einer ›malefica‹ gut zu stellen, da sie das von ihr beschworene Unheil auch selbst wieder rückgängig machen kann. Die Berührung ihrer Hand heilt das kranke Vieh. Außerdem kann sie den Bauern durch Wetterzauber Schaden zufügen. Der antike Glaube an Vampire geht auf Sardinien noch in der Vorstellung von der

›coga‹ weiter. Diese Hexen, im Alltagsberuf oft Hebammen, salben sich mit geweihtem Öl und sollten dann angeblich unsichtbar auf einem Besen durch die Lüfte reiten können, wobei sie ein klapperndes Geräusch vollführen. Wer dies hört, muß sich rasch ein Kleidungsstück verkehrt überziehen. Die ›coga‹ wird ihm dann plötzlich nackt vor die Füße fallen. Das Ziel ihrer nächtlichen Flüge ist stets ein kleines Kind; merkwürdigerweise aber kein ungetauftes, sondern gerade der Täufling in der Nacht nach der heiligen Zeremonie. Hat die Mutter nicht vorsorglich am Kopfende ihres Bettes, in dem auch der Säugling liegt, ein umgestülptes Häubchen oder Hemdchen hingehängt oder einen umgestürzten Dreifuß, in manchen Gegenden auch ein Joch vor das Lager gestellt, kann die Dämonin ungehindert das Blut des Kindes aussaugen oder das Neugeborene erwürgen.

Das in diesem und in anderen Zusammenhängen auf Sardinien verwendete Rinderjoch, das wie in längst vergangenen Tagen durch Riemen mit den Hörnern der Ochsen verbunden wurde, galt als sakrales Gerät. Niemals durfte es verbrannt werden. Vielleicht lebte darin etwas vom chthonischen Aspekt des einstigen Stiergottkultes weiter, denn früher legte man das heilige Joch auch Sterbenden mit qualvoller Agonie unter das Kopfkissen, um ihren Tod zu beschleunigen.

Die Erinnerung an die einstigen Blutopfer für die Unteren lebte bei den Sarden ebenfalls bei manchen Gelegenheiten auf. Gegen Krankheit wurde früher wohl ein schwarzes Huhn unter Zaubersprüchen in der Nähe eines Friedhofes über einer kleinen Grube geschlachtet, in die sein ganzes Blut fließen mußte. Und wenn ein Kind bei der Geburt scheinbar tot zur Welt kam, wurde vor dem

Haus rasch ein Huhn geköpft. Im Augenblick seines Todes sollte dann das Leben in das Neugeborene zurückkehren; die chthonischen Mächte hatten gewissermaßen einen Ersatz erhalten.

Nachklänge eines besonderen und sakralen Ranges der Frau in früher Zeit finden sich nicht nur in der Stellung der Hexen innerhalb der Gemeinschaften, sondern auch in der merkwürdigen mutterrechtlichen Ordnung, die vor Jahren noch in dem hochgelegenen Hirtendorf Ollolai in der Barbagia herrschte. Eine Überlieferung spricht von Berbern als den Gründern dieses Ortes. Unwillkürlich denkt man an das Matriarchat, das sich heute noch bei den nordafrikanischen Tuaregs bewahrt hat.

Die Frauen von Ollolai sehen eigenartig aus. Über ihren scharfen Raubvogelgesichtern mit den hellen Augen tragen sie steilaufragende dunkelviolette Kopfbedeckungen. Ihre strenglinigen, düsteren Trachten sind in Schwarz, Mattblau und Violett gehalten. Das Mutterrecht von Ollolai ging sehr weit. Bei der Heirat wählte nicht der Mann, sondern die Frau, die eine Probeehe einging. Paßte ihr der Bräutigam nicht, wurde er nach Ablauf seiner Bewährungsfrist vor die Türe gesetzt. Durfte er aber bleiben, mußte er die Gattin doch stets als ›sa merri mea‹, ›meine Herrin‹ anreden. Neben den patriarchalischen Verhältnissen, die im allgemeinen in der Barbagia dominierten, wirkten diese Bräuche um so überraschender.

So wurden im weltabgeschlossenen Inneren Sardiniens beinahe bis in unsere Tage Gesellschaftsformen, Verhaltensweisen und Vorstellungen sichtbar, deren Ursprünge manchmal noch in der Epoche der Megalithkulturen liegen mögen.

Buch IV: Das Antlitz der Urzeit

Die Menhirstatuen der korsischen Megalithkultur

Bis zur Mitte der fünfziger Jahre war Korsika ein Stiefkind der prähistorischen Forschung und galt allgemein als eine Insel, die in vorgeschichtlicher Zeit kulturell isoliert und nur von halbwilden Hirtenstämmen bewohnt war. Diese sollten zwar eine Anzahl Dolmen und einige primitive Steinskulpturen hinterlassen, doch keine nennenswerte eigene Kultur hervorgebracht haben. Die unwegsame Landschaft der drittgrößten Mittelmeerinsel von 183 km Länge und einer Maximalbreite von 83 km sowie ihr Mangel an Bodenschätzen prädestinierten sie auch nicht für eine besondere Rolle innerhalb der frühen Welt des Westmittelmeeres. Mächtige Bergketten, deren Gipfel bis zu 2700 m Höhe emporsteigen, zerteilen sie in zahllose steile Täler und Schluchten. Riesige Urwälder, deren Reste Korsika noch heute zur baumreichsten Insel des gesamten Mittelmeeres machen, bedeckten Korsika über weite Flächen und es fehlen weite Ebenen.

25 Jahre intensiver archäologischer Forschung haben das traditionelle Bild der korsischen Vorgeschichte wesentlich verändert. Die Entdeckung, daß die Insel bereits gegen 7000 v. Chr. von Menschen erreicht wurde, gehörte zu den großen Überraschungen, die den Archäologen durch die C14-Datierungsmethode in den letzten Jahren beschert wurden, und der außerordentlich frühe Beginn ihres Neolithikums ließ sie plötzlich als ein wichtiges Glied in der Kette der ältesten Seeverbindungen über das Mittelmeer erscheinen. Auf welche Weise die ersten Jäger, Fischer und Sammler nach Korsika gelangten – wahrscheinlich über Elba –, wissen wir nicht, doch zeigt der spätere Ablauf ihrer Vorgeschichte deutlich, daß die Insel auf jener uralten Seeroute lag, über die sich die Impresso- oder Kardium-Keramik und mit ihr die Kenntnis von Viehzucht und Ackerbau im mediterranen Raum verbreiteten. Eine Reihe von geeichten C14-Zeitbestimmungen, die aus Material von prähistorischen Wohnplätzen unter Felsüberhängen und in Grotten gewonnen wurden, zeigte, daß das korsische Frühneolithikum um 6800 v. Chr. einsetzte.

Von Anbeginn zeichnen sich zwei Gruppen auf der Insel ab: eine kleinere, die vielleicht aus den ersten Ankömmlingen bestand und noch sehr lange an mesolithischen Lebensformen festhielt aber doch eine einfache Tonware mit eingestochenen Punktmustern produzierte, und eine größere mit Impresso-Keramik. Diese wirkt als das dynamische, fortschrittliche Element, bewohnte neben Abris auch kleine Freilandsiedlungen und betrieb Schafzucht. Beide Gruppen setzten sich zunächst in Südkorsika fest. Dort bieten zahlreiche Buchten gute Landemöglichkeiten für Navigatoren, die vermutlich die schmale

Meerenge von Bonifacio, die Sardinien und Korsika trennt, auf dem Weg nach dem Golf du Lion und vielleicht auch nach der ligurischen Küste befuhren.

Es ist kennzeichnend, daß alle bedeutsamen Entwicklungen im Verlauf der langen korsischen Vorgeschichte stets auf die südlichen Zonen bis etwa zur Höhe des weiten Golfs von Ajaccio konzentriert waren. Dort bietet die Landschaft mit den allmählich seewärts ausrollenden Hügeln, flachen Küstenstreifen und breiten, fruchtbaren Tälern günstigere Vorbedingungen für eine bäuerliche Wirtschaft als die anderen Gegenden. Im Ganzen war Korsika ein ideales Gebiet für Jäger und Fischer, besonders aber für Viehzucht, d. h. für die Haltung von Schafen und Ziegen, dagegen wenig geeignet für den Ackerbau in großem Stil. Die Insel blieb auch bis ins 20. Jahrhundert weitgehend eine Hirteninsel, in deren abgelegenen Gebieten archaische Bräuche und Gesetze galten. Wie noch heute wurden die Herden vor 6000 oder mehr Jahren im Sommer aus den warmen Küstenbereichen ins Gebirge geführt und im Winter wieder abgetrieben. Der Verlauf der prähistorischen Wege, auf denen sich dieser Viehtrieb bis auf Almen in mehr als 2000 m Höhe vollzog, ließ sich aus Funden in zahlreichen Abris und Grotten rekonstruieren, die den Hirten und ihren Tieren auf den saisonbedingten Wanderungen Unterschlupf boten.

Die Verbindungen der großen wilden Insel mit der Außenwelt und in deren Gefolge kultureller Fortschritt, der vielleicht auch mit neuer Zuwanderung verbunden war, beruhten vermutlich auf ihrer Funktion als Stützpunkt für die offenbar schon recht lebhafte Navigation, die mit dem 5. Jahrtausend auch in der Westhälfte des Mittelmeeres begonnen hatte. Feuerstein, der für neolithische Kultu-

ren unentbehrlich war, kommt nicht auf Korsika vor und mußte eingeführt werden. Auch Obsidian wurde seit dem Frühneolithikum, in großen Mengen aber erst im Mittelneolithikum, d. h. im 5. bis 4. Jahrtausend, in Brocken von Sardinien geholt und daheim verarbeitet.

In der 2. Hälfte des 4. Jahrtausends erfuhr die Kultur mit Impresso-Keramik einen raschen Aufschwung in Gestalt eines intensivierten Ackerbaus und einer auffallenden Bevölkerungszunahme. Manche Dörfer erstreckten sich über mehrere Hektar. Die Obsidianindustrie erreichte in dieser Epoche ihren Höhepunkt, und damals begann auch der Einfluß jener religiösen Welt, die hinter den Manifestationen der Megalithkulturen stand. Ob dieser von Frankreich, Katalanien oder dem Osten ausging und mit der Ankunft fremder Gruppen verbunden war, bleibt ein vieldiskutiertes Problem. Für beide Hypothesen gibt es Argumente. Vielleicht hatten sowohl der Westen wie der Osten Anteil an dem Aufkommen eines neuen Totenkultes, der sich nicht umsonst auf Sardinien wie auf Korsika im Bereich der alten Wasserstraße zwischen den Inseln entwickelte.

Seit der Urzeit hatte man auf Korsika die Verstorbenen mit bescheidenen Beigaben – darunter auch Nahrung –, die eine Art Jenseitsvorstellung verraten, in den Wohngrotten beigesetzt. Die neue Lehre aber verlangte eine höhere Ehrung und bessere Versorgung der Toten, es mußte für sie ein eigenes Haus gebaut werden. Anfänglich bestand dieses aus einer Art Gruft, einer großen Steinkiste aus Megalithen, die geglättet und zugehauen waren und bis zu 2 m tief in die Erde gesenkt wurden. Es fehlt nicht an zahllosen Parallelen zu solchen Steinkistengräbern im ostmediterranen Bereich. Die korsischen wurden wie die

61   Megalithgrab auf Korsika

sardischen unter einem Hügel von geringer Höhe geborgen und jedes wurde von einem oder einem Paar Menhire bewacht, deren Höhe zwischen ein und zwei Metern variierte. Es ist wahrscheinlich, daß sie bereits als eine Art Ersatzleib oder als Seelensitze der Abgeschiedenen gedacht waren, was später in der zunehmenden Vermenschlichung ihrer Steingestalt zum Ausdruck kam.

Die nächste Phase der korsischen Megalithkultur, deren Entfaltung nach Ansicht der meisten Archäologen im Lauf des 3. Jahrtausends erfolgte (das auch die Hochblüte der südfranzösischen Megalithkultur brachte), war durch die allmähliche Umwandlung der Steinkisten in oberirdische Bauten und die Errichtung von Dolmen mäßiger Größe gekennzeichnet. Heute gibt es nur mehr etwa 100 auf der Insel. Ihre Tumuli sind im Lauf der

Jahrtausende vergangen, allein die für die Ewigkeit gebauten Steinhäuser stehen noch (Abb. 61). Der Dolmen von Fontanaccia, das schönste dieser Monumente, erhebt sich auf einem von felsigen Hügeln umkränzten einsamen Plateau in der Region von Sartene in Südwestkorsika, ein Bau aus vier regelmäßig zugehauenen, geglätteten flachen Megalithen von 2,60 m Länge, 1,60 m Breite und 1,80 m Höhe, den eine einzige, dachartig ausladende Riesenplatte deckt.

Die Menhire wurden in dieser Periode weiter entfernt von den Gräbern aufgerichtet und erhielten Längen bis zu 3 und 4 m. Im Gebiet von Sartene wurden sie auch zu Alignements geordnet, von denen etwa 20 teilweise erhalten sind. Sicher mindestens ebenso viele wurden im Lauf der Jahrtausende zerstört, bzw. von der Bevölkerung noch im

20. Jahrhundert als Baumaterial verwendet. Die imposanteste Steinallee erstreckt sich über 200 m weit. Sehr eigenartig ist das Alignement von Pagliau, eine Doppelreihe aus 258 dicht aneinander gesetzten Menhiren verschiedener Größe, zu der mehrere Megalithgräber gehören. Die bearbeitete Frontseite der Pfeiler ist wie überall nach Osten gekehrt, der aufgehenden Sonne zu, die vielleicht die Hoffnung auf eine Wiedergeburt der Toten symbolisierte. Einige sind Menhirstatuen, die offenbar später hinzugefügt wurden.

Den faszinierendsten Aspekt der korsischen Megalithkultur aber stellt die einzigartige Entwicklung des Menhirs zu einem anthropomorphen Bildnis dar. Im allgemeinen zeichnete sich das Inselvolk, anders als die Ursarden, nie durch besondere musische Anlagen aus. Seine Talente, deren Apotheose Napoleon verkörperte, lagen immer auf anderen Gebieten. Doch einmal, in seiner Frühzeit, formulierte es im Bann eines starken religiösen Erlebens, in dessen Zentrum der Kult heroisierter Toter stand, eine künstlerische Aussage, deren Überzeugungskraft noch heute unverändert wirkt. Seine Menhirstatuen bildeten keine göttlichen, sondern menschliche Wesen aus. Es sind Bildnisse, in denen nicht ein vorgeschriebenes Schema ausgearbeitet ist, sondern nach individueller Gestaltung gesucht wird. Diese eindrucksvollen Skulpturen gaben auch den entscheidenden Anstoß zur Erforschung der so lange vernachlässigten Vorgeschichte Korsikas.

Das Tal der Ahnengötter

Prosper Merimée war der erste, der auf einer Reise durch Korsika dort merkwürdige, menschenähnliche Steinpfeiler bemerkte. In unserem Jahrhundert wurden dann einige korsische Menhirstatuen von dem französischen Kommandanten Octobon in einer Arbeit über solche Monumente erwähnt. Erst um die Mitte unseres Jahrhunderts aber regte der berühmte Altmeister der französischen Prähistoriker, Abbé Breuil, eine gründlichere Erforschung der Vorgeschichte der Insel an. Einer seiner Schüler, der ehemalige Fliegerhauptmann Roger Grosjean, wurde 1954 mit dieser Aufgabe betraut.

Die Aufmerksamkeit des Archäologen konzentrierte sich sogleich auf einige skulptierte Steinmale mit primitiven Gesichtern, die der Bevölkerung seit langem bekannt waren und von ihr mit abergläubischer Scheu betrachtet wurden.

Vor allem ein groteskes Steinhaupt von einem halben Meter Höhe mit sehr großen Ohren und einem recht naturalistisch wiedergegebenen Gesicht verblüffte Grosjean, der hinter diesem Bildwerk eine unbekannte prähistorische Kultur auf Korsika vermutete. Bald hatte der Forscher auch festgestellt, daß es auf der Insel nicht nur viele Megalithgräber, Steinkreise und Steinalleen gab, sondern zudem Spuren zahlreicher vorgeschichtlicher Dörfer und Befestigungsanlagen, die entgegen der früheren Lehrmeinung für eine ziemlich dichte Besiedlung in prähistorischer Zeit sprachen.

Bis zum Herbst 1955 suchte Grosjean vergeblich nach einem kulturellen Zentrum, von dem die eigenartigen skulptierten Pfeiler ausgegangen sein konnten. Kurz vor Abschluß seiner alljährlichen Forschungsarbeit erhielt er durch eine englische Schriftstellerin, Lady

62   Menhirstatue von Filitosa mit Waffendarstellung

D. Carrington, einen Hinweis auf vier rätselhafte Steinbilder, die sie bei dem Weiler Filitosa im Taravo-Tal, das sich in Südkorsika
befindet, gesehen hatte.

Bereits die erste Besichtigung der Funde
enthüllte ihre Bedeutung und führte zu weiteren Entdeckungen. Ein großer Steinblock,
auf dem die Bauern von Filitosa stets im
Schatten eines Olivenbaumes rasteten, erwies
sich als ein besonders schön bearbeiteter Menhir von fast drei Meter Länge. Glücklicherweise lag er mit der Frontseite in der Erde,
dadurch hatten sich die Reliefdarstellungen
auf der gutgeglätteten Granitfläche tadellos

erhalten. Heute steht das wiederaufgerichtete Kultbild als hoher rechteckiger Block, aus dem ein archaisches in Dreieckform komponiertes Antlitz blickt, bewehrt mit einem langen Schwert und einem schräggestellten Dolch in der Scheide im flirrenden Schatten eines ehrwürdigen Ölbaumes am Rand der heiligen Zone.

Die Erwähnung einer ›Klosterruine‹ auf einem Felshügel bei Filitosa lenkte Grosjean auf die Spur einer Kultstätte, zu der die zahlreichen Menhire dieses Gebietes gehört hatten und führte auch zur Entdeckung der Ruinen zyklopischer Wehrbauten in ihrer Nähe.

Filitosa und das ganze 60 km lange Taravo-Tal, in dem es auch viele Dolmen gibt, erschienen dem Forscher nach diesen Funden als ein Brennpunkt der vorgeschichtlichen Zivilisation Korsikas. Die Grabungskampagne von 1956 konzentrierte sich daher auf dieses Gebiet. Neben der Freilegung der Sakral- und Festungsanlagen auf der Felshöhe von Filitosa wurde das gesamte Tal nach prähistorischen Monumenten abgesucht. Neue Menhire kamen zutage, manchmal an den merkwürdigsten Stellen. Einer war als Türstein in ein Haus verbaut, andere steckten in Feldmauern. Aus der Wand eines Bauernhofes stammen zwei Platten, in die ein Paar Stierhörner mit boulierten Spitzen, wie sie auch den Helm des sardischen Kriegsgottes zieren, eingraviert sind. Außer einem halbzerstörten Rundturm von 22 m Durchmesser kam auf dem Hügel von Filitosa ein künstlicher Tumulus von 4 m Höhe und 15 m Durchmesser in der Mitte des Plateaus ans Licht. In seinem Umkreis wurde ein kolossales Steinhaupt mit düsterem Antlitz aus der Erde geholt, der obere Teil einer zerschlagenen Menhirstatue von mindestens 3,5 m Länge, die mit einem riesigen Schwert bewaffnet war (Abb. 63).

Rund um den Fuß der Felshöhe fand sich eine megalithische Mauer aus tonnenschweren Blöcken. Die Öffnung des künstlichen Hügels brachte unerwartete Ergebnisse. Er enthielt kein Steinkammergrab, wie Grosjean vermutet hatte, sondern neben den Bruchstücken mehrerer Menhire einen rechteckigen Altar aus gebranntem Lehm von etwa 1 m² Oberfläche auf einem gemauerten Steinsockel. Mehrere starke Brandschichten wiesen auf die Verbrennung organischer Materie und viele Keramikscherben auf eine rituelle Opferung von Tongefäßen hin. Grosjean vermutete, daß auf dem Altar lange Zeit Leichen verbrannt wurden.

Weiter oben im Taravo-Tal und in der Umgebung von Filitosa kamen noch zahlreiche Menhire zutage, die verschiedene Stadien ihrer allmählichen Vermenschlichung repräsentieren. Die Entwicklung über mehr oder weniger zugehauene und geglättete Langsteine zu dieser letzten Form, die schon ein Übergang zur echten Statue ist, war sicher lang. Ihre beiden Grundformen, die eines Obelisken mit ovalem Durchschnitt und andererseits die einer massigen, leicht trapezoiden Stele, begannen sich in ihrer oberen Hälfte mehr und mehr einer menschlichen Silhouette anzugleichen. Der Kopf wurde zunächst deutlich von den Schultern abgesetzt. Später wurde ein schematisches Gesicht – zunächst flach wie eine Art Maske – auf die meist übergroßen Häupter gesetzt. Hierzu kamen dann immer mehr Einzelheiten, wie Haartracht oder Kopfbedeckung sowie Ausbildungen in der Art eines Harnischs und schließlich die Darstellung von Waffen. Niemals aber wurde die altheilige Pfeiler- und Stelenform, für deren Beibehaltung höchstwahrscheinlich vor allem religiöse Gründe maßgebend waren, durch die Anfügung von Gliedmaßen zerstört.

63   Menhir bei Filitosa mit umgehängtem Schwert

Die Menhirstatuen erreichen oft eindrucksvolle Höhen, 1973 wurde die siebzigste und
größte gefunden, eine monumentale Skulptur
von 3,74 m Länge, die drei Tonnen wiegt und
ein Schwert mykenischer Form trägt. Die
Köpfe sind meistens übergroß, manchmal
fast einen halben Meter hoch und fast ebenso
breit. Außer den Augenhöhlen und einer
meist deutlich ausgearbeiteten Nase haben
viele auch scharf eingeschnittene Münder und
ein ausgeprägtes Kinn. Die starke Betonung
des Hauptes läßt die korsischen Bildsteine
wie Vorläufer der frühen etruskischen Toten-
porträts wirken, bei denen sich die Bildner

64 Rückenansicht eines Menhirs von Filitosa mit Korsett und Lederkappe

65   Kopf eines Menhirs bei Filitosa

auch ganz auf den Kopf konzentrierten und den Leib als Nebensache behandelten. Farbspuren auf einigen Menhirstatuen deuten darauf, daß diese einmal mit rotem Ocker bemalt waren.

Grosjean ließ die in Filitosa und im ganzen Taravo-Tal gefundenen Menhirstatuen auf dem heiligen Hügel und in seiner Umgebung neu aufrichten. Nun stehen sie als feierliche Versammlung granitener Gestalten inmitten des südlichen bergumschlossenen Tales, das mit seinen klaren, weitgeschwungenen Linien und den grünsilbernen Wolken breiter Ölbaumwipfel an die olympische Landschaft der

Peloponnes erinnert – Häupter, die aus Pfeilern wachsen, in denen schemenhaft ein unerlöster Leib zu stecken scheint, Gesichter, die sich aus dem Stein drängen, schattige Augenhöhlen, die leer sind und doch blicken, glatte Säulen, kaum eingekerbt, wo sich der Kopf absetzen sollte, hohe schmale Blöcke, auf denen nur flüchtige Zeichen verraten, daß sie als Menschenkörper gedacht sind. Alle Phasen des Werdens der Menhirstatue sind hier sichtbar. Man steht gleichsam vor dem schöpferischen Vorgang, in dem der alteuropäische Mensch aus magisch-religiösen Vorstellungen heraus zum Bildner wurde.

Einige Häupter der Filitosa-Menhire sind mit ihren scharf herausgemeißelten, finster starrenden Antlitzen Meisterwerke in ihrer dämonischen Ausdrucksintensität. Äußerste Beschränkung auf das Wesentliche steigert ihre suggestive Wirkung (Abb. 63 und 65). Sie verkörpern deutlich eine patriarchalische, rauhe und kriegerische Welt, die vom Ahnen- und Heroenkult beherrscht wurde. Es sieht aus, als hätte die Große Mutter- und Totengöttin der Ackerbaukulturen nur geringe Macht über das altkorsische Hirtenvolk gehabt. Es gibt wohl ein kleines Steatit-Idol der thronenden Göttin aus dem korsischen Spätneolithikum, das mit den neuerdings auf Sardinien entdeckten verwandt ist, doch läßt sich in keinem der ikonischen und anikonischen Menhire der Insel, von denen einige in der Brustgegend mit Grübchen markiert sind, mit Sicherheit das Sinnbild eines weiblichen Wesens erkennen. Allerdings gibt es Volksüberlieferungen, nach denen einige Pfeiler Frauendarstellungen sein sollten.

Die Verbindung der Menhire und der Menhirstatuen mit dem Totenkult steht außer Zweifel, ihre Bedeutung im einzelnen bleibt ungewiß. Gerade für Kultsteine gilt die Mehrwertigkeit der vorgeschichtlichen Symbole in höchstem Maße. Eine unendlich komplexe und doch als Einheit erlebte, magisch bestimmte Frühwelt steht hinter ihnen, in der der Mensch noch keine Analyse, kein rationelles Denken kannte, sondern nur die unmittelbare Ergriffenheit. Wirklichkeit und Phantasie waren gleichwertig, Träume wurden als reales Geschehen empfunden, und das reale Geschehen wiederum war voll geheimer Beziehungen zum Übersinnlichen. Gerade der Stein mußte in dieser Bewußtseinslage zu einem der vieldeutigsten Objekte werden. Waren die Menhirstatuen Bildnisse der machtvollen Ahnen, deren Kraft im unvergänglichen Steinleib fortdauern sollte?

Auf noch eine andere Interpretierung der rätselhaften Bildwerke könnte ein Bericht von Aristoteles weisen. Dieser wußte aus Iberien, daß man dort um die Gräber der Edlen die Schar der von ihnen getöteten Feinde in Gestalt von Obelisken aufzustellen pflegte. Einen ähnlichen Brauch kannte man auch in China, wo die Geister der Erschlagenen auf diese Weise nach dem Tode ihres Besiegers in dessen Dienst gezwungen wurden. Für Roger Grosjean wurde eine solche Erklärung der *bewaffneten* Menhirstatuen im Lichte seiner späterer Erforschung der bewegten bronzezeitlichen Geschichte Korsikas immer annehmbarer.

Es scheint, daß im friedfertigen Dasein der Hirteninsel, deren Bevölkerung offene Hüttendörfer und weiterhin Abris bewohnte, im 3. Jahrtausend Veränderungen eintraten, die in einigen mit zyklopischen Mauern befestigten Siedlungen sichtbar werden. Der Seeverkehr im Westmittelmeer hatte im Gefolge der Entdeckung der iberischen Kupfer- und Silbervorkommen sicher zugenommen, die Gefahr von Invasionen war gewachsen. Eine

66   Rückenansicht eines Menhirs bei Filitosa mit deutlich ausgearbeiteten Schulterblättern

Gruppe undeutlicher Herkunft hinterließ in der Gegend von Sartene Felsgräber unter Abris, die große Henkelschalen auf hohem Fuß, Serpentinringe und Silexabschläge als Beigaben enthielten. Solche ›Fruchtschalen‹ kamen im balkanischen Chalkolithikum, aber auch auf Sizilien und Sardinien und früh im nordischen Megalithikum vor. Noch geheimnisvoller sind einige turmartige Bauten, die wahrscheinlich unter Hügeln lagen und Grabmale waren. Der Turm von Tappa von gut 10 m Durchmesser, eine Konstruktion aus mittelgroßen Steinen, enthält eine niedrige Cella von 5 m Weite mit einer Kragkuppel aus kleinem Material und einigen Seitengelassen. Verkohltes organisches Material aus der Kammer ergab das erstaunliche Datum von 2298 ± 110 und 1907 ± 130 v. Chr. Die Kalibration dieser C14-Meßwerte würde das Monument in das erste Viertel des 3. Jahrtausends hinaufrücken in die Nähe der bretonischen Kuppelgräber. Kann man an einen atlantischen Einfluß denken? Auch zu den Nawamis des Sinaigebietes besteht Verwandtschaft. Waren diese Bauwerke die Vorläufer der von Grosjean in Filitosa entdeckten Kultur, die er nach ihren typischen Kultkonstruktionen Torre-, d. h. Turm-Kultur taufte? Mit Sardinien bestanden in dieser Periode enge Bande, die durch den großen Obsidianimport und die verwandten Formen der Megalithkulturen beider Inseln bezeugt werden. Grabmonumente dieser Art wurden jedoch auf Sardinien nicht gefunden, sie erinnern noch eher an die umstrittenen balearischen Talayots, die sich inzwischen deutlich als Totenmale entpuppt haben, jedoch zweifellos jüngeren Datums sind. Rätselhaft bleibt sicher der Zusammenhang dieser frühen Bauten mit der Torre-Kultur, falls ein solcher überhaupt bestand.

Nach Grosjean erschienen die Erbauer der ›Torre‹ nicht vor etwa 1600 v. Chr., d. h. in der Mittleren Bronzezeit, als Träger einer Kultur auf Südkorsika, die sich wesentlich von der noch stets megalithischen der Autochthonen unterschied. Er nimmt an, sie hätten sich zunächst im Bereich des Golfes von Porto Vecchio festgesetzt, wo sich eine größere Anzahl ihrer typischen Monumente fand. Ihr allmähliches Vorrücken in die Kerngebiete der Megalithkultur an der Südwestküste mag dann zu blutigen Konflikten geführt haben. Die Neuankömmlinge waren mit langen Bronzeschwertern und Dolchen späthelladischer Form, die in dieser Epoche weitverbreitet waren, ausgerüstet und den Korsen, die nur über Schleudern und Pfeilspitzen aus Stein und Obsidian verfügten, durch ihre fortschrittliche Bewaffnung überlegen.

Die Ausgrabungen von Filitosa lieferten deutliche Beweise für Feindseligkeiten. Dort war ein Dorf der Megalithiker, dessen Zentrum ein Kultplatz mit Menhirstatuen gebildet hatte, zerstört und durch eine Niederlassung der Träger der Torre-Kultur ersetzt worden. Diese hatten das Ahnenheiligtum ihrer Vorgänger vernichtet, die Menhirstatuen zerschlagen und als Baumaterial für eine ihrer runden Turmkonstruktionen verwendet. Ihre Torre ähnelten mehr Bienenkörben auf breiten Sockeln als Nuraghen, obwohl sie teilweise auch in zyklopischer Bautechnik errichtet wurden. Ein weiter, hoher Eingang führte zu einer Cella, die oft gangartige, mit Platten gedeckte Nebengelasse hatte; der Hauptraum wurde durch eine Kragkuppel abgeschlossen. Die Höhe der Torre schwankt zwischen 3 und 7 m, ihr Durchmesser konnte 15 m erreichen. Dicke Aschenlagen auf den durch lange Brände geschwärzten Fluren und

Herden im Kern der Anlagen zeigten, daß Feuer eine entscheidende Rolle spielte. Waren diese Monumente Feuertempel oder Krematorien? Das letzte ist wahrscheinlicher.

In der Epoche der kriegerischen Auseinandersetzungen erschienen die ersten Waffen auf Menhirstatuen. Grosjeans Erklärung, daß diese keine Ahnen, sondern getötete Feinde mit deren typischer Bewaffnung darstellten, hat manches für sich. Die sorgfältige Ausarbeitung von Einzelheiten auf einer Anzahl von ihnen gab interessante Hinweise auf deren Aussehen und ermöglichte Vergleiche mit der Ausrüstung der Schardana und der Philister, die auf ägyptischen Reliefs am Tempel von Medinet Habu im Kampf mit der Flotte Ramses' III. abgebildet sind. Der lederne Brustharnisch, den die beiden Seevölker tragen, ähnelt in der Tat dem Korsett, das auf einigen korsischen Bildsteinen nachgebildet ist. Auch die halbrunden Lederhelme mit oder ohne Nackenschutz und einem Hörnerpaar der Schardana lassen sich in der Kopfbedeckung verschiedener Menhirstatuen wiederfinden, die zudem mehrfach zwei Einstecklöcher für Hörner aufweisen. Grosjeans – nicht unbestrittene – Theorie eröffnet sicher interessante Einblicke in die wirre Geschichte der Seevölkerzeit, in der das Ostmittelmeergebiet in seinen Grundfesten erschüttert wurde. Die Identifizierung der Schardana mit den Trägern der Torre-Kultur ist damit natürlich keineswegs bewiesen. Ihre Anwesenheit in Syrien und auf Zypern wird in einem nahöstlichen Brief aus dem Jahr 1375 v. Chr. erwähnt, und nicht ganz hundert Jahre später erscheinen sie als Söldner Ramses' II. in der Schlacht von Kadesch. Es handelt sich ohne Zweifel um ein seefahrendes, kriegerisches Volk, das auf Sardinien wie auf Korsika gewesen sein könnte. Woher immer die Torreaner kamen, mit der Ausbreitung ihrer Kultur auf der Insel ging das korsische Megalithikum zu Ende. Die letzten Menhirstatuen wurden im Norden der Insel, dem Rückzugsgebiet der konservativen Hirtengesellschaft, geschaffen. Sie stellen keine Bewaffneten mehr dar und entstanden wahrscheinlich an der Schwelle eines Zeitalters, das durch neue, noch wirksamere Waffen aus Eisen gekennzeichnet war.

Mit den Ausgrabungen von Filitosa lüftete sich zum ersten Mal der Schleier, der die korsische Vorgeschichte zuvor so gründlich verhüllt hatte. Ein Team von Archäologen setzte seither die Untersuchungen mit verteilten Aufgaben fort. M. C. Weiss und F. de Lanfranchi konzentrierten sich auf die neolithischen Perioden der Insel. Grosjean setzte bis zu seinem vorzeitigen Tode im Jahre 1976 die Erforschung des korsischen Megalithikums fort. Heute erscheint die Insel als eine der an Großsteinmalen reichsten Regionen Frankreichs und als Wiege der monumentalen Steinplastik Westeuropas.

Die dunkle Erinnerung an die alte Heiligkeit der vorgeschichtlichen Steinbilder lebt in den Korsen noch heute in mancherlei Legenden fort, in denen die Menhire meist als Menschen, die zur Strafe für blasphemische Taten versteint wurden, beschrieben sind. Noch tiefere Spuren aber hat der Totenkult der Urzeit auf der Insel hinterlassen, deren Bevölkerung wie kaum eine andere mit ihren Verstorbenen lebt und vom Gedanken an den Tod besessen scheint.

Korsische Bräuche und Legenden

Die Invasionen von Griechen, Etruskern, Karthagern, Römern, Vandalen, Goten, Sarazenen, Genuesen und Pisanern, die in Jahrtausenden über Korsika hereinbrachen, haben das Geschick der Insel vielfach beeinflußt und bestimmt; den tiefsten Seelengrund seiner Bewohner aber ließen sie unberührt. Es könnte sein, daß die Korsen, die immer noch zum größten Teil Viehzüchter sind – allein an 250 000 Ziegen und Schafe versorgen die französische Käseproduktion mit Rohmaterial –, den Menschen des westeuropäischen Megalithikums und seine Welt reiner verkörpern als die Sarden, in denen sich von Anbeginn das Wesen und die Tradition verschiedenartiger Einwanderergruppen gemischt haben. Ihr religiöses Leben und ihre Kultur waren in den vorgeschichtlichen Epochen wohl primitiver, aber auch einheitlicher, als jene der Nachbarinsel. Der Kult der Ahnen und Toten bildete wahrscheinlich stets die Essenz ihrer Religion, und dies mag erklären, daß die Korsen bis in unsere Tage in Zusammenhang mit dem Tode so viele seltsame Bräuche, Vorstellungen und Überlieferungen bewahrt haben.

Die Idee des steinernen Totenhauses hat sich auf der Insel, wenn auch unter christlichem Vorzeichen, bis heute gehalten. Etwas außerhalb der Orte – dem Bereich der Lebenden mit einer gewissen Scheu entrückt, aber nahe genug, um die Verbindung nicht abreißen zu lassen – stehen überall kubische Kapellen in der Landschaft. Die kleinen, hellen Bauten sind Sippengräber der wohlhabenderen korsischen Familien, für deren Errichtung kein Opfer gescheut wird. Die Verstorbenen sind in diesen oberirdischen Behausungen ihren Angehörigen ganz erreichbar geblieben.

Oft sind ihre Särge wie in den Kojen einer Schiffskabine übereinander in Wandnischen eingeordnet, oder sie stehen auch auf dem Boden der Kapelle. Neben den starren bunten Sträußen und Kränzen aus Perlblumen, die eine Kuriosität der französischen Gottesäcker sind, stellt man den Abgeschiedenen stets frischgefüllte Blumenvasen zu Füßen und gestaltet ihr Haus auch sonst durch allerlei Schmuck und selbst Einrichtungsgegenstände wohnlich. Auf den Friedhöfen der größeren Orte finden sich ebenfalls viele solcher Totenhäuser nebeneinander; sie erscheinen wie kleine Städte, deren Bauten oft wesentlich sorgfältiger konstruiert und gehalten sind als die Häuser der Lebenden.

Die Tradition sehr alter Bestattungssitten mag auch bis weit ins vorige Jahrhundert bei den Hirten von Giuncheto in Südkorsika weitergegangen sein, die ihre Verstorbenen in Grotten oder unter Felsdächern beisetzten und diese mit Steinplatten verschlossen. Bis zum 17. Jahrhundert fanden auf der Insel öffentliche Zusammenkünfte auf dem Friedhof, gleichsam unter dem unsichtbaren Vorsitz der Ahnen, statt.

Die Erinnerung an die dahingegangenen Familienmitglieder, ihre Tugenden, ihr Wirken, ihre Gebote wird von den Korsen außerordentlich hoch gehalten. Man glaubt an ihre unsichtbare Gegenwart, ihre fortdauernde Anteilnahme am Geschick der Sippe, die Segen aber auch Strafe bringen kann, wenn ein Mitglied gegen seine Pflichten verstößt.

Die Totenklage ist auf Korsika wie auf Sardinien noch üblich. Die ›lamenti‹ und ›voceri‹, die von den Frauen in dumpfem Chor, aus dem von Zeit zu Zeit grell die Stimme der Vorsängerin bricht, an der Bahre improvisiert werden, durchlaufen alle Gefühlsskalen von ergreifender Trauer bis zu leidenschaftlicher Wildheit. Das Wüten der Blutrache, das erst in den letzten Jahrzehnten auf der Insel abgeflaut ist, forderte früher zahlreiche Opfer. Manches erschütternde ›lamento‹ ist noch aus dieser Zeit erhalten, in der die männlichen Mitglieder einer Familie oft in kurzer Zeit ausgerottet wurden.

Die alte Vorstellung vom Verlangen des Abgeschiedenen nach Speise und Trank wird auf Korsika ebenfalls in mancherlei Bräuchen sichtbar. Manchmal werden den Toten nach dem Leichenbegräbnis abends noch Nahrungsmittel auf das Grab gebracht, und am Allerseelentag richtet man ihnen Festtische mit einer üppigen Mahlzeit und stellt auch Gefäße mit Wasser auf den Balkon, damit sie trinken und sich erfrischen können. Nach dem Volksglauben würden sie das Fehlen solcher Wasserspenden sehr übel vermerken und durch allerlei Spukerscheinungen bestrafen.

Der weit zurückreichende Glaube an die Macht der Verstorbenen, Regen zu schicken, mag wohl hinter einem sonderbaren Umgang stehen, der bei anhaltender Dürre geübt wird. Ein Kind trägt dann einen Totenschädel überland, der am Ende der Prozession ins Wasser geworfen wird. Den gleichen Brauch berichtet man auch von Sardinien.

Wie bei verschiedenen anderen Völkern aus dem Bereich der westlichen Megalithkulturen spielen die Totengeister eine große Rolle in der Phantasie des Volkes. Vor dem Hinscheiden bedeutender Leute soll die gespenstische ›squadra d'Arozza‹, die ›Bruderschaft der Toten‹, in der Tracht der Penitenten mit Kapuze und Chorhemd in langem Zug durch die Nacht wandern. Wer dieser unheilbringenden Prozession begegnet, muß sich an eine Mauer lehnen und die Spitze seines Stilets gegen sie zücken. Andernfalls würde ihn die Geisterschar umringen und mitschleppen. Er muß sich auch hüten, etwas von den Gespenstern anzunehmen, wenn sie ihm Kerzen anbieten, die in Wirklichkeit Totengebein sind, oder in Tücher gewickelte Pakete, die Leichen kleiner Kinder enthalten.

Mancherlei Legenden sind mit korsischen Menhiren verbunden. Stets weisen diese darauf hin, daß die Vorstellung eines menschlichen Wesens mit den Steinmalen verbunden war. Am Ufer des Flusses Rizzanese, der sich in den Golf von Valinco ergießt, stehen zwei Menhire, die nicht nur mit dem auf Korsika üblichen Namen ›stantare‹, sondern auch als ›Mönch und Nonne‹ bezeichnet werden. Die beiden knapp nebeneinander aufgepflanzten Blöcke von 3 m und 1,60 m Höhe sollen einmal ein in Sartene aus dem Kloster geflohenes Liebespaar gewesen sein, das bei der ersten Rast zur Strafe für seinen Frevel zu Stein wurde.

An die Menhirstatue von Santa Maria, die sich in der Nähe der Bergstadt Corte findet, knüpft sich eine Legende, die eine alte Beziehung zum Totenkult andeutet. Der über 2 m lange, sehr dünne Schieferpfeiler trägt ein flaches Gesicht, auf dem die Nase als Vertiefung dargestellt ist. Der Mund ist ebenfalls eingeschnitten und das Kinn sehr ausgeprägt. Zwei kleine Grübchen sind als Zeichen für weibliche Busen erklärt worden. Dieses primitive Bildwerk soll einmal ein Mädchen gewesen sein. Aufgrund einer Wette mit einem jungen Mann mußte es als Mutprobe um Mitternacht einen Stock in eines der Gräber nahe der Kirche stoßen. Es erfüllte diese Bedingung auch, konnte den Stab aber nicht mehr herausziehen, da er von dem Toten in der Grube festgehalten wurde. Als das Mädchen dies merkte, sei es vor Entsetzen auf der Stelle gestorben und zu Stein geworden.

Eine eigenartige Sinnumkehrung, die wohl auf die Verfolgung heidnischer Sitten durch die Kirche zurückgehen mag, zeigt sich in der Sage vom Menhir von Paccianese. Dieser sei ein Mann gewesen, der im Freien geliebt habe und dafür in einen Stein verwandelt wurde. Wahrscheinlich hat auch auf Korsika, wie z. B. in der Bretagne, der urzeitliche Fruchtbarkeitskult, der vielleicht an manchen Menhiren geübt wurde, in entsprechenden Volksbräuchen weitergelebt.

Inseln sind wie Muscheln, in denen das Meeresrauschen nie verstummt. Abgeschlossen, statisch, eingebettet in ein lange festgelegtes Sein, wandeln sie sich nicht im gleichen Rhythmus wie die Kontinente. Ein dunkles Echo aus versunkenen Jahrtausenden tönt noch immer in den Seelen der Korsen fort. Und was sich aus ihrem Wesen, ihrem Leben, ihren Gesichtern ablesen läßt, scheint nicht so weit entfernt von dem, was heute in den Antlitzen der stolzen Steinbilder der Urzeit wieder sichtbar geworden ist.

Ein höchst eigenartiges, in ganz Europa einzigartiges Phänomen sind die korsischen *mazzeri,* deren Bezeichnung vom italienischen ›ammazzare‹ = töten abgeleitet wurde. Nach dem Volksglauben haben die mazzeri oder mazzere, wenn es sich um Frauen handelt, enge Bande mit der Geisterwelt und vor allem mit dem Tod, dessen Exekutoren

sie sein sollen. Ihre unheimlichen Fähigkeiten sind unfreiwillig erworben worden, weil ihre Taufe aus irgendeinem formalen Grund ungültig gewesen ist. Sie verlassen nachts das Dorf unter einem unwiderstehlichen Zwang, um in der ›macchia‹ zu jagen. Ihr Leib sei hierfür nicht unbedingt nötig, er bleibe oft, scheinbar schlafend, im Bett. Die Männer jagen mit dem Gewehr, die Frauen meistens mit einem Stock. Das erste Tier, das ihnen begegne: ein Wildschwein, eine Ziege etc., müsse getötet werden. In dem leblosen Opfer wird dann ein Dorfgenosse erkannt. Die mazzere sollen auch Dolche gebrauchen oder das Jagdtier mit den Zähnen zerreißen und seine Identität am Todesschrei erkennen. Am nächsten Morgen erzählen die nächtlichen Jäger ihr Erlebnis, und die von ihnen genannte Person müsse dann innerhalb eines Jahres sterben. Die mazzeri und mazzere leben naturgemäß stark isoliert, gefürchtet, aber respektiert in ihren meist entlegenen Bergdörfern. Psycho- und Parapsychologen und Soziologen haben die mazzeri, dieses seltsame Relikt aus einer urzeitlichen Vorstellungswelt, studiert, das noch immer, wenn auch in abnehmendem Maße auf Korsika fortbesteht. Als Erklärung wurde eine Form der Persönlichkeitsspaltung, verbunden mit hellseherischen Fähigkeiten angenommen, deren Wurzeln tief ins kollektive Unbewußte reichen.

Buch V: Die seltsame Urwelt der Balearen

Neues Licht auf die Vorgeschichte der Balearen

Für Diodor von Sizilien (100 n. Chr.) waren die Bewohner der Balearen ein furchterwekkendes wildes Seeräubervolk mit primitiven Wohn- und Lebenssitten und einem merkwürdigen Totenkult, im übrigen aber die besten Steinschleuderer der Welt, die von Kind an mit der Schleuder übten und ihr Ziel fast niemals verfehlten.

Der Umgang mit Steinen aller Größen war den Insulanern in der Tat damals schon seit Jahrtausenden vertraut. Auf Mallorca wie auf Menorca blieb die lange megalithische Vergangenheit der Balearen nicht nur in zahlreichen eindrucksvollen Monumenten, sondern auch bis heute in Bautraditionen der Landbevölkerung lebendig. Noch immer errichtet man die ›Barracas‹, große Viehställe aus Trockenmauerwerk, in der einst heiligen Form von perfekt konstruierten Stufentürmen mit rundem und rechteckigem Grundriß. Ihre Eingänge und dreieckigen Fensteröffnungen aus großen Quadern sind nicht anders gefügt als in der Epoche der Talayot-Kultur der Bronzezeit (Abb. 67). Kleine Zisternen mit gestuftem konischem Überbau aus rohen Blöcken und Steinen stammen manchmal noch aus vorgeschichtlichen Perioden und dienen mit einem angebauten Zementtrog als Tränke für Kühe und Schafe (Abb. 68). Besonders auf dem wasserarmen Menorca gibt es bis jetzt eine Reihe uralter Reservoirs im Fels-

grund. Auch der ›Pou de Na Patarrà‹ bei Torralba gehörte einmal zu einer prähistorischen Niederlassung. Er öffnet sich als runder Schlund von 46 m Tiefe im Boden. Heute überwuchert Gestrüpp den Zugang, und niemand wagt sich mehr über die von zahllosen Schritten ausgehöhlten Stufen und die in Schneckenwindungen hinabführende, ausgeschliffene Rampe, um Wasser zu holen. Der Baustil, der vor Jahrtausenden auf der Insel herrschte, spiegelt sich selbst in den hohen konischen Steinsockeln, mit denen man die Stämme der Brotfrucht- und Olivenbäume auf den trockenen Feldern von Menorca schützend umgibt.

Der Reichtum an eindrucksvollen und eigenartigen vorgeschichtlichen Monumenten unterschiedlicher Art, der Mallorca und Menorca kennzeichnet, erregte wohl früh das Interesse begeisterter Amateure der Altertumskunde, unter diesen des habsburgischen Erzherzogs Louis Salvador, der in den achtziger Jahren viele balearische Denkmale zeichnete, ihre streng wissenschaftliche Erforschung begann jedoch erst mit dem 20. Jahrhundert. U. a. veröffentlichte der deutsche Gelehrte Albert Mayr 1912 eine Arbeit über ›Vorgeschichtliche Denkmäler der Balearen‹. Eine systematische Einteilung aller bis dahin bekannten Relikte aus der Vor- und Frühgeschichte von Mallorca und Menorca

67 ›Barraca‹ auf Menorca

68 Zisterne auf Menorca

erfolgte 1920 erstmalig durch J. Colominas. Seither führten Untersuchungen und Ausgrabungen von einheimischen und ausländischen Archäologen und nicht zuletzt die jahrzehntelange Oberflächenforschung von J. Mascaò Pasarius, eines unermüdlichen Heimatkundlers, zu einem deutlicheren Bild der Vergangenheit der Inseln, die sich inzwischen als weit älter und komplexer herausstellte, als ursprünglich angenommen wurde. Heute hat sich die Lehrmeinung von einer späten Besiedlung der Balearen durch Gruppen aus dem früh- bis mittelbronzezeitlichen El-Argar-Kulturkreis Südostspaniens, die zur Zeit noch in den Lexika der Vorgeschichte zu finden ist, als unhaltbar erwiesen. Ähnlich wie Korsika, wurde Mallorca – und vermutlich auch Menorca – noch im Laufe des 6. Jahrtausends v. Chr. von Trägern einer frühneolithischen Zivilisation erreicht. Material von Wohnplätzen in der Höhle von La Muleta bei Sóller, die ursprünglich durch Relikte einer lang ausgestorbenen Wildziege, Myotragus Balearicus getauft, bekannt wurde, ergab zunächst C14-Daten aus dem 4. und neuerdings auch aus dem 6. Jahrtausend v. Chr.

Wie auf den anderen westmediterranen Inseln bildeten Höhlen jahrtausendelang die Wohn- und Grabstätten ihrer ersten Bewohner, von denen wir vorläufig noch wenig wissen. Sie kamen jedoch wahrscheinlich nicht von der gegenüberliegenden ostspanischen Küste, sondern eher aus dem Golf du Lion, der sich immer mehr als ein Herd der ersten Zivilisationen der Westhälfte des Mittelmeeres erweist. Keramikscherben aus Wohngrotten zeigen Verwandtschaft mit Ware des Chasséen-Typs aus dem südfranzösischen Mittelneolithikum des 4. Jahrtausends sowie mit Gefäßen aus der ligurischen Grotte

69　Felskammergräber auf Menorca

der Arene Candide. Die ersten Manifestationen eines ausgeprägten Totenkultes auf Mallorca sind Felskammergräber mit kurzem Zu-
gangsschacht, die offenbar sehr lange benutzt
und zu einem späteren Zeitpunkt, als die
Bauweise mit großen Blöcken auf den Balearen begonnen hatte, mit zyklopischen Konstruktionen überbaut wurden. Das Monument von Son Oms bei Palma di Mallorca
ist ein interessantes Beispiel für diese Entwicklung. Möglicherweise entstanden zugleich mit
den einfachen Schachtgräbern auch andere,

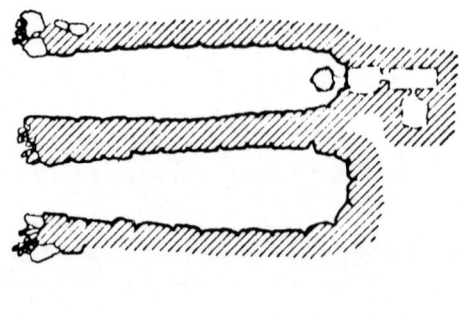

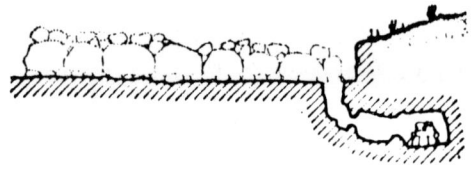

Das unterirdische Grab von Es Rafael bei Palma in Verbindung mit einer ›Mehrfach-Naveta‹

größere, sorgfältig ausgehauene Krypten, mit jener länglich-ovalen Form, die sich später in den Grundrissen der ›Navetas‹, der megalithischen Mausoleen der Bronzezeit, wiederfindet und kieloben liegenden Schiffsrümpfen gleicht. Zu ihren unterirdischen Vorläufern führt ein Gang mit Stufen, der öfters in einem kleinen Vorraum endet. Die Verstorbenen wurden im Hauptraum, dessen Plafond immer gewölbt ist, in einem rechteckigen Graben beigesetzt, der wahrscheinlich einen Holzdeckel hatte. An manche Gräber wurden Seitenzellen für Nachbestattungen angefügt. Nicht selten liegen mehrere dieser Grüfte nebeneinander, und es gibt Hinweise, daß ihr Eingang oder vielleicht auch die ganze Anlage durch einen Erdhügel bedeckt war, dessen Basis ein Ring von Orthostaten zusammenhielt. Der Übergang vom ausgehöhlten zum gebauten oberirdischen Grabmal wird

durch mehrere Monumente illustriert, die megalithische Konstruktionen über den Felskammern besaßen. Das Grab von Es Rafael bei Palma mit seiner bootförmigen Doppelkonstruktion über den Grabstätten ist ein treffendes Beispiel hierfür. Heute gibt es noch etwa 15, meist doppelte oder dreifache Grüfte dieser Art auf Mallorca, die manchmal mehr als 10 Räume enthalten und sicher die Mausoleen mächtiger Sippen waren.

Die navetagestaltigen Krypten, die hauptsächlich auf Mallorca und immer in der Nähe günstiger Landeplätze vorkommen, sind ebenso wie ihre gebauten Nachfolger Zeugen der großen Bedeutung, die die Seefahrt für die Balearen-Bewohner hatte. Die hervorragenden Häfen der Inseln – Mahon auf Menorca besitzt den größten Hafen des Mittelmeeres, der 6 km weit ins Land reicht – waren sicher wichtige Stationen der altmediterranen Navigation. Diodors ›Seeräuber‹ waren vermutlich die Nachkommen vieler Generationen kühner Seefahrer, die im Tode ein Abbild ihres Schiffes bewohnen wollten, eine Einstellung, die wir später noch ausgeprägter bei den Wikingern wiederfinden.

Die Navetas auf Menorca, von denen heute etwa 65 bekannt sind, haben ihren eigenen Stil. Riesige Orthostaten bilden ihren Sockel, auf dem der Rest des Bauwerkes aus kleineren, reihenweise geordneten Blöcken ruht, eine Architektur, die an jene der maltesischen Tempel erinnert. Die perfekt restaurierte Naveta d'es Tudons auf Menorca zeigt einen solchen zugleich imposanten und harmonischen Bau (Abb. 70), ein fürstliches Haus für die mächtigen Toten. Es enthält zwei Stockwerke, im unteren fand man vier Bestattungen auf einem Lager aus Meereskieseln. Auf einigen sind geheimnisvolle Zeichen einge-

70 Die Naveta d'es Tudons auf Menorca nach ihrer Restaurierung

ritzt. Unter den Beigaben aus verschiedenen Epochen kam sowohl Bronzeschmuck, als auch ein Knopf mit V-förmiger Durchbohrung zutage, der für eine frühe Errichtung des Mausoleums vielleicht gegen 2000 v. Chr. spricht.

Älter und dem frühen Grabturm auf Korsika verwandt erscheint der kolossale Turm-bau von Son Oms bei Palma, eine ovale megalithische Struktur, die jetzt nur mehr 5 m hoch ist. Einst muß er mit einer Länge von fast 25 m und einer Breite von 19,5 m und seinem gestuften Aufbau aus zwei Ringmauern, über denen der innerste Steinkern emporragte, an die Cairns aus konzentrischen Steinkreisen erinnert haben, die im bretoni-

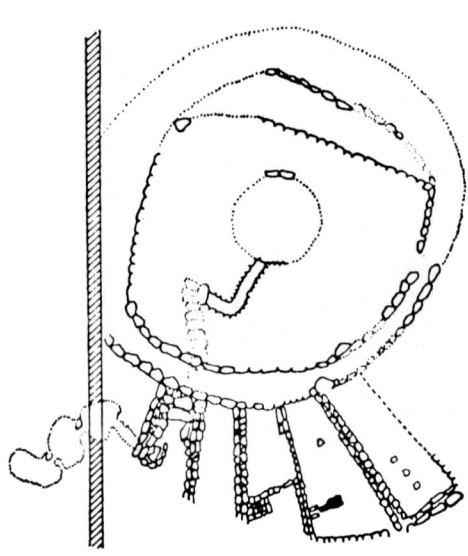

schen Megalithikum um die Ganggräber aufgetürmt wurden. Vom plattengedeckten Grab
im Herzen des Riesenmausoleums führt ein
Gang durch die Mauermasse hinauf auf die
Höhe des Males, die vielleicht einmal ein
offener Kultplatz war, auf dem man den
Gestirnen nahe und zugleich mit der Unterwelt verbunden war.

Der Totenkult, der sich auf den Balearen
in so vielen eindrucksvollen Formen manifestierte, hinterließ auch einige Dolmen, deren Vorbilder vermutlich in Südfrankreich
oder Katalonien zu suchen sind.

Gegen die Mitte des 2. Jahrtausends, etwa
zur selben Zeit, in der auf Sardinien die Nuraghen und auf Korsika die Torre erschienen,
entwickelte sich auf den Balearen die nach
ihren auffallendsten turmartigen Monumenten benannte talayotische Kultur. Das bei-

Son Oms bei Palma: Unterirdisches Grab mit ab-
gestuftem Megalithmonument

72   Taula und Talayot auf Menorca ▷

71   Talayot auf Menorca

nahe synchrone Auftreten einer untereinander verwandten Architektur, deren Leitform der Kegelstumpf und deren megalithisch-zyklopische Bautechnik mehr oder weniger dieselbe ist, stellt ein faszinierendes Phänomen dar, dessen Ursachen und Zusammenhänge noch durchaus ungeklärt sind.

Das Talayotikum der Balearen dominierte fast eineinhalb Jahrtausende auf Mallorca und Menorca und hinterließ zahllose kultische und profane Bauten aus oftmals riesenhaften Steinen. Die Talayots, von denen man auf Mallorca noch über 1000 und auf Menorca einige 100 zählt, sind rundliche, später auch viereckige Türme leicht konischer Form, den Nuraghen ähnlich aber massiger und niedriger und oft aus Blöcken nur mittlerer Größe errichtet (Abb. 71). Sie waren auch nicht mit spitz zulaufenden Kragkuppeln, sondern mit Steinplatten und Balken gedeckt und geben noch viele Rätsel auf. Nur wenige enthalten größere, bewohnbare Räume, viele aber Gänge und Zellen, die an westeuropäische Megalithgräber erinnern; in einigen gibt es Mittelsäle, die ein gewaltiger plurilithischer Pfeiler stützt, andere mit Spuren einer äußeren Rampe könnten Wachttürme gewesen sein. Eine Beziehung zum Totenkult war sicher bei vielen vorhanden, dies hat die Ausgrabung der Nekropole von Son Real auf Mallorca aus dem 6. bis 3. Jahrhundert v. Chr. mit vielen Einzelgräbern in der Form von Mini-Talayots und Navetas gezeigt.

Die bemerkenswerteste Erscheinung des Talayotikums auf Menorca sind jedoch die Taulas (Tische), etwa 30 rein megalithische Kultmale, die stets in der Nähe eines Talayots stehen und mit den ›Poblados‹, den Dörfern aus Steinhütten, verbunden sind. Die Taulas bestehen aus einer gut geglätteten und regelmäßig zugehauenen hochkant gestellten Platte, die in einigen Fällen 4 m hoch und tonnenschwer ist und eine horizontale Platte trägt, so daß die ganze Konstruktion T-Form erhält. Angesichts ihrer Höhe und des Fehlens von Brandspuren oder eines Abflußloches auf dem ›Tisch‹ ist es unwahrscheinlich, daß die Taulas Opferaltäre waren. Sie sind von einer hufeisenförmigen bis zu 16 m weiten Umhegung aus großen Orthostaten umgeben. Deren Innenseite wird durch kleine Pfeiler, die ebenfalls mit waagerechten Steinen bekrönt sind, in Nischen aufgeteilt, die an Anlagen in den maltesischen Tempeln erinnern. Sicher stellten diese Konstruktionen, deren Mittelpunkt die Taula bildet, ein Heiligtum dar, das im Wesen an Stonehenge denken läßt. Personifizierte die Taula eine Gottheit, war sie ein Götter- oder Seelenthron, legte man die Toten zur Verwesung auf den Riesentisch? Bock- und Stierhörner, die innerhalb des Templums zutage kamen, deuten vielleicht auf die Verehrung einer männlichen Himmelsgottheit in dem gewaltigen Pfeilermal (Abb. 72).

Die Vorgeschichte der Balearen ist noch voll von Geheimnissen, doch scheint es, daß auch diese Inseln Teile einer großen religiösen Einheit waren, auf deren Grundidee jedes Volk seine eigene schöpferische Antwort gab.

Buch VI: Die Göttin in Frankreich

Der Golf du Lion als Einfallstor der Neolithischen Revolution

Die Provence erscheint heute als der vielleicht älteste Startpunkt der Neolithischen Revolution in Westeuropa. Die Forschungen der letzten Jahrzehnte haben gezeigt, daß ihre Bewohner protomediterraner und atlantomediterraner Rasse schon im 7. Jahrtausend v. Chr. mit der Domestikation von Schaf und Schwein begannen. Es bleibt jedoch vorläufig eine Streitfrage der Gelehrten, ob dies aus einheimischen Wildformen oder durch den Import gezähmter Rassen aus dem Osten erfolgte. Für das Schaf ist das letzte wahrscheinlich, beim Schwein ist ein Import aus Korsika bzw. Sardinien nicht ausgeschlossen. Ackerbau und Impressokeramik sind seit dem 6. Jahrtausend nachgewiesen. Als Wohnungen und Grabstätten dienten vor allem Grotten. Die entscheidende Rolle von Seeverbindungen in der Verbreitung der ersten neolithischen Zivilisationen wird auch aus dem Vorsprung Südfrankreichs deutlich. Im Elsaß erscheint Ackerbau erst gegen Ende des 5. Jahrtausends, im Pariser Becken noch später. Neuerdings wurden im Vaucluse 14 kleine Freilandsiedlungen mit Rundhütten von etwa 5 m Durchmesser entdeckt, deren Flur mit Geröllsteinen aus Quarz gepflastert ist. Rind und Ziege gehörten in der späteren Phase des Frühneolithikums zu den Haustieren, das erste vielleicht aus einheimischen

Rassen gezüchtet, die Ziege jedoch aus dem Osten eingeführt.

Die mesolithische Tradition der Massenbestattung in Naturhöhlen wurde auch in der Jungsteinzeit in Südfrankreich fortgeführt. Einer der größten dieser unterirdischen Friedhöfe wurde 1952 am hochgelegenen Pas de Joulié an der Grenze des Aveyron entdeckt. In weiten Grotten, die hinter einem Höhlensee lagen, fanden sich Hunderte von Skeletten. An Schädeln, die sich in dieser und anderen Nekropolen fanden, kann man eine seltsame Sitte beobachten, die seit dem Neolithikum weit verbreitet war. Man hat sie angebohrt und dann runde Knochenplättchen herausgesägt. Solche Trepanationen erfolgten an Lebenden, die diese Operation meist gut überstanden, wie vernarbte Schädeldecken beweisen, und an Totenköpfen. Vielleicht wurden diese Eingriffe zur Behandlung von Verletzungen oder Kopfschmerzen unternommen. Außerdem müssen sie aber magische Bedeutung gehabt haben. Die aus Totenschädeln gesägten Knochenplättchen wurden jedenfalls als Anhänger getragen. Möglicherweise handelte es sich auch um eine rituelle Verstümmelung, wie sie noch bei Naturvölkern vorkommt.

Das Aufkommen der Chassey-Kultur, das mit Neuerungen auf wirtschaftlichem Gebiet, in der Feuersteinindustrie, einer sehr feinen Tonware, die die Impresso-Keramik verdrängte, Obsidianeinfuhr aus Sardinien und selbst aus Lipari und einer starken Bevölkerungszunahme verbunden war, bei der die grazile mediterrane Rasse dominierte, bildet noch immer ein vieldiskutiertes Problem. Einige Forscher halten das Chasséen für eine rein lokale Entwicklung, andere denken an Einflüsse, vielleicht sogar an Zuwanderungen aus dem zentralmediterranen Bereich, mit dem ohne Zweifel Handelsbeziehungen bestanden.

Für die Totenbräuche der Chassey-Kultur, die etwa in der zweiten Hälfte des 5. Jahrtausends einsetzte und bis gegen Ende des 4. dauerte, waren Einzelbestattungen in Gruben und kleine Steinkisten, in denen Leichenbrand geborgen wurde, typisch. Aus Chassey-Friedhöfen der späteren Periode stammen auch kleine Stelen mit gravierten Andeutun-

gen einer menschlichen Figur. Mit ihnen beginnt die Ära der anthropomorphen Stelen und Menhire Südfrankreichs, auf denen zunächst, anders als in der Bretagne, aus der wir bis jetzt nur Darstellungen der Toten- oder Dolmengöttin kennen, gegürtete männliche Figuren, manchmal mit Waffen, vielleicht Ahnen, abgebildet wurden.

In der Endphase des Chasséen änderten sich die Totenbräuche radikal. Es gab nur mehr Kollektivbestattungen, sei es in Grotten, in megalithischen Ganggräbern, in runden Kammern unter Tumuli oder auch in den berühmten Hypogäen aus der Gegend von Arles. Die sechs Provinzen des Languedoc weisen zusammen noch immer eine größere Zahl von Megalithgräbern auf als ganz England.

Vor fast 80 Jahren wurde bei Collorgues eine Nekropole mit Ganggräbern entdeckt. In einem der Mausoleen lagen zahlreiche Gerippe sternförmig angeordnet in der Hauptkammer. Über ihren Häuptern aber waren zwei längliche Deckplatten zu rohen Skulpturen der Totengöttin gestaltet worden. Auf beiden ist das Antlitz nur durch die T-förmigen Linien der Brauen und der Nase und die plastischen Augen angedeutet. Brüste und Arme sind ebenfalls in Relief ausgearbeitet und auf dem einen Menhir auch die übliche Schmuckkette. Beide Bildwerke tragen ein Instrument, das ein Bumerang, eine geschäftete Axt oder ein Krummstab sein könnte, quer über dem Leib. Derselbe Gegenstand erscheint noch auf einer anderen Menhirstatue aus dem gleichen Friedhof und darunter ein waagerecht gestellter Dolch. Auf dieser Plastik fehlen Busen und Kollier. Sie mag daher ein männliches Wesen vorstellen. Dieser Gegenspieler der weiblichen Gottheit taucht auch später unter den Bildsteinen aus dem Hinterland des Golf du Lion mehrfach auf.

Die Menhirstatuen von Collorgues

Nirgends sonst im westeuropäischen Bereich tritt die Gestalt der Totengöttin des Megalithikums so deutlich aus dem Schatten der Gräber wie in Südfrankreich. Es scheint, als hätte ihr Kult sich dort zu ungewöhnlicher Intensität gesteigert. Rund 50 weibliche Menhirstatuen kamen bis jetzt in dem Languedoc zutage. 1951 fanden sich bei Bouisset zwei Stelen in kleinen, plattenumrandeten Gräbern, auf denen die Göttin mehr denn je einer Eule gleicht, und in einem Schloß in St. Bénézet im Gard wurde ein Bildstein wiederentdeckt. Er war bereits 1931 bei Feldarbeiten aus dem Boden gepflügt und dann im Schloß aufbewahrt worden. Nach jahrzehntelanger Vergessenheit wurde er durch einen Zufall wieder bemerkt.

Die oben abgerundete, etwa 65 cm hohe und 37 cm breite Platte zeigt das Antlitz der Göttin mit kugelig vorstehenden Augen. Die Umrahmung mit einem breiten Reliefstreifen, der die Linie der Brauen fortsetzt, mag die Kette andeuten. Die Arme wachsen unmittelbar aus dem Haupt hervor, die Hände sind wie betend vor der Brust erhoben. Mehrere parallele Linien auf dem Scheitel mögen eine Frisur oder einen Kopfschmuck darstellen.

Die Umstände der Entdeckung der Menhirstatue von St. Bénézet sind für die meisten Bildsteine typisch. Gewöhnlich wurden die Skulpturen erst lange nach ihrer zufälligen Freilegung durch Bauern im Hof einer Farm oder an einem anderen Ort, der nichts mehr mit der Fundstelle zu tun hatte, von einem an vorgeschichtlichen Relikten interessierten Amateur gesehen und den Sachverständigen angezeigt. Außer in Collorgues und in Fontbouisse ließ sich keine Beziehung der Kultsteine zu Grabanlagen feststellen. Es scheint vielmehr, als hätte man sie auch außerhalb der Nekropolen aufgerichtet und verehrt.

Eulengesichtige Menhirstatue von Bouisset

Stele von Bénézet

Die weiblichen Menhirstatuen des Languedoc gleichen sich stets in den Grundzügen, in den Einzelheiten aber variieren sie stark. Dies mag von ihrer unterschiedlichen Entstehungszeit und von der individuellen Vorstellung ihrer Schöpfer herrühren.

Die einer echten Statue ähnlichste Skulptur der Vorzeitgöttin kam bei St. Sernin im Aveyron zutage. Sie fand sich nicht im Bereich der Kalkplateaus der Causses, wo längs der uralten Wanderwege zu Hunderten die rohen Dolmen stehen, in denen Hirtenvölker mehr als 1000 Jahre lang ihre Toten zur Ruhe gelegt hatten. Es scheint nicht, als hätten die zahlreichen Menhirstatuen des Aveyron etwas mit der Megalithkultur der hochgelegenen Weidegebiete zu tun gehabt, die relativ geringen iberischen Einschlag zeigt und bis gegen das Ende der Bronzezeit dauerte. Die auffallend gutgearbeitete Figur von St. Sernin und einige andere mögen eher die Kultbilder einer mediterran orientierten, höher zivilisierten Bevölkerung gewesen sein.

Kein anderes westeuropäisches Bildwerk aus der Welt der großen Steingräber zeigt die Göttin in so naturalistischer und zugleich dämonischer Gestalt wie die Skulptur von St. Sernin (Abb. 73). Gleich der Priesterin oder Sakralkönigin eines barbarischen Stammes steht sie, in die heilige Menhirform gebannt, mit tätowiertem Antlitz vor uns, ohne Mund, ihr stummes gebieterisches Sein nur im Blick konzentriert, und strahlt immer noch ein magisches Fluidum aus. Eine prunkvolle sechsfache Kette hängt schwer bis zu ihren Brüsten hinab. Auf der Rückseite der Stele sind zwei große Haken skulptiert, die den Schmuck in der Schultergegend halten. Ein Mantel, der in breite Falten gelegt ist, läßt nur die mittlere Partie der Vorderseite frei. Der rituelle breite Gürtel, in dem ein großes, oben gegabeltes Gerät steckt, faßt den Umhang zusammen. Die waagerecht abgewinkelten Arme und die vom Gürtel herabbaumelnden Beine zeigen die übliche fransenartige Zeichnung der Hände und Füße.

Der Gott in Waffen

Die Zahl der männlichen Menhirstatuen Südfrankreichs liegt weit unter jener der weiblichen. Gleich den Bildnissen der Göttin sind sie stets nach einem bestimmten Schema gestaltet. Immer ist eine kriegerische Erscheinung dargestellt, die mit Dolchen, Bogen und Pfeil, zweimal auch mit einem geschäfteten Steinbeil bewaffnet ist. Das Antlitz ist meist kaum angedeutet. Wichtige Attribute waren offenbar ein breiter geflochtener Gürtel, der regelmäßig auf den jüngeren Bildsteinen angebracht ist, und ein schräg über die rechte Schulter laufender, unter dem linken Arm wieder vorgezogener Gurt mit einem Ring auf der Brust, unter dem sich die Riemenenden vereinigen. Meist hängt daran ein Dolch.

1947 wurde bei Saumecourt eine zerbrochene männliche Menhirstatue am Rande eines Baches entdeckt, die vermutlich zuvor auf einem kleinen Hügel oberhalb des Fundortes gestanden hatte. Sie trägt außer einem Dolch einen Bogen mit Pfeil auf der rechten

73　Weibliche Menhirstatue von St. Sernin ▷

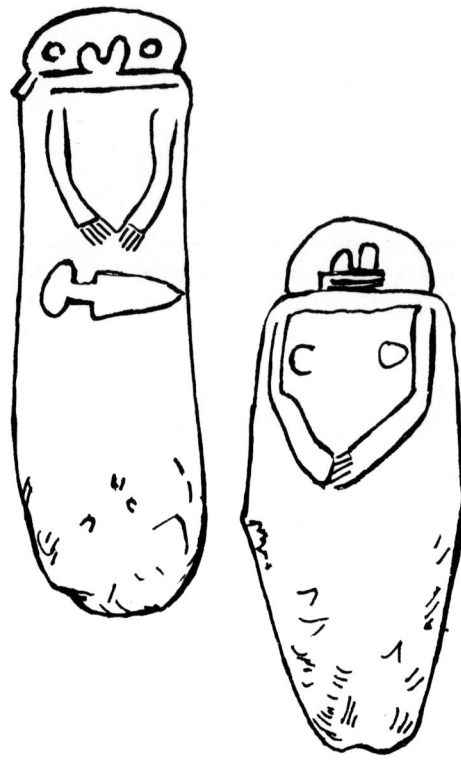

Menhirstatuen von Fivizzano

Hinweise auf die Idee eines göttlichen Paares fanden sich, außer bei den Menhiren Sardiniens, im ligurischen Küstengebiet und in den Alpen. In Fivizzano bei La Spezia kamen in einem Erdhügel mit Brandresten neun aufrecht stehende Stelen zutage. Die weiblichen sind durch Brüste gekennzeichnet, eine zeigt außerdem das charakteristische Wangenmuster der Göttin. Das Schema des Eulengesichtes läßt sich noch unterscheiden, die Augen fehlen meistens. An Gliedmaßen sind überall nur die Arme vorhanden. Die männlichen Figuren tragen quergestellte Dolche mit halbmondförmigen Griffen.

Die Urbilder dieser Waffe erscheinen unter den Beigaben in den Königsgräbern von Ur in Mesopotamien. Später fanden sie sich im syrischen Ugarit, in Ägypten und Kleinasien. In Mykene übernahm man diese Form etwa seit 1600 v. Chr und wandelte sie etwas ab. Auf einer der Grabstelen, die über den Schachtgräbern von Mykene standen, ist solch ein Dolch skulptiert. Mit dem mykenischen Handel gelangten die Dolche bis nach England und selbst in das abgelegene Camonica-Tal in den Alpen, wo sie vielfach auf Felsbildern zu sehen sind.

Die ligurischen Menhire sind nach der Form ihrer Dolche jedenfalls bronzezeitlich, und noch später mögen die sehr primitiven Bildsteine des Etschtales in Südtirol entstanden sein, auf denen ebenfalls zahlreiche Dolche eingraviert sind. Unter den Südtiroler Menhiren gibt es auch weibliche mit Brüsten und mehrreihiger Kette, die zusammen mit den männlichen gefunden wurden.

In Frankreich scheint der Kult der kriegerischen Gottheit die Grenzen des Languedoc nicht überschritten zu haben. Die Herrschaft der Totengöttin aber dehnte sich immer weiter aus.

Seite des Oberkörpers und darunter ein geschäftetes Beil. Als einziger aller bisher bekannten männlichen Bildsteine zeigt dieser auf den Schmalseiten eine Anzahl vertikaler Linien, die vielleicht einen gefalteten Mantel, wie ihn die Göttin von St. Sernin trägt, vorstellen sollen.

Die Gestalt des Bewaffneten, die schwerlich nur das Porträt eines heroisierten Ahnen verkörperte, ist weit rätselhafter, als jene der Göttin. Es sieht fast aus, als sei die Verehrung dieses höheren Wesens auf den südfranzösisch-ligurischen Bereich beschränkt gewesen.

Allées couvertes und Felsgrüfte

Die großen schiffbaren Flüsse waren überall die Einfallstore von Kolonisatoren und begehrtere Handelsstraßen als die Landwege. Die seefahrenden Megalithvölker zeigten eine Vorliebe für die Festsetzung auf Inseln, mochten diese nun im Meer oder in Flüssen liegen. Im Mündungsgebiet der Rhône, nahe von Arles, besiedelten sie ebenfalls eine Insel – heute ist sie Festland geworden –, die ihnen als strategisch günstige Position eine Kontrolle des Schiffsverkehrs rhôneaufwärts ermöglicht haben mag. Vier weit in den Felsgrund getriebene, plattengedeckte Grüfte unter ovalen Hügeln – das längste von Fontvieille mißt 45 m – und ein oberirdisches Megalithgrab bezeugen dort ein prähistorisches Zentrum.

Die lang bekannte ›Feengrotte‹, zu der sechs Stufen hinabführen, besteht aus einer 25 m langen Galerie, deren vorderer Teil etwas schmäler ist, während sie rückwärts 3 m weit wird. Nahe dem Eingang öffnen sich rechts und links zwei Seitenkammern. Dieses Grab hat naturgemäß keine Funde mehr gebracht, ein anderes aber wurde 1886 geöffnet und erwies sich als unberührt. Es enthielt 100 Skelette, denen schöne Glockenbecher, zahlreiche Kallaïtperlen, etwas Goldschmuck und Pfeilspitzen aus Flint mitgegeben worden waren. Dieses Totenhaus und wahrscheinlich auch die anderen stammten daher aus der Kupfersteinzeit, d. h. etwa aus dem Ende des 3. Jahrtausends v. Chr. So stellt sich die Frage, ob die frühen Felsgrüfte der Balearen auf die Hypogäen von Arles zurückgingen.

Die versenkten Langgräber megalithischer Bauart verbreiteten sich weithin in Frankreich. Im Süden finden sich solche Allées couvertes außer an der Rhône von Narbonne landeinwärts bis in die Gegend von Toulouse. Nördlich der Garonne erscheinen sie im Bereich von Angoumois und Poitou, an der unteren Loire, in der Bretagne und der Normandie. Eine besondere Gruppe bilden die Allées couvertes des Pariser Beckens.

Das Bild der Totengöttin, das in den südfranzösischen Fels- und Galeriegräbern fehlt, erscheint in Nordfrankreich um so deutlicher.

Im oberen Marnegebiet förderte der weiche Kreidefels der hügeligen Landschaft die Anlage von Felsnekropolen. An die 100 unterirdische Räume wurden in Hänge gehöhlt. Kurze Gänge führen durch ein ovales Vestibül in eine oder zwei Kammern mit flacher Decke, die bis zu 1,70 m hoch und von annähernd quadratischer Form sind. Die größte hat eine Seitenlänge von fast 4 m. Auf den gutgeglätteten hellen Wänden fanden sich vier schöne Darstellungen der Totengöttin, die unverkennbar von Menhirstatuen abstammen. Die Form der oben abgerundeten Stele wurde jedesmal in das weiche Gestein

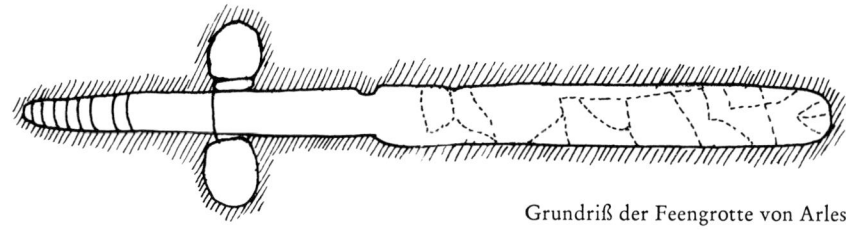

Grundriß der Feengrotte von Arles

Felsgrotte von Courgeonnet

getieft. Die Attribute der Großen Mutter: das Eulengesicht, die Kette, einfach mit einer gelbbraun bemalten Perle in der Mitte oder mehrreihig, Brüste und einmal eine geschäftete Doppelaxt erscheinen darauf. Ein Bildnis zeigt einen gemalten Mund und auch die Absetzung der Axt vom Stiel wurde mit schwarzer Farbe unterstrichen. Vielleicht weist dies darauf hin, daß auch die Menhirstatuen einst bemalt waren.

In der Hut der Göttin, die stets seitlich des Einganges in die Hauptkammer gleichsam Wache hält, lagen zahlreiche Skelette. Manche Gräber müssen lange benutzt worden sein. Ihre Schwellen sind von vielen Füßen abgetreten, und die Toten füllten sie mehrfach bis zum Ausgang.

Die ärmlichen Beigaben aus den Marne-Grotten – Steinbeile und Dolche, querschneidige Pfeilspitzen mesolithischer Tradition, Perlen aus Muschelschale, Stein, Horn und Bein und rohe blumentopfförmige Tongefäße – lassen sich nicht mit den feinen Geräten und dem wertvollen Schmuck aus den südfranzösischen Nekropolen vergleichen. Die kunstvollen, klargezeichneten Darstellungen der Göttin aber und die sorgfältige Ausführung der Totenwohnung zeigen, welche Macht der neue Kult auch im Norden Frankreichs ausübte.

Verwischter und radikaler abgekürzt, manchmal nur mehr auf die Kette und die Brüste reduziert, erscheint die Totengottheit auch auf Wandplatten der Allées couvertes des Seinegebietes. Die Allées couvertes sind lange, in die Erde versenkte Galerien, die durch Türlochsteine und quergestellte Platten unterteilt werden. Die eigentümliche Sitte der Trepanierung war im Pariser Becken besonders verbreitet. Kaum eine Allée couverte war ohne einen behandelten Schädel, und unter den Totenbeigaben fanden sich viele runde Knochenscheiben-Amulette.

Noch geheimnisvoller als der Brauch der Schädelbohrung aber wirken T-förmige Zeichen, die bei Lebzeiten in eine Anzahl weiblicher Köpfe eingetieft worden waren. Sie gleichen stark dem Doppelbeil, das die Göttin im Felsgrab an der Marne trägt. Vielleicht wurden Priesterinnen auf diese schmerzhafte Weise mit dem heiligen Symbol gezeichnet.

Vielfältig sind die Erscheinungsformen, die der Kult der Göttin und der Toten vom mediterranen Frankreich bis hinauf in seine nördlichen Zonen annahm, das Herzland der Megalithkultur und ihrer einmaligen religiösen Entfaltung aber lag im Westen Frankreichs, an den meerumrauschten Küsten der Bretagne.

Reliefdarstellung aus einem Felsgrab von Petit Morin

Allée couverte mit Türloch aus dem Pariser Becken

Buch VII: Zeichen im Stein

Rätsel um den Beginn der bretonischen Megalithkultur

»Armor«, das »Land auf dem Meer«, nannten die Gallier die Bretagne. Vier Fünftel ihrer Grenzen werden von der See umspült, die zu allen Zeiten ihr Geschick bestimmte. Sie bildet die äußerste Westspitze unseres Kontinentes und war durch ihre tiefeingeschnittenen Fjorde und geschützten großen Buchten ein ideales Ziel für Navigatoren. Andererseits war die Bretagne aber auch offen für kontinentale Einflüsse aus dem Norden, Osten und Südosten.

Im Jungpaläolithikum war das armorikanische Klima sehr kalt. Der Mangel an Grotten und Felsdächern, die in dieser Periode die besten Unterkünfte für schweifende Jägergruppen boten, trug sicher zur geringen Anziehungskraft dieses Gebietes bei. Bis jetzt wurden kaum Spuren menschlicher Anwesenheit aus dieser Epoche gefunden. Diese häufen sich erst etwa im 5. Jahrtausend, in dem besonders das Morbihan, das ein milderes Klima und günstigere Lebensbedingungen besaß als andere Zonen der Bretagne, Jäger, Fischer und Sammler anlockte. Ihre Lagerplätze dürften ebenso wie die ältesten frühneolithischen Niederlassungen heute weitgehend unter dem beträchtlich gestiegenen Seespiegel liegen.

Immerhin wurden auf den Inseln Téviec und Hoëdic, die im 5. Jahrtausend wahrscheinlich noch mit dem Cap von Quiberon verbunden waren, zahlreiche Küchenabfallhaufen aus Muschelschalen, Fischgräten und Knochen entdeckt, die Fischer und Jäger hinterlassen hatten. Grabungen unter verschiedenen Feuerstellen brachten wichtige Funde: Sandgruben, die mit Steinen bedeckt und ausgelegt und mit kleinen Platten eingefaßt waren. Sie enthielten Familienbestattungen. Auf Téviec waren es zehn Gräber mit insgesamt 27 Bestattungen. Erwachsene wie Kinder waren darin – manchmal in Hockerstellung – beerdigt und oft mit gemahlenem roten Ocker bestreut worden. Die Toten gehörten der sogenannten atlanto-mediterranen Rasse an. Sie waren klein wie die reinen Mediterranen aber kräftiger gebaut und dunkelhaarig. Man hatte die Leichen, wie Nadeln aus Bein zeigten, in ihren Fellgewändern beigesetzt. Die Beigaben bestanden in Schmuck aus Muscheln und Tierzähnen sowie mikrolithischen Geräten – Pfeilspitzen, Fischhaken usw. –, die jenen der mesolithischen Tardenoisien-Kultur Südfrankreichs ähneln. Über und rings um einige Gräber hatte man mächtige Hirschgeweihe gelegt. Sichtlich war der Hirsch das Totemtier der Jägerstämme dieser Zeit. Jahrtausende später finden wir ihn als den keltischen Hirschgott Cernunnos in der Bretagne wieder.

Zugleich mit den Jägern, Fischern und Sammlern, die ihren mesolithischen Lebensstil noch manchmal bis ins 3. Jahrtausend fortsetzten, erschienen aber auch Gruppen, die Schafe, Ziegen und Rinder züchteten, wahrscheinlich halbnomadische Hirtenvölker. Es ist möglich, daß die Entwaldung, die durch Pollenanalyse bereits im 5. Jahrtausend v. Chr. festgestellt wurde, nicht auf Brandrodung durch die ersten Ackerbauern zurückgeht, sondern durch grasendes Vieh verursacht wurde. Die Ausgangspunkte dieser Hirtengemeinschaften lagen vielleicht im Nordosten Europas. Ihre nicht megalithischen Totenbräuche weisen in diese Richtung, wenn man ihnen die sogenannten ›tertres allongés‹ zuschreiben will, die sich noch vereinzelt in den Wald- und Heidegebieten der inneren Bretagne, den *Landes,* und im Morbihan finden. Es sind niedrige rechteckige oder ovale Aufschüttungen, die 15–35 m breit und 40–100 m lang sein konnten, mit einer Einfassung von schräggestellten, nicht großen Platten. Sie enthielten kleine, trocken aufgemauerte Gräber mit Leichenbrand und spärliche Beigaben, vor allem Silexsplitter, Mahlsteine, zerbrochene Feuersteinbeile, die in den Rahmen des westeuropäischen Neolithikums gehören. Die meisten dieser flachen Monumente fielen vermutlich schon in alter Zeit Urbarmachungsarbeiten zum Opfer. Außer den ›tertres allongés‹ kennen wir nichts von diesen frühneolithischen Einwanderern, und beinahe dasselbe kann man auch von den frühen Bewohnern der Küstengebiete sagen, von denen sich sehr wenige Siedlungsspuren fanden. Erst gegen das Ende des Neolithikums gibt es deutliche Beweise für eine voll entwickelte Wirtschaft mit Ackerbau und Viehzucht. Wir können daher nur aus den ersten gewaltigen Grabmonumenten, die nach C14-Daten gegen 3800–3900 v. Chr. errichtet wurden – mit Calibration würde sich diese Chronologie

nochmals um gute 800 Jahre verschieben – auf eine bedeutende Zunahme der Bevölkerung in den Uferzonen der Bretagne schließen.

Die Häuser dieser Urbretonen wurden sicher, wie ganz allgemein in dieser Epoche in Nord- und Westeuropa, aus Holz konstruiert und waren, wie alle Blockhäuser, rechteckig oder allenfalls quadratisch. Um so überraschender wirken die runden Kammern mit hohen, kühn konstruierten Bienenkorbkuppeln, die zu den ältesten Formen der aus Steinen gefügten Ganggräber der Bretagne gehören. Das spektakuläre Aufkommen eines Totenkultes, zu dem eine monumentale Stein-Architektur gehörte, die scheinbar ohne Vorstadien auftritt, hat noch immer viele rätselhafte Aspekte.

Der einzige gemeinsame Zug zwischen den bescheidenen Familiengräbern in Abfallhaufen und den oft riesenhaften Mausoleen, die gegen Ende des Frühneolithikums in der Bretagne auftauchen, ist die Kollektivbestattung und eine gewisse Kontinuität in der Entwicklung der Steingeräte im Mesolithikum und der Jungsteinzeit. Diesen Indizien, die für eine lokale Entwicklung der bretonischen Megalithkultur sprechen, stehen andere gegenüber, die nicht überzeugend widerlegt werden können. Die ausgereifte Architektur der Kuppelgräber und der sie umschließenden Cairns ist ohne lange Erfahrung kaum begreiflich, und auch die Theorie von Holzkonstruktionen als Vorstufen wirkt nicht überzeugend. Die feingefügten Kragkuppeln, raffinierte Strukturen aus Kleinmauerwerk, erscheinen als ein fremdartiges Element inmitten der einfachen Welt der Einheimischen, als eine Form, die auf einem anderen Boden gewachsen ist. Wir kennen sie von den ältesten Wohnbauten des Nahen Ostens aus

Lehmziegeln, Steinen, Pisé; von Jericho I und anderen Orten Altpalästinas; aus Khirokitia auf Zypern, aus Arpachijah in Nordmesopotamien. Die »ältesten Tholoi der Welt« wurden nicht in der Bretagne erfunden, wie enragierte Antidiffusionisten meinen, und auch die Theorie, daß die verschiedenen Grabformen des Megalithikums nur durch das Vorkommen bzw. Fehlen bestimmten Steinmaterials bedingt wurden, läßt sich gerade auf die armorikanischen schlecht anwenden. Große Blöcke wie kleines Gestein gibt es im Überfluß in der Bretagne, wo viele Grabmonumente in gemischter Technik aus Trockenmauerwerk und Megalithen errichtet wurden. Die Strukturen gerade der frühen Cairns mit ihren funktionellen, konzentrisch angelegten Innenmäuerchen, Stützvorrichtungen usw. verraten eine sorgfältige Gesamtplanung, eine bewußte Verteilung von Volumen, kurzum erstaunliche bautechnische Kenntnisse. Sie sind sicher keine Improvisationen.

Ebensowenig wirkt gerade die älteste Keramik aus der Bretagne als eine Produktion von Anfängern. Auf der kleinen Insel Carn bei Ploudalmezeau wurde ein unberührtes Kuppelgrab mit kurzem Gang unter einem Tumulus von 30 m Durchmesser und etwa 5 m Höhe freigelegt, ein intakter Bau aus Trockenmauerwerk aus dem Frühneolithikum, dessen Kammern außer Brandresten nur eine Silexklinge und 35 Scherben wahrscheinlich rituell zerschlagener Gefäße enthielten. Der feingeschlämmte Ton, die harten, relativ dünnen Wände dieser schwärzlichen und bräunlichen gut geglätteten und polierten Töpfe mit rundem Boden, deren einzige Verzierung einige sichelartige Zeichen in Relief bilden, verraten eine fortgeschrittene Töpferkunst. Die grobe spätneolithische Keramik aus der Bretagne mit ihren Blumentopf- und Kragenflaschenformen war diesen Qualitätsprodukten weit unterlegen. Einflüsse der Chassey-Kultur des südfranzösischen Mittelneolithikums (das zeitlich etwa dem armorikanischen Frühneolithikum entsprach), die im 4. Jahrtausend große Teile Frankreichs eroberte und auch nach Norditalien und der Schweiz ausstrahlte, wären eine plausible Erklärung für die Güte der ersten armorikanischen Tonware. Gegen sie sprechen einige charakteristische Merkmale wie Panflötenhenkel, geometrischer Ritzdekor und eine breitrandige Tellerform neben den rundbodigen Vasen, die bei der Chassey-Keramik vorkommen, bei der bretonischen fehlen. Neuerdings aber haben Funde sehr früher Chassey-Ware gezeigt, daß bei dieser die genannten Kennzeichen auch nicht vorhanden sind. Die These südlicher Beziehungen in der Beginnphase des bretonischen Megalithikums hat daher wieder Boden gewonnen.

Während sich in der Chassey-Kultur eine verhältnismäßig geradlinige Entwicklung abzeichnet, wirkt die Lage in der Bretagne von Anbeginn viel komplexer und undurchsichtiger, dies kommt auch in der Verschiedenartigkeit der Totenmale im Früh- und Mittelneolithikum zum Ausdruck.

Das simple Modell, das auf der Menge des verfügbaren Ackerlandes und der daraus resultierenden Bevölkerungsdichte beruht und das C. Renfrew aufgrund einer Studie der späten Megalithkultur auf der westschottischen Insel Arran für die Enstehung, Verteilung und Bedeutung von Großsteingräbern und Malen vorschlägt, mag für Arran gelten, kaum aber für die Bretagne. Für die dichtgedrängten Megalithgräber, die gigantischen Tumuli mit fürstlichen Einzelbestattungen, die exotischen Tholosbauten, die

Menhire, die vor allem das Morbihan noch heute als eine Art heilige Zone unserer Urzeit erscheinen lassen, genügt eine Definition dieser Werke als Mittel zur Abgrenzung von Territorien, als Ausdruck einer Gruppensolidarität oder als Prestigebauten sicher nicht.

Jede rationelle Erklärung versagt vor den Leistungen, die diese urzeitlichen Kultmale verkörpern. Sie waren nicht das Werk eines Sklavenheeres, wie es für die Errichtung der Pyramiden eingesetzt werden konnte, sondern verhältnismäßig kleiner Gemeinschaften. Ein Teil ihrer Mitglieder war ohne Zweifel ausschließlich mit dem Bau der Grab- und Kultmonumente beschäftigt, der andere mußte für die Ernährung der Gesamtheit sorgen. Es läßt sich unschwer berechnen, daß damals ein wesentlicher Lebensteil jedes Einzelnen im Dienst einer Heilslehre stand, die solche Anstrengungen wichtiger erscheinen ließ als alle Arbeiten für die kurze irdische Existenz. Versprach sie ein ewiges, überhöhtes Leben, eine mystische Wiedergeburt im Schoß der Erd- und Totenmutter, deren zahllose Symbole in den Megalithgräbern vielleicht das Anrecht auf Unsterblichkeit besiegelten? Chr. Hawkes sagt einmal, daß religiöse Motive zu den großen schöpferischen Kräften der Vorgeschichte gehörten, die den materiellen nicht entgegen-, sondern als deren Ergänzung und Stimulierung wirkten. Dies trifft auf das Megalithikum sicher in höchstem Maße zu. In der Bretagne ging eine geistige Saat auf, die sich mehr als 2000 Jahre lang in den bis jetzt ältesten Großsteinbauten und -malen Europas manifestierte. War sie erstmalig auf armorikanischem Boden gewachsen oder war dort uralter Samen aus der früher gereiften ostmittelmeerischen Welt in den fruchtbarsten Boden gefallen? Woher kamen die übermächtigen Impulse, die zu diesem religiösen Aufbruch, zu dieser gigantischen Sakralarchitektur führten und die Bretagne zu einem Brennpunkt der ersten umfassenden religiösen Bewegung unserer Urzeit machten? Ungeachtet aller antidiffusionistischen Theorien wirken Südwest-, West- und Nordeuropa im Neolithikum und Chalkolithikum doch sehr deutlich als eine geistige Einheit, in deren Bereich die gleichen religiösen Grundgedanken in Sinnbildern und Kultbauten in vielen lokalen Variationen schöpferisch zum Ausdruck kamen.

Die früher allgemein akzeptierte Annahme, daß die bretonische Megalithkultur wahrscheinlich von der portugiesischen abstammte, mit der unleugbare Verwandtschaft besteht, wurde durch die neuen hohen Daten der armorikanischen, denen bis jetzt keine ganz so frühen oder noch früheren Entstehungszeiten der portugiesischen Megalithgräber gegenüberstehen, fragwürdig. Solange aber den intensivierten Untersuchungen der bretonischen Großsteinkultur, die in den letzten 15 Jahren eine Fülle neuer Erkenntnisse und Daten ergaben, keine ebenbürtigen der portugiesischen Megalithkultur und nur sehr spärliches Datenmaterial aus deren Monumenten entsprechen, ist kein endgültiges Urteil über Prioritäten möglich. Seeverbindungen längs der ganzen atlantischen Front Westeuropas bestanden wahrscheinlich seit dem Beginn des Neolithikums. Im Spätneolithikum, das mit der Eichung der C_{14}-Daten etwa in die erste Hälfte des 3. Jahrtausends v. Chr. fallen würde, exportierten die Urbretonen ihre prächtigen ›Grünsteinbeile‹ aus einer Art sehr feinem Dolerit sowohl nach dem Kontinent wie über See nach England. Petrographische Studien haben bewiesen, daß ihre Erzeugnisse einerseits in das Loire-Gebiet, nach Aquitanien und bis ins Pariser Becken sowie ins Elsaß gehandelt wurden und andererseits über Jersey und Guernsey im Ärmelkanal nach den Britischen Inseln gelangten.

Die Archäologen entdeckten verschiedene Steinbrüche, in denen der wertvolle Dolerit gewonnen und an Ort und Stelle in großem Umfang in Ateliers verarbeitet wurde.

Zur industriellen Produktion von Steingeräten für den Export gehörten aber auch Imitationen der typischen Waffe der ost- und nordeuropäischen ›Streitaxtkulturen‹: Schaftlochbeile mit einem Hammerkopf gegenüber der Schneide und bootförmige Doppeläxte, die vor allem in die Seine-, Loire- und Somme-Gebiete exportiert wurden. In der Bretagne fanden sich manchmal halbfertige Exemplare unter den Beigaben in spätneolithischen Gräbern.

Bedeutsamer als die Einflüsse der Streitaxt-Kulturen, die damals große Teile Europas eroberten, war für die Bretagne das Erscheinen der Glockenbecherleute, die sie wahrscheinlich etwa im letzten Viertel des 3. Jahrtausends über See von der Iberischen Halbinsel aus erreichten. Ihre Anwesenheit manifestiert sich vor allem in ihrer charakteristischen Keramik, den Arm- und Gelenkschutzplatten, kleinen Kupferdolchen sowie Gold- und Bernsteinschmuck, Totenbeigaben aus Megalithgräbern, die sie öfters, ungeachtet ihrer andersartigen eigenen Grabsitten, für Bestattungen benutzten.

Mit ihrer Ankunft begann eine intensivere Einschaltung der Bretagne in das weitgespannte Netz internationaler Handelsbeziehungen. Wieder waren es Seefahrer, die einen wichtigen Beitrag zur armorikanischen Entwicklung lieferten. Sie brachten die Kenntnis der Metalle und ihrer Verarbeitung mit und waren vermutlich an der Entdeckung und Auswertung der bretonischen Bodenschätze wesentlich beteiligt.

Die Sprache der Gräber

Den sichersten Hafen der Bretagne bildete das »Kleine Meer«, das »Morbihan« in ihrem Süden, das der ganzen Region den Namen gab. Dort zieht das Land die See in einer großen Umarmung in die Küste und bändigt sie in einem weiten Golf, den nur ein Durchgang von kaum 1 km Breite mit dem Ozean verbindet.

Das Morbihan zeigt noch immer eine solche Häufung von Grab- und Kultanlagen, daß der Eindruck entsteht, dort hätte sich einmal das Zentrum eines ungeheuer intensiven, um die Totenverehrung konzentrierten religiösen Lebens befunden. Von der Halbinsel von Quiberon bis tief in den Golf des »Kleinen Meeres« erstreckt sich ein unermeßlicher Friedhof mit weithin sichtbaren Riesentumuli, Megalithgräbern, deren Cairns vergangen sind, Menhiren, Steinalleen und Umhegungen. Die funerale Bedeutung der letzten ist zwar nicht gesichert, ihre sakrale aber ist ganz offensichtlich. Einst war die Zahl aller dieser Monumente, die bis heute die Landschaft beherrschen, noch viel größer und die Architektur der Cairns, deren ursprüngliche Formen durch die Zeit und die Menschen verwischt wurden, viel imposanter. Die Dimensionen, die Verschiedenartigkeit und die sorgfältige Bauweise vieler Mausoleen weisen ebenso wie die reichen Beigaben, die in einigen ans Licht kamen, daraufhin, daß in dieser Zone, die an den vermutlich wichtigsten Hafen der Urbretagne grenzte, die Elite des armorikanischen Landes im Lauf der mehr als zwei Jahrtausende während Blüte der Megalithkultur begraben wurde.

Die Errichtung der oft gigantischen Male setzt ohne Zweifel eine bereits differenzierte Sozialstruktur und eine gut funktionierende Organisation voraus. Ohne diese sind solche Leistungen undenkbar. Ein Teil der Gräber wurde sicherlich für Personen von hohem Rang errichtet, andere wirken wie Familiengrüfte, andere waren vielleicht Kollektivgräber einer Dorfgemeinschaft. Die »egalitäre Gesellschaft«, die nach modernen Theorien das Neolithikum kennzeichnete, bestand im bretonischen Megalithikum sicher nicht mehr. Bildeten die Träger der Megalithkultur von Anbeginn eine Oberschicht?

Es steht heute fest, daß die Kammergräber mit Gang die älteste Form des armorikanischen Steingrabes darstellten und immer unter einem Cairn geborgen wurden. Ob Kragkuppeln oder megalithische Eindeckungen früher anzusetzen sind oder gleichzeitig aufkamen, bleibt offen. Für beide Bauarten gibt es sehr hohe Zeitansätze. Das rein megalitische Ganggrab von Kerkado bei Carnac konnte mit der C14-Methode auf 3890 ± 300

datiert werden. Korrigiert ergäbe dies ein Entstehungsdatum zwischen etwa 4300–4500 v. Chr.! Ungefähr ebenso alt – 3800 ± 150 v. Chr. – ist eines der elf Ganggräber des gigantischen Cairns von Barnenez im Finistère (Abb. 74). Dieser gehört heute nach seiner Ausgrabung und Restaurierung, die zwischen 1955 und 1968 erfolgten, zu den eindrucksvollsten Relikten aus der armorikanischen Vorgeschichte. Die Untersuchung des annähernd rechteckigen Hügels von 85 m Länge und 35 m Breite, der auf der Halbinsel Kernéléhen über einer Flußmündung emporragt, zeigte, daß er in zwei Etappen errichtet wurde. Der ältere Ostteil aus dem anstehenden Dolerit enthält fünf Gräber mit langem Gang. Der Westteil, dessen Kammern C14-Daten zwischen etwa 3600 und 3150 v. Chr. ergaben, wurde aus Granit von der nahen Insel Sterk konstruiert. Bemerkenswert ist der gestufte Aufbau des Cairns, dessen Fundamente durch eine Anzahl großer Blöcke verstärkt wurden. Die meisten, mehr oder weniger rundlichen Kammern waren mit Bienenkorbkuppeln überdacht, die in Schichtbau aus kleinen Granit- und Schieferplatten gefügt wurden. Die Korridore sind mit Orthostaten – hochkant gestellten Platten – verkleidet und mit Megalithen eingedeckt. Diese ruhten jedoch nicht auf den Orthostaten,

74 Restaurierter Cairn von Barnenez

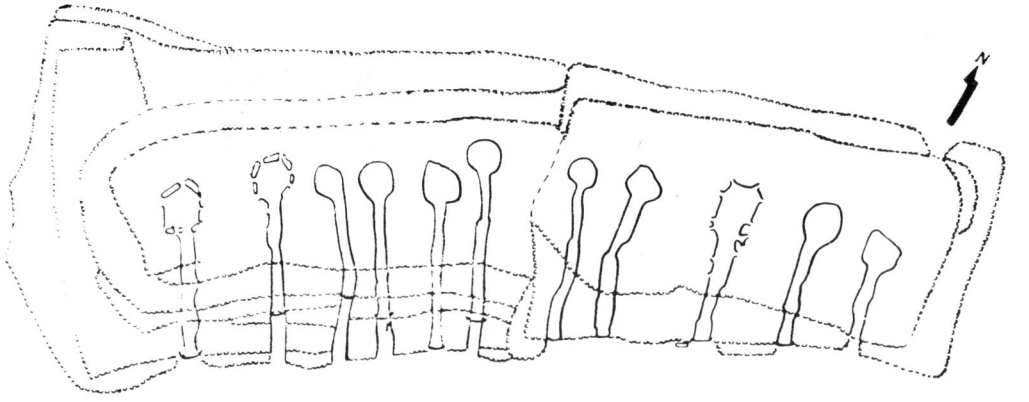

Gesamtplan des Doppelcairns von Barnenez

denen offenbar nur eine dekorative Funktion zukam, sondern auf dahinterliegenden Trokkenmauern.

Die bedeutsamsten Entdeckungen enthielt ein Totenhaus mit 7 m langem Gang, der in einem runden Raum endet. Diesen deckte ursprünglich eine Pseudokuppel. Dahinter fanden die Ausgräber die eigentliche Bestattungszelle, einen Raum aus fünf großen Tragsteinen unter einem gewaltigen Überlieger. Zwei viereckige Pfeiler markieren den Eingang. Auf dem westlichen wurde ein Bogen, der in Schußstellung nach außen gerichtet ist, eingemeißelt, ein magisches Abwehrzeichen,

das Grabschänder bedrohte. Außerdem erscheinen Beilklingen und ein Kreuz, wahrscheinlich das Ideogramm einer geschäfteten Axt, auf dem Stein. Im Inneren der Kammer wurden Wellenlinien, vielleicht Symbole für Wasser, und jochartige Gebilde angebracht. Interessant war auch der Fund einer Türlochplatte als Verschluß im äußersten Grab des älteren Cairns.

Gleichzeitig mit den frühen Kollektivgräbern, in denen viele Generationen beigesetzt wurden, baute man aber auch bei Carnac, Locmariaquer usw. einige Großtumuli zu einmaliger Benutzung. Sie umschlossen

Vorderansicht des Cairns von Barnenez

manchmal nur eine Kammer mit auserlesenen Totenbeigaben, in anderen aber fand man daneben kleine Steinkisten mit Leichenbrand. Die meisten Rätsel gibt der Mont St. Michel auf, einer der größten Totenhügel Europas, der 125 m lang und 60 m breit 12 m über dem Plateau von Carnac emporragt. Man fand in seiner Tiefe drei große Kammern und 19 Steinkisten, die trocken aufgemauert und in Kragtechnik gedeckt wurden. In der zentralen Konstruktion kamen 11 Prunkbeile aus Jadeit, 26 kleine Fibrolithbeile, prächtig gearbeitete und auf Hochglanz polierte Hänger aus Chalzedon und mehr als 100 Perlen aus dem grünlichen Kallaït, einer Art Türkis, zutage, die den Rang und Reichtum des Fürsten beweisen, für den dieses Mausoleum errichtet wurde. Begleiteten ihn seine Gefolgsleute ins Jenseits? Die Bestattungen erfolgten jedenfalls alle zur selben Zeit, und nach ihnen wurde der Tumulus endgültig verschlossen. In zwei Steinkisten kamen keine menschlichen Reste, sondern Rinderknochen zutage. Rinderopfer gehörten anscheinend zum Totenritual, und dies deutet wieder auf den altanatolischen und mediterranen Stierkult. Hatten die zahlreichen jochförmigen Zeichen der megalithischen Wandkunst dieselbe Bedeutung wie die Hörnersymbole in den sardischen Felsgräbern oder in den Schreinen von Çatal Hüyük, in denen die Toten im Angesicht der Großen Göttin unter dem Flur begraben waren?

Die Variationen der Grabformen des bretonischen Megalithikums, die sich besonders im Morbihan häufen, sind trotz der Spanne von über 2000 Jahren, in denen die Kreativität eines hochbegabten Volkes fast ausschließlich im Dienst seiner Religion stand, erstaunlich. Dies um so mehr, als diesen Leistungen bis gegen Ende des Neolithikums keine profane Steinarchitektur gegenüberstand. Wohnte der Fürst, der zu Beginn des 4. Jahrtausends oder noch früher über die Macht und das Menschenmaterial verfügte, sich den ungeheuren Tumulus von St. Michel errichten zu lassen, nur in einer Blockhütte? Die raffinierte Bautechnik des Kuppelgrabes von Er-Mané bei Carnac mit seinem runden, zweistöckigen Cairn in kunstvollem Schichtbau, dessen Oberteil als Kegelstumpf das Kraggewölbe umschließt hatte kein Gegenstück in einem z. B. nuraghenartigen Häuptlingssitz, und von der dichten Besiedlung des Morbihan im Neolithikum, die noch immer einige hundert Kollektivgräber bezeugen (Abb. 75), sprechen bis jetzt nur sehr geringe Spuren von Niederlassungen.

Das ›Camp du Lizo‹, ein befestigtes Dorf auf einem Plateau über dem Fluß Crach bei Carnac, das 1922 teilweise ausgegraben wurde, entstand nach den Keramikfunden vermutlich erst in der zweiten Hälfte des 3. Jahrtausends, als die Ankunft der Glockenbecher-Leute eine neue Ära einleitete und die Bretagne mit ihren Zinn-, Blei- und Goldvorkommen allmählich in den aufblühenden internationalen Metallhandel eingeschaltet wurde. Vielleicht entstand damals neben der alten Seeroute längs der atlantischen Küste bereits die von Diodor erwähnte ›Zinnstraße‹, die von der Bretagne quer durch Gallien zur Rhônemündung geführt habe. Die beiden nach außen abgeschrägten Steinwälle – an exponierten Stellen erreicht der innere eine Dicke von 8 m und eine Höhe von 3 m – die das Camp du Lizo, das 200 m lang und 155 m breit war, umschlossen, weisen auf unruhigere Zeiten und erinnern an die Verteidigungsanlagen anderer spätneolithischer Siedlungen wie Peu Richard in der Charente Maritime und befestigte iberische Niederlassungen. Die

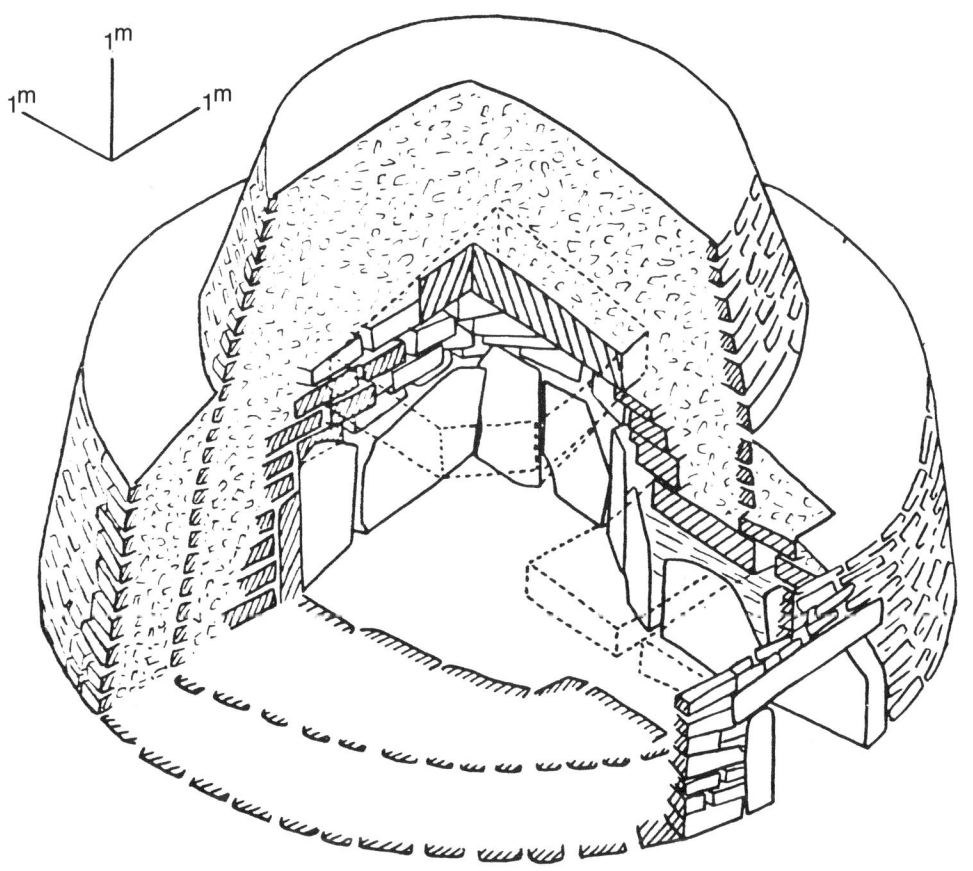

Isometrisches Schema des zweistöckigen Cairns des Megalithgrabes von Er-Mané bei Carnac

Bewohner der bretonischen Siedlungen hausten in runden und viereckigen Hütten mit Sockeln aus größeren Steinen, die manchmal mehrere Räume enthielten. Ein Erdwall teilte das Dorf in ostwestlicher Richtung, etwa in seiner Mitte lag ein Ganggrab, vielleicht ein älteres Monument, das man respektiert hatte. Andere Bestattungen bestanden aus kleinen Steinkisten, die zusammen mit Herden unter Flachhügelchen geborgen wurden. Die landwirtschaftlichen Methoden der Dörfler wirken recht primitiv, ihre Sicheln mit in Holz oder Bein montierten Silexspitzen sind z. B. jenen des Natufien weit unterlegen, für den Ackerbau wurden wohl Pflüge mit Steinzahn und Hacken aus Stein gebraucht. Neben der

75 Dolmen von St. Philibert im Morbihan

groben einheimischen Keramik mit ihren Blumentopfformen, kamen aber auch Scherben feiner Glockenbecher zutage. Vielleicht gingen mehrere große Brennöfen aus Platten mit sehr sachverständig angelegten Luftkanälen auf die Glockenbecherleute zurück. Verbaut wurden Gerste, Weizen, Hirse und Flachs. Die Viehzucht umfaßte Schafe, Rinder und Schweine. Im Ganzen wirkt das Camp du Lizo vor dem Hintergrund der grandiosen Male der Megalithkultur sehr bescheiden.

Obwohl die Megalith- und Kuppelgräber des Früh- und Mittelneolithikums sicher sehr lange benutzt wurden, entfalteten sich in den neuerrichteten Totenmalen bald vielfältige Formen mit kurzem oder langem Gang, mit Unterteilungen der Kammer und Seitenzellen, die manchmal eine kleeblattartige Konstruktion bildeten. Im Endneolithikum kamen im Morbihan auch eigenartige Ellbogenstrukturen aus Megalithen in Mode, deren langer Gang im rechten Winkel auf eine fast ebenso lange Kammer stößt. Typisch für das Endneolithikum sind aber vor allem die ›Allées couvertes‹, die Galeriegräber, megalithische Gänge unter länglichen Hügeln, die sich mit vielen lokalen Abwandlungen bis ins Pariser Becken verbreiteten (Abb. 76). Alle diese Totenhäuser lagen immer noch unter Cairns. Frei standen hingegen vermutlich einige kolossale Monumente im Südosten der Bretagne, die jedoch aus der zentralfranzösischen Megalithprovinz übernommen scheinen. Es ist sehr fraglich, ob die berühmte ›Roche aux Fées‹ (Feen-Fels) im Departement Ille-et-Vilaine, ein Grab war. Sie wirkt eher wie ein urzeitlicher Tempel. Der romantisch unter hohen Laubbäumen liegende Bau ist fast 20 m lang, 2 m hoch und aus insgesamt 41 Purpurschieferblöcken errichtet, die man in 4 km Entfernung gebrochen hatte. Ein monumentaler Portikus führt durch einen niedrigen Gang in einen 4 m breiten Raum, der durch seitlich vorstehende Platten mehrfach abgeteilt ist. Vier ungeheure Blöcke, jeder mehr als 40 Tonnen schwer, decken die ganze Konstruktion.

Ungeachtet der Verschiedenartigkeit der Grabmale des bretonischen Neolithikums war ihr religiöser Hintergrund überall der gleiche. Stets kehren dieselben heiligen Symbole, wenn auch in verschiedenen Abwandlungen, wieder. Die Sinnbilder der Totengöttin erscheinen in den ›allées couvertes‹ als Brüstepaare in Relief, manchmal mit der charakteristischen Halskette, die sie auch auf den Menhirstatuen trägt, in den älteren Mausoleen in noch abstrakteren Formen oder auch in Schlangengestalt.

Ein interessantes Beispiel für die Annahme der megalithischen Religion durch Gruppen mit ursprünglich andersartigen Totenbräuchen ist der ›tertre allongé‹ von Manio bei Carnac, an dessen Ostende ein 4,5 m hoher Menhir aufgerichtet wurde. In seiner unmittelbaren Nachbarschaft legten die Ausgräber eine meterdicke Platte von 3,6 m Länge und

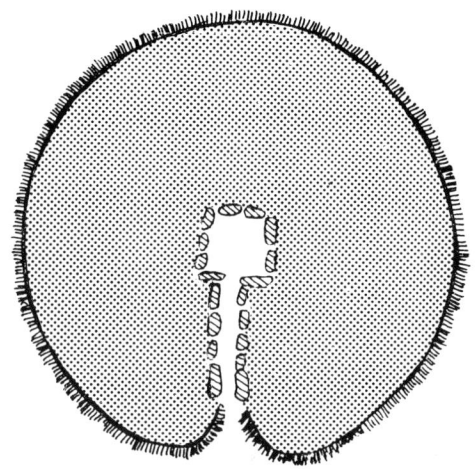

Grundriß des Ganggrabes von Kercado

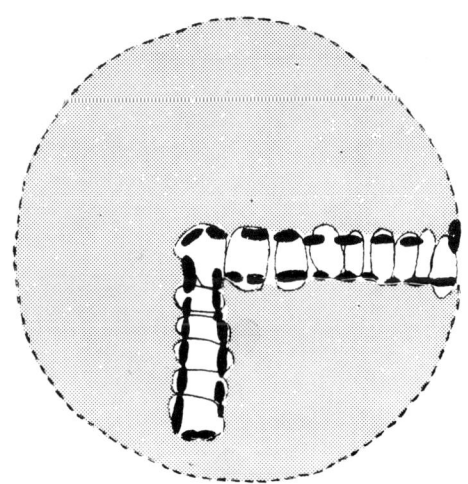

Dolmen der ›Ellbogen-Form‹

1,90 m Breite frei, auf der eine große Stielaxt eingraviert ist. Sie deckte ein trocken aufgemauertes Brandgrab, sichtlich die wichtigste Bestattung der ganzen Anlage, die außerdem mehr als 50 kleine Steinkoffer mit Leichenbrand enthielt. Die Ausgrabung des Menhirs

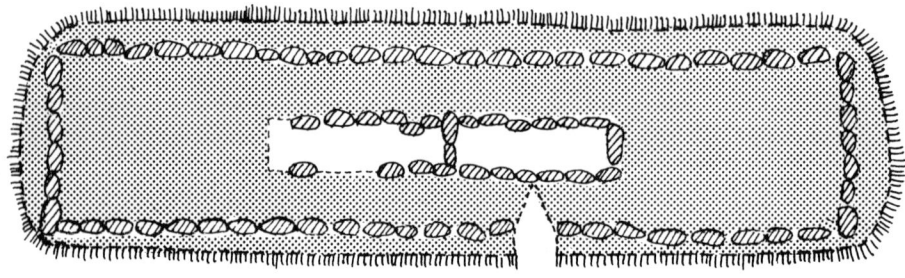

76 Langgrab

ergab eine überraschende Entdeckung: an seinem Fuß waren fünf aufgerichtete Schlangen
eingemeißelt, Verwandte der Schlange auf
dem Steinblock vor der Gigantija auf Gozo!
Sie balancieren in anmutiger Wellenbewe-
gung auf ihren Schwanzspitzen, wie in einem
feierlichen Tanz. Vor dem Menhir steckten fünf große Beilklingen aufrecht in der
Erde.

Wir wissen heute viel mehr als vor 20
Jahren über die bretonische Megalithkultur.
Ihr Bild steht um viele Züge bereichert, aber
noch immer keineswegs deutlich vor uns.
Auch die neue Formel, nach der sie aufgrund
ihres unerwartet hohen Alters zu einer rein
armorikanischen Schöpfung promoviert wird,
läßt viele Fragen unbeantwortet. Was können wir zur Zeit mit einiger Sicherheit über

Bretonisches Galeriegrab von Kerlescan unter Langhügel

sie aussagen, was mit einiger Berechtigung vermuten?

Ohne Zweifel waren die Träger der armorikanischen Großsteinkultur erfahrene Navigatoren. Gerade die ältesten Gräber liegen alle in Meeresnähe und auf Inseln und Kaps. Zweifelhaft bleibt, ob die Bienenkorbkuppel, die hauptsächlich in der Frühphase der Grabbauten auftaucht und später allmählich aus der Mode kommt, eine einheimische Erfindung war. Sie hinterließ keine Spuren in den ländlichen Bauwerken der Bretagne. In den mediterranen Ländern, die einmal zum Megalithikum gehörten, und in Portugal wie auf den Britischen Inseln erhielt sich die urzeitliche Kragbautechnik hingegen bis heute in Hirtenhütten, Brunnen- und Stallbauten. Man könnte wohl annehmen, daß die spitzgewölbten Tholoi der frühen Ganggräber eine importierte sakrale Bauform waren, die zu einem neuen Totenkult gehörte.

Aus der oft durchaus nicht primitiven Konstruktion und den erstaunlichen Maßen mancher Totenmale lassen sich ebenfalls gewisse Schlüsse ziehen. Ihre Errichtung ist ohne eine Gesellschaftsstruktur, in der es bereits Spezialisten gab, die mit der Planung und Ausführung solcher Bauwerke beauftragt wurden, kaum denkbar. Die großen Mausoleen weisen, wie dies bereits gesagt wurde, auch nicht auf eine egalitäre, sondern auf eine elitäre Sozialordnung, vielleicht sogar auf ein autokratisches Regime, das zu gewissen Zeiten bestand. Die mächtigen Kollektivgräber deuten zumindest in manchen Fällen auf die Anwesenheit einer Oberschicht, die sich imposante Familiengrüfte leisten konnte, und einzelne Riesenmonumente können kaum anders denn als Königsgrabmale interpretiert werden. Auf welchen Voraussetzungen diese Hierarchie beruhte, bleibt offen. Die alte

Theorie von der Ankunft kulturell überlegener Kolonisatoren, deren Schiffe materielle wie geistige Ladungen mitbrachten, den Zündstoff, der die noch schlummernden schöpferischen Kräfte der Autochthonen entflammte, ist zur Zeit in Ungnade, obwohl es zahllose Beispiele für solche Vorgänge aus unserer frühen und späteren Geschichte gibt. Sie kann aber sicher noch immer gleichberechtigt neben der Idee einer unabhängigen Entwicklung der bretonischen Megalithkultur stehen, die sicher ihre faszinierenden Aspekte hat. Müssen wir das Mekka der westeuropäischen Megalithiker im Morbihan suchen? War diese Region der Ausgangsort der Großsteinbauten des Okzidents?

Es kann kaum bezweifelt werden, daß die älteste monumentale Steinarchitektur Europas die Frucht einer Religion war, die ihre Anhänger zu gigantischen Anstrengungen im Dienst der Toten anspornte. In einigen ihrer Grundzüge mag die neue Lehre uralten Vorstellungen entsprochen haben. Die Idee des ›lebenden Leichnams‹ und eines mütterlichen Prinzips, mit dem die Erwartung einer Regeneration verbunden war, bestand in diesem Bereich schon seit unendlich langer Zeit. Die neue Heilsbotschaft aber bot wahrscheinlich eine viel konkretere Jenseitshoffnung, ein festgelegtes System von Vorkehrungen und Riten, die ewiges Leben garantierten und in denen das dauerhafte Haus für die Verstorbenen eine Hauptrolle spielte.

Auch wenn die ersten Impulse, die zu diesem religiösen Aufbruch führten, von außen in die Bretagne gelangten, bleibt die grandiose Entfaltung ihrer mehr als zweitausendjährigen Megalithkultur mit ihrer zentralen Bedeutung innerhalb der vorgeschichtlichen Welt Westeuropas eine Schöpfung des armorikanischen Genius.

Es gibt viele Beweise für eine lebhafte Navigation längs der atlantischen Küsten und über den Ärmelkanal, die kaum später als etwa 4000 v. Chr. einsetzte und in der zweiten Hälfte des 3. Jahrtausends mit dem Erscheinen der Glockenbecherleute, die zweifellos Seefahrer waren, einen Höhepunkt erreichte. Welcher Art aber die Schiffe waren, die damals Menschen, Güter und neue Ideen und Erfindungen transportierten, können wir nur raten. Die ›Schiffszeichen‹ in bretonischen Megalithgräbern erinnern an spätbronzezeitliche Darstellungen der skandinavischen Felsbilder, doch können wir uns die seegängigen Fahrzeuge des Frühneolithikums kaum als eine Art Wikingerschiff vorstellen. Es ist wahrscheinlich, daß die atlantischen Völker ihre eigenen Schiffsformen erfanden, die den Anforderungen der ozeanischen Navigation entsprachen. Wir besitzen immerhin Julius Caesars Beschreibung der armorikanischen Flotte von 220 Schiffen, aus der hervorgeht, daß deren Konstruktion sich wesentlich von jener mediterraner Fahrzeuge unterschied. Er beschreibt sie als eine Art schwimmende Festungen aus Eichenplanken, mit sehr hohem Bug und Heck und beinahe flachem Boden, durch den sie auch bei Ebbe ihr Gleichgewicht bewahren konnten. Sie waren schwerer und höher als die römischen, jedoch nicht so wendig, da sie keine Ruder, sondern nur lederne Segel besaßen. Nach Caesars Schilderung handelte es sich eher um Transport- als um Kriegsschiffe von außerordentlicher Stabilität mit einer langen Entwicklungsphase. Einen anderen Hinweis auf Urformen seegängiger Schiffe des atlantischen Bereichs besitzen wir vielleicht in den irischen Curraghs, Fellbooten, die noch jetzt in Gebrauch sind.

Wir haben heute eine Anzahl bedeutsamer neuer Stücke des großen Puzzles zur Verfügung, das die armorikanische Megalithkultur noch immer darstellt, doch viele sind wohl für immer verloren gegangen. Gerade diese Unvollständigkeit erhöht aber den Zauber der Begegnung mit ihrer mysteriösen Hinterlassenschaft.

Fahrt zur Toteninsel Gavr'inis

Ebbe und Flut des atlantischen Ozeans, die das Wasser an den bretonischen Ufern viele Meter sinken und wieder steigen lassen, bestimmen auch das Atmen des »Kleinen Meeres«. Und doch hat der Golf von Morbihan seine besonderen rhythmischen Gesetze. Die See gleicht hier einem raschen Fluß, der reißende Strudel um Landzungen und Inseln bildet. Nur in den Lagunen ruht sie und wird zum unbewegten Spiegel der Kiefern- und Zypressen-Haine über dem Strand. In den geschützten Buchten schaukeln die bunten Segelschiffe der Fischer, Austern wuchern an langen Ziegelbänken im flachen Wasser. Selbst an Sturmtagen dringt das Brausen des Ozeans nur als Echo in diese abgeschlossene Welt und die großen Wogen zerbrechen an den natürlichen Barrieren vor dem Golf. Hier lagen einmal auch die Schiffe der Wikinger aus der Urzeit sicher vor Anker. Zwischen dem schmalen Durchgang, der das ›Morbihan‹ mit der endlosen Wasserwildnis des Atlantik verbindet, und der Küste von Larmor-Baden liegt Gavr'inis, die »Ziegeninsel«.

Im schwebenden Licht der späten Sonne scheint sie wie entrückt, von Glanz und tiefen Schatten überronnen: eines der Toten-Eilande, zu denen der Glaube der Bretonen die Verstorbenen nächtlich im »bag noz«, dem Geisternachen, ziehen läßt. Gavr'inis ruht fast greifbar nahe vor dem Festland. Doch das Meer kreist in starken Strömungen um die Insel, und die Überfahrt dorthin ist ein Kampf mit unerwarteten Widerständen. Es scheint beinahe, als müsse ein unsichtbarer Verteidigungsgürtel durchbrochen werden. Eine Weile bleibt das Ziel trotz aller Rudermanöver in immer gleicher Entfernung. Und dann ist das Landen am schmalen Strand, über den sich ein grünes Plateau mit kurzen, steilen Böschungen hebt, wie Eindringen in einen verbotenen sakralen Bereich jenseits der Zeit.

Vor etwa fünf Jahrtausenden wurde das Eiland zum Wohnsitz der Toten eines fürstlichen Geschlechtes, zum Eigentum der Abgeschiedenen. Es scheint, als seien die Lebenden seither auf diesem Boden nicht mehr recht heimisch geworden, als schreckte sie ein Tabu von diesem Ort.

Über verödete Felder spinnt zügellos wuchernder Stechginster einen Teppich goldgelber Blüten; Moos verschlingt den Laut der Schritte auf den verblichenen Wegspuren. Hohe, verwitterte Bäume, deren Lebenskraft langsam in der Umstrickung von Schmarotzergewächsen vergeht, säumen den Weg, der

Grundriß des Königsgrabes von Gavr'inis

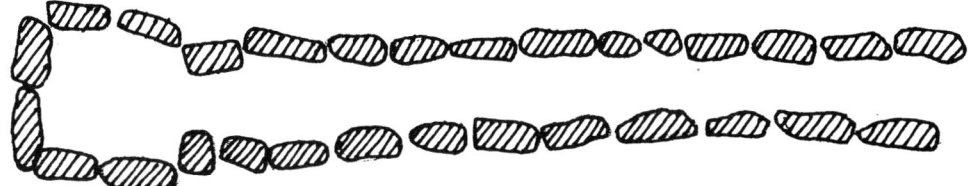

77 Schildfigur mit Innenzeichnung aus dem Langgrab Pierres-Plates bei Locmariaquer

an das vom Festland abgekehrte Ende der Insel führt.

Ein runder Hügel wölbt sich dort über dem Ufer. Sein oberer Teil aus lockerem Geröll und Erde ist eine künstliche Aufschüttung. Der Tumulus ist etwa 8 m hoch mit einem Umfang von 55 m. Im Jahr 1832 wurde das Königsgrab von Gavr'inis von Archäologen wiedergefunden. Es war leer. Plünderer mochten es schon in alter Zeit ausgeraubt haben.

Ein gepflasterter Gang aus großen behauenen Blöcken führt 13 m weit in den Hügel und mündet in eine fast quadratische Zelle von etwa 2,5 m Seitenlänge. Auch ein großer Mann braucht sich hier kaum zu bücken.

Im schwankenden Kerzenlicht erscheint auf den Wandplatten der unterirdischen Gelasse ein phantastisches Spiel aus Schattenlinien, die in Stein gegrabene Botschaft einer verschollenen Epoche; 23 von den 29 Tragsteinen des Hypogäums sind mit Zeichen bedeckt. Konzentrische Halbkreise, Krummstäbe, Spiralen, Wellenlinien, Dreiecke, Bogen, Schlangen, farnkrautähnliche Muster und ein dichtes Gitter von parallel verlaufenden, senkrechten, schrägen und geschwungenen Linien sind in stark bewegten harmonischen Rhythmen komponiert (Abb. 78).

Besonders reiche Ornamente schmücken die Zelle, die eine einzige, viele Tonnen schwere Platte überdacht. An ihrer linken Seite sind drei faustgroße Löcher aus dem Granit gemeißelt, die unterirdisch miteinander verbunden wurden. Ob einmal etwas an diesen Steinösen befestigt war, ob sie einem besonderen Ritual dienten, bleibt ungewiß. Vielleicht wurden sie erst viel später von Hirten ausgebohrt.

Über die Bedeutung der Zeichen auf den Wänden wird seit ihrer Entdeckung diskutiert. Früher fand man zum Teil die abenteuerlichsten Erklärungen und glaubte sogar die Wiedergabe überdimensionaler Daumenabdrücke in dem seltsamen Liniengeflecht zu erkennen oder hielt die Gravierungen für Kritzeleien müßiger Schäfer. Heute hat man durch Vergleiche mit den verschiedenartigen Darstellungen der »Großen Mutter« und Totengöttin in Spanien und Frankreich bessere Anhaltspunkte für das Verständnis der Ideogramme dieses Prunkgrabes gewonnen.

Hinter dem Leitmotiv der konzentrischen Halbkreise und Bögen, das in verschiedenen Varianten immer wieder erscheint, ist vielleicht die zur abstrakten Formel gewordene Gestalt der Herrin des Totenreiches zu erkennen. Es sieht aus, als sei sie auf dem Wege vom bildfreudigen Mittelmeer in den mehr dem Ornament zugewandten Westen und Norden Europas immer mehr entmaterialisiert und schließlich auf einige symbolische Zeichen reduziert worden. Die Bedeutung dieser Abkürzungen wird aber für die Menschen von damals genau so klar gewesen sein, wie heute für uns der Sinn des Kreuzes.

Im Grab von Gavr'inis ist die Abstraktion der Figur der Göttin sehr weit fortgeschritten und – zwei verschiedenen Grundformen entsprechend – doppelt abgewandelt. Übergangsstadien zu dieser Endphase fanden sich in anderen, vermutlich älteren Ganggräbern des Morbihan.

Die bretonischen Aspekte der »Großen Mutter« verraten immer wieder ihre Verwandtschaft mit iberischen. Besonders die Darstellungsweise der Totengottheit auf der Felsmalerei von Pena Tu in Asturien erinnert an Figuren der bretonischen Wandkunst. Längliche Schilde mit oben eingebuchtetem Rand, manchmal mit Innenzeichnungen, die an ein Fischskelett denken lassen (Abb. 77), deuten mehr auf anthropomorphe Vorstellungen hinter diesen Sigeln, als auf eine Nachahmung von Schilden als Ersatz für die Originale, die man den Toten vorenthalten hatte.

Das zweite häufig vorkommende Symbol ist die »marmite« (ein »Kochkessel«), die man heute mit Sicherheit als Sinnbild der Totenmutter ansehen kann. Sie hat oft henkelartige Auswüchse an beiden Seiten und oben eine Ausstülpung, die ihren Umriß den plumpen Menhirstatuen von Collorgues angleicht. Ihre obere Hälfte wurde öfters mit einem Kranz längerer und kürzerer Strahlen umgeben, der auch bei Schildformen vorkommt und als Haar interpretiert werden könnte. Eine Marmitefigur auf der Deckplatte eines Ganges im Cairn von Barnenez zeigt nicht nur sehr

78 Wandmuster aus dem Grab von Gavr'inis
79 Wanddekoration mit Beilen und Schlangen aus dem Grab von Gavr'inis

lange hochstehende Haare, sondern auch zwei Augen. Die Darstellung eines menschlichen Kopfes ist dort ganz deutlich. Ein Strahlen- oder Haarkranz kommt ebenfalls auf dem Felsbild von Pena Tu vor.

Die beiden Grundformen: Schild und Kochkessel, stecken gleich Vexierbildern an vielen Stellen in den Ornamenten im Grab von Gavr'inis. Aber auch die mehrreihige Halskette, das ›Eulengesicht‹, die Brauen- bogen der ›Dolmengöttin‹ sind in endlosen Variationen komplizierter Linienspiele ver- borgen. Die gleiche Schlange, die fünffach auf dem Menhir von Manio erscheint, findet sich dort mit noch deutlicher gezeichnetem Kopf wieder (Abb. 79).

Neben den Geheimzeichen der weiblichen Gottheit wurden zahlreiche Beilklingen ein- graviert, lange schmale Dreieckformen, die meist zu Gruppen geordnet sind. Die vielfäl- tige Funktion des geschliffenen und polierten Beiles als Ackergerät für den Hackbau, viel- leicht auch als Pflugzahn, als Werkzeug zum Fällen der Bäume, als Waffe, Opferinstru- ment und Machtabzeichen prädestinierten es

Marmiteförmiges Idol

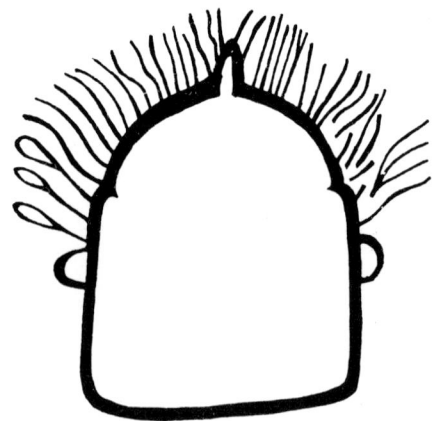

im Neolithikum zum Kultgegenstand. Mi- niaturbeile aus Grünstein gehörten im Osten wie im Westen zu den ältesten Amuletten, die durchlocht um den Hals getragen wurden.

Der Bau, die Ausschmückung des Toten- hauses und die Konstruktion des Cairns müs- sen lange gedauert haben. Ein Teil der großen Platten des Grabes ist aus ortsfremdem Ma- terial und wurde über See herangeschafft. Das Meer schob sich im Laufe der Jahrhun- derte immer näher an den Tumulus heran. Seit er gebaut wurde, hat sich das Terrain des Morbihan gesenkt. Das Eiland von Er Lan- nic, das nahe von Gavr'inis als kleiner Hügel aus dem Wasser ragt, war einmal vielleicht mit der ›Ziegeninsel‹ verbunden. Zwei Stein- kreise in der Form einer riesigen 8, deren Achse 100 m maß, standen darauf; wo sie sich berührten, hatte man einen 7 m hohen Menhir aufgestellt, der nun zerbrochen am Boden liegt. Die See hat den südlichen Steinring vollkommen und den nördlichen zu zwei Dritteln verschlungen. Die Menhire scheinen heute in einem feierlichen Zug in ihre Tiefe hinabzuwandern; bei Ebbe sieht man ihre schwankenden Umrisse noch über dem Mee- resboden.

Die beiden umhegten Kultplätze von Er Lannic waren möglicherweise einst Teil einer heiligen Gräberzone, die sich von Gavr'inis bis auf das Festland erstreckte. Ein halbzer- störtes Megalithgrab steht unterhalb des großen Königshügels am Rand des Wassers; es gab hier also noch andere Mausoleen.

Von der Höhe des Tumulus umfaßt der Blick den ganzen Golf mit seinen waldigen, stark gegliederten Küsten und den vielen großen und kleinen Inseln. Alle Schiffe muß- ten einmal an diesem Totenmal vorbei, in dessen Tiefe ein Heros dieses Volkes von Seefahrern geschlummert haben mag.

Der Königsfriedhof von Locmariaquer

Die Halbinsel von Locmariaquer, auf der sich einige der berühmtesten Megalithdenkmäler der Erde befinden, liegt zwischen der Bucht von Quiberon und dem Golf von Morbihan, den sie im Westen begrenzt. Einmal war diese schmale Landzunge vielleicht der bevorzugte Begräbnisplatz der Herrscher über den Bereich des »Kleinen Meeres«, die sich und ihrer Sippe hier gewaltige Mausoleen und Male errichten ließen.

Hunderte von Menschen müssen jahrelang gebaut haben, um das Totenhaus im Mané Lud, dem ›Aschenhügel‹ und den 80 m langen, 50 m breiten und über 5 m hohen Cairn darüber zu errichten. Der ›Aschenhügel‹, wie das Volk ihn ahnungsvoll getauft hat, steht nicht einsam im Walde oder in der Heide, er gehört zu einer Gruppe von ländlichen Höfen, die um ihn und sogar auf ihm stehen. Für die Bauern bedeutet er nichts als den Ort, auf dem sie ihre Häuser und Ställe aus bräunlichen Granitwürfeln gebaut haben. Das Steingewölbe im Tumulus wurde von ihnen seit alter Zeit als Vorratskeller benutzt. Ein Kuhstall verstellt den Eingang des fürstlichen Grabes; man muß sich an ihm vorbeizwängen, um hinein zu gelangen. Ein langer, noch teilweise überdachter Korridor führt in die große viereckige Kammer. Eine 9 m lange, 5 m breite und über 0,5 m dicke Deckplatte lastet über dem Raum.

Auf acht Wandsteinen gibt es Gravierungen, vor allem Joch- und ›Kammformen‹. Die letzten werden wohl mit Recht als Schiffe, deren Bug in hochgereckten Tierköpfen ausging, angesehen. Senkrecht auf die Boote gezeichnete Striche könnten die Besatzung bedeuten. Beilklingen und geschäftete Äxte erscheinen auf mehreren Steinen, und einmal ist

eine kleine Sonne, oder ist es das Auge der Totengöttin, in den Fels gemeißelt.

Als der langgestreckte Cairn aus ·Steinen und einer Schicht Meerschlamm darüber 1863/64 erstmalig von den Archäologen untersucht wurde, kam in seinem östlichen Teil ein Halbkreis aus kleinen Menhiren zutage. Fünf von ihnen trugen aufgesetzte Pferdeschädel. Ungefähr in der Mitte des Hügels befand sich eine geschlossene Kammer aus Trockenmauerwerk. Sie enthielt die Reste einer Brand- und einer Körperbestattung. Ein Fibrolithbeil, Feuerstein-Splitter und Tonscherben waren die bescheidenen Beigaben. Über dem Totenpalast einer Fürstensippe der megalithischen Epoche wurde vielleicht später der Häuptling

Symbole auf den Wandsteinen bretonischer Megalithgräber

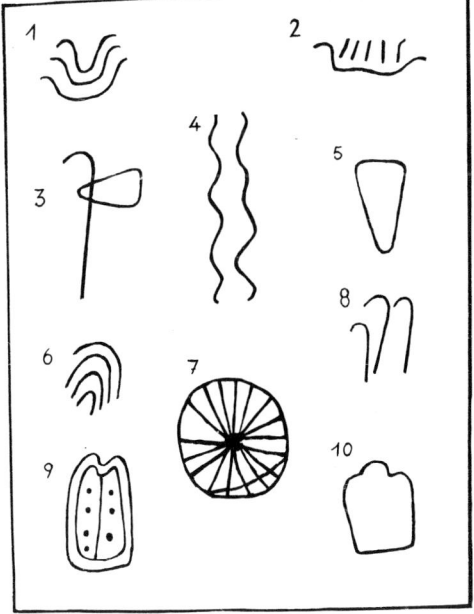

eines Reitervolkes aus nördlicheren Gebieten zur Ruhe gebettet. Auf seltsame Weise verschmolz bei diesem Anlaß der Steinkult der armorikanischen Urzeit mit dem Pferdeopfer indoeuropäischer Art.

Obwohl das seit Menschengedenken bekannte Grab von Mané Lud wenig Hoffnung auf Funde zu bieten schien, wurden Grabungen unternommen. Tatsächlich kamen beim Eingang in einer Grube unter dem Pflaster zerbrochene Irdenware, ein Spinnwirtel, eine Jaspisperle, Feuersteinsplitter und Holzkohle zum Vorschein. Fast ein halbes Jahrhundert später grub man nochmals am gleichen Ort und brachte einen kleinen Schatz aus fünf dünnen Goldbändern, sechs Perlen, einem schönen Anhänger aus Kallaït und Silex-Pfeilspitzen ans Licht. Auch Scherben von Glockenbechern waren dabei, was den Schluß gestattet, daß das Ganggrab bis gegen 2000 v. Chr. immer wieder benutzt worden war.

Die Deckplatte des Mané Lud ist noch lange nicht der größte Stein, der für die Totenmale von Locmariaquer herangeschleppt wurde. Über der runden Kammer des nahen Ganggrabes Mané Rutual lag ein etwa 50 cm dicker Block von 11,5 m Länge und fast 4,5 m Breite. Die Wände waren unter ihm zusammengebrochen und er selbst in zwei Stücke zersprungen. Heute ist die riesige Platte restauriert, gehoben und durch neue Mauern gestützt worden. Auf diese Weise wurde eine fast ihre ganze Unterseite ausfüllende, schildähnliche Zeichnung wieder sichtbar. Der Cairn, der das mit einem Korridor versehene Totenhaus schützte, ist völlig vergangen.

Es scheint, daß dieses Grab, das durch den enormen Deckstein wie ein mythisches, nicht von Menschen geschaffenes Bauwerk wirkt, noch bis in späte Zeiten eine Kultstätte war. Jedenfalls fanden sich darin, neben geringen Resten aus der Epoche seiner Konstruktion, römische Opfergaben wie Münzen, Statuetten und Keramik.

Außer der Gravierung auf der Decke der Kammer gibt es noch auf einigen Wandsteinen Bilder. Zwei zeigen interessante Reliefdarstellungen einer großen Hacke mit breitem Stiel, an dem ein Griff oder eine Aufhängschlinge angebracht ist. Am unteren Ende hat sie einen rechtwinklig zum Stiel abstehenden Stock oder Stachel. Fast das gleiche Gerät wurde auf einem Block des Steinkammergrabes von Penhape auf der nahen Ile aux Moines und in noch anderen Megalithgräbern verewigt. Vielleicht handelt es sich hier um eine als Pflug dienende Hacke.

Geschäftete Äxte mit ähnlichen Griffen oder Schlingen kommen außerdem auf einer Stele vor, die sich im Mané er Hroeck, einem anderen der großen Grabmäler von Locmariaquer, fand. Mané er Hroeck, der ›Feen-Hügel‹, ist ein 100 m langer, 60 m breiter und über 10 m hoher ovaler Cairn, der für eine einzige plattengedeckte Kammer aus Trockenmauerwerk aufgetürmt wurde. In dieser geschlossenen Gruft im Herzen des kleinen Berges wurde wahrscheinlich nur ein Toter bestattet: ein König, mächtig genug, um sich ein solches Mal zu erbauen. Es fand sich keine Spur mehr von seinem Leichnam, aber noch ein Teil der Kostbarkeiten, die er ins Jenseits mitgenommen hatte. Über 100 geschliffene Beile aus erlesenen Steinsorten, neun Anhänger aus Kallaït, viele Perlen aus dem gleichen Material und ein wundervoller Scheibenring aus glänzend-poliertem Jadeit, der im Licht durchscheinend wie Glas ist, gehörten zu seinem Schatz.

Eine gravierte Stele, die man im Tumulus fand, steht heute innerhalb der Kammer. Das marmiteförmige Symbol, diesmal ohne seitliche Auswüchse, aber mit einem kleinen Köpfchen und vielen gravierten Jochformen, geschäfteten Beilen, Stieläxten und Schlangenlinien läßt sie als eine Art Menhirstatue erscheinen. Sie ist nicht die einzige aus frühen Gräbern. Eine andere, deren anthropomorphe Bedeutung aus ihrer Form mit deutlich vom Kopf abgesetzten Schultern erkennbar wird, kam in einem Ganggrab aus Trockenmauerwerk auf der Ile Geignoc ans Licht. Den interessantesten Fund aber stellen drei Bruchstücke einer feingearbeiteten weiblichen Menhirstatue aus Granit dar mit langgerecktem Kopf, der Andeutung einer Halskette und abgewinkeltem rechtem Arm unter der in Relief dargestellten rechten Brust. Die fehlende linke Seite der Skulptur dürfte der rechten entsprochen haben. Das vollständige Bildnis war vermutlich mehr als meterhoch. Seine Bruchstücke wurden in einem der merkwürdigen, vereinzelt im Spätneolithikum auftauchenden Tumuli entdeckt, die keine Gräber, sondern nur Herde enthielten und aus Steinmaterial von Megalithgräbern errichtet wurden. Ihre Erbauer unbekannter Herkunft hatten jedenfalls nichts mit den Megalithikern gemein. Bis jetzt steht den zahllosen mehr oder weniger abstrakten und verschlüsselten Darstellungen der Totengöttin in der Bretagne kein erkennbares Symbol oder Bildnis eines männlichen Gottes oder Heroen gegenüber.

Als der Mané er Hroeck etwa zur selben Zeit wie der Tumulus von St. Michel aufgerichtet wurde – früher datierte man ihn fälschlich in die Bronzezeit –, sollte er vielleicht alle anderen Grabhügel in den Schatten stellen. An seine Ostseite wurden noch zwei Menhire gesetzt, die seine Höhe fast erreichten. Heute liegen die beiden Riesen zerbrochen zu Füßen des Cairns.

Abergläubische Furcht umgab das kolossale Monument noch bis ins 20. Jahrhundert. Ein Dämon, der sich bald als Jüngling, bald als Stier manifestierte und Paotr oder Kohlé er Hroeck genannt wurde, sollte ihn bewachen, und auch den Menhiren schrieb man besondere Kräfte zu.

Noch näher ans Meer gerückt als der Mané er Hroeck ist eines der spätneolithischen ›Ellbogen-Gräber‹, der durch seine Form wie seine Wandkunst berühmte ›Dolmen des Pierres Plates‹, eine rein megalithische Konstruktion von insgesamt 20 m Länge. Der rechtwinklig geknickte Steintunnel, den einmal ein runder Hügel verbarg, wurde stark restauriert. Das Tageslicht dringt heute zwischen den Deckplatten in das Totenhaus und läßt die zahlreichen Gravierungen auf den Wandsteinen in scharfen Linien sichtbar werden. Eine ganze Serie der schildartigen Ideogramme ist dort in zum Teil neuen Abwandlungen zu sehen. Längliche oder eingebuchtete Schilde stehen neben ›marmites‹, die ohne Henkel sind, aber oben ein Köpfchen haben.

Die Schild-Figuren sind mehrfach recht sorgfältig gezeichnet, durch einen Mittelstrich in zwei Felder geteilt und von mehreren Linien umrahmt, die wie Bordüren wirken. Größere leere Kreise und kleine mit einem Punkt im Zentrum und symmetrisch untereinander in den beiden Feldern angeordnete Näpfchen bilden die immer wiederkehrenden Füllmotive. Auf den ersten Blick erinnern diese Darstellungen tatsächlich stark an verzierte Schilde. Bei genauerem Studium der Variationen des Themas bei den einzelnen Bildern aber wird es deutlich, daß die Erklärung der zahlreichen Kreise als Ornamente oder Schildbuckel etwas zu einfach ist. Eher sind sie als die magischen Augen der

Göttin aufzufassen, die größeren vielleicht als ihre Brüste.

Eine Marmitefigur aus der nördlichen Bretagne zeigt außer einer kleinen Haarkrone und den Henkeln oder Ohren auch die dreifache Halskette und darunter zwei Kreise als Symbol der Brüste. Einen deutlicheren Hinweis auf die Vorstellung hinter den ›marmites‹ kann es kaum geben.

Zwei untereinander stehende Paare großer Kreise in einem ›Kochkessel‹ auf einem Stein der ›Pierres Plates‹ mögen den gleichen Sinn haben. Die Verbindungslinie führt hier unmittelbar zu den Galeriegräbern im Norden, wo einmal auch zwei Busen-Paare untereinander dargestellt sind; Schälchen mit und ohne Kreis könnten Augen sein. Auf einer Gravierung, die sich im Dolmen Coudé von Luffang unweit von Locmariaquer fand, sind sie jedenfalls als Augen zu erkennen. Dort bekam die Schildfigur verblüffende Ähnlichkeit mit einem böse starrenden Tintenfisch (Abb. 80).

Wie im Königsgrab von Gavr'inis ist es auch vor den Bildsteinen der ›Pierres Plates‹ schwierig, sich in die Gedankengänge einzufühlen, die hinter den Formen der Wandkunst stehen. Die Mehrwertigkeit und die Verflechtung der Sinnbilder zu einem fast undurchdringlichen Dschungel erschweren jede Deutung. Nirgends treten uns die Inhalte der megalithischen Religion in so vielen und verwirrenden Zeichen entgegen wie in den Totenhäusern des Morbihan.

Noch ein anderes Megalithgrab im Bereich von Locmariaquer, die ›Table des Marchands‹ (Tafel der Händler), gibt Bilderrätsel auf.

Bis vor einiger Zeit hatte die ›Tafel der Händler‹, ihrem Namen entsprechend, das Aussehen eines Riesentisches, dessen gut 2 m dicke, 7 m lange und 4 m breite Platte auf wenigen Standsteinen unheimlich balancierend in etwa 3 m Höhe über dem Erdboden schwebte. Im vorigen Jahrhundert war noch ein Teil des runden Cairns von 36 m Durchmesser vorhanden; heute hat man das monumentale Totenhaus wieder unter einer Erdaufschüttung verborgen.

Die geräumige Hauptkammer wirkt wie eine urweltliche Kapelle. Im Hintergrund des fast runden Raumes steht ein mandelförmiger, sorgfältig behauener Stein von 3 m Höhe. Er ist gleichzeitig Tragstein, Kultbild und Mittelpunkt des Totenheiligtums. Fast seine ganze Fläche wird von einer ›marmite‹ eingenommen, die rundum von kurzen, leicht gebogenen Strahlen oder Flämmchen umgeben ist. Das Innere der heiligen Form zeigt eine glatte, senkrechte Mittelbahn mit einer eingemeißelten kleinen Strahlensonne etwa in halber Höhe. Rechts und links von ihr sind vier übereinander angeordnete Reihen von Hakenstäben in flachem Relief fein herausgearbeitet. Unterhalb der ›marmite‹ wurden auf dem fast 3 m breiten Sockel des Steines noch eine Anzahl von Näpfchen sowie schlangen- und jochförmige Zeichen angebracht.

Die Darstellungen auf dem hohen spitzbogigen Stein, diesem archaischen Altarbild, vor dem vielleicht einmal den Toten geopfert wurde, erfuhr viele Deutungen. Das Hauptmotiv der Hakenstäbe sollte ein Kornfeld mit reifeschwer hängenden Ähren unter der lebensspendenden Sonne darstellen, die Hacke an der Decke ein Pflügegerät, das Ganze sich auf den Sonnen- und Fruchtbarkeitskult in Zusammenhang mit dem Ackerbau beziehen.

So verführerisch aber auf den ersten Blick die Erklärung der anmutig auseinanderstrebenden beiden Gruppen von gebogenen Linien als Ähren ist, läßt sich doch manches

80 Schildfigur aus dem Dolmen Coudé von Luffang

gegen sie einwenden. Eine solche, beinahe naturalistische Darstellung eines sonnenbeschienenen Kornfeldes steht in Widerspruch zu den übrigen, stets sehr abstrakten Zeichnungen in den bretonischen Dolmen. Auch kommt das Motiv des Krumm- oder Hakenstabes immer wieder und in ganz anderen Zusammenhängen vor. Es ist daher wohl richtiger, in ihm eines der wichtigsten Symbole des religiösen Vokabulars der armorikanischen Megalithiker zu sehen, ein Abzeichen göttlicher und weltlicher Macht, als das es auch auf den südfranzösischen Menhirstatuen erscheint.

Die größten Menhire der Welt

In unmittelbarer Nachbarschaft der ›Table des Marchands‹ wurde später ein Totenhügel errichtet, der selbst den Mané er Hroeck an Ausdehnung übertraf. Heute ist der einst 130 m lange und 50 m breite Cairn weitgehend zerstört und unter wucherndem Ginster- und Brombeergestrüpp fast verschwunden. Nur ein König konnte wohl über eine Organisation und das Menschenmaterial verfügen, die nötig waren, um einen solchen Grabhügel und darüber hinaus an dessen Fuß einen Monolithen zu errichten, der, wenn nicht an Höhe, so doch an Gewicht die meisten ägyptischen Obelisken übertraf.

Das Volk, das von jeher geneigt war, die Steinmale dieser Zone als Werke übernatürlicher Kräfte anzusehen, hat den granitenen Pfeiler »men er Hroec'h«, »Feenstein« getauft. Der Riese liegt in vier Stücke zersprungen auf der Erde. Als echter Menhir ist er elliptischen Durchschnitts, nach oben leicht verjüngt und hat eine abgerundete Spitze. Er ist gut behauen und geglättet. Die ovale Bruchfläche des größten der vier Steintrümmer ist 5 m lang und 4 m breit. Das Gewicht des Feensteines wird auf etwa 350 Tonnen geschätzt, beinahe das Doppelte des gleichlangen Obelisken der Cleopatra, der in London steht.

Als der ›Men er Hroeck‹ stürzte, muß der Boden weithin erzittert sein. Ob ein Erdbeben oder der Blitz ihn fällte, ob es Menschen waren, die eines Tages aus religiösem Fanatismus das Wahrzeichen der heidnischen Urzeit zerstörten, läßt sich nicht mehr feststellen. Unbegreiflich bleibt auch die technische Leistung, die hinter der Heranschaffung und Aufrichtung des ungeheuren Steines steht. Als Maßstab für die Schwierigkeiten eines solchen Werkes mag an die Aufstellung des vatikanischen Obelisken auf dem Petersplatz erinnert sein, der das Gewicht des ›Men er Hroeck‹ bei weitem nicht erreichte. Domenico Fontana, von Papst Sixtus V. gegen Ende des 16. Jahrhunderts mit dieser Aufgabe betraut, benötigte für ihre Durchführung bei einem Einsatz von 800 Mann und 70 Pferden ein ganzes Jahr!

Um den Feenstein einzupflanzen, wurde wahrscheinlich eine sehr hohe Erdaufschüttung konstruiert, über deren schrägen Hang man den Koloß dann in ein vorbereitetes Loch hinabgleiten ließ, während er gleichzeitig an Seilen in die Senkrechte gezogen wurde. Sicher wurden hier, wie Jahrtausende später in Rom, nicht nur Menschen, sondern auch Zugtiere eingesetzt.

War dieser mit seinen 20 Metern längste aller Menhire als ein himmelragender Thron für die vergöttlichte Seele des Herrschers gedacht oder als sein kolossaler Ewigkeitsleib, in den die Kräfte des Toten auf mystische Weise einziehen sollten? War er, wie der britische Astronom A. Thom vermutet, der Mittel- und Visierpunkt eines Observatoriums aus mehreren Menhiren in seiner Umgebung, das der Beobachtung der Mondfinsternisse diente? Der zersprungene Gigant von Locmariaquer bedeutete jedenfalls den Höhepunkt einer Entwicklung ins Monumentale, die der Menhir nur in der Bretagne in solchem Maße mitgemacht hat. Der größte, heute noch aufrechte Steinpfeiler ist der 12 m lange Menhir von Kerloas bei Plouharzel im Finistère. Er wurde zu einer ziemlich regelmäßigen, spitzovalen Form zugehauen. Seine untere Hälfte ist 3 m breit und dementsprechend schwer. Wenn auch der ›Men er Hroeck‹ alle Langsteine der Bretagne weit überragt, so sind doch Höhen zwischen 7 und 10 m unter ihnen keine Seltenheit.

Bei einigen dieser Riesen ließ sich ein Transport des Monolithen über Entfernungen bis zu 3 km nachweisen. Vermutlich wurden als Beförderungsmittel Rollen benutzt. Meistens aber suchte man naturgemäß den Stein möglichst nahe bei seinem zukünftigen Standort zu brechen. So ist noch jetzt in der Nähe des 10 m hohen ›Men Marz‹ von Pontusval im Finistère der Platz zu sehen, wo er mit Hilfe der üblichen Methode vorgeschichtlicher Steingewinnung durch Erhitzung und darauffolgende kalte Güsse aus dem Fels gelöst worden war. Oft wurde ein aus dem Boden ragendes Felsstück auch einfach abgestemmt. Viele Menhire zeigen daher eine noch gut erkennbare flache Bruchfläche. Für die gar nicht oder nur wenig bearbeiteten Steine der großen Alleen wurden nach Möglichkeit freiliegende, leicht erreichbare Felsblöcke verwendet.

Gewöhnlich wurden die Menhire oder ›Peulvans‹ (Pfeiler), wie die Bretonen sie gern nennen, ziemlich tief in den Boden eingesetzt und mit Steinen gestützt und verkeilt. Es gibt aber auch solche mit glatter Standfläche, die einst nur durch ihr Gewicht in Balance gehalten wurden.

Der schönste der armorikanischen Riesen-Menhire von fast klassischer Form ist der 10 m hohe, rundum bearbeitete und geglättete Steinkoloß von Camp Dolent bei Dol (Abb. 81). Inmitten einer Obstwiese weist er als granitener Riesenfinger zum Himmel empor: eine Herausforderung an das Ewige inmitten eines heiteren Reigens von Apfelbäumen, die, vergänglich wie das Menschengeschlecht, rund um den Zeitlosen blühen, Frucht tragen und sterben.

81 Menhir von Camp Dolent

Die Monumentalisierung und auch die Erweiterung seiner sakralen Bedeutung, die der Menhir in der Bretagne erfuhr, gehört zu den eindrucksvollsten Erscheinungen, die die megalithische Religion in der Alten Welt hervorgebracht hat. Die unerschöpfliche Kraft und Dynamik ihrer Ideen, die sich in immer neuen Formen zu verkörpern vermochten, wird hier überzeugend sichtbar.

Die Macht und Fülle dieser Vorstellungen sowie die für den heutigen Menschen kaum mehr erfaßbare Vieldeutigkeit der vorgeschichtlichen religiösen Symbole werden in Europa nirgends so klar wie an den megalithischen Monumenten der Bretagne. Die Menhire gehören auch hier in den weiten Bereich des Totenkultes, gleichzeitig aber lösen sie sich aus seinem Bannkreis und werden zu selbständigen Sinnbildern von Kräften, vielleicht von Gottheiten, die mit diesem nur mittelbar verbunden waren.

Es ist eigenartig, daß der Menhirgedanke gerade in Frankreich eine doppelte Sonderentwicklung mitgemacht hat: im Süden zum Figürlichen, im Westen zum gigantischen Pfeiler und zur massenhaften Verwendung für große Kultanlagen. Man kann wohl annehmen, daß Frankreich in vorgeschichtlicher Zeit das geistige Zentrum war, von dem aus sich der kultische Langstein nach Mittel- und vereinzelt selbst Nordeuropa und auf die britischen Inseln verbreitete.

Die armorikanischen Menhire erscheinen in mindestens vier verschiedenen Funktionen, über deren tieferen Sinn sich bis heute nur Vermutungen anstellen lassen. Fest steht einzig, daß es sich bei allen diesen Tausenden von kleinen und großen Steinsetzungen immer um religiöse Monumente handelte.

Die ältesten der bisher in der Bretagne entdeckten Menhire bilden die Umhegung des Grabhügels von Kercado. Außer auf dem schon beschriebenen Menhir von Manio entdeckte man bis jetzt nur noch auf wenigen anderen Zeichen, durchweg geschäftete Beile oder Haken- und Krummstäbe. Häufiger als Gravierungen gibt es auf ihnen Näpfchen. Die Funktion der auf, um oder vor Grabanlagen stehenden Langsteine der Bretagne läßt sich noch ungefähr vermuten, weit schwieriger aber ist es, den Zweck der isoliert stehenden Menhire und der Steinalleen zu erraten.

Die einzelnen Pfeiler finden sich öfters in der Nähe von Wasserstellen, Flüssen oder Bächen, seltener auf Höhen als in Tälern oder auf Hängen. Die Vorliebe der Bretonen für Skulpturen von pfeilerähnlicher Gestalt mit blockhaft primitiven Christusfiguren ist vielleicht ein letzter Ausläufer des einstigen Menhirkultes. Kruzifixe wurden übrigens in der Bretagne erst seit dem 9. Jahrhundert aufgerichtet, bis dahin dauerte die Steinverehrung, wenn auch mit veränderten Vorzeichen, z. B. an christianisierten keltischen Lec'hs fort (Abb. 82).

Grabungen bei alleinstehenden Menhiren ergaben oft Keramikscherben, Silexsplitter, Beilklingen und Mahlsteine und gelegentlich auch Opfergaben aus späteren Epochen. Stets war also der Stein als heilig betrachtet worden. Ob er aber eine bestimmte Gottheit repräsentierte oder einen Grenzstein in der Art der späteren Hermen Griechenlands, ob er dem Gedenken religiöser Ereignisse wie die biblischen Steinsäulen geweiht war, oder an Heroen erinnern sollte, dies alles ist ungeklärt. Inwieweit manche Menhire in der Bretagne phallischen Charakter haben, ist umstritten. Sicher wurden sie als Träger numinoser Kräfte betrachtet und mögen daher auch eine Rolle im Fruchtbarkeitskult gespielt haben. Sie aber in Zusammenhang mit einem

82 Christianisierter Menhir von St. Duzec

ausgeprägten Phalluskult zu sehen, ist sicher falsch, selbst wenn alte bretonische Volksbräuche in diese Richtung weisen.

Obwohl die Langsteine, zu deren Aufrichtungszeremonie ein (in Spuren vielerorts nachweisbares) Feuer gehörte, seit dem Beginn der Megalithkultur eine wichtige religiöse Funktion erfüllten, entstanden die großen Alignements relativ spät. Manche von ihnen wurden über mittel- und selbst spätneolithische Grabhügel geführt. Sie sind daher erst gegen Ende der Jungsteinzeit, etwa in die zweite Hälfte des 3. Jahrtausends v. Chr. anzusetzen.

Das steinerne Heer von Carnac

Ob die starke Persönlichkeit eines Tyrannen hinter den erstaunlichen Kultstätten unter freiem Himmel in der Gegend von Carnac stand, ob sich hier ein Priesterstaat herausgebildet hatte, in dem die Fäden des geistigen und materiellen Lebens der Armorikaner zusammenliefen, ob in diesen Heiligtümern ein neues religiöses Ritual zum Ausdruck kam, das ein ganzes Volk zu ungeheuren Gemeinschaftsleistungen in seinem Dienst ansporn te, dies alles wird wohl immer ungeklärt bleiben.

Man muß bis Ägypten oder tief nach Asien gehen, um ähnliche grandiose Anlagen zu finden. Noch heute, da ihr religiöser Sinn in Vergessenheit gesunken ist, geht von der Zone der Alignements eine seltsam suggestive Wirkung wie von einem magischen Kraftfeld aus. Erschrecken, vielleicht uralte Erinnerung, berührt die Seele vor diesem maßlosen Anruf des Ewigen, der hier, zu Stein geworden, die Jahrtausende überdauert hat.

Carnac und seine freundlichen Häuser und Gäßchen, die Kirche des heiligen Cornély, der mondäne Strand mit seinen Hotels, dies alles wird klein und ohne Gewicht vor den hieratischen Zügen der Granitblöcke, die die waldumrandete Heide hinter dem Ort bedecken.

Drei weitgespannte Anlagen mit fast 3000 Steinsetzungen und einer Anzahl von Gräbern aus den verschiedensten Epochen bilden, nordöstlich von Carnac, einen heiligen Bezirk von riesiger Ausdehnung, der früher noch weit geschlossener und im ganzen etwa 8 km lang gewesen sein muß (Abb. 83). Was heute noch erhalten ist, gibt nur ein Schattenbild der einstigen Wirklichkeit.

Die Gehöfte von Menec, einem Vorort von Carnac, der dem ersten Alignement seinen Namen gegeben hat, stehen bereits innerhalb eines breiten Halbkreises aus 70 dichtgefügten Platten, in den ein Großteil der Pfeilerreihen mündet. Merkwürdigerweise liegt er nicht genau vor den Alignements, sondern erscheint stark nach rechts verrückt.

Zu diesem Kultplatz, der eine tausendköpfige Menge fassen konnte, streben 1099 Menhire in elf ungefähr parallelen Reihen in einem phantastischen Aufmarsch von etwa 100 m Breite. Die letzten Steine der Alleen verlieren sich in 1167 m Entfernung im blühenden Kraut und Buschwerk der ›Landes‹, der Heide. Sie sind knappe 60 cm hoch. Je mehr sich aber die ungefügen Blöcke dem sakralen Raum nähern, desto höher wachsen sie empor. Die letzten Reihen bestehen aus teilweise 4 m langen und entsprechend massigen Steinen. Etwas Drohendes liegt in diesem sich emporreckenden Heer ungeschlachter

Felsgestalten aus grauem, grünlich getöntem Granit; sie scheinen mehr als nur tote Materie, fast wie Wesen, die ein geheimnisvoller Wille beseelt.

Vom Kamm des nahen Mont St. Michel läßt sich die geisterhafte Stein-Armee der beiden Alignements von Menec und von Kermario, die sich schließlich im Schatten der Kiefernwälder verliert, gut übersehen. Dann wird es noch verständlicher, daß die Legende die Menhire zu versteinerten römischen Soldaten, den »souardet san Cornély« gemacht hat. Sie gelten als die bestraften Verfolger des von den Bretonen hochverehrten St. Cornély, in dessen sagenhafter Gestalt wohl die verschiedensten und darunter sehr alte religiöse Erinnerungen fortleben.

Auch andere Geschichten über die Pfeiler von Carnac beschreiben sie als von mysteriösem Leben erfüllt und umgeben. Nächtlich streichen die Geister der Abgeschiedenen durch die Ränge, und den Menhir de Krifol, der einmal ein junger Mann war, kann man bis Menec weinen und klagen hören.

Andere Menhire wieder sollen fruchtbarmachende Kräfte besitzen. Noch im vorigen Jahrhundert suchten kinderlose Paare bei dem Menhir von Kerderf im Nordosten von Menec Hilfe. In gewissen, solchem Zauber günstigen Nächten wanderte man zu dem wundertätigen Stein und legte dort die Kleider ab, während die Eltern Wache hielten. Dann mußte der Mann die Frau solange um den Menhir jagen, bis sie sich ihm ergab. Eine solche Vereinigung im magischen Bannkreis des heiligen Pfeilers sollte unfehlbar Kindersegen bringen. Noch in diesem Jahrhundert gingen sterile Frauen heimlich zu diesem oder auch dem Menhir von St. Cado bei Ploërmel, um den Leib an einer bestimmten Stelle des Steines zu reiben. Dies galt als sicheres Mittel, um bald schwanger zu werden.

Im ungewissen Licht winterlicher Mondnächte, wenn Nebel über dem Boden der Heide schwelt, mag es durchaus scheinen, als käme Bewegung in die unheimliche Schar der Menhire. So glaubt das Volk denn auch, daß sich in der Christnacht der Bann des heiligen Cornély lockere, so daß sich die Steine fortbewegen und in den nahen Bächen ihren Durst löschen können. Wehe dem, der ihnen dabei begegnet: Er würde von den wandelnden Kolossen erdrückt. Von Korsika bis in die Bretagne zeigt sich immer wieder, daß das Volk mit den Menhiren die Vorstellung von einst lebenden Wesen verbindet, deren Kräfte in ihnen fortwirken.

Hinter den sagenumwobenen Alignements von Menec erheben sich in einem Abstand von 340 m die vordersten, bizarr geformten Pfeiler des Menhirfeldes von Kermario. Manche ragen fast 7 m hoch empor, Moos und Flechten zeichnen sie mit seltsamen Mustern, so daß sie weit mehr natürlich gewachsenen Felsblöcken gleichen als von Menschen errichteten Malen.

Auch zu diesen Alignements scheint ursprünglich ein Steinkreis gehört zu haben. Heute steht nur noch ein großes Ganggrab an der Südseite der Anlage.

Die Menhire von Kermario steigen in zehn Reihen eine sanfte Anhöhe hinauf. Zu ihren Füßen flammt der blühende Stechginster, dessen intensives Leuchten selbst eine graue Regenlandschaft noch erhellt. Vorbei an einer verfallenen Mühle wandert der stumme Zug hinab in ein Tal und steigt auf der anderen Seite wieder hinauf zum Plateau von Manio. Die über 1000 Steine der 1120 m langen Alleen sind zum Schluß nurmehr 50 cm hoch, es

83 Alignements
von Carnac

sieht aus, als würden sie allmählich in der Erde versinken.

Etwa 400 m weiter gegen Nordosten beginnt dann die Anlage von Kerlescan, von der noch 555 Pfeiler stehen. Hier wurde die steinerne Schar in 13 fast 900 m langen Reihen auf einer Front von 139 m Breite aufgestellt. Mitten im Menhirfeld liegt das Dorf Kerlescan. Hinter Kerlescan sind die Alignements für 200 m unterbrochen. Der zugehörige Steinkreis blieb noch in 39 Blöcken erhalten. An seiner Nordseite liegt, von einem hohen Menhir bewacht, ein Langhügel mit Platteneinfassung, der ein Galeriegrab enthält.

Die drei Alignements von Menec, Kermario und Kerlescan verlaufen ungefähr von Nordosten nach Südwesten. Diese Ausrichtung ist aber keineswegs die Norm. Die etwas weiter von Carnac entfernten, über 2 km langen Steinalleen von Kerzerho bei Erdeven erstrecken sich von Südosten nach Westen, und die zahlreichen kleineren und kleinen Alignements, die über die ganze Bretagne verstreut sind, zeigen die verschiedensten Orientierungen. Bei den drei aus 140 Menhiren bestehenden Steinreihen von Lagatjar à Camaret im Finistère verläuft jede in einer anderen Richtung.

Diese Tatsachen lassen alle Theorien, die seit dem 19. Jahrhundert über die astronomische Bedeutung der Alignements aufgestellt wurden, auf recht schwachen Füßen stehen. So faszinierend der Gedanke auch ist, sie als eine Art gigantischen Kalender, als astronomische Linien zu erklären, die z. B. den Sonnenaufgang oder -untergang zum Sommer- oder Wintersolstitium, die Laufbahn bestimmter Sterne und selbst die Berechnung von Sonnen- und Mondfinsternissen ermöglichten, so läßt sich dies doch nicht beweisen. Einzig bei der rechteckigen Stein-

umhegung von Crucuno bei Erdeven im Morbihan, von der noch 22 Menhire stehen, ist ihre Ausrichtung auf die vier Himmelsrichtungen festzustellen. Die Diagonalen dieser 34,25 m langen und 25,70 m breiten Einfriedung weisen genau auf die Punkte des Sonnenaufganges zur Winter- und zur Sommersonnenwende. Professor Thom glaubt nach der mathematisch-astronomischen Untersuchung von fast 300 Alignements, Steinkreisen etc., daß es sich um Visieranlagen zur Beobachtung der auf- und untergehenden Sonne handelte, mit deren Hilfe ein Sonnenkalender aufgestellt wurde. Nach diesem sei das »megalithische« Jahr in 16 Monate unterteilt gewesen, d. h. in 13 Monate zu 23 und 3 Monate zu 22 Tagen.

In letzter Zeit wurden die Theorien von A. Thom bei aller Anerkennung seiner Verdienste um die Vermessung zahlreicher megalithischer Anlagen und Monumente in der Bretagne und auf den Britischen Inseln von verschiedenen englischen Archäologen scharf angegriffen. Man verweist auf ernstliche Mißverständnisse hinsichtlich der Bedeutung gewisser megalithischer Fundplätze und auf unrichtige Annahmen über das, was von bestimmten Steinsetzungen aus am Himmel zu beobachten war. A. Burl weist z. B. nach, daß die von Professor Thom ausgetüftelten »solaren Linien« durchaus ungeeignet für wissenschaftliche Beobachtungen waren. Auch die von Thom angeführten Beweise für ein megalithisches Einheitsmaß, die »megalithische Elle« von 0,829 m werden für unzureichend gehalten, obwohl sie auf der Vermessung von 145 Steinkreisen von Durchmessern zwischen 3,3 m und 57,4 m beruhen. Das Bestehen eines altertümlichen spanischen Maßes, der Vara, das ungefähr dem von Thom errechneten entspricht, könnte zudem für Thoms

Theorie plädieren. Seine Hypothese über eine professionelle Kaste von Priester-Astronomen allerdings, deren mathematische, geometrische und astronomische Kenntnisse und Entdeckungen jenen der alten Kulturvölker des Ostens vorausgegangen seien, wird wohl mit Recht ins Reich der Phantasie verwiesen. Von wissenschaftlicher Astronomie könne bei den Megalithvölkern kaum die Rede sein, sicher aber von ritueller, die den Bewegungen von Sonne und Mond symbolische Bedeutungen gab. Die von A Thom identifizierten »Observatorien« weisen durchweg Beziehungen zum Tode, d. h. zu Gräbern auf. Auch die Alignements führen meistens zu einem Cairn. Die Orientierung mancher Gruppen von Kammergräbern deutet sicher darauf, daß ihre Erbauer Relationen zwischen dem Tod und Sonne und Mond legten. Erscheinungen wie die Sonnenwenden waren für sie aber nicht als wissenschaftliche Phänomene wichtig, sondern weil sie für den Menschen der Urzeit eine kosmologische Bedeutung hatten, die einem Weltbild und religiösen Vorstellungen entsprachen, das wir nur ahnen können.

Rätselhaft ist die technische und organisatorische Bewältigung der gigantischen Aufgaben, die die Aufstellung der großen Alignements stellte. Die Vorgeschichtsforscher sind der Ansicht, daß diese nicht allmählich innerhalb langer Zeit aus vielen einzeln gesetzten Steinen entstanden, sondern daß sie in ihrer Gesamtheit geplante, einheitlich durchgeführte Bauleistungen waren. Ein großes Aufgebot an Menschen muß damit beschäftigt gewesen sein, die Legionen von Steinblöcken zu brechen, heranzuschaffen und aufzurichten. Da die gesamte Bevölkerung der Bretagne zu jener Zeit aber auf etwa 100 000 Menschen geschätzt wird, erscheint die Entstehung der Anlagen noch unbegreiflicher.

Die Macht der Totengeister

Seit dem Ende des 3. Jahrtausends v. Chr. wurden in der Bretagne keine Megalithgräber mehr errichtet. Bestattungen in den alten Grabhügeln wurden aber noch später, als neue Kulte die Religion der Urzeit verdrängt hatten, öfters vorgenommen. Es scheint auch, als sei keines der später in die Bretagne eingedrungenen Völker gänzlich dem Banne der Gedankenwelt entgangen, die ihre unverlöschbaren Zeichen in der armorikanischen Landschaft und in den Seelen der Menschen, die sie bewohnten, hinterlassen hatte.

Die sensiblen und phantasievollen Kelten dürften die ehrwürdigen Traditionen und Bräuche einer für sie ins Mythische entrückten Epoche zum Teil in ihre druidische Lehre eingebaut und sie auf diese Weise bewahrt haben. Die Megalithgräber galten ihnen als sakrale Stätten, als Mausoleen von Göttern oder Heroen; mehrfach wurden sie sogar zu Stammesheiligtümern erklärt. Auch der alte Steinkult brach nicht ab. Die Menhire blieben für das Volk die Träger übernatürlicher Kräfte, und die ›Lec'hs‹, die feingearbeiteten Totenpfeiler der Kelten, stammen vermutlich von ihnen ab.

Lucanus berichtet, daß die Druidische Lehre den Tod nicht als das Ende, sondern als die Mitte eines langen Lebens bezeichne. In dieser Vorstellung mochte Älteres fortdauern, das man aus dem Totenglauben der Megalithiker übernommen hatte. Die weit in die christliche Ära reichenden druidischen Kulte in der Bretagne erhielten auf diese Weise auch Überlieferungen aus der Frühzeit lebendig.

Bis heute bestimmt eine eigenartige, sehr tiefe Bindung an eine Ideenwelt, die wenig mit der christlichen zu tun hat, in mancher Hinsicht das Wesen der armorikanischen Menschen. Der Gedanke an das Sterben und das Jenseits, an das Heer der als stets gegenwärtig empfundenen Abgeschiedenen, begleitet das Dasein der Bretonen. Diesem Volk der westlichsten Spitze von Europa, das am Rande eines wilden, ständig Land und Menschen verschlingenden Ozeans lebt, fehlt die mediterrane Klarheit und Heiterkeit Südfrankreichs als Gegengewicht zu der Todesmystik, die ihm als Erbe der ältesten Vergangenheit bis fast in unsere Tage erhalten geblieben ist.

In den langen nebligen Herbst- und Winternächten, die vom tiefen Brausen des Meeres und der Klage der Stürme erfüllt sind, hörten die Bretonen die Stimmen der schweifenden Seelen und den unheimlichen Lockruf tier- und menschengestaltiger Dämonen, der Zerrbilder verschollener Götter. ›L'Ankou‹, der Tod oder sein Herold, zeigte sich ihnen in vielen Verwandlungen. Sie verstanden seine Botschaften und ahnten sein Kommen in Träumen und Gesichten.

Die Erinnerung an den einstigen Gräberkult auf den Inseln klingt in keltischen Namen wie: die ›Insel des großen Grabes‹ oder auch der ›Sieben Schläfer‹ nach. Viele Steinmale hatten eine besondere Bedeutung bewahrt, und es galt als Sakrileg, einen Menhir zu zerstören. Zahllos sind die Sagen und Märchen um die Dolmen, wie sämtliche Megalithgräber genannt werden.

Von den meisten Völkern wurden die vorgeschichtlichen Monumente aus großen Blöcken später legendären Riesen zugeschrieben, für die Bretonen aber waren sie die Wohnungen der Kerions oder Korrigans, der ersten Bewohner der Bretagne, die in Felshöhlen und Steinhäusern lebten. Man stellte sie sich als sehr klein aber ungeheuer stark vor und mit der Fähigkeit begabt, riesenhafte Blöcke zu heben, als wären es Kieselsteine. Ihre Kleidung bestand aus weißem Leinen; sie waren kunstfertige Weber, Schneider und Schmiede und zudem große Zauberer. Heute sei ihre Rasse auf Erden fast ausgestorben, in der Bretagne könne man sie aber noch am Sabbath und in gewissen Mondnächten des Jahres zu Gesicht bekommen, wenn sie um die Dolmen oder auf besonderen Wiesen tanzten. Dunkle Stellen im Rasen bezeichneten diese Plätze und man solle sie besser nicht betreten.

Solche und ähnliche Geschichten erzählte man sich abends in den alten strohgedeckten Bauernhöfen der Bretagne in der einzigen großen Stube, in der gelebt, geboren und gestorben wurde.

Zahllos sind auch die Märchen von den ›spontaills‹, den an bestimmten Orten geisternden Seelen Verstorbener. Allerhand mehr oder weniger gefährlicher Schabernack wird von ihnen getrieben. Späten Wanderern springen sie gerne auf den Rücken und lassen sich ein Stück weit schleppen, oder sie werfen diese ins Wasser. Häufig erscheinen die Gespenster in Tiergestalt als feuerschnaubende Stiere oder auch Pferde – vielleicht lebte in dieser Vorstellung die Erinnerung an einen prähistorischen Stier- und Pferdekult –, die die Menschen ins Meer locken und die Fischer erschrecken und narren. Noch heute gibt es alte Leute, die Begegnungen mit den ›spontaills‹ gehabt haben wollen und andere, die Tod und Unheil voraussehen.

So lebt ein seltsames Gemisch von Erinnerungen in dem Geisterglauben der Bretonen fort. Manchmal aber mag ein Volksbrauch, der an einem der vorgeschichtlichen Monumente geübt wurde, wie ein Lichtstrahl in das Dunkel der Vergangenheit dringen.

Bis vor wenigen Jahrzehnten gingen die Seemannsfrauen der Gegend von Carnac und Quiberon heimlich bei Nacht zum ›Haus des heiligen Rochus‹, einem Kuppelgrab bei St. Pierre auf der Halbinsel von Quiberon. Auf einem der Gewölbesteine befanden sich sieben Näpfchen, die als die Hufspuren von St. Rochus' Pferd galten. In diese Schälchen klopften die Frauen mit einem Hammer, um günstige Winde für die Schiffe ihrer Männer oder auch einen Wetterwechsel zu beschwören. Nachdem eine Restaurierung des Grabes den Schalenstein unerreichbar gemacht hatte, wählten die Frauen einen anderen Block aus der Kuppel und klopften in diesen die rituellen Näpfchen ein. Wenn ihre Anrufungen auch an den heiligen Rochus gerichtet waren, so verbargen sich doch wahrscheinlich sehr alte Vorstellungen von den Winden als Totenseelen und der Macht der abgeschiedenen Geister über das Wetter hinter diesem Brauch. Vielleicht waren die Frauen der Seefahrer des Megalithikums einst mit demselben Anliegen zu den Totenhäusern der Vorfahren gewandert und hatten dort dieselben Gesten vollzogen.

Auf den Fruchtbarkeitskult an den Ahnengräbern deuten die ›heißen Steine‹: verschiedene freistehende Megalithgräber, die im Volksmund diesen Namen haben. Heiratslustige Mädchen mußten in bestimmten Mondnächten mit dem bloßen Körper über sie hinabgleiten oder sich auf sie setzen, um einen Mann zu bekommen. Besonders wirksam sollen die Totenhäuser von Locmaria-

quer gewesen sein, die von den dankbaren Mädchen dann zu Maianfang mit bunten Bändern und Stoffstücken geschmückt wurden.

Die katholische Kirche kämpfte bis ins vorige Jahrhundert heftig und mit wechselndem Erfolg gegen die heidnischen, oft obszönen Bräuche um die Megalithdenkmäler. Wo die Christianisierung der alten Kultmale durch die Anbringung von Kreuzen oder Heiligenfiguren nicht genügte, bezog man sie manchmal sogar in kirchliche Feiern ein. So unternimmt der Klerus von Carnac im Frühling mit den jungen Mädchen des Ortes stets einen feierlichen Umgang um den jetzt mit einem Kreuz geschmückten Dolmen von Croez-Moken, einen einstigen ›heißen Stein‹, der sich besonderer Beliebtheit erfreut hatte.

Der Ausrottung eines heidnischen Rituals mag auch die Errichtung des Kirchleins der ›Sieben Heiligen‹ bei Vieux Marché im Norden der Bretagne gegolten haben. Unter dem bäuerlich derben Granitbau des Gotteshauses ruht ein mächtiges Megalithgrab, in dem sieben verschieden große, sehr primitive Holzfiguren aufgestellt sind, die einst auf wunderbare Weise in dem Dolmen erschienen seien. Es ist bezeichnend, daß auch hier wieder die ›Siebenschläfer‹ ins Spiel gebracht wurden, die in der Bretagne, genau wie in Sardinien, vielfach verehrt werden.

Bedeutsam erscheint auch der Aberglaube, der mit vorgeschichtlichen Fundgegenständen verknüpft war. Nicht selten grub der Pflug der Bauern polierte Beilklingen oder auch ein Schmuckstück aus, und diesen Dingen wurden dann meist magische Kräfte zugeschrieben. Eines der köstlichsten Besitztümer des kleinen Museums von Carnac, ein ampullenförmiger Anhänger aus Chalzedon, stammt von einer alten Bäuerin, die ihn den

Sammlungen vermachte. Bei Lebzeiten hatte sie ihn als Amulett gehütet und nur gelegentlich an halbwüchsige Mädchen verliehen. Um den Hals gehängt, sollte er die Entwicklung günstig beeinflussen.

Begehrter als alles andere aber waren die polierten Beilklingen, die ›Men-Gurun‹ oder ›Donnersteine‹. Man glaubte, daß diese prähistorischen Geräte zugleich mit dem Blitz vom Himmel gefallen seien und hielt sie für außerordentlich zauberkräftig. Vor allem sollten sie vor dem Blitzschlag schützen. Kaum ein altes Bauernhaus in der Bretagne war früher ohne ein solches Beil, das unter dem Herd, dem Flur aus gestampftem Lehm oder im Kamin bewahrt wurde. Auch gegen Viehkrankheiten und anderes Ungemach, das eine Bauernwirtschaft bedrohen kann, sollte der Himmelsstein helfen.

Diese eigenartige Vorstellung von dem Beil als Donnerstein, die im Bereich der nordischen Megalithkultur wiederkehrt, ist vielleicht ein Argument für die einstige Verehrung eines blitzeschleudernden Wettergottes, dessen Symbol das Beil war. Die Beildarstellungen in den bretonischen Steingräbern wie die oft ausnehmend schönen und übergroßen Beilklingen aus Jadeit, Serpentin oder Nephrit, die sich als Totenbeigaben fanden, wären dann die heiligen Zeichen einer Divinität gewesen, die letzten Endes dem Stiergott entsprach.

An die rundlichen Reibsteine, mit denen einmal das Korn gemahlen wurde, an schwere Hammersteine aus vorgeschichtlicher Zeit oder kleine Blöcke mit Spuren von Bearbeitung knüpfte sich früher ein düsteres Ritual, das die Bretagne wieder seltsam nahe an Sardinien rückt. Man nannte sie ›Er Mel Beniguet‹, ›der geweihte Hammer‹, und jedes Dorf bewahrte, meist in einer alten Kapelle, ein solches Gerät, mit dem man Leute, die allzu alt wurden und trotz ihrer Gebrechlichkeit nicht sterben konnten, ins Jenseits beförderte. Dies geschah nicht heimlich, sondern im Rahmen eines feierlichen Rituals, an dem das ganze Dorf teilnahm. Ein Protokoll aus dem Jahre 1830 schildert ein solches Ereignis noch in allen Einzelheiten.

Das freiwillige Opfer war ein seit zehn Jahren gelähmter 85jähriger Greis mit Namen Mathô-Talen aus einem Weiler im Bereich von Pontivy. Er beauftragte selbst seine Tochter, den ›Mel Beniguet‹ vom Sakristan der Kapelle von Saint Maltro zu verlangen, der ihn in einer geheimen Wandnische des Gotteshauses aufbewahrte. Nachdem der schwere Stein zum Bauernhof gebracht worden war, wo sich bereits die Nachbarn versammelt hatten, wurde er der ältesten der anwesenden Frauen übergeben. Diese näherte sich dem Kranken, schlug drei Kreuze, schwang dann den ›Mel Beniguet‹ hoch über dem Haupte und rief mit starker Stimme: »Mathô-Talen, zum letzten Mal, übergib Gott Deine Seele, hier ist, was Dich von den Schrecken des Todes und der Last des Lebens befreien wird!« Danach berührte die Greisin die Finger des Opfers mit einem in Weihwasser getauchten Palmzweig. Der Kranke belebte sich daraufhin ein wenig und schlug ein Kreuz, während alle Anwesenden zitternd auf die Knie fielen und die Sterbegebete sprachen. Die Alte senkte dann ohne Gewalt den Stein auf seine Stirne und schrie mit gellender Stimme und erhobener Rechten: »Durch die heilige Dreieinigkeit, im Namen des Vaters, des Sohnes und des Heiligen Geistes, ruhe in Frieden, Mathô-Talen, dank des geweihten Hammers, der die Greise erlöst. Du hast gut gelebt!« Kaum hatte sie geendet, als

84   Dolmen bei Carnac

der Sterbende mit letzter Kraft: »Danke, mein Gott« hauchte und seinen Geist aufgab.

Solche barbarischen Zeremonien, in denen ein uraltes Ritual jäh die Schranken durchbrach, die eineinhalb Jahrtausende Christentum errichtet hatten, waren früher in der Bretagne nichts Seltenes. Das Museum von Carnac besitzt mehrere ›Mels Beniguets‹, mit denen angeblich viele Schädel gespalten wurden. Noch heute ist es üblich, bei langen Agonien zu äußern: »Der hätte den geweihten Hammer nötig!« Eine letzte Erinnerung an solche vorgeschichtlichen Kultbräuche blieb selbst im Schoß der katholischen Kirche in der Sitte erhalten, das Haupt des Papstes nach dessen Tode dreimal mit einem silbernen Hammer zu treffen.

Bedeutungsvoll mag es auch sein, daß in der Bretagne, wie in Sardinien, Frauen die Vollstreckerinnen der Tötung waren. Möglicherweise führten sie damit unbewußt das Amt einstiger Priesterinnen der Totengöttin fort. Bis um die Mitte des vorigen Jahrhunderts gab es in der Bretagne, wie auf Sardinien und Korsika, noch berufsmäßige Klageweiber und -männer, die dem Leichenzug in den Gewändern der verstorbenen Person folgten und jammerten und weinten.

Erst in unseren Tagen erlischt die Macht der alten Überlieferungen in den Seelen der schweigsamen, schwerblütigen Bretonen; die Totenmale ihrer Vorfahren aber sind für immer in die Landschaft eingegangen. Als gewaltige Steingerippe, verwittert und bemoost, ragen die Dolmen vor der dunklen Wand der Kiefernwälder aus der feuergelb und karminrot blühenden Heide (Abb. 84), geheimnisvolles Erbe jener Atlantiden, die uns keine Mythe, aber viele Tausende tastbarer Zeugen ihrer Anwesenheit hinterließen.

Buch VIII: Der Silberne Westen

Die Pyrenäenhalbinsel als Brücke zwischen drei Welten

Gegen Ende des 2. Jahrtausends v. Chr. landeten die Phönizier von Tyros im Südwesten der Pyrenäenhalbinsel, wahrscheinlich im Mündungsgebiet des Guadalquivir, und entdeckten dort Tartessos, die Hauptstadt eines blühenden Reiches, das über unermeßliche Silber- und Kupfervorkommen verfügte – nicht den ›Goldenen‹ aber den ›Silbernen Westen‹ jener Epoche. Der gastliche König von Tartessos nahm sie freundlich auf und erlaubte ihnen die Gründung einer Niederlassung, die sie Gades nannten, das heutige Cádiz. Damit war Iberien nach einer Periode der Isolierung von neuem in ostwestliche Verbindungen eingeschaltet, die uralt und wahrscheinlich schon einmal – etwa 2000 Jahre früher – recht eng gewesen waren.

Tartessos, diese in der Geschichtsschreibung noch vorkommende iberische Stadt, ist inzwischen spurlos im Grund der Zeiten versunken, die Zeugnisse aus viel älteren Epochen aber blieben in Felsbildern aus mehr als 15 000 Jahren, in Riesensteingräbern, Idolen, Skulpturen und befestigten Städtchen aus dem 3. Jahrtausend in großer Zahl erhalten. Die Urzeit der Pyrenäenhalbinsel steht heute, trotz ungelöster Rätsel, in mancher Hinsicht deutlicher vor uns als die frühgeschichtliche.

Die südiberischen Küsten wurden, ebenso wie der Golf du Lion, in den großen Kreis des zirkummediterranen Frühneolithikums einbezogen, der auch Algerien und Marokko umfaßte und seine Spur in der Impresso- oder Kardium-Keramik und Anfängen von Ackerbau und Viehzucht hinterließ. Der primitive Einkorn-Weizen, letztlich westasiatischer Abkunft, von dem verkohlte Reste an einem der Wohnplätze zutage kamen, weist auf die Richtung, aus der auch die alten Jägervölker Iberiens die neuen Erfindungen erhielten. Wir kennen ihre Welt aus den unvergleichlichen Bildern der franko-kantabrischen Höhlenkunst des Jungpaläolithikums, in dem Südwestfrankreich und Nordspanien eine künstlerische Einheit gebildet hatten, und aus den bewegten, stark stilisierten Felsmalereien erzählenden Charakters des Mesolithikums, die noch ins Neolithikum hineinreichten. Gewohnt und bestattet wurde zu Beginn der Jungsteinzeit in Grotten. Diese ›Grottenkultur‹, die von den mediterranen Küsten Iberiens auch auf die atlantischen übergriff, reicht vermutlich ins 6. Jahrtausend zurück. Ihr Steingerät blieb noch ganz in der Tradition des Mesolithikums. Auf den seminaturalistischen Felsbildern, die die Kunst des Megalithikums, das in Portugal schon im Frühneolithikum aufkam, beeinflussen sollten, tauchen neben den alten Jagdszenen Männer auf, die ein Tier, vielleicht einen Esel, am Zügel führen. Eine wichtige Frage bilden auch die sicher sehr alten und engen Verbindungen zwischen der Pyrenäenhalbinsel und dem nahen Nordafrika, die nicht nur in der Verwandtschaft der Felsbilder deutlich werden.

Es sieht aus, als wäre das Geschick der iberischen Halbinsel nicht erst in historischen Epochen von Nordafrika her beeinflußt worden. Ihre südlichen Zonen mit den Palmenwäldern und dem Wechsel von fast tropisch fruchtbaren Gebieten, weiten einsamen und nackten Flächen und öden Bergzügen unter dem harten, weißen Licht einer tötlichen Sonne scheinen auch mehr zu Afrika als zu Europa zu gehören, und das gleiche gilt für die Menschen dieser Gebiete. Das Fremdartige, Elementare ihres Wesens, in dessen Grund sich eine unbesiegbare Trauer und tiefe Skepsis, plötzlich maßlos ausbrechende Leidenschaft, Grausamkeit, Fanatismus, Stolz und Familiensinn, Mystizismus und kalter Materialismus, Primitivität, hohe künstlerische Begabung und Sensibilität seltsam mischen, ist für Europäer schwer zu begreifen. Der Konservativismus der Südspanier, ihre archaischen Ehrbegriffe, die sie zwingen, Beleidigungen immer noch mit Blut abzuwaschen, ihre orientalische Einstellung zur Frau, ihre Großzügigkeit und Gastlichkeit mögen sich nicht erst unter dem langdauernden maurischen Einfluß herausgebildet haben, sondern in älterem Bluterbe wurzeln. Seit der Zeit, da sich der Mensch vom festen Boden fort auf die See wagte, wird die in Sichtweite liegende spanische Küste Völker jenseits der Meerenge von Gibraltar angelockt haben, zumal Nordafrika einst wesentlich dichter besiedelt war als in historischer Zeit.

Die Expeditionen des französischen Sahara-Forschers Henri Lhote haben gezeigt, daß die Daseinsbedingungen dort mindestens bis in den Beginn des I. vorchristlichen Jahrtausends weit günstiger waren als später. Die heute zu furchterregenden Steinlabyrinthen verdorrten Gebirgszonen der Sahara verfügten damals über eine tropische Flora und Fauna. Die Wüste war zum Großteil noch Steppe und besaß eine Anzahl von Wasserläufen. Die jetzt nurmehr von den langsam aussterbenden Tuaregs durchwanderten Gegenden waren einst von Jägern und später von vielen Hirtenstämmen bewohnt, die vor allem Rinder züchteten. Die Erinnerung an diese verschollenen Völker erhielt sich in vielen Tausenden farbenprächtigen Malereien in den Grotten und an den Felshängen des Tassili und anderer Berggebiete inmitten der Sahara. Sie enthüllten eine über mehrere Jahrtausende weitergehende Kunst von großer Schönheit und Eigenart, in der zahlreiche Stile einander folgten. Die Tier- und Menschendarstellungen der Bilder liefern nicht nur wertvolle Erkenntnisse über die Lebensweise und die Sitten der alten Saharabewohner, sondern auch über ihre Beziehungen zu anderen Kulturen. Die weite Ausstrahlung der ägyptischen Zivilisation und Religion wird im Stil zahlreicher Malereien und in einzelnen Motiven sichtbar: in der schmalen Barke mit hochaufgebogenem tierköpfigem Bug, in schlanken Göttinnen mit Vogelhäuptern. Sicher blieben auch die gewaltigen Manifestationen des Totenkultes im Niltal nicht ohne Einfluß auf Weißafrika.

Wenn Henri Lhote trotz der ungewöhnlichen Vornehmheit mancher lebensgroßer Gestalten auf den Felsbildern auch nicht gerade die Nachkommen der sagenhaften Atlantiden in diesen frühen Saharabewohnern entdeckt haben wird, so mögen die ›Rundköpfe‹, deren charakteristische Erscheinung mehrere frühe Stilperioden der Saharakunst beherrscht, doch vielleicht Verwandte der ebenfalls rundköpfigen Träger der iberischen Grottenkultur gewesen sein. Jedenfalls zeigen seine Funde, daß Nordafrika im Neolithikum und auch zuvor sehr wohl der Ausgangsort von Einwanderungen oder Übermittler von kulturellen Einflüssen gewesen sein könnte.

Die ganze Westküste der Iberischen Halbinsel aber gehörte zu einer dritten, der atlantischen Welt Europas. Es ist noch immer eines der erregendsten Probleme unserer Vorgeschichte, welche Rolle dem Süden und Westen Iberiens in der Entstehung des Megalithikums zukam. Die Erforschung gerade der portugiesischen Prähistorie weist so große Lücken auf, die bis jetzt gewonnenen C14-Daten liegen zahlenmäßig so weit hinter jenen, die wir heute z. B. aus dem bretonischen Neolithikum besitzen, daß alle Prioritätsfragen offen bleiben. Doch gibt es eine Reihe bekannter Tatsachen und auch einige Zeitbestimmungen, die sicher in Verbindung mit den Megalithkulturen des oberen atlantischen Bereichs betrachtet werden sollten.

Die Voraussetzungen für das Aufkommen neuer Ideen und technischer Errungenschaften waren im Südwesten der Pyrenäenhalbinsel, die kulturelle Einflüsse und vielleicht auch Zuwanderung aus dem Osten wie dem Süden empfing, ohne Zweifel besonders günstig. Die Impresso-Keramik des iberischen Frühneolithikums zeigt, daß dieses Gebiet, ebenso wie der Golf du Lion, in die ältesten Seeverbindungen des mediterranen Bereiches eingeschaltet war. Es ist vorstellbar, daß die Vorbilder hochseegängiger Schiffe, die damals bereits das Mittelmeer befuhren, die Bewohner der atlantischen Ufer Iberiens zum Bau eigener Fahrzeuge anregten, die den besonderen Verhältnissen der Ozeannavigation angepaßt waren. Die deutlichen Hinweise auf frühe Seefahrt, die von der Bretagne bis hinauf zu den Orkney Inseln sichtbar wurden, sprechen auch für eine relativ rasche Verbreitung neuer Errungenschaften auf praktischem wie ideellem Gebiet.

Ein Ausgangspunkt einer solchen Entwicklung könnte das Mündungsgebiet des Tejo-Flusses in Portugal gewesen sein. Diese Region ist eine der an prähistorischen Funden und Monumenten reichsten von ganz Europa. Ihre ungewöhnlich günstigen ökologischen Bedingungen führten schon im Mesolithikum zu einer relativ dichten Besiedlung. Der Tejo, dessen Lauf einen großen Teil der Iberischen Halbinsel durchquert, war eine der Wasserstraßen, auf denen die Jäger und Sammler der Mittelsteinzeit ins Landesinnere gelangten. Sein Unterlauf, in dem sich Süß- und Salzwasser mischen, war ein Paradies für Fischer, ein Einfallsgebiet großer Vogelschwärme auf ihrem herbstlichen Zug nach dem Süden und ein gutes Jagdgebiet für Großwild. Zahlreiche ausgedehnte ›Concheiros‹ (Muschelhaufen) bezeugen die Anwesenheit größerer Menschengruppen. Einer dieser mesolithischen Wohnplätze in der Nähe des Muge-Flusses, eines Seitenarms des Tejo, wurde 1863 von einem Geologen entdeckt, in den achtziger Jahren erstmalig ausgegraben und zwischen 1952 und 1954 nochmals systematisch untersucht. Es handelt sich um den Wohnplatz einer kleinen Gruppe auf einem Felssporn von 15 m Höhe, die in einer weiten halbrunden Hütte aus Pfählen und lehmverstrichenem Schilf und Reisig hauste, Vorratssilos anlegte, in denen man noch ungeöffnete Muscheln fand, und ihre erwachsenen Toten in natürlichen Vertiefungen des Bodens, meist in Hockerlage, beisetzte und mit einem Muschelhaufen bedeckte. Für die Kinder wurde jedoch ein eigener kleiner Friedhof in der Nähe der Hütte angelegt mit flachen, sorgfältig im Sandgrund ausgeschnittenen Gruben. Im ganzen legte man 34 Bestattungen frei. Diese Gemeinschaft, die ohne Zweifel eine rudimentäre soziale Organisation und bestimmte Totenbräuche besaß, lebte vor etwa 9000 Jahren auf ihrem Felsen. Die C14-Datierung von Material aus einer Abfallgrube ergab eine Zeitbestimmung um 7000 v. Chr. Die Gräber von Teviéc und Hoedic waren etwa 2000 Jahre jünger. Rassisch waren die Siedler am Muge-Fluß den Natufiens verwandt.

Die Ufer des Muge-Flusses wurden wegen ihrer glücklichen Umweltbedingungen seit dem älteren Paläolithikum und bis heute von Menschen aufgesucht und seit dem Beginn der Seßhaftigkeit fortlaufend besiedelt. In den obersten Schichten ihrer Muschelhaufen kamen Scherben einer einfachen, undekorierten Keramik mit rundbodigen Töpfen ans Licht, und es scheint, als sei der Beginn des Neolithikums in Portugal auch mit dem Bau der ersten Steingräber – teils kleinen Kisten, aber auch rundlichen Dolmen aus Megalithen – verbunden gewesen. In den etwas später errichteten Ganggräbern mit runden Kammern, fand man Mikrolithen mittelsteinzeitlicher Tradition neben feingearbeiteten Pfeilspitzen mit konkaver Basis und die ersten religiösen Objekte in der Form von Kalksteinzylindern.

Obwohl das Alter der portugiesischen Megalithkultur durch den Mangel an mit der C14-Methode datiertem Material noch ungewiß bleibt, scheint es heute sicher, daß sie eine lokale Entwicklung darstellte, deren religiöse Hintergründe wir nicht kennen, und daß sie der spanischen vorausging. Im 4. Jahrtausend war die portugiesische Großsteinkultur in voller Entfaltung, ebenso wie die bretonische. Das Problem, welche der beiden Kulturen älter ist, bleibt vorläufig ungeklärt.

Während sich in Portugal neben der Grottenkultur, die sich über einen Großteil der Pyrenäenhalbinsel verbreitete, mit der Megalithkultur eine folgenreiche eigene Entwicklung abzeichnete, die ebenfalls für ganz Iberien und vielleicht für noch weitere Räume bedeutungsvoll wurde, blühte an der erzreichen Südostküste Spaniens mit der Almería-Kultur das erste vollentwickelte Neolithikum auf. Seine Träger waren in der Hauptsache langschädelige, zartgliedrige Mediterrane. Die Anfänge der Almería-Kultur wurden um 4500 v. Chr. angesetzt, nach den heutigen Datierungen vermutlich zu niedrig. Kennzeichnend für die Frühphase waren unbefestigte Freilandsiedlungen aus rundlichen Hütten mit versenktem Boden und einem Sockel aus Trockenmauerwerk, der wahrscheinlich einen Aufbau aus Lehm und Reisig trug. Ihre Bewohner waren Ackerbauern, dies geht aus den Vorratsgruben hervor, doch spielte auch die Jagd noch eine wichtige Rolle in der Versorgung. Die bauchige, rund- oder spitzbodige Keramik war unverziert und mit Schnurösen versehen und zeigt, ebenso wie trapezförmige Silexpfeilspitzen, Verwandtschaft mit nordafrikanischen Erzeugnissen. Doch gibt es auch, gerade in der älteren Phase der Almería-Kultur, Hinweise auf ägäisch-anatolische Beziehungen in violinförmigen Idolen und Doppelanker-Amuletten, die an die Reliefs der gebärenden Göttin in den Schreinen von Çatal Hüyük erinnern. Dasselbe heilige Symbol erscheint auf Felsmalereien dieser Epoche. Auch die Steinkistengräber, in denen ein oder zwei Tote beigesetzt und unter einem Hügelchen geborgen wurden, haben ihre Parallelen in der Ägäis und in Palästina. Zu den Grabbeigaben gehörten Armreifen aus Marmor und *lunulae*, halbmondförmiger Brustschmuck aus feinem Kalkstein geschnitten – in Irland erschien er später aus getriebenem Gold –, olivenförmige Steinperlen, Ketten aus Muscheln und Tierzähnen.

Seit der 2. Hälfte des 4. Jahrtausends war Kupfer bekannt. Heute ist die Diskussion, ob seine Entdeckung und Auswertung auf fremde Prospektoren und Experten der Metallurgie zurückging oder unabhängig erfolgte, neu aufgelebt. Das hohe Alter der Metallurgie in Westasien und auch auf dem Balkan, die durchaus nicht einfachen technischen Vorgänge, die mit der Ausschmelzung reinen Kupfers verbunden sind, sprechen noch immer mehr für die erste Annahme. In Ostjugoslawien wurden 1970 die bis jetzt ältesten Kupferminen der Welt aus dem 5. Jahrtausend v. Chr. bei dem prähistorischen Fundort Rudna Glava entdeckt mit Schächten, die 20 bis 25 m tief in den Fels getrieben wurden!

Der Beginn der iberischen Kupferzeit war auch mit anderen Phänomenen verbunden, die eine Beteiligung von fremden Elementen an der raschen kulturellen Entwicklung nahelegen. Diese setzte gegen Ende des 4. Jahrtausends mit der Erschließung der Metallschätze ein. Vor allem die Entstehung einer ganzen Reihe befestigter Städtchen ausländischen Typs in Südspanien und bis nördlich der Tejo-Mündung in Portugal deutet, wenn auch nicht unbedingt auf eine Kolonisierung, so doch auf das Eindringen neuer Ideen und stark intensivierte Beziehungen mit fortgeschrittenen östlichen Kulturen, die jedenfalls auf dem Metallhandel basierten. Die neue Kultur wurde nach dem ersten Fundort, an dem sie erkannt wurde, Los Millares, benannt.

Die Bergwerksstadt von Los Millares

14 km oberhalb von Almería und nur eine halbe Stunde von den Kupferminen des Gador entfernt wurde spätestens im 3. Jahrtausend v. Chr. bei Los Millares eine kleine Stadt gegründet.

Etwa 5 Hektar groß erhob sich die befestigte Siedlung auf einem Plateau über dem Tal des Anderax in einer Gegend, die südliche Fülle mit afrikanischer Öde in scharfen Kontrasten vereint. Im bewässerten Talgrund mit seinen Schattenbuchten drängt sich wuchernde Vegetation; die Hügel ringsum aber und höher oben die Bergzüge, die gleich dichtgefalteten Bändern aus starrer lila und rötlicher Seide die Landschaft umstehen, sind von der Sonne zu einer Wüste aus mürbem Fels und aschentrockener Erdkruste gebrannt. Nur die Farben leben in dieser sterilen Welt; kalte metallische Töne, die den Mineralgehalt des Bodens verraten.

Die Bewohner von Los Millares waren vermutlich weniger Bauern und Viehzüchter als Bergleute, Unternehmer und Händler. Sehr lange bevor die Karthager ihre leeren Staatskassen mit dem iberischen Silber füllten, waren die Silber- und Bleilager bei Purchena im Almanzora-Tal schon erschlossen worden und etwas später auch die Kupfervorkommen um Almería. Die günstige Lage der Bergwerke in geringer Entfernung von der Küste mag viel zum raschen Aufblühen der kupfersteinzeitlichen Kultur von Los Millares beigetragen haben. Der ausgezeichnete Hafen von Almería wird bereits zu jener Zeit der Ankerplatz fremder Schiffe gewesen sein, zu denen man die Ausbeute der nahen Minen ohne viel Zeitverlust und Anstrengung transportieren konnte.

Los Millares stellte mit seinen vier vorgeschobenen Befestigungsbastionen eine durchaus neuartige Erscheinung dar, deren Ähnlichkeit mit ummauerten Städten im ägäischen und nahöstlichen Bereich unleugbar ist. Die ganze Anlage mit ihren rechteckigen Häusern aus Steinen, einer Zisterne und einem Aquädukt, der Quellwasser aus der Flanke der Höhe etwa 1 km weit in den Ort leitete, verrät eine fortgeschrittene Bautechnik. Es ist weiter nicht verwunderlich, daß die Entdekker und Ausgräber von Los Millares, die Brüder Siret, 1870 glaubten, auf eine phönizische Stadt gestoßen zu sein. Der Unterschied zwischen ihr und den offenen Dörfern der Almeríakultur ist so groß, daß er schwer ohne die Einschaltung neuer Faktoren zu erklären ist.

Der Kupfer- und Zinnbedarf war mit dem Beginn der Bronzezeit im Nahen Osten gegen Ende des 4. Jahrtausends v. Chr. stark gestiegen, und die Suche nach neuen Quellen der kostbaren Rohstoffe führte ohne Zweifel zu einer Intensivierung des Seeverkehrs auf den alten Routen, die schon beim Obsidianhandel benutzt worden waren. Es bleibt die Frage, ob Los Millares und eine Reihe verwandter Niederlassungen, die sich bis nördlich des Tejo-Flusses fanden, Faktoreien ägäischer oder anatolischer Seefahrer waren, die sich nach erfolgreicher Kupfersuche kleine Machtzentren in metallreichen Gebieten schufen, von denen aus sie die Kupfergewinnung leiteten und den Handel mit dem wertvollen Rohstoff beherrschten. Die Errichtung von Verteidigungsbauten spricht sicher für eine bedrohte Position der Bewohner der neuen Niederlassungen und für veränderte Lebensumstände.

Es ist aber auch denkbar, daß nur der Anstoß zur Erzgewinnung und Verarbeitung von außen kam, und daß Bergbau und Metallindustrie dann den Einheimischen überlassen wurden, die jedoch in Handelsbeziehungen mit den ausländischen Seefahrern blieben und von diesen eine Reihe von kulturellen, religiösen und technischen Errungenschaften übernahmen. Der durch Metallhandel erworbene Reichtum mußte dann vielleicht sowohl gegen konkurrierende Gruppen wie gegen Überfälle von Piraten verteidigt werden.

Man kann natürlich auch an eine Kombination beider Möglichkeiten denken, denn in allen bisher bekannten Gründungen der Los Millares-Kultur sind sowohl bodenständige wie fremdartige Elemente vorhanden.

Wir besitzen heute ein Radiokarbon-Datum aus Los Millares, nach dem die eingestürzte Stadtmauer gegen 2350 v. Chr. wiederaufgebaut wurde. Der Ort bestand damals sicher bereits seit geraumer Zeit. Eine Calibration des C14-Meßwertes würde seine Gründung gegen den Beginn des 3. Jahrtausends v. Chr. wahrscheinlich machen.

Dicht neben der Stadt der Lebenden lag die Nekropole, an der sich eine lange Entwicklung des Totenkultes ablesen läßt. Von der frühen Grottenbestattung, den Steinkisten und kleinen Rundgräbern unter Aufschüttungen der Almería-Kultur bis zu Felsgräbern mit megalithischem Vorbau und trapezförmigen Großsteingräbern waren alle Formen der älteren Kulturen vertreten. Die echte *Stadt* der Toten, in der vielleicht die Elite der Hochblütezeit von Los Millares beigesetzt wurde, bestand aber aus etwa 75 z. T. kunstvoll gebauten Ganggräbern unter Tumuli. Entsprechend dem beschränkten Platz auf dem Plateau waren diese nicht groß, gerade nur Hülle für eine 3 bis 6 m weite

85 Kuppelgrab von Los Millares mit Türlochplatte (historische Aufnahme, heute nur Grab ohne Kuppel rekonstruiert)

runde Hauptkammer, zu der ein Gang führte (Abb. 85). Gleich den Tumuli der Nekropole von El Adeimeh in Palästina waren sie an der Basis, manchmal auch in halber Höhe, mit Steinkränzen verstärkt. Vor dem Eingang lag oft ein halbkreisförmig umhegter Vorhof. Einfache oder doppelte Steinringe isolierten einige Monumente in einem heiligen Bezirk. In mehreren Vorhöfen fanden die Ausgräber rotbemalte Baetylen von 15–60 cm Höhe in

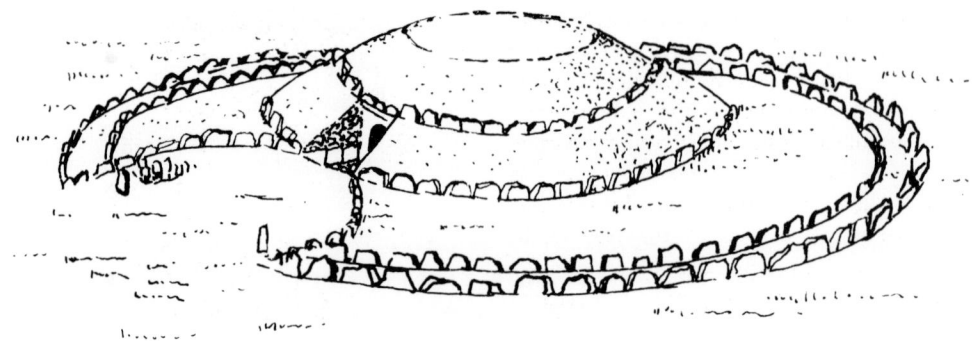

Rekonstruktion eines Kuppelgrabes von Los Millares

Gruppen bis zu 20 Stück. Auch die Etrusker, in deren Totenkult noch einmal uraltes Mittelmeererbe sichtbar wurde, stellten Steinsäulchen verschiedener Größe vor ihre Grabhügel als Symbole für die männlichen Verstorbenen.

Die kupfersteinzeitlichen Mausoleen von Los Millares waren meist aus Kleinmauerwerk konstruiert und innen mit Orthostaten verkleidet, und zwar in derselben Technik, die wir in den bretonischen Kuppelgräbern aber auch in den Tempeln von Malta finden. Die Überdachung bestand meist aus flachen Bienenkorbkuppeln. Bei den hochentwickelten Formen der Kuppelgräber führen oft einige Stufen zum Eingang hinab, der mit einer Türlochplatte verschlossen war. Häufig war der Korridor durch eine zweite von der Hauptkammer getrennt und durch Türrahmen unterteilt. Megalithen oder eine Wölbung aus vorkragenden Platten bildeten die Überdachung. In drei Fällen entdeckten die Ausgräber Keilgewölbe! Die Gänge wie die Hauptkammer besitzen manchmal Nebengelasse. Die Orthostatensockel waren sorgfältig behauen und geglättet, Lehm und Gips spielten sowohl zur Festigung der Konstruktion wie zu dekorativen Zwecken eine wichtige Rolle in der Innenarchitektur. Die Hauptkammer der Tholoi, deren Kuppeln wahrscheinlich durch Pfeiler aus Stein oder Holz gestützt wurden, waren manchmal mit rotbemaltem Gipsbewurf verkleidet. Auch gemalte Ornamente kamen vor, so gibt es noch Reste eines roten Zickzackbandes. Viele Kammern waren gepflastert. Die schönsten dieser kleinen Totenpaläste erinnern in Bauart und Ausstattung mit ihren Orthostatensockeln, den Türlochplatten und dem rotgefärbten Gipsbewurf, wie auch mit den halbrunden Vorplätzen für kultische Handlungen, en Miniature an die Tempel von Malta. Doch könnte sich ihre Architektur auch, durch exotische Zutaten bereichert, aus den portugiesischen Ganggräbern mit runder Kammer entwickelt haben.

Die zahlreichen Skelette in den Gräbern, in einem waren es etwa 100, zeigten, daß man viele Generationen in ihnen zur Ruhe gebettet hatte. Immer scheint Körperbestattung die Regel geblieben zu sein. Brandspuren in manchen Totenhäusern mögen mit Opferzeremonien zusammenhängen. Reiche und verschiedenartige Totenbeigaben beschwören das Bild einer Epoche von erstaunlicher Expansionskraft herauf, in der das Mittelmeer bereits von einem Ende zum anderen mit einem Netz vielfacher Verbindungen überspannt erscheint.

Mit dem Ostmittelmeer und Afrika erfolgte ein reger Austausch von Waren sowie von Ideen und Fertigkeiten. Elfenbein, das vermutlich aus Afrika kam – allerdings gibt es auch in Spanien fossiles Elfenbein – wurde

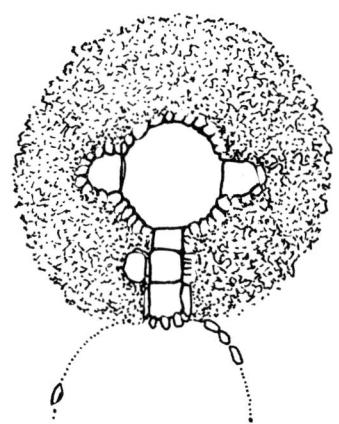

Grundriß eines Kuppelgrabes von Los Millares

u. a. zu kleinen Salbendosen und Kämmen verarbeitet, die barbarisierte Nachahmungen ägyptischer Stücke sein könnten. Ein hübsch mit geometrischen Mustern verzierter Steckkamm wirkt wie der Vorläufer der hochstehenden Kämme, die von den Spanierinnen heute noch getragen werden. Ein beinerner Knebel zum Befestigen eines Gewandes hat sein Gegenstück im frühen Troja. Schmucknadeln aus Elfenbein mit scheibenförmigen oder länglichen gerillten Köpfen waren sehr beliebt, und gelegentlich bekamen die Toten beinerne Imitationen der seltenen und daher besonders wertvollen Feuersteindolche mit ins Jenseits. In einer segmentförmigen Klinge glaubt man die Nachahmung eines ägyptischen Kupferdolches, der während der XII. Dynastie aufkam, zu sehen. Eine Streitaxt, die im Nilland zwischen 2500 und 2080 Mode war, kommt auch in Los Millares mehrfach vor, und die bewunderungswürdige Ausarbeitung vollretuschierter Pfeilspitzen mag ebenfalls auf afrikanischen Einfluß zurückgehen.

Die Zahl der Kupfergeräte, die in den Gräbern zutage kamen, ist sehr groß. Für die kriegerische Wesensart der Bewohner von Los Millares, die vielleicht von ihrer befestigten Höhe aus ein beträchtliches Gebiet kontrollierten, sprechen die zahlreichen und unterschiedlichen Waffen. Es gibt Dolche mit Mittelrippe, flache rhombenförmige und solche mit Griffzunge. Eine typisch iberische Erscheinung sind die Dolchstäbe mit sehr breiten im rechten Winkel auf einen Stiel aufgenieteten Klingen, gefährliche Waffen, die erst mit dem Aufkommen von Schwertern verschwanden. Neben diesem Arsenal fanden sich Beile, Hacken, Meißel, Messer und Sägen, Pfriemen, Nadeln und Stichel. In der Glanzzeit der Bergwerkstadt sind die weitreichenden Handelsbeziehungen nach dem Norden durch Perlen aus Bernstein, Gagat und Kallaït bezeugt, Importware, die von der Ostsee, von England und der Bretagne übers Meer bis an die südostspanische Küste gelangt war. Perlen aus Amethyst und Straußeneierschalen wurden wohl aus Afrika bezogen.

Schöne Gefäße aus Alabaster und Kalkstein mit Rillen- und Rautenmustern mögen

86 Gipsgefäß aus Los Millares

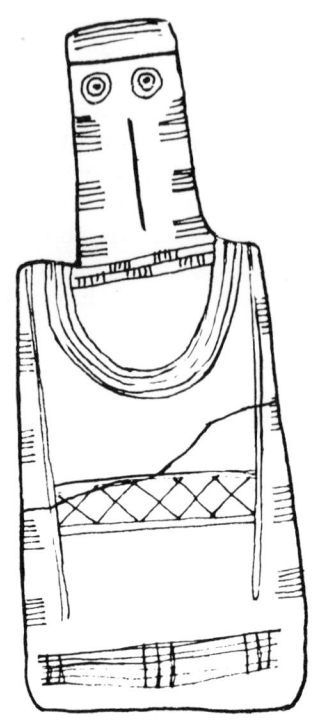

Zyprisches Tonidol

Glockenbecher

◁ 87 Weißinkrustierte Schale aus Los Millares

für Toilettenzwecke, vielleicht zum An-
reiben von Schminkfarben gedient haben.
Auch sie verraten ägyptischen Einfluß. Gips
war nicht nur in der Innenarchitektur beliebt,
sondern auch als Material für Töpfe, die offensichtlich die Straußeneiergefäße nachah-
men sollten (Abb. 86).

Ein Abglanz der bemalten Keramik des
früh- bis mittelminoischen Stiles wird vielleicht in einer dünnwandigen feinpolierten
Ware aus rotem Ton sichtbar, auf die weiße
Muster gemalt sind. Die typisch einheimischen
Gefäße aber sind glänzend schwarz und reich
mit gravierten Ornamenten geschmückt, die
grellweiß inkrustiert wurden. Die häufigste
Form dieser sehr eleganten Erzeugnisse ist
eine kleine flache Schale (Abb. 87). Vielleicht
diente sie nur rituellen Zwecken, da sie oft
strahlenumrandete Augenmotive zeigt.

Die bedeutungsvollsten Funde aus den
Gräbern von Los Millares, die zahlreichen
Idole aus Stein und Knochen, zeigen, daß die
Große Göttin des Ostens, deren Verehrung
sich bereits in den Idolen und Amuletten der
neolithischen Almería-Kultur angekündigt
hatte, mit der Kupfersteinzeit ihre ungeteilte
Herrschaft über das Totenreich antrat. Ihre
Idole erscheinen auf der Pyrenäenhalbinsel in
jener abstrakten, ganz auf die magische Kraft
des göttlichen Auges eingestellten Form, die
in den bereits erwähnten Augenidolen aus
dem Tempel vom Tell Brak in Ostsyrien ihren stärksten Ausdruck fand. Diese Auffassung, die in der 2. Hälfte des 4. Jahrtausends
vor allem im syrischen Bereich dominierte,
führte in Anatolien zu den merkwürdigen ›Scheibenidolen‹ und auf Zypern zu
den ›Brettidolen‹, die manchen iberischen so
erstaunlich gleichen, daß man die alte Kup-
ferinsel unwillkürlich in Verbindung mit dem
westlichsten Kupfergebiet des Mittelmeeres

bringt. Die zyprischen Erzvorkommen wurden aber, wie es scheint, nicht vor der Mitte
des 3. Jahrtausends durch Einwanderer aus
Anatolien ausgebeutet, und die Brettidole
kamen erst im letzten Viertel des 3. Jahrtausends auf und behielten ihre typische
Form einige Jahrhunderte lang. Es ist daher
vielleicht richtiger, die zyprischen wie die
iberischen Idole von einem gemeinsamen,
wesentlich älteren Urbild abzuleiten. Die
ersten sind manchmal nur kleine Planken aus
dunkel- bis hellrot polierter Terrakotta, meistens sitzt aber auf einem breiteren Rechteck,
das den Körper symbolisiert, ein kleineres
Rechteck als Kopf. Nur die Nase und manch-

88   Alabasteridol der Almería-Kultur

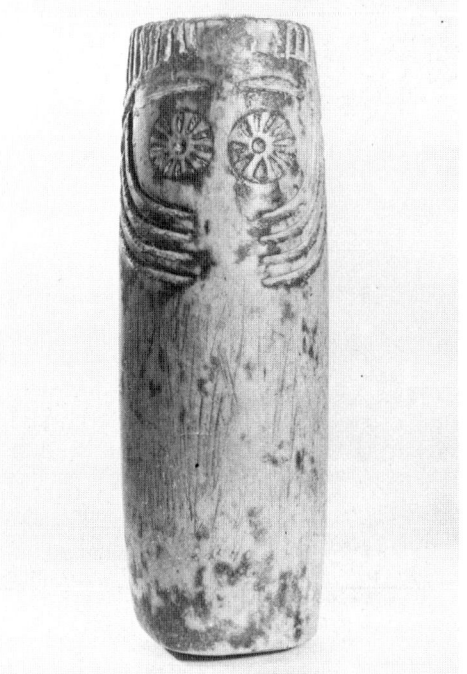

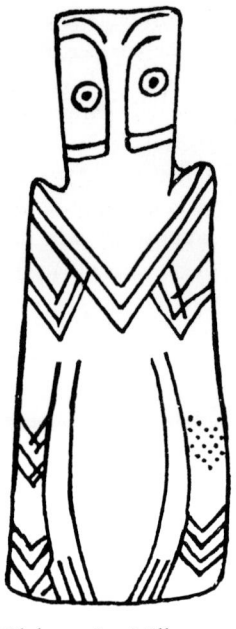

Graviertes
Phalangenidol aus
Los Millares

Idole aus Los Millares

mal die Ohren wurden plastisch ausgearbeitet. Die Augen sind als Löcher eingestochen oder als konzentrische Kreise und kleine Sonnen eingraviert. Waagerechte Liniengruppen auf den Wangen weisen vielleicht auf rituelle Tätowierungen. Eine mehrreihige Kette, die häufig über die Brust der Göttin herabhängt, war vermutlich ein Abzeichen ihrer Würde. Dieser Schmuck kommt auch auf ihren westeuropäischen Darstellungen vor. Nicht selten wird er sogar zum Sigel der Göttin. Gravierte geometrische Ornamente auf der Vorder- und Rückseite der zyprischen Idole deuten wohl prunkvolle Kleidung und einen breiten Gürtel an. Die Arme sind, wenn überhaupt, nur als dünne Doppellinien angedeutet.

Überraschend ähnliche Gegenstücke zu den zyprischen Brettidolen fanden sich im Süd-westen der Iberischen Halbinsel, und auch die Kultobjekte aus Los Millares und den Nekropolen des Almanzoratales erscheinen ihnen verwandt. Die Abstraktion ist bei den iberischen Idolen noch weiter gediehen als auf Zypern. Meist sind nur noch die Augen und die Brauen der Göttin geblieben, manchmal auch einzig die geometrischen Ornamente ihrer Kleidung, die als Zickzack- oder Wellenlinien in Reihen übereinander angeordnet sind. Manche Idole sind zylindrisch und aus Kalkstein oder sogar Alabaster (Abb. 88), die meisten aber wurden aus Zehengliedern von Pferden oder Rindern hergestellt. Die Dekoration dieser Phalangen ist von großer Feinheit (Abb. 89). Wahrscheinlich wurde sie eingeätzt, nachdem man die Knochen zuerst mit einem Überzug aus Harz und Wachs versehen hatte, durch den die Muster mit einem spitzen Instrument geritzt worden waren. Auf den vom Überzug freien Stellen fraß sich die scharfe Flüssigkeit ein und erzeugte vertiefte Muster. Manchmal wurden die Phalangen auch bemalt.

Allein in der Totenstadt von Los Millares fanden sich 250 Knochenidole; in einem Grabe kam auf jede Leiche ein eigenes, ein Brauch, der an kykladische Parallelen erinnert, nur handelt es sich auf den Inseln um Marmoridole.

Geheimnisvolle Kultgegenstände aus südost-, süd- und westiberischen Gräbern sind flache sandalenförmige Steingebilde, die mit den gleichen Triangel- und Zickzackmustern bedeckt sind, die sich auf den Phalangen finden (Abb. 90). Auch echte Strohsandalen, vollständig erhalten, als wären sie erst kurz zuvor für den Fuß eines Iberers geflochten worden, kamen zutage (Abb. 91). Sandalennachbildungen aus Elfenbein hatte man bereits im vordynastischen Ägypten den Verstorbenen mitgegeben, und auch sonst fanden sich solche Beigaben in vorgeschichtlichen Bestattungen Nordafrikas. Sie müssen mehr als nur die Bedeutung eines Gebrauchsgegenstandes gehabt haben, der dem Toten im Jenseits dienen sollte. Gemalte oder eingravierte Fußabdrücke gibt es in Nordafrika, Frankreich, auf den Britischen Inseln, in den nordischen Ländern wie in den Alpengebieten, in Megalithgräbern, auf Schalensteinen und auf Felsbildern. Waren Sie das Sigel einer Gottheit oder nur die Vertretung des Menschen, der im Grab bestattet wurde?

Seit der Ausgrabung von Los Millares wurde längst deutlich, daß dieses befestigte Zentrum nicht das einzige seiner Art auf der Pyrenäenhalbinsel war, auf der sich etwa seit dem letzten Viertel des 4. Jahrtausends, besonders in Verbindung mit den Haupt-

89 Knochenidol aus Los Millares

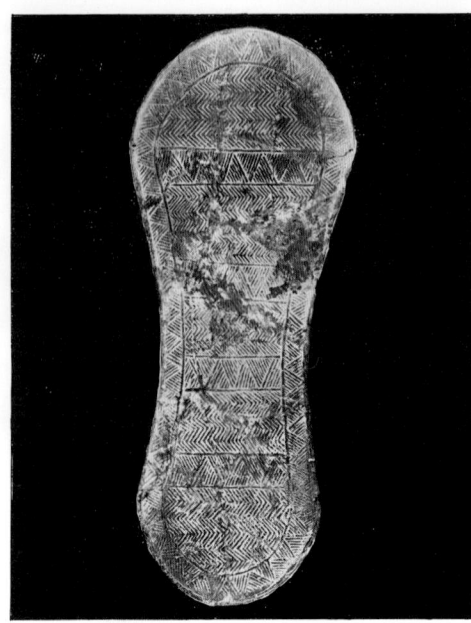

90   Sandalenförmige Grabbeilage

ein portugiesisches Gegenstück zu Los Millares mit einem mächtigen dreifachen Mauerring – der äußerste ist 7,60 m dick und besitzt ebenfalls halbrunde Bastionen.

Die umfassendste und lehrreichste Ausgrabung einer solchen Befestigungsanlage, der bis jetzt nördlichsten von Portugal, erfolgt seit 1964 jedes zweite Jahr durch das Deutsche Archäologische Institut in Madrid und das Institut für Ur- und Frühgeschichte der Universität Freiburg bei dem großen Bauernhof Zambujal, nach dem die Fundstätte genannt wurde. Die vorgeschichtliche Stadt besaß über den Rio Sizandro, der sich 8 km weiter westlich in den Atlantik ergießt, eine ausgezeichnete Verbindung zur See und lag selbst in strategisch sehr gut gewählter Position nicht unmittelbar an dieser Zufahrt, sondern etwa 2 km südlicher über einem Nebenflüßchen des Sizandro auf einem Bergrücken. Ein Steilhang an dessen Westende bildete bereits eine natürliche Verteidigung, als dieser Ort zunächst mit einer Art Fluchtburg, einem runden Mauerring von bis zu 15 m Stärke und einem Durchmesser von 40 m versehen wurde. Seine Bauweise ist nicht zyklopisch. Die Schauseite der Mauern besteht aus ziemlich regelmäßig gesetzten mittelgroßen Steinen in Lehmverband, die Hinterfüllung aus einer Masse von Lehmmörtel und Steinen. Halbrunde Bastionen wären in kurzen Abständen vorgebaut. Einige enthielten Kragkuppelräume mit Schießscharten. Der Eingang in die Zitadelle, der durch einen 13 m starken Mauerabschnitt führt, ist nur 1 m breit. Die Oberfläche der ungeheuren Wälle diente den Verteidigern als Plattform. Dem Burgkern vorgelagert fanden die Ausgräber eine zweite Mauerlinie von 2 m Dicke, ebenfalls mit halbrunden Bastionen versehen. Im Osten lag sie nur 10 m von der ersten Festung entfernt,

häfen und Flüssen, allenthalben ein kultureller und wirtschaftlicher Aufschwung bei starker Bevölkerungszunahme bemerkbar machte. In den Erzgebieten und an Knotenpunkten des Handelsverkehrs, der zweifellos sowohl längs der mediterranen wie der atlantischen Küsten Iberiens stattfand, im breiten Tal des Guadalquivir und auf den fruchtbaren, landeinwärts gelegenen Hochflächen entstanden zahlreiche Siedlungen dörflichen wie städtischen Charakters, von denen nicht wenige befestigt waren. Das Mündungsgebiet des Tejo und sein Hinterland waren nach wie vor ein Mittelpunkt lebhaften Güteraustausches und kulturellen Fortschrittes. Vila Nova de São Pedro, dessen Anfänge wahrscheinlich ins letzte Viertel des 4. Jahrtausends zurückreichen, erscheint nach seiner teilweisen Ausgrabung als an den anderen Seiten griff sie jedoch, soweit sich dies noch feststellen ließ, wesentlich weiter aus. Die dritte Verteidigungslinie wurde in etwa 30 m Entfernung von der zweiten auf einer höheren Geländestufe errichtet und schloß wahrscheinlich eine Quelle ein, die bis heute Wasser führt. Die Ausgräber legten etwa 30 m dieser Mauer frei, ein Stück zu dem zwei Bastionen gehörten, eine davon mit Innenraum. In ihrem Endstadium umfaßten die Festungswerke ein Gebiet von rund 130 m Länge und 100 m Breite. E. Sangmeister und H. Schubart, die Leiter der Ausgrabungen, sehen die lange Baugeschichte dieser gewaltigen Anlage, die gegen 1700 v. Chr. endgültig aufgegeben wurde, in vier großen Phasen, in denen die Konzeption der Festungsarchitektur mehrfach verändert und verbessert wurde. Interessant und gut erhalten ist ein Teil aus Phase 2, ein halbmond förmiger, 8 x 5 m großer Innenhof, dessen Außenmauer zwei massive Türme in einem Bogen miteinander verbindet. Schießscharten in dieser waren auf Torlücken in einer zweiten Mauerlinie ausgerichtet, die offenbar gleichzeitig als Teil eines raffiniert ausgedachten Verteidigungssystems angelegt worden war. Wenn sich die Verteidiger aus dem Vorfeld zurückziehen mußten, konnten ihnen die Angreifer nur einzeln durch die schmalen Pforten nachdrängen und waren dann schutzlos den Pfeilen aus den Schießscharten ausgesetzt.

Charakteristisch für die dritte Bauphase war hingegen die Schließung aller Durchlässe und Schießscharten und die Auffüllung der Höfe. Jede Verteidigungslinie wurde als selbständige Einheit konstruiert, so daß kolossale Baublöcke entstanden.

So relativ gut heute die Festungswerke erforscht sind, so wenig weiß man bis jetzt von

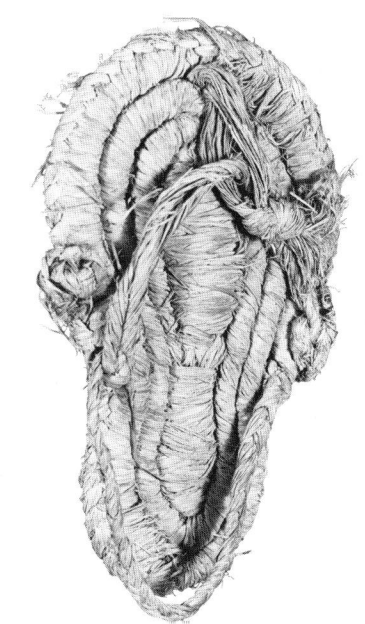

91   Strohsandale aus einem Kuppelgrab

den Wohnbauten. Der Bau des großen Hofes von Zambujal führte zur totalen Zerstörung aller Spuren der ältesten Siedlung, nur im schmalen Streifen zwischen Linie 1 und 2 wurden Reste von Häusern mit einem ovalen Steinsockel gefunden, über dem sich eine Kuppel aus luftgetrockneten Lehmziegeln erhob. Diese altorientalische Dachform und die Kuppeln der Festungstürme könnten natürlich auch von Einfluß auf die iberischen Kuppelgräber gewesen sein, die nicht zur ältesten Bauform der Megalithgräber gehören. Im Wesen war jedes Grab als *Haus* für die Verstorbenen gedacht und wurde daher noch bis in die Zeit der Etrusker häufig den Wohnbauten der Lebenden nachgebildet.

In den Häusern von Zambujal fanden die Ausgräber Anzeichen einer Kupferindustrie von bescheidenem Umfang, die jedoch anscheinend einen wichtigen Faktor des wirtschaftlichen Lebens der Festungsstadt darstellte. In zwei Fällen waren Feuerstellen ringartig um eine Art Lehmwanne geordnet, in der sich viele Kupfertropfen fanden. Bruchstücke von Gußtiegeln und Kupferspritzer zeigten deutlich, daß auf den Herden nicht nur gekocht, sondern auch Kupfer geschmolzen wurde. Das Rohmaterial für diese Kleinindustrie mußte aus beträchtlicher Entfernung geholt werden. Das Erz wurde vermutlich mit Holzkohle in kleinen Mengen ausgeschmolzen und zu Barren und Geräten wie Messern, Beilen, Sägen, Pfriemen usw. verarbeitet. Solche Hausindustrien fanden sich auch an anderen Plätzen. Ihre Erzeugnisse bildeten wahrscheinlich die wichtigste Handelsware, für die Luxusgegenstände in Gestalt von Nachahmungen exotischer Dinge eingetauscht werden konnten. Wie in Los Millares fanden sich Zierkämme und Nadeln aus Elfenbein, Gefäße aus Kalkstein und Alabaster ägyptischen oder ägäischen Stils, beinerne Büchsen und Nadeln, die ebenfalls östliche Vorbilder haben. Vielleicht wurde auch Keramik verhandelt, die in Zambujal von so hoher Qualität war, daß sie spezialisierte Handwerker voraussetzt. Feingearbeitete Becher mit hochpoliertem braunem Überzug und eingeglätteten Mustern und dünnwandige Schälchen mit schwarzem Überzug sind Meisterstücke iberischer Töpferkunst, die in der 2. Hälfte des 3. Jahrtausends mit den Glockenbechern einen Höhepunkt erreichen sollte, der eine neue Kulturphase kennzeichnete.

Der dynamische Westen

Man kann den Anfang des großen Aufstieges der kupfersteinzeitlichen Kultur der Pyrenäenhalbinsel nach den heute verfügbaren C14-Daten und bei Anwendung der Calibration wohl sicher beträchtlich vor dem Ende des 4. Jahrtausends v. Chr. ansetzen. Schon zuvor bestanden Kontakte zwischen der Almería- und der portugiesischen Megalithkultur. In dieser Periode aber müssen die Seeverbindungen zwischen dem Südosten der Iberischen Halbinsel und ihren atlantischen Küsten wesentlich intensiver geworden sein. Die ›Säulen des Herkules‹ wurden damals ohne Zweifel bereits von furchtlosen Navigatoren durchfahren, die hinter ihnen keineswegs das Ende der bewohnten Welt vermuteten. Die Entstehung der befestigten städtischen Siedlungen und der Kupferindustrie in Portugal und andererseits die Ausbreitung der westiberischen Megalithkultur nach Osten, waren die Folgen. Das hohe Alter der portugiesischen Megalithkultur wird heute immer deutlicher, und damit erscheint auch die Frage nach Zusammenhängen mit der bretonischen und selbst der irischen wieder aktuell. Spätestens für das 3. Jahrtausend ist Seeverkehr mit dem Norden sicher. Bernstein und Kallaït konnten kaum anders als längs der atlantischen Küsten nach Iberien gelangt sein. Das Erscheinen der Glockenbecherleute in der Bretagne und auf den Britischen Inseln, mit denen die Kupferzeit des Westens begann, setzte vermutlich nur eine Seefahrertradition fort, deren Alter wir nur raten können.

Heute wird von den meisten Gelehrten angenommen, daß Südspanien der Ausgangspunkt dieser Bewegung war. Die feine Glokkenbecherkeramik wird als letzter Ausläufer der geritzten Tonware der Grottenkultur des heutigen Südwestspaniens angesehen, deren Nachkommen sich später im fruchtbaren Tal des Guadalquivir ansiedelten. Der ungewöhnlich hohe Stand der iberischen Töpferkunst wird aus vielen Funden des 4.–3. Jahrtausends – nicht zuletzt aus dem prächtigen Becher von Zambujal – sichtbar. Die Archäologen sind jetzt geneigt, die Anfänge der Glockenbecherkultur, die verschiedene Stadien umfaßte und zu einem wichtigen Faktor der west- und mitteleuropäischen Entwicklung in der Kupfersteinzeit werden sollte, früher, d. h. nicht allzu lange nach der Mitte des 3. Jahrtausends v. Chr., zu datieren.

Vielleicht war gerade der atlantische Teil Iberiens durch seine besonderen geographischen und ökologischen Voraussetzungen dynamischer als das mediterrane Iberien mit seinem warmen Klima und den bequemen Lebensumständen, die keine große Herausforderung für den Erfindungs- und Unternehmungsgeist der Bevölkerung bildeten.

Die reiche eigenständige Entfaltung der megalithischen und verwandten Grabbauten und eines Totenkultes, der das religiöse Leben des größten Teiles der Pyrenäenhalbinsel seit dem 4. und bis in die ersten Jahrhunderte des 2. Jahrtausends beherrschen sollte, kommen in der atlantischen Hälfte stärker als in der mittelmeerischen zum Ausdruck. Es ist eigenartig, daß die Megalithkultur weder Innerspanien noch dessen Ostküste eroberte. Die Grenzen ihrer Ausbreitung liefen etwa von Alicante über Córdoba und Salamanca bis hinauf nach Oviedo. Im Nordosten erreichte sie dann wieder Navarra, Aragonien und Katalonien.

Der westliche Teil der Halbinsel vereint von Natur aus scharfe Gegensätze. Einesteils im Süden stark nach Afrika orientiert, andererseits aber auch mit dem atlantischen Europa verbunden, mit einem Klima, das im Süden subtropisch und im Norden kühl und regnerisch ist, gehört er gleichzeitig zu zwei durchaus verschiedenen Zonen. Diese Gegebenheiten entsprachen wohl auch Bevölkerungsgruppen unterschiedlicher Herkunft und Wesensart. Die Wirtschaftsformen und damit die sozialen Strukturen waren im Süden anders als im Norden. Die Küstenkulturen städtischen Gepräges reichten bis hinauf nach Estremadura und landeinwärts in die Erzgebiete Andalusiens in das Hochland von Alentejo und bis über den Tejo hinaus nach Mittelportugal. Großgrundbesitzer, deren Reichtum auf der Schaf- und Schweinezucht begründet war, beherrschten noch bis zum Umsturz in Portugal die mit Kork- und Steineichen bewachsenen Plateaus des Alentejo. Vielleicht war dies vor Jahrtausenden nicht viel anders. Landbesitzer, Bergwerks- und Handelsherren bildeten eine feudale Oberschicht im Südwesten, deren Andenken in einer Reihe kolossaler Grabbauten erhalten blieb.

Der Norden aber mit seinen Berggebieten, die von kleinen Flußläufen durchzogen werden, besaß ungeachtet seiner Zinnvorkommen keine städtischen Niederlassungen und war vornehmlich von Bauern und Viehzüchtern besiedelt, die ihre Sippengräber, meist Dolmen mäßiger Größe unter Hügeln, auf dem eigenen Grund errichteten.

Eine entscheidende Rolle in der Entwicklung der Grab-Architektur spielte naturgemäß das verfügbare Steinmaterial. Felsgräber entstanden in Gebieten mit weichem Kalk- und Sandstein; Schiefer förderte Kleinmauer-

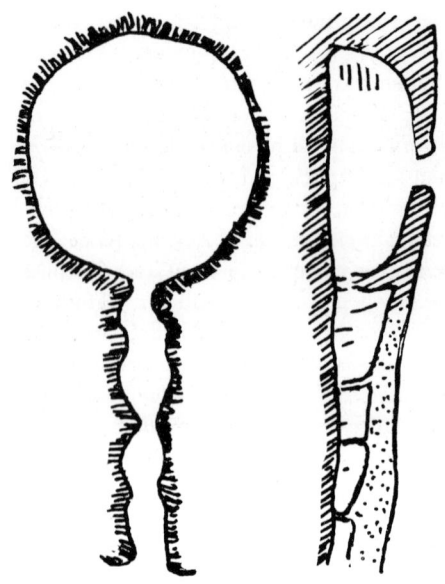

Grundriß und Längsschnitt eines portugiesischen Felskuppelgrabes

werk im Schichtbau, der harte Granit der Hochebenen des portugiesischen Hinterlandes Konstruktionen aus großen Blöcken.

Die Beschaffenheit des Terrains mag in Südportugal die Entwicklung der Felskuppelgräber gefördert haben, die sich in den Nekropolen von Algarve und von Palmella an der Tejo-Mündung und von Alapraia an der Küste von Estremadura finden. Sie wurden dort teils in Hänge getrieben, teils aus dem Felsboden gehöhlt. Lange Gänge führen dann schräg hinab in einen 4 bis 6 m weiten, mäßig hohen Kuppelraum, dessen Deckenloch mit einer Platte verschlossen wurde. Die Korridore sind meist durch Erweiterungen in Abteile gegliedert. Die Eingänge können stufenförmig umrahmt sein wie bei den sizilianischen Felsgräbern. Manchmal gibt es auch schachtartige Einstiege. Die Ähnlichkeit aller dieser Gräber mit den Felsgrüften auf Sizi-

lien, Malta, Sardinien, Zypern und in Syrien und Palästina ist unverkennbar, aber natürlich kein Beweis für Zusammenhänge.

Die portugiesischen Felskuppelgräber sind wahrscheinlich nicht vor dem 1. Viertel des 3. Jahrtausends entstanden und sehr lange benutzt worden. Unter ihren Beigaben kamen nicht nur zahlreiche Glockenbecher vor, sondern auch Gegenstände der bronzezeitlichen Kultur von El Argar, nach ihrem Hauptfundort, einer befestigten Stadt bei Almería, benannt. Die El Argar-Kultur blühte etwa von 1800 bis 1000 v. Chr. und zeigte besonders in ihrer späteren Phase mit der typisch östlichen Krugbestattung, die der anfänglichen Kistenbestattung innerhalb der Stadt folgte, deutlich orientalische Züge. Allmählich führte sie zum Erlöschen der Megalithkultur und ihrer Totenbräuche.

Neben Goldschmuck (Abb. 92) und Perlen aus Kallaït, Elfenbein und Bernstein ent-

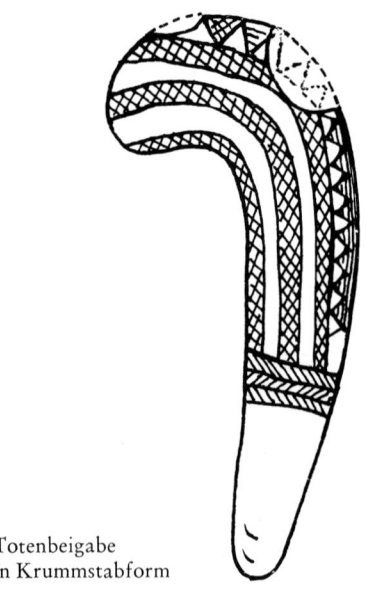

Totenbeigabe in Krummstabform

hielten die portugiesischen Felskuppelgräber auch viele zylindrische, Phalangen- und eigenartige Schieferplattenidole, die jeden anthropomorphen Zug verloren haben (Abb. 93). Nur noch die charakteristischen geometrischen Ornamente, die in ihre glatte Fläche geritzt wurden, lassen sie als Symbole der Göttin erkennen. Sandalenförmige Objekte stammen ebenfalls aus diesen Gräbern, ebenso seltsame flache Kultgegenstände aus Stein in der Form eines Krummstabes, der mit Zickzackmustern und schraffierten Bändern verziert ist. Man hat diese Gebilde als Abzeichen einer männlichen Gottheit deuten wollen.

Das uralte Machtsymbol des Krummstabes erscheint jedenfalls mehrfach auf syrischen und altanatolischen Kultszenen. Auf einem hethitischen Relief trägt ein Gott, der auf einem Hirsch steht, einen Krummstab über der Schulter und der kanaanäische Aliyan

92 Goldschmuck aus der beginnenden Bronzezeit

93 Portugiesisches Schieferplattenidol

Baal hält auf einer Stele einen Krummstab in der Rechten.

Welchen Gott die eigenartigen iberischen Idole aber verkörpern könnten, bleibt völlig dunkel. In der Megalithkultur der Halbinsel finden sich kaum Spuren der Verehrung einer männlichen Gottheit. Das Beil hatte allerdings auch dort wahrscheinlich sakrale Bedeutung. Es kommt als Amulett und auf Felsbildern vor.

263

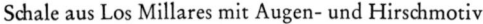

Schale aus Los Millares mit Augen- und Hirschmotiv

Felsmalereien zeigen mehrfach eine männliche Figur mit erhobenen übergroßen Händen, die auf den Kult eines Sonnengottes weisen könnten. Auf schwedischen Felsbildern der Bronzezeit gibt es ähnliche Darstellungen, bei denen die Sonnensymbolik außer Zweifel ist. Schließlich stehen die häufigen Darstellungen von Hirschen auf der altiberischen Keramik und in der Felsmalerei vielleicht in Zusammenhang mit einer männlichen Gottheit. In der germanischen und der keltischen Religion war der Hirsch ein heiliges Tier, das dem Sonnen- oder Fruchtbarkeitsgott geweiht war. Auf einem schönen Gefäß aus Los Millares ist das Augenmotiv zusammen mit stilisierten Hirschen angebracht.

Felsmalerei von Pena Tu

Es mag sein, daß die Macht der Magna Mater als Lebensspenderin und Totengöttin in der Frühzeit auf der Pyrenäenhalbinsel so groß war, daß alle anderen Gottheiten in ihrem Schatten blieben. Die Menge der Idole in den Gräbern deutet darauf hin.

Augenmotive, das ›Eulengesicht‹, Zickzacklinien, stilisierte Menschenfigürchen und verschiedene andere unverständliche Zeichen wurden bis jetzt mit wenigen Ausnahmen nur in Steinkammergräbern Nordportugals, Galiziens und Asturiens entdeckt. Bei Vidiago in Asturien findet sich an dem Fels von Pena Tu das bereits erwähnte große gemalte und gravierte Bildnis der Göttin in Gestalt einer oben abgerundeten Stele. Vom Haupt gehen Strahlen aus, und die ganze Figur ist mit geometrischen Mustern bedeckt, die in senkrechten und waagrechten Bändern angeordnet sind. Nur das Gesicht ist durch Augen und einen Nasenstrich kenntlich gemacht. Neben der Göttin ist ein großer Dolch westeuropäischer Art mit fünf Nieten zu sehen, und etwas tiefer finden sich Menschenfigürchen und kleine Schälchen.

Die vollkommen schematisierten Menschendarstellungen der späten iberischen Felsmalereien und in Megalithgräbern wie dem Dolmen de Soto sind vielfach als Ahnenbilder gedeutet worden. In dem letzten ist eine Frau mit einem Kind an einem Wandstein zu sehen, an dessen Fuß tatsächlich die Skelette einer Frau und eines Kindes bestattet waren.

Die Spirale, die weiter nördlich, vor allem in den irischen Megalithgräbern eine solche Rolle spielt, kommt nur einmal auf einer Felsgravierung in Nordportugal zusammen mit Zickzacklinien vor. Die altiberischen Menhirstatuen erschienen eigenartigerweise vor allem im Norden der Halbinsel ausgebildet. Auf einer gravierten Stele aus dem Kuppelgrab von Granja del Toninuelo ist das Haupt von einem doppelten Strahlenkranz umgeben. Die übliche mehrreihige Kette und ein Gürtel vervollständigen das

Stele aus dem Kuppelgrab von Granja del Toninuelo

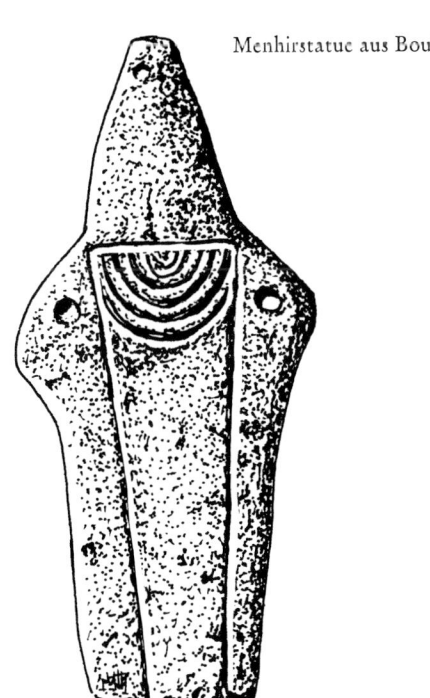

Menhirstatue aus Boulhosa

primitiv gravierte Bild. Auf einem ovalen Baetyl aus Caceres und einigen anderen Bildsteinen sind die Darstellungen ähnlich, aber noch gröber. Kann man an Zusammenhänge mit den bretonischen ›Marmites‹ denken? Eine Menhirstatue aus Boulhosa aber ähnelt mit ihrem konisch abgesetzten Haupt und der Kette aufgrund der sorgfältigen Ausführung den Fragmenten eines ähnlichen Bildsteines aus einem bretonischen Tumulus. Mehrere Stelen zeigen das ›Eulengesicht‹ in Relief wie die französischen.

Neuerdings wurden zahlreiche Menhire mit symbolischen Zeichen im Gebiet von Evora gefunden ebenso vier Steinkreise. Der größte von elliptischer Form (60 x 30 m) liegt bei Almendres und umfaßt noch 95 Monolithen, die ›pedras talhas‹ von durchschnittlich 2 m Länge. Alle diese Monumente stehen im Bereich der Guadiana, einer der Hauptwasserstraßen, die den Ozean mit dem Inland verbinden.

Baetyl aus Caceres

Die hochgelegenen Granitböden des Hinterlandes der mittelportugiesischen Küste, das bereits kontinentales Klima, aber noch einen mediterranen Pflanzenwuchs hat, wirken so recht als Ursprungsgebiet megalithischer Formen. In vorgeschichtlicher Zeit waren diese Hochebenen dichter besiedelt als heute. Die Riesensteingräber finden sich dort noch in 1000 m Höhe, aber niemals zu großen Friedhöfen vereint. Nur nahe von Quellen und Brunnen steht, genau wie in Palästina, manchmal eine kleine Gruppe beisammen. Gleich den Hirtenstämmen des Heiligen Landes bevorzugten ihre Erbauer auch hier Hänge, die der aufgehenden Sonne zugewandt sind, und erhöhte Plätze mit weiter Fernsicht. Die Totenhäuser liegen immer unter Hügeln, die meist aus Steinen und Erde bestanden, manchmal nur aus Steinen, die in

regelmäßigen Schichten aufgebaut wurden, oder auch nur aus gesiebter Erde.

Das megalithische Ganggrab mit polygonaler Kammer ist im ganzen Westen vorherrschend. Daneben gibt es aber auch Totenhäuser mit trapezförmigen, breiten und langen Kammern sowie wuchtige Stufengräber (Abb. 94). Gegen Norden zu häufen sich die einfachen ganglosen Steinkammern, die Dolmen (Abb. 95). Dolmen finden sich auch in den nordöstlichen spanischen Provinzen. Wahrscheinlich wurden sie von wandernden Hirtenstämmen aus Galizien und Asturien dorthin gebracht, während die Ganggräber Kataloniens vermutlich über den Seeweg von Almería aus dorthin gelangten.

Gebaute Kuppelgräber sind im Westen seltener, aber auch von einem erstaunlichen Formenreichtum. Die ganglose Tholos aus Kleinmauerwerk findet sich ebenso wie das Kuppelgrab aus Blockmauerwerk mit Korridor und umhegtem halbrundem oder trapezförmig ausgreifendem Vorhof.

Das imposante Kuppelgrab von Vale de Rodrigo in Mittelalentejo ist rein megalithischer Bauart. Seine 5 m zu 3 m messende trapezförmige Hauptkammer wird aus einem gewaltigen Plattensockel von 2,6 m Höhe und einer Kuppel aus Granit- und Schieferplatten gebildet, die einmal etwa 4 m hoch war. Die Vorkammer und vermutlich der anschließende, etwa 27 m lange Gang waren megalithisch eingedeckt. In diesem mächtigen Totenhaus waren zahlreiche Hockerleichen bestattet worden, deren Skelette man längs der Wände sitzend fand. Unter den Beigaben kamen Schieferplattenidole zutage. Ein Steinblock in der Kammer diente vielleicht als Altar. An seiner Ostseite gab es Brandreste, um die man kleine Gefäße aufgestellt hatte.

94 Portugiesisches Stufengrab

95 Portugiesischer Dolmen

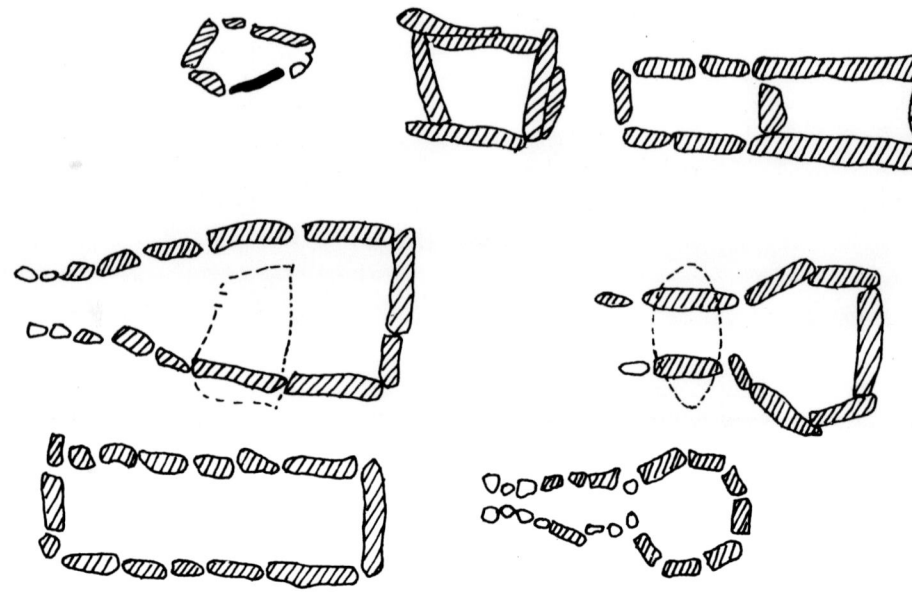

Grundrisse portugiesischer Megalithgräber

Ein ovaler Hügel von 56 m zu 51 m Durchmesser war für dieses königliche Grab aufgeworfen worden. An seinem Rande, wahrscheinlich vor dem heute nicht mehr vorhandenen Eingang, lag ein fast 5 m hoher spitzoval zulaufender Menhir, auf dem Näpfchen, Wellenlinien und Hufeisenformen eingraviert sind. Gegen Norden zu häufen sich die Menhire und stehen manchmal in Reihen.

Sehr merkwürdig sind Rundgräber in der Provinz Salamanca aus vielen schmalen, bis zu 2,5 m hohen Platten, die gewöhnlich einen Durchmesser von 4 m, einmal aber auch von 9 m haben. Rätselhaft ist die Art ihrer Eindeckung. Wahrscheinlich bestand sie aus Holzbalken oder einem anderen vergänglichen Material. Die Beigaben aus Steinbeilen und gestielten Pfeilspitzen, dekorierter und undekorierter Keramik, auf der auch die Symbolmotive nicht fehlen, und in einem Grab auch Goldschmuck, Glockenbecher und ein bronzezeitlicher Nietendolch entsprechen jenen der übrigen iberischen Megalithgräber. Und doch scheinen die Erbauer dieser mehr im Osten der Provinz vorkommenden Totenhäuser ein eigener Stamm gewesen zu sein, der nicht auf den Höhen, sondern in den fruchtbaren Tälern siedelte.

Die Menschen, die ihren Verstorbenen auf der Iberischen Halbinsel alle diese Wohnungen bauten, bleiben für uns Schattengestalten; woher sie alle kamen, warum sie ihre Gräber so und nicht anders konstruierten, welche Einflüsse im Spiele waren, inwieweit eine unabhängige Entwicklung stattfand, alles dies bleibt unklar.

Vielleicht ruht der Schlüssel des Rätsels in den frühen Hügelgräbernekropolen des Berggebietes von Monchique an der Südspitze von Portugal. Unter ihren kleinen, sehr sorgfältig und stabil konstruierten Tumuli kamen längliche Steinkisten zutage, die an den Schmalseiten abgerundet und aus vielen sich z. T. überkragenden Platten errichtet sind. Man hatte die Toten darin mit rotem Ocker und wenigen rohen Steingeräten beigesetzt; Keramik fand sich kaum.

Ein weiter Weg führt von diesen Gräbern zu den Riesenbauten der Hochblütezeit iberischer Megalithkultur, die noch heute zu den eindrucksvollsten Schöpfungen der ersten großen Steinbaukunst im westeuropäischen Bereich gehören.

Die Basilika der Urzeit

Am Rande einer fruchtbaren Hochebene, in deren Mitte eine einsame Bergpyramide aus rötlichem Fels gesetzt ist, liegt die kleine Industriestadt Antequera am Fuß der Sierra de Torcales. Unter den Römern hieß sie Anti-Caria. Wie einmal ihr iberischer Name lautete, wie alt sie war, wissen wir nicht. Kein oberirdischer Rest ihres vorgeschichtlichen Daseins wurde gefunden. Unter der Erde aber bezeugen riesenhafte Steingräber eine weit zurückreichende Vergangenheit.

Vielleicht lag auf diesem Plateau, auf dem sich seit unmeßbaren Zeiten die Verbindungswege zwischen den reichen Gebieten von Granada, Málaga und Sevilla gekreuzt haben mögen, einst ein wichtiges Handelszentrum, durch das Silber, Kupfer und Blei aus den landeinwärts gelegenen Erzgebieten geschleust wurden. Möglicherweise führt die moderne metallurgische Industrie von Antequera noch eine alte Tradition fort, die aus jener Epoche datiert, da die Iberische Halbinsel nicht nur Brennpunkt des westöstlichen Metallhandels war, sondern die umliegenden Länder auch mit Fertigwaren, vor allem Waffen und Geräten aus Kupfer, versorgt haben mag.

Mächtige Herrengeschlechter müssen die verschollene iberische Stadt regiert haben.

Wer sich Steingräber von solchen Ausmaßen leisten konnte, wie die drei Mausoleen um Antequera, muß nicht nur Reichtum, sondern auch Befehlsgewalt über viele und die Überzeugung besessen haben, daß der Glanz seiner Sippe die Zeiten überdauern würde.

Die Landschaft selbst mit ihrem hügeligen Gelände, auf dem die weit auseinanderstehenden Ölbäume mit schrägen Stämmen und wehmütig geneigten Häuptern in einer feierlich-anmutigen Reigenbewegung erstarrt scheinen, bietet natürliche Tumuli für monumentale Grabmale an. Ähnlich wie mehr als 2000 km östlich rings um Mykene die Mausoleen der Atriden, so liegen auch hier Fürstengräber unweit der Stadt in den Hängen niedriger Hügel geborgen.

Die Cueva del Romeral, das schönste und besterhaltene Kuppelgrab der Pyrenäenhalbinsel, wurde in eine etwa 10 m aufragende Bodenerhebung eingesenkt (Abb. 96). Ein breiter Gang aus regelmäßig geschichteten länglichen Steinen führt 23 m weit ein wenig abwärts zum Totenhaus. Seine Wände kragen leicht vor, die Decke bilden Platten, die bis 4 m lang sind. Man betritt den Korridor gebückt, am Schluß aber endet er 2 m hoch vor einem megalithischen Durchgang, der sich in das makellose Rund eines etwa 4 m hohen

96   Längsschnitt durch ein Modell der Cueva del Romeral

Kuppelsaales öffnet. Das mit Lehm gedichtete Kleinmauerwerk dieses Sakralraumes
wächst zur harmonischen Halbkugel eines
Kraggewölbes an, das oben ein 6 m langer
und 80 cm dicker Block abschließt. Von dem
Rundraum führt ein trapezförmiger, sorgfältig aus Megalithen konstruierter Gang mit
gestuftem Türrahmen in die Totenkammer.
Sie ist viel kleiner, mit einer ziemlich niedrigen und engen Kuppel überdacht und mit
dicken Platten gepflastert. Die gesamte Anlage der Cueva del Romeral mißt 44 m!

Nachdem man das Totenhaus in den Hügel
eingebaut hatte, wurde der tiefe Baugraben,
der für seine Konstruktion ausgehoben worden war, wieder zugeschüttet und die natürliche Form der Anhöhe etwas korrigiert, um
diese als einen richtigen Tumulus erscheinen
zu lassen, der ungefähr in seiner Mitte die
Totenkammer barg.

Die Verwandtschaft der Cueva del Romeral mit dem ›Schatzhaus des Atreus‹ bei Mykene ist verblüffend, denn sie scheint in bar-
barisierter Form und kleinerem Maßstab fast
dieselben Baugedanken und religiösen Vorstellungen zu verkörpern. Das Grabmal des

mythischen Königs von Mykene liegt gleichsam am anderen Ende einer Linie, die sich
von der Westgrenze des Mittelmeeres bis zur
Argolis spannt. Auch zum Totenhaus des
Atriden führt ein allerdings ungedeckter Korridor: eine 36 m lange und 10 m hohe Mauer-
schlucht, die vor dem gewaltigen trapezförmigen Portal endet. Dahinter liegt die runde
Halle mit der 13 m hohen Bienenkorbkuppel,
die einst gleich einem Firmament mit gold-
schimmernden Bronzerosetten besteckt war.
Die Totenkammer ist auch im Atridengrab
klein, ein seitliches Anhängsel des großen
Saales, der wahrscheinlich ein Kultraum war.
Hinter der raffinierten Quadern-Architektur
des fürstlichen Totenmales glaubt man doch
noch etwas von der primitiveren Konzeption
der alten Riesensteingräber zu fühlen. Die
beiden Türsturzblöcke des Haupteinganges,
vor allem der innere mit seinen 8,5 m Länge
und einem Gewicht von 120 000 kg erinnern an die ungeheuren Steine des westeuropäischen Megalithikums. Die unvergleich-
liche Fassade des mykenischen Grabes allerdings zeigt den ganzen Abstand, der zwischen den Hochkulturen des Ostmittelmeeres

und den älteren westlichen Megalithkulturen bestand. Platten aus rotem, grünem und bräunlichem Kalkstein und zahlreiche Bronzeappliken schmückten die haushohe Front des mykenischen Mausoleums. Zwei Halbsäulen aus graugrünem Stein, die ganz mit zarten Reliefornamenten, hauptsächlich Spiralen und Zickzackbändern, überzogen waren, rahmten das 5,4 m hohe Tor. Das Entlastungsdreieck darüber war mit skulptiertem Marmor verkleidet, auf dessen düsterem Rot die gläsernen Mittelscheiben rollender Spiralen gleich Augen glommen. Äonen scheinen diese Prunkfassade von der schmucklosen Konstruktion der Cueva del Romeral zu trennen; in den Grundzügen aber sind sich die beiden Grabmale trotzdem so ähnlich, daß man das spanische als eines der wichtigsten Argumente für eine westöstliche Verbreitung dieser Form des Totenmonumentes zitiert hat und in den Achäern Seefahrer aus dem fernen Westen sehen wollte, die auf ihren Wikingerzügen eines Tages die Küsten der Argolis besetzt und dort ein neues Reich begründet haben sollen.

Das zweite große Mausoleum von Antequera, die Cueva de Menga (Abb. 97), hat kein Gegenstück im ostmediterranen Raum. Es verkörpert die Eigenentwicklung des westeuropäischen Megalithgrabes in reinster Form. Das legendenumwobene, der Bevölkerung seit alter Zeit bekannte Totenhaus wurde als 25 m langes Ganggrab in den Kalktuff eines Hügels eingesenkt. Breit wie der Eingang in eine Garage öffnet sich im Hang der Korridor, der mehr einem Vestibül gleicht. Ein einziger Block bildet die Decke. Auf einem der Tragsteine sind rätselhafte Zeichen eingraviert: ein fünfzackiger Stern, Kreuze auf einem Halbkreis. Die Trennung zwischen Gang und Hauptkammer ist nur durch die vorgerückten Seitenkanten zweier Wandplatten angedeutet. Der innere Saal wirkt aber durch seine leicht ovale Form trotzdem nicht als Fortsetzung des Korridors, sondern als gestalteter Raum. Drei breite Pfeiler teilen ihn in zwei Schiffe. An der weitesten Stelle mißt das unterirdische Bauwerk 5,5 m. Die Höhe steigt von 2,7 m beim Eingang zu 3,2 m im Hauptraum an. Ursprünglich lag der Boden der Gruft wohl etwas tiefer. Die Tragsteine der Kammer, die mit drei gewaltigen Blöcken gedeckt ist, sind etwas nach innen geneigt. Die Platten sind alle behauen und scharf aneinandergepaßt.

Im geheimnisvollen Spiel des Lichtes, das zwischen den Pfeilern von draußen einströmt und den vorderen Teil des Grabes in hellere und dunklere Zonen aufgliedert, während sich der Hintergrund in der Finsternis scheinbar grundloser Tiefen verliert, wirkt das leere Totenhaus immer noch als ein heiliger Ort, eine urzeitliche Basilika, erfüllt von numinoser Kraft.

Der megalithische Baugedanke der ragenden Wandsteine, auf denen die unverrückbare Masse schwerer Deckplatten lastet, wurde hier in einfacher und grandioser Form verwirklicht, die über das rein Zweckmäßige und vom Ritual Vorgeschriebene hinaus auch Harmonie und Weihe anstrebte. Als Ausdruck einer neuerstandenen geistigen Welt verkörpert die Cueva de Menga, das stolze Grabmal eines verschollenen Fürstengeschlechtes, den Beginn der Geschichte der westeuropäischen Baukunst.

Das dritte der großen Ganggräber um Antequera, die Cueva de Viera, das wieder in einen natürlichen Hügel eingebaut wurde, wirkt weniger großartig, da die ganze Anlage schmäler und niedriger ist. Dafür erregt die exakte Bearbeitung und Zusammenfügung

97   Kammer der Cueva de Menga

ihres Baumaterials, die ausschließlich mit Steinwerkzeugen erfolgte, Bewunderung. Die genaue Einpassung der Platten in Falzen und andere technische Einzelheiten, wie Entlastungskonstruktionen, verraten eine volle Beherrschung der Grundregeln der Architektur. Zwischen die Trag- und Decksteine der Cueva de Viera wurde eine dünne Lage von Schieferplatten geschoben, die z. T. in Lehm gebettet sind. Dieses merkwürdige Verfahren wurde auch bei anderen Megalithgräbern angewendet. Die Hauptkammer ist hier quadratisch und im Verhältnis zu dem 21 m langen Gang auffallend klein; es gibt eine Türlochplatte wie in Los Millares oder in den Nekropolen um Granada. Der Boden der gesamten Anlage ist gepflastert.

Vor den Steinmassen, die für Gräber wie die Cueva de Menga bewegt wurden, erscheint die Bewältigung der technischen Probleme der großen Megalithbauten Westeuropas kaum begreiflich, da die Mechanik zu jener Zeit noch in den Kinderschuhen steckte. Obwohl man sich nach Möglichkeit auf leicht erreichbares Material beschränkte und Naturblöcke verbaute, wurden für die Beschaffung der Megalithen doch oftmals richtige Steinbrüche angelegt, aus denen die Riesensteine mit spitzen Werkzeugen und vermutlich auch mit Hilfe von starker Erhitzung und plötzlicher Abkühlung durch kalte Güsse, die den Fels springen ließen, losgelöst und dann, häufig über weite Strecken, zum Bauplatz geschafft wurden.

Die Blöcke harten Kalksteines, aus denen die Cueva de Menga im weicheren Tuff des Hügels konstruiert wurde, kamen aus 1 km Entfernung. Wenn man bedenkt, daß die größte Deckplatte etwa 170 000 kg wiegt, stellt ihre Beförderung eine erstaunliche Leistung dar.

In den Tempeln auf Malta und Gozo gaben die zahlreichen Steinkugeln Hinweise auf die Art, in der die Transportfrage gelöst worden war; bei den westeuropäischen Megalithgräbern aber müssen wir uns auf Vermutungen beschränken. Wahrscheinlich wurden Baumstämme als Rollen benutzt. Während der Regenzeit mag man die Lasten vielleicht auch auf Kufen über den nassen und dadurch schlüpfrigen Boden gezogen und geschleift haben.

Ein alter Bericht aus Saumur in Mittelfrankreich schildert die Mühen, die der Transport der Deckplatte eines Dolmens kostete, die man vor etwa 125 Jahren als Brücke über einen Fluß legen wollte. Die Größe des Blockes läßt sich abschätzen, wenn man an das Megalithsanktuarium oder Grab von Bagneux bei Saumur denkt, das etwa die Maße, wenn auch nicht die Schönheit der Cueva de Menga besitzt. Jedenfalls wurden 18 Paar Zugochsen für die Beförderung des Megalithen eingesetzt, und die Rollen, auf denen der Koloß weiterbewegt wurde, bestanden aus je vier zusammengebundenen Eichenstämmen. Nicht viel anders mag sich 5000 Jahre früher auch der Transport des Materials für die gewaltigen Totenhäuser abgespielt haben!

Ein Beispiel für die Kraftanstrengungen, die manchmal auf die Errichtung der Megalithgräber verwendet wurden, ist der Dolmen de Soto, ein über 20 m langes, trapezförmiges Ganggrab bei Trigueros in der Provinz Huelva, inmitten eines der reichsten Kupfergebiete der Welt. Die gigantischen Granitplatten für diesen Bau, der auch durch schematische Zeichnungen an den Wänden und die Verwendung eines Blockes, auf dem man das Eulengesicht der Göttin verkehrt herum sieht, bemerkenswert ist, wurden aus einer Entfernung von 38 km herangeschafft. Außerdem war die Erde des künstlichen Hügels mit einem Durchmesser von 75 m, der das Grab überwölbt, ebenfalls von weit her geholt worden.

In England wurde die Masse einiger Longbarrows, der Langhügel aus Steinen und Erde, über den dortigen Megalithgräbern, berechnet. Man kam dabei allein für die verwendeten Steine zu Schätzungen von acht Millionen kg, eine Menge, die für den Bau von fünf mittleren Kirchen genügt hätte!

Bei den Grabmalen von Antequera bot ihre Einsenkung in einen natürlichen Hügel manche technischen Vorteile. Die Platten der Cueva de Menga wurden wahrscheinlich mit Tauen auf die Anhöhe und bis an den Rand des zuvor ausgeschachteten Baugrabens gezogen und dann vorsichtig längs seiner Wände hinabgelassen. Der gewachsene Fels ringsum bildete die natürliche Abstützung der Konstruktion.

Bei den Megalithgräbern mit künstlichem Tumulus wird die Aufrichtung der Platten größere Schwierigkeiten bereitet haben. Vermutlich wurden Hebebäume benutzt und Seile, mit denen die Blöcke in die Senkrechte gezogen wurden. Einen Hinweis mag auch ein Experiment geben, das Thor Heyerdal auf der Osterinsel unternahm. Er ließ dort eines der riesigen gestürzten Steinbildwerke der Eingeborenen von diesen nach ihren angestammten Methoden und ohne alle Hilfsmittel moderner Mechanik wieder aufrichten. Die 30 Tonnen schwere Statue wurde von den Insulanern mit Balken etwas angehoben, dann schob man ihr in geduldiger Kleinarbeit zunächst Kiesel und dann immer größere Steine unter, bis sie sich genügend aufgerichtet hatte, um mit Tauen und Hebebäumen hochgehißt zu werden. Die gesamte Operation beanspruchte 12 Männer und 18 Tage.

Ähnliche Techniken mag man auch in der Urzeit bei der Aufstellung von Megalithen angewendet haben. Bei zyklopischen Bauten half man sich möglicherweise mit Erdaufschüttungen, um die Blöcke für die oberen Ränge hinauf zu schaffen. Hebemaschinen gab es sicherlich zur Zeit der Megalithkulturen in Westeuropa noch nicht.

Alle diese im Grunde einfachen Verfahren, bei denen die Maschinen späterer Epochen durch Muskelkraft, den Einsatz vieler Menschen und vor allem durch Zeit ersetzt wurden, waren den Erbauern der Großsteinmonumente ohne Zweifel bekannt.

Wir sind noch weit davon entfernt, die Geheimnisse des großen Silber- und Kupferlandes im Westen zu durchschauen, das die metallsuchenden Völker des Ostens einmal gleich einem magnetischen Pol angezogen hatte. Als Schmelzkessel und Sprungbrett der Völker und Kulturen des europäischen Megalithikums scheint es aber die Antwort auf viele Fragen unserer frühen Vergangenheit zu hüten. Künftige Forschung könnte noch unerwartete Erkenntnisse bringen.

Der große Lebensstrom der Urzeit hat auf der Iberischen Halbinsel nur noch die Steine einer Legion von Gräbern zurückgelassen, in den Menschen aber ist er nicht ganz versiegt. In der reichen Deklination und dem musikalischen Klang des Baskischen, dieses letzten Restes längst ausgestorbener vorindogermanischer Sprachen des Mittelmeerraumes, tönt die Melodie der Morgendämmerung unserer Welt. Und die Totenhäuser der Ahnen sind dem Volk oft heilige Orte geblieben, die es gerne in Kapellen verwandelt (Abb 98). Die Bienenkorbkuppeln der alten Tholoi und der megalithische Sockelbau aber gehen bis heute in den Feldhütten der katalanischen Bauern, die den Pineddus der Sarden gleichen, und in

98　Megalithgrab als Kapelle

den Hirtenhütten von Nordost-Alentejo weiter.

Die magischen Ornamente der Schieferplattenidole sind zu Mustern der portugiesischen Volkskunst geworden. Die Macht der ewigen Magna Mater aber lebt auch heute noch ungebrochen im inbrünstigen Kult der Madonna weiter.

Buch IX: 2500 Jahre vor Odysseus

Megalithmonumente auf den Britischen Inseln

Die Loiremündung, das Morbihan, die weit vorgeschobene Halbinsel des Finistère mit allen ihren geschützten Buchten, die noch heute wichtige Häfen wie Nantes, St. Nazaire und Brest bergen, waren vermutlich seit dem 4. Jahrtausend Stützpunkte von Navigationsrouten, die vielleicht zunächst zwischen Portugal und Westfrankreich bestanden und später bis nach den Britischen Inseln ausgedehnt wurden. Die Kanalinseln bildeten nachweislich eine Zwischenstation solchen frühen Seeverkehrs nach England und Irland. Funde von Keramik der Cerny-, einer späten Donaukultur, von Megalithgräbern und Menhirstatuen zeigten, daß Gruppen aus verschiedenen Kulturkreisen dort landeten und ihre Spuren hinterließen.

Die Kühnheit der Seefahrer aus der Periode der Megalith- und später der Glockenbecherkultur ist nicht nur angesichts der Gefahren, die selbst heute noch mit der Navigation längs der atlantischen Küsten verbunden sind, bewunderungswürdig. Solche Vorstöße in unbekannte und fremdartige Welten waren für sie ohne Zweifel nicht nur voll konkreter, sondern auch voll irrealer Bedrohungen. In der Odyssee kristallisierten sich die äußeren und inneren Erfahrungen solcher Expeditionen zu Abenteuern, erfüllt von mythischen Schrecknissen, dämonischen Gestalten und göttlichen Interventionen, zu großer Dichtung. Noch im ›Reisebericht‹ von der großen Westfahrt des Karthagers Hammon im 5. Jahrhundert v. Chr. wurde das Ungewöhnliche, dem man begegnet war, ins Märchenhafte und Unheimliche verzerrt. Nach der Meinung mancher Gelehrter war dies allerdings nur eine List, ein Abschreckungsmanöver des schlauen Karthagers, der keine Konkurrenten auf seiner neuentdeckten Route wünschte, die sich als sehr lukrativ erwiesen hatte. Immerhin konnte Hammon selbst in einer Epoche, die längst dem magischen Weltbild der Urzeit entwachsen war, die Risiken seiner großen Fahrt in dieser Form auftischen, ohne dem Publikum als Aufschneider und Lügner zu erscheinen.

Nur starke Seelen, Seefahrer aus Leidenschaft und Abenteurer von Natur, waren solchen Wagnissen gewachsen, und es bleibt ein faszinierendes Problem, wen wir uns unter diesen ›Urwikingern‹ vorstellen müssen, die ohne Zweifel über beträchtliche Erfahrung in der Navigation und sehr seetüchtige Schiffe verfügten.

Es scheint, als sei der Bristol-Kanal die Einfahrt für Gruppen gewesen, die sich dort festsetzten und die ersten Megalithgräber Englands bauten, die Severn-Cotswold-Tombs zu beiden Seiten des Bristol-Kanals.

Sie zeigen eine gewisse Verwandtschaft mit den querschiffigen Galeriegräbern im Bereich der Loire-Mündung. Das früheste C 14-Datum aus einem dieser Totenmale von 2820 ± 130 ergäbe bei Anwendung der Calibration etwa die Mitte des 4. Jahrtausends als Gründungszeit. Ein birnen- oder trapezförmiger Hügel mit einem spitz eingeschnittenen Vorhof, durch den man in die rechtwinklige Grabkammer gelangt, erscheint als der älteste Typ. Bei seiner hochentwickelten Form ist die Kammer zu einer Galerie geworden, von der an jeder Seite zwei bis drei einander gegenüberliegende Zellen abzweigen. Manchmal enthält der Vorplatz nur einen Scheineingang, während die echten Zugänge nach den Grabkammern an der Längsseite des Hügels liegen. Neuerdings wird auch für die Severn-Cotswold-Monumente eine lokale Genesis beansprucht. Von den Argumenten für diese These wird noch die Rede sein.

Die Severn Cotswold-Gräber und mehr noch die merkwürdigen ›Horned‹ oder ›Court Cairns‹ (›Gehörnte oder Kurze Cairns‹), über 200 Monumente aus Südwestschottland und Nordirland, auch Clide Carlingford-Gräber genannt, demonstrieren sehr eindrucksvoll die doppelte Funktion dieser Male als Totenhäuser und Kultstätten. Ihre Bauart erinnert verblüffend an jene der sardischen ›Gigantengräber‹. Wie wir heute wissen, sind diese soviel später entstanden, daß direkte Zusammenhänge sicher auszuschließen sind, selbst wenn man an einen west-östlichen Kulturfluß im Endstadium des westeuropäischen Megalithikums denkt. Ihre formale Verwandtschaft kann aber auf gemeinsamen religiösen Vorstellungen und Kulttraditionen beruhen.

Die ›Horned Cairns‹, längliche, rechteckige oder trapezgestaltige Hügel, verdanken ihren Namen den eingebauten halbrunden,

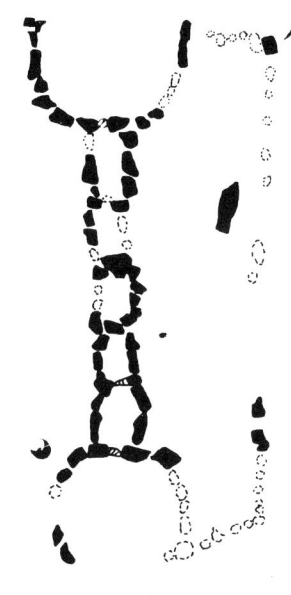

Horned Cairn von Cohaw

Grab von Creevykeel

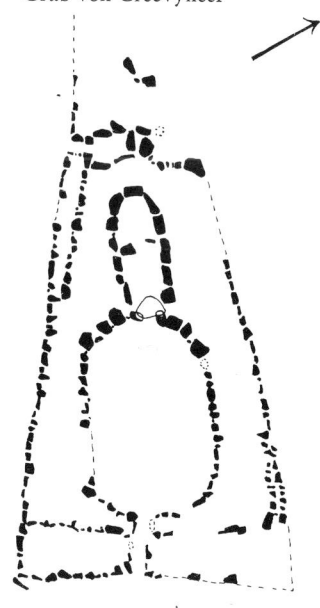

277

manchmal auch beinahe geschlossenen kreisförmigen oder elliptischen Vorhöfen. Sie enthalten oft recht lange Galerien, die durch quergestellte Schwellen und vorspringende Blöcke in mehrere Kammern aufgeteilt sind. Manchmal birgt ein Cairn mehrere Grabkammern. Neuere Ausgrabungen haben gezeigt, daß diese komplexen Anlagen, die in Einzelfällen sogar zwei Vorhöfe oder, wie das Monument von Creevykeel, einen weiten elliptischen Innenhof mit engem Zugang aufweisen, wahrscheinlich das Resultat verschiedener Bauphasen waren, die sich vielleicht im Lauf von Jahrhunderten abspielten. Nach der nicht unbestrittenen Auffassung einiger Archäologen bestand die Urzelle aus einer einfachen Kammer unter einem kleinen runden oder ovalen Hügel, der später mit einem länglichen Cairn umschlossen wurde. Es gibt Argumente für wie gegen diese Theorie, und

Keilförmiges Grab von Labbacallee mit Portikus

vor allem fehlt es an C14-Daten als Beweise für das höhere Alter einiger kleiner Tumuli, die man tatsächlich in großen Cairns gefunden hat. Die Megalithgräber der Britischen Inseln, die sehr lange benutzt wurden, bereiten den Vorgeschichtsforschern durch die Vielfalt ihrer Formen und die Schwierigkeiten ihrer Zeitbestimmung noch immer großes Kopfzerbrechen. Funde, die in ihre Entstehungszeit zurückreichen, sind selten, da die Gräber wahrscheinlich mehrfach ausgeräumt wurden, um Platz für Nachbestattungen zu gewinnen. Selbst A. Shore Henshall, die in jahrzehntelangen Forschungen 550 noch relativ gut erhaltene und Reste von 80 zerstörten Megalithgräbern in Schottland untersuchte, bekennt am Ende ihres zweibändigen Riesenwerkes über die schottischen Kammergräber, daß man noch sehr weit von der Lösung ihrer Datierungsprobleme entfernt sei.

Mit Sicherheit jünger als die Severn Cotswold- und wahrscheinlich auch die Clide Carlingford-Gräber sind die irischen ›Wedge-Shaped‹ (keilförmigen) Galeriegräber, deren lange Kammer sich nach innen verengt und oft durch eine Art Portikus betreten wird. Sie sind recht komplizierte Bauwerke manchmal mit Mauerzügen, die parallel zu den Wänden der Galerie laufen und an der Fassade des Totenhauses rechtwinklig abbiegen. Die Cairns von runder und ovaler Form haben oft eine Stützmauer. Die ältesten Keramikfunde stammen aus dem Spätneolithikum, später kommen jedoch viele Becher vor, vielleicht ein Hinweis auf das Erscheinen der Glockenbecherleute in Irland, die an der Erschließung der irischen Kupfervorkommen beteiligt waren. An die 400 solcher Mausoleen, deren Eingänge immer nach Westen orientiert sind, finden sich noch im Süden, Westen und Norden Irlands.

Ihre großartigste Entfaltung aber erlebte die irische Megalithkultur in den Gang- und Kuppelgräbern der Boyne-Kultur, deren Schwerpunkt im weiten fruchtbaren Tal des Boyne lag, der oberhalb von Dublin in die Irische See mündet. Die hügelige Landschaft im Norden der irischen Hauptstadt wirkt fast mediterran. Unter einem feucht schimmernden nördlichen Himmel, der nur selten wolkenlos ist, gedeiht eine überraschend südliche Vegetation mit stark duftendem Mittelmeerginster, immergrünen Gewächsen und weiten, saftigen Weiden, die bis heute ein Paradies für riesige Rinder-, Schaf- und Pferdeherden sind. Vielleicht waren auch die Erbauer der monumentalen Totenhäuser mit langen Korridoren und Kammern, die teils megalithisch, teils mit Bienenkorbkuppeln eingedeckt und unter runden Hügeln geborgen wurden, vorwiegend Viehzüchter. Ihre Gräber finden sich jedenfalls in für Weidewirtschaft besonders geeigneten Gebieten, selbst noch auf den Höhen der 1000 m emporragenden Berge von Wicklow. Woher sie kamen, bleibt eines der erregendsten Geheimnisse um die Riesensteingräber des westeuropäischen Megalithikums. Es scheint, als hätte diese durch ihre Religion und ihre Bestattungsbräuche gekennzeichnete Kulturgruppe Ostirland sehr früh, vielleicht noch im 1. Viertel des 4. Jahrtausends erreicht. C14-Daten aus dem ungeheuren Hügelgrab von Knowth zeigen als Höchstwert 2925 ± 150, mit Calibration ergäbe dies eine Zeit um 3650 v. Chr. In dieser Epoche hatte die Megalithkultur des Boyne-Tales aber bereits einen Höhepunkt erreicht und sicher schon eine lange Vorgeschichte.

Das heilige Tal der Königsgräber

Ähnlich wie die Gebiete von Stonehenge und Avebury in Südengland war das Areal innerhalb des großen Bogens, den der Boyne etwa 38 km nördlich von Dublin bildet, in der Urzeit eine von Grab- und Kultmonumenten gezeichnete heilige Zone. Neben Nekropolen, die Jahrtausende hindurch benutzt wurden, finden sich dort auch fünf der für das spätere Neolithikum der Britischen Inseln charakteristischen Henge-Monumente, runde Sakralanlagen von 50 bis 500 m Durchmesser, die ein Graben mit Außenwall umschließt. Eine oder zwei einander gegenüberliegende Lücken im Wall bilden den Zugang. Im Inneren wurden Bestattungen, Pfostenlöcher, die auf Holzkonstruktionen weisen, in einigen Fällen auch Steinkreise entdeckt.

Im Boyne-Tal erheben sich die großartigsten und am reichsten geschmückten Totenmale Irlands, von denen bis jetzt nur ein kleiner Teil ausgegraben wurde. Eine Anzahl imposanter Tumuli steht noch unberührt in der Landschaft und wartet auf den Spaten der Archäologen.

Der bereits erwähnte Grabhügel von Knowth mit einem Durchmesser von fast 100 m ist einer der wenigen, die bisher in mehreren Etappen untersucht wurden. Er erwies sich als eine sehr sachkundig aus Steinen, Lehm, Tonschiefer, Erde und Grassoden aufgebaute Konstruktion, die zwei einander gegenüberliegende große Ganggräber verbarg. Das eine ist ein rein megalithischer Bau, die Kammer des zweiten wurde mit einer Kragkuppel eingedeckt und enthält drei Nischen. In einer fanden die Ausgräber ein fein gearbeitetes Steinbecken mit eingemeißelten Rillen und Kreisen. Einige Wandplatten dieses Grabes sind mit abstrakten Mustern und Zeichen verziert, deren Symbolik sich uns entzieht. Das riesenhafte Doppelmausoleum, dessen Bau beachtliche technische Kenntnisse, eine straff funktionierende Organisation und den Einsatz vieler Menschenkräfte voraussetzt, wurde kaum für gewöhnliche Sterbliche errichtet. Solche Grabmale können wohl immer als Ausdruck einer hierarchischen Sozialordnung mit einer Herrenschicht und einem König aufgefaßt werden. Rings um

den Hügel von Knowths erheben sich 15 kleinere Tumuli, die Ganggräber bergen. Es sieht aus, als habe sich die Elite noch im Tod um ihren Anführer geschart.

Das berühmteste Totenmal der prähistorischen Nekropolen des Boyne-Tales ist das Kuppelgrab von New Grange. Bis zu seiner ersten umfassenden Untersuchung, die 1962 begann und in der zweiten Hälfte der siebziger Jahre in seiner vollständigen Restauration gipfelte, ruhte der megalithische Totenpalast unter einem verfallenen Tumulus (Abb. 99a). Hohes Gras, Buschwerk und breit ausladende Laubbäume, unter denen schwarzgesichtige Schafe ihre Mittagsrast hielten, hat-

Längsschnitt des Kuppelgrabes von New Grange mit dem neuentdeckten Verschlag auf dem Dach des Zuganges (nach C. O'Kelly, 1967)

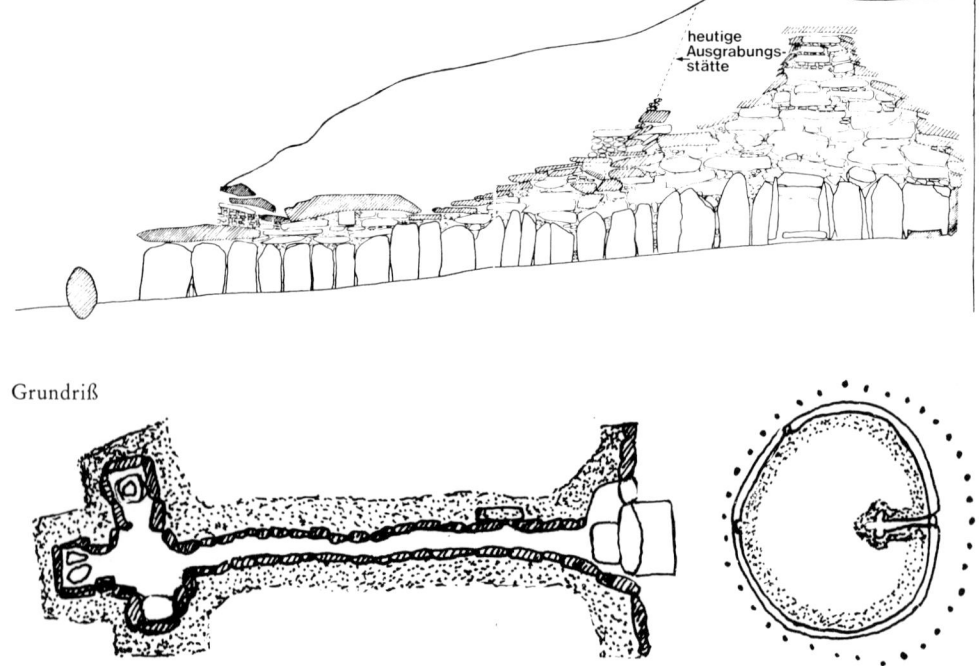

Grundriß

a

b

99 a/b   Das Hügelgrab von New Grange vor und nach seiner Restaurierung

ten den Hügel längst zu einem Teil der grünen verträumten Landschaft gemacht. Die Restauration von New Grange aufgrund der Ausgrabungs- und Forschungsergebnisse hat die Romantik des Ortes zerstört, aber eine höchst eindrucksvolle und überraschende Wiedergeburt des ehrwürdigen Monumentes bewirkt und zu bedeutsamen Entdeckungen geführt. New Grange in seiner heutigen Form entspricht sicher weitgehend dem einstigen Aussehen des majestätischen Mausoleums, das vor mehr als 5000 Jahren für eine fürstliche Sippe errichtet wurde (Abb. 99b). Der etwa eiförmige Cairn aus rundlichen Flußkieseln steht jetzt als oben abgeflachter Hügel von

11 m Höhe auf einer Bodenwelle, die ihn zu einem weithin sichtbaren Mal macht. Seine Vorderseite mit dem Eingang aus drei wuchtigen Platten, wurde mit Ausnahme der Seitenwände vor dem Portal wieder mit einer Lage glitzernd-weißer Quarzsteine verkleidet, die 3 m hoch reicht und oberhalb der Türöffnung einen Bogen bildet. Diese Gestaltung der Front beruht auf dem Fund großer Quarzmengen an ihrem Fuß, die sichtlich zu einer Verkleidung gehört hatten. Fast fußballgroße wassergeschliffene Granitkugeln unter den Quarzbrocken hatten offenbar ebenfalls zum Fassadendekor gehört und wurden daher auch bei seiner Restauration verwendet. Es scheint,

Dekorierte Rückseite einer Platte an der Einfassung des Cairns von New Grange (nach C. O'Kelly, New Grange and the other Boyne Monuments, 1978, Abb. 4)

100   Spiralverzierter Block vor dem Eingang von New Grange

daß Quarz und anderer weißer Stein nicht nur eine dekorative, sondern auch eine symbolische Funktion im Totenbrauch der Völker mit Megalithkultur hatten. Sie spielten ebenfalls eine Rolle bei Bestattungen wie bei Kultanlagen auf den Britischen Inseln.

Zu den wichtigsten Resultaten der Restauration von New Grange gehört die Wiederherstellung der verschütteten oder umgestürzten Platteneinfassung der Basis des Cairns. Die Mehrzahl der bis zu 4,5 m langen und etwa 1,20 m hohen Megalithen ist wieder sichtbar und durch eine Fülle von Figuren und Zeichen, die ihre geglätteten grünlichen Flächen bedecken, besonders interessant. Die Motive: konzentrische Kreise, Spiralen, Augen- oder Sonnenzeichen, Rhomben, Zickzack- und Wellenlinien, Schlangen, wurden durch eingepickte Linien, Furchen und Vertiefungen in flachem Relief herausgearbeitet. Überraschend war die Entdeckung, daß nicht wenige Steine auch auf der unsichtbaren Rückseite dekoriert sind. Man könnte dies als einen Hinweise auf eine magische Funktion der Zeichen auffassen. Quer vor dem Grabportal, das einmal mit einer großen Platte verschlossen war, die noch vorhanden ist, liegt ein ausnehmend fein gearbeiteter Block von über 3 m Länge, der mit einem prächtigen Muster von Doppelspiralen überzogen wurde. Es fällt schwer, bei seinem Anblick nicht an die Schranke mit dem drohenden Oculusmotiv zu denken, die den Zugang zum Allerheiligsten im maltesischen Tempel von Hal Tarxien versperrt (Abb. 100). In einem unregelmäßigen Abstand vom Cairn wurde dieser mit einem Kreis aus 35 unbehauenen Menhiren umgeben, die gleichsam eine heilige Zone um das Grabmal abgrenzten.

Die aufregendste Entdeckung brachte die Freilegung der megalithischen Struktur des

101 Blick in die Kuppel von New Grange

102 Steinerne Opferschale in einer Seitenkammer von New Grange

283

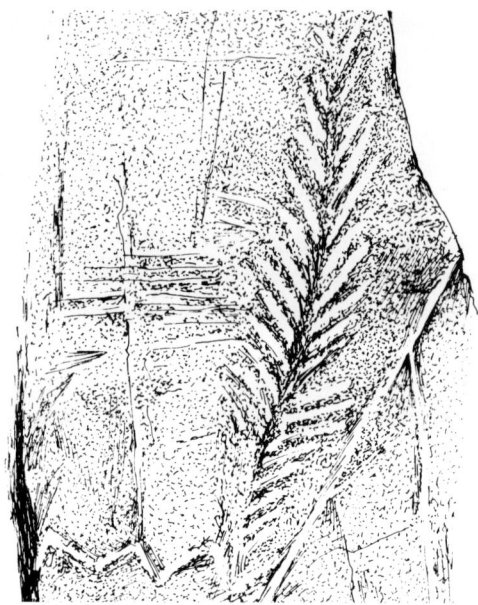

Wandstein von New Grange mit Farnkrautmotiv
Dreifache Spirale aus dem Kuppelraum von New
Grange

Korridors von New Grange. Der Gang ist fast 19 m lang, aber nur 1 m breit und wird von 22 Platten bedeckt, die in Kragtechnik langsam ansteigen, so daß seine Höhe, die anfänglich nur 1,5 m beträgt, vor dem Eingang in den Kuppelraum 3,6 m erreicht. Er verläuft ungefähr von Süden nach Norden und wird an jeder Seite von über 20 mächtigen, reich in Flachrelief verzierten Orthostaten flankiert. Vor 150 Jahren hatten die Steine des Cairns oberhalb des Grabportals einen weiter hinten liegenden ›falschen Türsturz‹ freigegeben, der mit Rhomben verziert ist. Man nahm an, daß er zur Entlastung des Türsturzes gedient hatte. Bei der Abräumung der Steinmasse über dem Dach des Korridors aber stellte sich heraus, daß dieser ›Türsturz‹ auf der Deckplatte einer kleinen Konstruktion aus Trockenmauerwerk ruhte, einer vorne offenen ›Box‹, die über einem Schlitz von etwa 25 cm zwischen den beiden ersten Überliegern des Ganges thronte. Die Box ist nur 90 cm hoch, 1 m breit und 1,2 m tief und wird von einer konkaven Platte bedeckt, deren hinterer Teil so stark gebogen ist, daß er die Decksteine des Korridors beinahe berührt und das kleine Gelaß rückwärts abschließt. Die 2 m lange Platte ist mit vielen, meist runden Motiven wie Strahlenkreisen geschmückt. Im Inneren der Box fanden die Ausgräber zwei kleine Quarzblöcke, den einen noch in situ, die offensichtlich zeitweise als Verschluß des Schlitzes gebraucht wurden.

Diese merkwürdige und einzigartige Struktur erregte naturgemäß viel Aufsehen unter den Archäologen und erfuhr die verschiedensten Deutungen. Professor O'Kelly, dem Leiter der Arbeiten an New Grange, war es vorbehalten, die Lösung des Rätsels zu finden. Er erinnerte sich an eine alte Tradition, nach der die aufgehende Sonne zu einem bestimm-

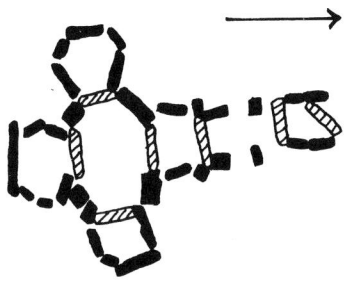

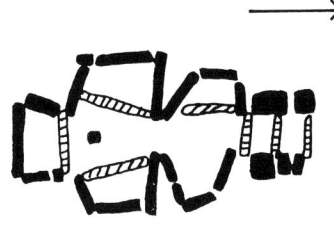

Kleeblattförmiges Ganggrab aus Carrowkeel   Ganggrab aus Carrowkeel mit Doppeloval

ten Zeitpunkt einen Stein mit drei Spiralen im Kuppelraum des Grabes erleuchten würde. Inspiriert von dieser Überlieferung, begab sich der irische Archäologe am 21. Dezember 1969 in die zentrale Kammer. Um 9.54 Uhr begann der Sonnenaufgang, und vier Minuten später drang der erste Strahl durch den Schlitz unter der Box und den langen Gang in den Kuppelsaal und wurde in den folgenden 17 Minuten zu einem breiten Lichtstrom, der den ganzen Raum erhellte. Weitere Experimente haben seither gezeigt, daß die Sonnenstrahlen nur in der dunkelsten Zeit des Jahres, zwischen dem 14. und 28. Dezember, und ausschließlich durch den Schlitz unter der Box in das Herz des Totenhauses leuchten können. Die Orientierung des Königsgrabes war daher mit Sicherheit auf diesen Vorgang ausgerichtet, der vielleicht die Auferstehungshoffnung der Verstorbenen symbolisierte.

Auch ohne das faszinierende Ereignis, das Professor O'Kelly erlebte und in einem suggestiven Foto festhielt, ist der Besuch von New Grange ein Erlebnis. Gebückt geht man in den dunklen Gang. Da und dort tauchen verschlungene Muster auf, ein hohes farnkrautartiges Gebilde, das an Gavr'inis erinnert, rankt sich auf einem Block empor,

Rhomben und Bogenlinien erscheinen im flüchtigen Licht der Taschenlampen. Plötzlich mündet der Stollen in einen runden Raum unter einer steilen Bienenkorbkuppel von 6 m Höhe (Abb. 101). Das in einer dreifachen Spirale verschlüsselte Symbol der Totenmutter blickt von der Wand. Drei Türöffnungen führen vom Mittelsaal in die kleeblattförmig angeordneten Seitenkammern. Die Deckplatte der Nordzelle ist mit einem dichten Muster aus Brauenbögen, Augen und Zickzacklinien überzogen. Vielleicht ruhte hier die wichtigste Bestattung, die besonders bewacht werden mußte.

Als der Tumulus 1699 zum ersten Mal von Amateurarchäologen geöffnet wurde, stand im Mittelraum ein großes flaches Steinbecken, um das acht kleine, konische Baetyle gruppiert waren. Heute sind nur noch ähnliche Schalen in den Seitenkammern vorhanden (Abb. 102). Sie enthielten zum Teil Leichenbrand. Brandbestattung war für die irischen Megalithgräber typisch, sie war vermutlich eine lokale Tradition, die von den Erbauern der Großsteingräber übernommen wurde. Sie schließt die Vorstellung eines auch materiellen Weiterlebens der Verstorbenen keineswegs aus, denn nur diese erklärt die

103 Menhirstatue aus dem Megalithgrab von Fourknocks

auf ewige Dauer berechneten Häuser, die man ihnen baute. Aus altindischen wie aus spätgermanischen Quellen geht hervor, daß die Verbrennung des Leichnams den Gedanken an einen Neuleib durchaus nicht verneinte. Das Feuer sollte den Abgeschiedenen den langsamen Verwesungsprozeß ersparen und ihnen rascher zur Reintegration in einem unsterblichen Körper verhelfen. Eine solche Auffassung entsprach der Religion des Megalithikums bestimmt mehr als die Idee einer Befreiung der Seele von ihrer irdischen Hülle, die wohl erst viel später mit dem Christentum in den Norden gelangte.

Das Mausoleum von New Grange wurde nach Radiokarbondatierungen von Holzkohle aus dem Grabflur um 2500 v. Chr. errichtet. Korrigiert, würden diese auf eine Bauzeit um 3300 v. Chr. weisen. Das sakrale Vokabular, das in seine Wände und Decksteine graviert und gemeißelt ist, erinnert

104/105 ›Foodvessels‹ aus irischen Megalithgräbern

an Gavr'inis aber auch an portugiesische und
südostspanische Zeichen. Die Spiralen finden
wir in derselben Funktion wie die magischen,
abwehrenden Augen in maltesischen Tempeln.
An Malta erinnern auch die Grundrisse mancher Ganggräber. Bei zwei Totenhäusern
der weiter westlich gelegenen Nekropole von
Carrowkeel ist diese Verwandtschaft besonders auffallend. Es ist schwer, sich die grandiose Entwicklung der Wandkunst irischer
Gang- und Kuppelgräber mit ihrer für das
gesamte Megalithikum einmaligen Fülle von
Symbolen und Ornamenten, hinter denen
wahrscheinlich ganz bestimmte Vorstellungen
verborgen waren, ohne jede Stimulierung
von außen zu denken. Auch die überzeugte-
sten Antidiffusionisten können schwer an den
zahlreichen Hinweisen auf gemeinsame religiöse Traditionen und Sinnbilder innerhalb
der west- und nordeuropäischen Großstein-
kulturen vorbeigehen, die in jedem Bereich
ihre eigenen schöpferischen Interpretationen
erlebten.

287

106 Irische Abart des Glockenbechers

Die Ganggräber Irlands, von denen noch etwa 200 existieren, enthalten Tausende dekorierter Platten und Blöcke in den verschiedensten Zusammenhängen. Die Sinnbilder der Totengöttin dominieren, doch sind sie hier noch abstrakter als in der Bretagne und fast ganz auf Gesichtsmotive beschränkt. Die Augenzeichen wurden endlos variiert, bald sind es von einem Kreis umgebene Schälchen, bald sonnen- oder blumenähnliche Gebilde, konzentrische Kreise oder Spiralen. Das Eulengesicht tritt nur selten deutlicher hervor; außer in der Seitenkammer von New Grange und auf zwei Wandsteinen des Megalithgrabes von Knockmany bei Ballygawley. Dort ringelt sich auch zweifach die heilige Schlange. Niemals aber erscheint das Beil, die geschäftete Axt oder eine andere Waffe auf den Steinen. Schiffsmotive, Hörner und Krummstäbe fehlen vollkommen, und nur einmal gewann die Göttin in einem länglichen Block Gestalt, der aufrecht in der Zentralkammer des 1954 geöffneten Grabes von

Fourknocks stand, in einer Art Menhirstatue mit groteskem Vogelantlitz (Abb. 103).

In seltsamem Gegensatz zu dem ungeheuren architektonischen Aufwand und der reichen Ausschmückung der großen Ganggräber der Boyne-Kultur steht die Ärmlichkeit der Beigaben, die in diesen und den anderen Megalithgräbern Irlands zutage kamen. Grobe, aber reichverzierte Tonware, Knochennadeln mit pilzähnlichen Köpfen, Perlen und keulen- oder beilförmige Anhänger aus Stein sind darunter. In den jüngeren Ganggräbern fanden sich auch die bäuerlich derben, phantasievoll dekorierten ›foodvessels‹: mäßig tiefe, oft um die Mitte eingeschnürte Töpfe (Abb. 104 und 105) und Gefäße mit Ritz- und Kerbmustern, die von den importierten Glockenbechern angeregt wurden (Abb. 106).

Die Ausbeutung der irischen Goldvorkommen begann kaum vor der 2. Hälfte des 3. Jahrtausends. Damals verstanden die altirischen Goldschmiede das edle Metall schon

107 Irische ›lunula‹

zu feinem Blech zu hämmern und mit getriebenen und gravierten Mustern zu verzieren. In jener Epoche kamen die mondsichelförmigen ›lunulae‹ (Abb. 107) in Mode, die wie goldene Kragen um den Halsausschnitt lagen, ebenso große schildartige Anhänger (Abb. 108). Die gleichen heiligen Symbole, die auf die Wände der Gräber gezeichnet sind, verzieren auch diese Schmuckstücke. Mehrfach fanden sich goldene ›Sonnenscheiben‹ (Abb. 109). Diese waren wohl etwas jünger als die lunulae und Ausdruck einer neuen religiösen Strömung, die sich mit der älteren megalithischen vermischte. Alle diese Funde stammen jedoch nicht aus Großsteingräbern.

Wertvolle Hinweise auf das Totenritual in den Ganggräbern verdankt man Ausgrabun

109   Irische ›Sonnenscheibe‹

108   Schildförmiger Goldanhänger

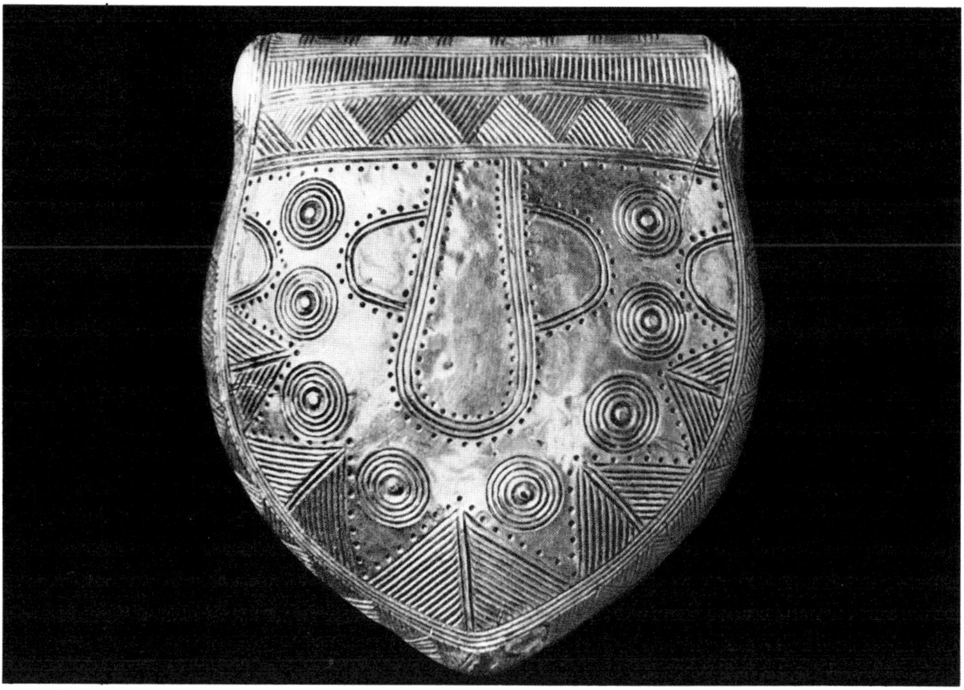

gen auf der Insel Anglesey, die etwa auf der Höhe von Dublin der englischen Küste vorgelagert ist und offenbar von Trägern der Boyne-Kultur besetzt wurde.

Über 50 Megalithgräber, von denen heute noch etwa 20 teilweise vorhanden sind, verraten eine dichte Besiedlung von Anglesey in der Urzeit. 1928 wurde das große Ganggrab von Bryn-celli-ddu erforscht. Es lag unter einem Rundhügel von mehr als 50 m Durchmesser, der außerdem verschiedene interessante Anlagen enthielt. Der Steinring, der seine Basis umgab, stand in einem breiten Graben, und dahinter fanden sich zwölf hufeisenförmig angeordnete Löcher. In einige waren längliche Steine gepflanzt worden; in zweien hatte man die Brandreste vollständiger Leichen deponiert, in zwei anderen einzelne menschliche Knochen. Unmittelbar hinter der polygonalen Steinkammer des Grabes war ein 1,5 m tiefer Schacht ausgehoben worden, in dem sich wieder Brandreste und darüber unverkohltes Haselnußholz fanden. Nach der Opferung war der Schacht bis zur Höhe einer flachen Grube angefüllt und mit einer Platte bedeckt worden. Neben ihm lag ein länglicher, mit Zickzack- und Kurvenlinien und Spiralen geschmückter Block. Von der ziemlich kleinen Kammer, die einen geglätteten Pfeiler enthielt, führte ein Korridor 6 m weit durch ein Trilithenportal in einen konkaven Vorhof. Dort kamen wieder die Spuren eines komplizierten Opferrituals zutage. Dem Eingang gegenüber lag ein zusammengekrümmtes Rinderskelett, das man durch Steinsetzungen und offenbar auch durch eine Pfostenkonstruktion vom Portal isoliert hatte. Zu beiden Seiten des Tores wurden zwei Feuerstellen aufgedeckt. Vor der einen lag in einer Grube eine Brandbestattung. Über die gesamten Reste im Vorhof war später Schutt gehäuft worden.

So klar sich der neue Totenkult und die Verehrung der weiblichen Gottheit in der irischen Megalithkultur abzeichnen, so völlig im Dunkel bleibt es, ob der Stiergott mit der Blitzaxt nach Irland kam. Symbole, die auf ihn deuten könnten, fehlen unter den Sigeln auf den Grabwänden oder Kultsteinen. Einzig die beilförmigen Anhänger, vielleicht auch die seltsame Form der ›Horned Cairns‹, das Rinderopfer im Vorhof des Grabmales von Bryn-celli-ddu und mehr noch als dies könnten die mythischen Stierfiguren und die mit dem Stier verbundenen Rituale in den irischen Sagen Hinweise sein.

Dond Cuailnge, die ›Marenkönigin‹ und redende Steine

Stiere von gigantischer Größe und dämonischem Wesen geistern als urzeitliche Schatten durch die nordirischen Heldensagen, die in den Provinzen von Ulster und Connacht spielen. Rinderraub ist das Hauptthema dieser Zyklen, die manch merkwürdige Ähnlichkeit mit der homerischen Dichtung zeigen.

Die Bullen treten dort aber auch als selbständig handelnde Figuren auf. Im Epos ›Táin Bó Cúailnge‹ kämpfen die Stiere Dond Cuailnge (der ›Braune von Cuailnge‹) und Findbennach Ai miteinander. Auf dem Rücken des Braunen sei Platz für 30 Mann gewesen, und er wie sein Gegner galten als wiedergeborene Schweinehirten der Elfen-könige von Munster-Connacht.

Der Kampf zwischen den Rivalen spielt sich in mythischen Formen ab. In einer Nacht durchjagen sie Irland von einem Ende zum anderen und erfüllen es mit dem Getöse ihres ungeheuren Streites. Am Morgen erscheint Dond Cuailnge mit dem Feind auf den Hörnern und zerstreut dessen zerstückelte Leiche über das ganze Land. Als die Frauen und Kinder von Cuailnge den Getöteten beklagen, richtet er in fürchterlicher Wut ein Blutbad unter ihnen an. Dann aber lehnt er sich mit dem Rücken an einen Hügel und stirbt an gebrochenem Herzen.

Neben diesen gewaltigen Stiergestalten taucht eine Kriegsgöttin in diesem Epos auf, die ausgesprochen inferische Züge zeigt. Sie wird die ›Marenkönigin‹ genannt und erscheint in vielen Verwandlungen: als ›Bodb‹, die leichenfressende Krähe, als Kuh, die sich in die Schlacht der beiden Bullen mengt, als einäugige lahme Alte. Sie warnt Dond Cuailnge, wenn ihm Gefahr droht, und sitzt dabei in Vogelgestalt auf einem Pfeiler. Vielleicht lebte in diesem Bilde noch eine sehr alte Vorstellung fort von den Totenseelen, die sich in Vogelgestalt auf den Menhiren niederließen.

Erinnerungen an die Totengöttin des Megalithikums mögen nicht nur in der dämonischen ›Marenkönigin‹ verborgen sein, sondern auch in den irischen Legenden um die Hexe An Chailleach von Bere, einem Gebiet im Westen der Grafschaft Cork'. Nach ihr heißt der Bergkamm, auf dem die Ganggräber-Nekropole von Lough Crew mit ihren von vielen Augenzeichen bedeckten Steinen steht. Einer der Cairns auf dieser Höhe wird außerdem als das ›Hexengrab‹ und der dekorierte Schwellenstein aus dem gleichen Tumulus als ›Hexenstuhl‹ bezeichnet.

An Chailleach erscheint in den Sagen häufig mit einer Schürze voller Steine, die sie dann fallen läßt. Mehrere der irischen Cairns sollen auf diese Weise entstanden sein.

In allen diesen Überlieferungen mag sich ein Abglanz der einstigen Herrschaft sehr alter Gottheiten auf Irland spiegeln. Eigenartig ist dabei die Verwandlung der Göttin ins Hexenhafte, während der Stier in den Heldenepen wie in den Volksmärchen den Nimbus des Göttlichen bewahrt. ›Wütender, schöner Stier‹ ist der Ehrenname der Heroen, und der König wird ›Stier von Ulster‹ genannt. Im Märchen aber tritt der ›gesprenkelte Stier‹ als Wundertäter und Nahrungsspender auf.

Einen klaren Hinweis auf einen Stierkult enthält auch der im Ulster-Zyklus beschriebene merkwürdige ›Stierschlaf‹, ein Orakel, das für die Königswahl entscheidend ist. Ein weißer Bulle wird dafür getötet, und der Seher muß sein Fleisch essen. Danach sinkt er in Schlaf, während vier Druiden Zaubersprüche über ihm singen, und sieht im Traum den künftigen König. Das sakrale Königtum erscheint in diesem Ritual noch unmittelbar mit einem Stierkult verbunden.

Noch deutlichere Spuren als die vorgeschichtlichen Götter haben Totenglaube und Steinverehrung im irischen Volk hinterlassen. Die abgeschiedenen Geister wurden später zu Elfen, die man durch ihre Macht über Krankheit und Tod als Nachfolger der Ahnengeister betrachtete. Die Menhire hielt man nicht nur für verzauberte Menschen oder Riesen, sondern oft auch für von mystischem Leben erfüllte selbständige Wesen.

Die irischen Steinsetzungen erreichen nicht im entferntesten das Ausmaß der bretonischen; die kultische Funktion dieser Steinkreise, Alleen und einzelnen Menhire wird aber wohl der armorikanischen entsprochen haben. In der Grafschaft Kildare steht bei Punchestown noch ein sehr sorgfältig behauener und geglätteter, mehrere Meter hoher Menhir, an dessen Fuß sich ein Steinkistengrab fand. Einfache und doppelte Steinkreise kommen besonders im Bereich der Boyne-Kultur vor.

Genau wie in der Bretagne scheinen die Kelten, die Irland in mehreren Wellen besetzten, die einheimischen Kultbräuche teilweise übernommen und weitergeführt zu haben, darunter auch die Steinverehrung. Sie wird jedenfalls von zahlreichen, oben abgerundeten gedrungenen Steinen bezeugt, die mit den typischen Spiralornamenten der La Tène-Kunst übersponnen sind.

Gerade in Irland, das niemals unter römischen Einfluß geriet, erhielt sich die von der einheimischen Urreligion beeinflußte druidische Lehre unvermischt bis zur Christianisierung der Insel, und manche ihrer Vorstellungen mögen bis tief ins Mittelalter fortgewirkt haben.

St. Patrick, der große irische Apostel, fand den Steinkult in Irland noch in voller Blüte. Er ließ die heidnischen Male teils umstürzen, teils wurden sie konsekriert. In seiner legendären Lebensbeschreibung wird die Zerstörung des Nationalheiligtums von Cromm Cruaich, des ›Hauptidols von Erin‹ geschildert. Das Idol sei mit Gold und Silber geschmückt und von zwölf anderen umgeben gewesen. Nachdem St. Patrick es zerschlagen hatte, seien die übrigen bis zu den Häuptern in der Erde versunken. Wahrscheinlich bezieht sich diese Sage auf einen Steinkreis, in dessen Mitte ein größerer Menhir stand.

Im irischen Volksglauben mag sich in der eigenartigen Vorstellung von den ›redenden Steinen‹ vielleicht eine dunkle Ahnung einstiger Orakelfunktionen der Menhire erhalten haben. Von einem wurde erzählt, daß er anzeige, wohin ein Viehdieb geflohen sei; ein anderer soll einmal bei einer Anklage Recht gesprochen haben. Früher brachte man einigen Menhiren Speiseopfer und glaubte, daß ihre Berührung großen Hunger hervorrufe.

Therapeutische Kräfte schrieb das Volk besonders durchlochten Menhiren oder Platten von Megalithgräbern zu. Das Kriechen durch ein solches Loch sollte von Rheuma befreien und selbst masernkranke Kinder heilen. Ganz ähnliche Vorstellungen sind auch oft mit französischen Megalithen verbunden.

Auf den einstigen Fruchtbarkeitskult am Ahnengrab wiesen Bräuche um den ›Holed Stone‹ von Doagh hin, zu dessen Füßen Ehekontrakte abgeschlossen wurden. Bei Verlobungen reichte sich das Paar die Hände durch das Loch im Stein. Manchmal steckte die Braut auch durch die Öffnung ihren Finger in den Verlobungsring. Schwangere Frauen wiederum warfen ihre Kleider hindurch, um eine leichte Entbindung zu haben.

In Irland wie in der Bretagne trat in solchen magischen Handlungen und Vorstellungen bis in unsere Zeit noch Älteres zutage, das die Gegenwart plötzlich wieder seltsam nahe an die Urzeit rücken konnte. Erst heute versiegt dieser mächtige Unterstrom, und mit ihm schwinden auch die letzten Reste der vorgeschichtlichen Bautraditionen. Bis vor 200 Jahren hatte der archaische Trockensteinbau mit dem Kraggewölbe auf Irland noch sakrale Bedeutung, und man errichtete, wie einst auf Sardinien, mit Vorliebe gerade über heiligen Brunnen dieselben Bienenkorbkuppeln, deren Konstruktion 5000 Jahre früher mit den ersten Ganggräbern auf der Grünen Insel eingeführt worden war. Das Kirchlein von

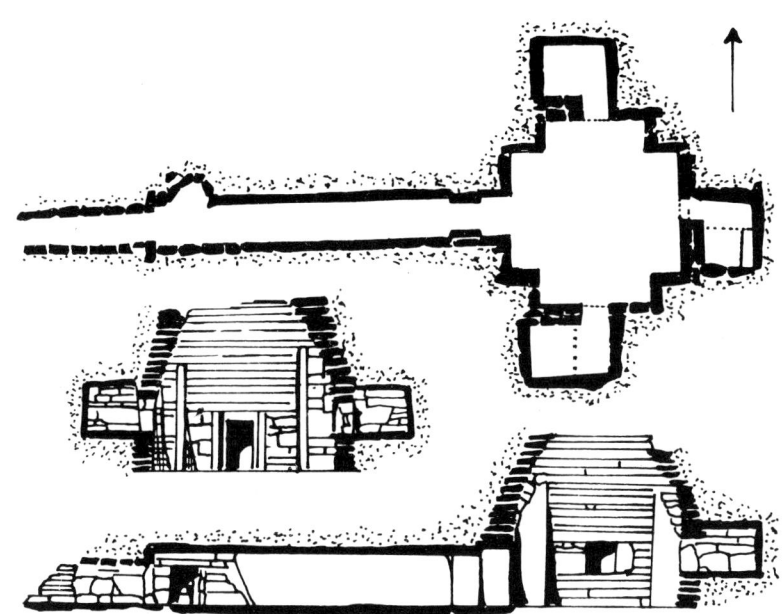

Grundriß und Längsschnitt des Kuppelgrabes von Maes Howe

St. Gallarus in Südirland und die fensterlosen runden Steingebilde der Mönchszellen des Klosters auf dem Felsriff der Skellig-Insel zeigen, mit welcher Selbstverständlichkeit man im Mittelalter die altehrwürdigen Bauformen in der christlichen Kultarchitektur weiterführte.

Heute beschwören nur noch die ›Clochàns‹, ganz aus Trockenmauerwerk geschichtete, überwölbte runde oder viereckige Wirtschaftsgebäude mit ungewöhnlich starken Wänden, die von den Bauern der Dingle-Halbinsel errichtet werden, die Vision einer vorgeschichtlichen Welt, in der Irland Jahrtausende, ehe die christliche Heilsbotschaft an seine Ufer gelangte, schon einmal von den Verkündern einer neuen Religion erreicht worden war.

Endstation am Rande der Welt

Vor mehr als 800 Jahren landete ein Wikingerschiff auf der Fahrt nach Süden auf Mainland, der größten der etwa 70 Orkney Inseln, die vor der Nordspitze Schottlands über den Ozean verstreut sind. Bei einem Streifzug mag den Seeleuten ein runder, haushoher Hügel inmitten des flachen Geländes aufgefallen sein. Sie fanden ihn auf einem weiten ovalen Platz, den ein breiter Graben umschloß, und ahnten wohl sogleich, daß er

Idolplatte von den Shetland Inseln

ein Geheimnis verbarg. Es scheint, als hätten die Wikinger nicht lange nach einem Zugang in den mächtigen Cairn von fast 40 m Durchmesser gesucht, sondern seine Kuppe durchschürft, bis sie auf die Steinkonstruktion eines Gewölbes aus großen Platten stießen. Der Einbruch in das festgefügte Mausoleum mag nicht leicht gewesen sein. Was die Grabräuber darin fanden, wissen wir nicht. Sie gravierten drei Zeichen auf die Wände des achteckigen Kuppelsaales in der Tiefe des Hügels, einen Drachen, ein Walroß, einen Schlangenknoten, und ritzten dazu in Runenschrift ihre Namen, die Jahreszahl 1150 und einen Bericht ihres Abenteuers, in dem auch ein Schatz erwähnt wird, den sie erbeuteten.

So kam das Grab von Maes Howe, wie es genannt wird, nur als leeres und halbzerstörtes Gehäuse auf uns. Aber auch als Ruine bleibt es der schönste prähistorische Sepulkralbau der Britischen Inseln.

Die Eleganz des viereckigen Kraggewölbes, das einmal mindestens 5 m hoch in wohlberechneter Proportion über dem ebenfalls 5 m im Quadrat messenden Mittelraum emporstieg, ist noch deutlich sichtbar. Die regelmäßig behauenen Platten kragen nicht in Stufen vor, ihre Kanten wurden wie in der Cueva del Romeral abgeschrägt, so daß eine glatte Wölbung entstand. Hohe Pfeiler stützen die Kuppel an den Ecken der Halle. Die Verstorbenen mögen in den drei Seitenzellen geruht haben, deren Eingänge höher liegen als der Boden des Mittelraumes. Große Blöcke verschlossen die Türöffnungen. Ein megalithischer Korridor führt 12 m weit durch den Cairn ins Freie. Manche Platten, die in Maes Howe verbaut wurden, sind fast 6 m lang.

Beziehungen zur Boyne-Kultur sind nicht auszuschließen, aber es sieht nicht so aus, als seien die Siedler auf den Orkney Inseln von

Irland gekommen. Ihre raffinierte Bautechnik, die ausschließliche Körperbestattung in den drei Gräbern der Maes Howe-Gruppe, die Sitte, die Leichen auf Bänke längs der Grabwände zu betten, und schließlich ein Felsgrab auf dem Eiland Hoy, das mit seinem Gang und der ovalen Zelle genau den iberischen gleicht, deuten eher auf eine Verbindung mit der Pyrenäenhalbinsel, so abenteuerlich diese Vorstellung wirken mag. Auch die Göttin aus Almería erscheint in einem Grab auf dem Holm von Papa Westray mit Brauen- und Augensymbolen portugiesischer Art. Daß sich ihre Herrschaft noch über Orkney hinaus bis nach den Shetland Inseln erstreckte, beweist der Fund eines beinernen Amuletts, in das die heiligen Dreieckmotive und Zickzacklinien der iberischen Schieferplattenidole geritzt sind.

Die verwegene Reise der Kolonisatoren der Orkney Inseln kann sowohl durch den Ärmelkanal und längs der Ostküste von England und Schottland hinauf geführt haben, wie auch durch die irische See und über die Hebriden und das Caithness-Cap, das nur durch den zehn Seemeilen breiten Pentlandfjord von Mainland getrennt ist. Auf der Südseite des schottischen Moray Firth gibt es etwa 30 Ganggräber: die Gruppe von Clava. Die schönsten könnten mit ihren Bienenkorbkuppeln und den feingefügten Plattensockeln in der Nekropole von Los Millares stehen. Aber auch auf Caithness fanden sich prachtvolle Tholoi in der Art von Maes Howe. Nach den neuesten Forschungsergebnissen sind die Monumente der Orkney Inseln jedoch älter.

Wie immer sich deren Besetzung abgespielt haben mag, zur Zeit, als Maes Howe erbaut wurde, erscheint Mainland schon als der Mittelpunkt einer Inselwelt, für deren dichte Be-siedlung zahlreiche Steinkammergräber sprechen. Lebten selbstgenügsame Gemeinschaften von Viehzüchtern auf dem Archipel, war dort ein Seeräuberstaat entstanden, der den Pentlandfjord kontrollierte, gab es auf Mainland einen großen Umschlagplatz für den Nordhandel? Die Größe und die hochentwickelte Bautechnik der Totenhäuser sprechen von Wohlstand und Macht, die Totenbeigaben aber waren ärmlich wie in allen Megalithgräbern: durchlochte Keulenköpfe und Äxte aus Hartstein, einfache frühneolithische Keramik westeuropäischer Art mit undekorierten Rundformen und Knickwandgefäße mit linearer Ritzverzierung – ähnliche Ware kam auch auf den Hebriden zutage – in späteren Gräbern auch Becher. Nirgends fand sich Kupfer, obwohl die Megalithkultur der Orkney Inseln lange dauerte. Einzig in einem Steinkistengrab unweit von Maes Howe stieß man auf wenig Gold anläßlich einer Brandbestattung. Die Verstorbenen erhielten nur bescheidene Gaben für ihr jenseitiges Dasein – ausgenommen vielleicht die Bewohner des großen Kuppelgrabes – doch wurden pantagruelische Opfermahlzeiten zu ihrer Ehre abgehalten. In einem Totenhaus kamen die Reste von nicht weniger als 36 Hirschen ans Licht. Bei der Baumlosigkeit des Orkney Archipels, der auch in vorgeschichtlicher Zeit nach neuen Pollenanalysen nur etwas Birkenbestand aufwies, ist dies ein überraschender Speisezettel. Hatte man für den Leichenschmaus eine große Jagd in Schottland veranstaltet, dessen äußerste Spitze immer noch 15 km von der nächstliegenden Insel entfernt ist?

Maes Howe erhebt sich im westlichen Teil von Mainland, dessen hügeliges Gelände eine weite Mulde umschließt, in der die ›Lochs‹ (Seen) von Stennes und Harray liegen. Im Megalithikum muß dieses Gebiet ein großes

Kult- und Zeremonialzentrum gewesen sein. Zwischen dem Königsmausoleum, als das Maes Howe wohl gelten kann, im Osten und dem ›Ring von Bookan‹, einem weiten Erdwall im Westen, gibt es etwa 24 Grabhügel, eine Steinreihe und die Steinsetzungen von Stennes und Brodgar innerhalb von Henges, deren Erforschung neuerdings interessante Ergebnisse erbracht hat. Die erste bildete ursprünglich eine Ellipse aus 12 Monolithen von 30 m Umfang, vier stehen noch, der längste mißt fast 6 m. Alle haben Stelenform als Folge der besonderen geologischen Verhältnisse der Orkney Inseln, deren Kalkschichten in sauberen Platten brechen und die bewunderungswürdige Perfektion und Regelmäßigkeit der dortigen prähistorischen Architektur entscheidend förderten. Die neuen Ausgrabungen legten im Mittelpunkt der Anlage vier horizontale flache Blöcke frei, die ein Rechteck von 2,1 x 1,9 m formen und einen Pfosten – oder war es eine Art Totempfahl – umgaben. Knochen, Scherben und Holzkohle deuten auf Opferhandlungen. In der Nachbarschaft entdeckte man Spuren einer älteren Kultstätte mit zwei Steinsetzungen und einem kleinen ›Totenhaus‹.

Der erstaunlichste Teil des Sanktuariums aber war der mächtige Ringgraben von 2,3 m Tiefe und einer oberen Weite von 7 m. Sein unterster Teil reicht ein Meter tief in den Felsgrund. Untersuchungen mit einem Gradiometer fanden nur einen Zugang. In seinem Grundschlamm kamen Rinder-, Schafs- und Ziegenknochen sowie Hafer- und Gerstenoder Weizenkörner ans Licht. C14-Messungen ergaben Daten von 2356 v. Chr. ± 65 für den Graben und 2238 v. Chr. ± 70 für die zentrale Anlage. Dieses Heiligtum wurde daher sicher etwa zu Beginn des 3. Jahrtausends errichtet.

Der ›Ring von Brodgar‹ erhebt sich in 1,5 km Entfernung und bestand einst aus 60 Monolithen, von denen noch eine beträchtliche Zahl steht. Auch er ist von einem Graben, diesmal mit zwei Eingängen, umgeben, weshalb man ihn für jünger hielt. Seine Erforschung ist noch im Gange. In seiner Nähe befindet sich eine Reihe von Tumuli. Die meisten und wohl älteren Megalithgräber der Orkney Inseln sind keine Kuppelbauten, sondern enthalten Kammern, die in mehrere Abteile gegliedert sind. Die Ausgrabung des Totenhauses von Unstan zeigte, daß zu jeder Kammer feine rundbodige Gefäße mit scharf abgesetztem, verziertem Rand gehörten, die man ›Unstan-Ware‹ genannt hat.

Die Megalithkultur des Orkney Archipels hinterließ uns aber nicht nur Kultmale, sondern auch einzigartige Zeugnisse des Alltagslebens ihrer Träger, die sich seit dem 4. Jahrtausend auf den meerumbrausten, grünen Inseln niedergelassen hatten.

Ein Wintersturm von furchtbarer Wucht riß vor 110 Jahren die Grasdecke von Skara Brae, einer hohen Düne im Süden der Bay von Skail, und entblößte darunter einen gigantischen Abfallhaufen aus prähistorischer Zeit, aus dem steinerne Mauerruinen herausstachen. Wiederholte Grabungen und Restaurierungen, die 1930 zum Abschluß kamen, ließen seither ein neolithisches Dorf aus dem Dünensand erstehen, das gerade erst von seinen Bewohnern verlassen erscheint.

Heute liegen die Wohnstätten der Urzeit offen innerhalb breiter Wälle aus flachen Steinen, einmal aber glich die ganze Siedlung aus sieben großen Bauten, die durch gedeckte Korridore verbunden waren, einem riesigen Maulwurfshaufen. Ein Hügel aus Küchenabfällen vieler Generationen, Asche und Sand, der zu einer lehmartigen Masse ver-

110   Wohnraum eines Hauses von Skara Brae

schmolzen war, umgab sie mit einem Panzer, der Sturm und Kälte abhielt. Nur
die in der Mitte offenen Dächer, durch die
der Rauch der Feuerstellen abzog, mögen
aus dem Tumulus geragt haben. Vielleicht
gab es auch zeltartige Überdachungen aus
Tierhäuten.

Die meterdicken Mauern der fast quadratischen Häuser sind aus vom Meere flachge-
schliffenen Steinen ohne Mörtel genauso
sorgfältig gefügt wie die Kuppelgräber der
Inseln. Enge niedrige Stollen führen hinein;

hinter ihrer Schwelle aber hat die Zeit ihre
Macht verloren. Die Wohnräume sind genauso geblieben, wie sie vor Jahrtausenden eingerichtet wurden. Eine Naturkata-
strophe, vermutlich ein Orkan, der die
Dünen in Bewegung setzte und das unterirdische Dorf mit Verschüttung bedrohte,
trieb die Siedler in überstürzter Flucht aus
ihren Heimstätten. Sie ließen all ihre Habe
zurück und kehrten niemals wieder. Das Unwetter mag ihnen das Leben gekostet haben.
Erst die Ausgräber von Skara Brae räumten

297

den Sand aus den Stuben, in denen sich das Dasein dieser kleinen Gemeinschaft abgespielt hatte. Da es offenbar kein Holz auf der Insel gab, waren alle Möbel dieser urzeitlichen Haushalte aus Stein hergestellt worden, und so haben sie fast unversehrt die Äonen überdauert. Es scheint, als seien sie gerade erst benutzt worden (Abb. 110). Die steinernen Sitze um die Feuerstellen, die immer die Mitte des einzigen Wohnraumes einnehmen, sind ein wenig abgeschliffen vom Gebrauch; längs den Wänden, die sich ohne scharfe Winkel um die Stuben von höchstens 6 m Seitenlänge schließen, sind Bettstellen aus langen und kurzen Platten in den Boden eingelassen, die einmal wohl mit Heu gefüllt waren. Darüber öffnen sich Nischen in der Wand, in der die Schläfer ihre Habe verwahrten. In jedem Haus steht ein breites zweistöckiges Möbelstück, eine Art Stellage auf drei Beinen, und in den Flur sind kleine, mit Lehm gedichtete Steinkisten eingelassen, wahrscheinlich Behälter für Flüssigkeiten. Überwölbte Zellen in den Mauern mit primitiven Kanalisationsanlagen scheinen hygienischen Zwecken gedient zu haben.

Halbfertiges Werkzeug und Gerät, an dem die Dorfbewohner gerade gearbeitet hatten, lag auf dem Boden der Hütten: spitze Nadeln aus Walroßelfenbein, Steinwerkzeug und Keramik des spätneolithischen Rinyo Clacton-Stils, dessen flachbodige Näpfe mit aufgesetzten Bandmustern hauptsächlich in Schottland und Südengland gefunden wurden. In kleinen Steinschalen kamen Reste roter, blauer und gelber Farbe zutage, die vielleicht der Körperbemalung gedient hatten.

Rinder- und Schafzucht bildeten die Existenzgrundlage der etwa 30 Siedler von Skara Brae, Muscheln waren auch ein wichtiges Nahrungsmittel. 1972 und 1973 wurden neue Ausgrabungen unternommen, die vor allem den großen Abfalldepots galten, von deren Analyse mit modernen Methoden man eine bessere Einsicht in das wirtschaftliche Leben der kleinen Gemeinde erhoffte. Die Bearbeitung des ungeheuer reichen Materials aus den Müllschichten, besonders aus jenen, die unter dem Wasserspiegel lagen und daher sehr gut konserviert blieben, wird noch Jahre in Anspruch nehmen. Man fand selbst Lederreste und Seilstücke, stellte fest, daß Akkerbau in den ältesten Phasen eine größere Rolle spielte als später, und fand Knochen einer primitiven Schafrasse und den Schädel eines Urochsen. In diesem Zusammenhang ist es bedeutsam, daß es noch heute auf einer der Orkney Inseln, St. Kilda, die Soay-Schafe gibt, denen verschiedene Studien gewidmet wurden, da sie die letzten Nachkommen einer Rasse bilden, die von den mediterranen Mouflons abstammte und vielleicht in der Urzeit eingeführt wurde! Neugewonnene C14-Meßwerte aus Skara Brae liegen um 2500 v. Chr., korrigiert ergäbe dies etwa 3200 v. Chr. als Siedlungszeit.

Gleichzeitig mit den Forschungen in Skara Brae liefen Ausgrabungen auf der sehr fruchtbaren Insel Papa Westray, wo man in den dreißiger Jahren eine andere kleinere Niederlassung, Knap of Howar, entdeckt, aber weder gründlich ausgegraben noch datiert hatte. Diese lieferten äußerst interessante Ergebnisse, da sie eine viel frühere Phase zutage brachten, deren C14-Daten hoch im 4. Jahrtausend liegen. Zwei bautechnisch ebenso hervorragend wie die späteren konstruierte, rechteckige Häuser wurden freigelegt, deren Wände teilweise noch 1,60 m hoch sind und vollständige Türrahmen aus Stein enthalten. Das größere dieser bis jetzt ältesten Steinhäuser von Nordwesteuropa wurde in einen

Wohn- und einen Arbeitsraum durch eine Plattenschranke geteilt, an der eine Feuerstelle zur Erwärmung beider Kammern lag. Zur Einrichtung gehörten Steinbänke, eine große Wandnische, eine Steinmühle, eine Vorratsnische. Pfostenlöcher weisen auf die Stützung einer wahrscheinlich hölzernen Dachkonstruktion. Das meterdicke Mauerwerk besteht, wie auch in Skara Brae, aus zwei äußeren Steinschalen und einer Zwischenfüllung aus Erde und Küchenabfällen. Es gab sowohl unverzierte gröbere wie feine Keramik mit dekorierten Kragen, die der Unstan-Ware aus den ältesten Totenhäusern entspricht. Die Toten der kleinen Gemeinschaften auf Papa Westray hatten ihren eigenen Wohnplatz auf dem Nachbarinselchen Holm of Papa Westray, auf dem sich zwei Kammergräber befinden.

Die starke Bindung der Erbauer von Megalithgräbern an das Meer wird nirgendwo so deutlich sichtbar wie in den Niederlassungen auf dem entlegenen, von Stürmen und Hochfluten bedrohten Orkney Archipel. Die meisterhaft gebauten Häuser für die Lebenden wie für die Verstorbenen und die als Kollektivleistungen bewunderungswürdigen Kultanlagen bezeugen fortgeschrittene religiöse und soziale Strukturen. Auf diesen Inseln, von denen heute nur 20 bewohnt sind, gibt es mehr vorgeschichtliche Fundplätze als in jedem anderen Areal vergleichbaren Ausmaßes von England und Irland. Ihre dichte Besiedlung seit dem Frühneolithikum gehört zu den merkwürdigsten Aspekten der nordwesteuropäischen Megalithkulturen.

Buch X: Der ewige Kreis

Schmelzkessel Südengland

Als die ersten Großsteingräber des Severn Cotswold-Typs in Südwestengland errichtet wurden, blühte dort bereits eine neolithische Kultur als Ergebnis verschiedener Einwanderungswellen aus West- und Nordeuropa und der Vermischung der Kultur der Neuankömmlinge mit der einheimischen Jäger-, Fischer- und Sammlerkultur des Mesolithikums. Deren hohes Alter wurde durch Ausgrabungen in Star Carr in Yorkshire, einer sehr gut erhaltenen Station auf einer Reisigplattform an einem Seeufer, die zahlreiche Artefakte aus Silex, Holz und Knochen ans Licht brachten, bewiesen. Sie erscheint als eine Frühform der Maglemose-Kultur des nordeuropäischen Tieflandes, deren Anfänge ins 8. Jahrtausend hinaufreichen. Damals gab es noch eine Landverbindung mit dem Kontinent. Mit dem Steigen des Meeresniveaus, das mit der großen Eisschmelze begonnen hatte, wurde diese allmählich überflutet. Die Britischen Inseln blieben jedoch die natürlichen Endziele der west- und nordwärts gerichteten Kolonisationsbewegungen, mit denen die Neolithische Revolution bis in die Randzonen Europas gelangte.

Die leicht zugänglichen parkartigen Hügelgebiete von Wessex und Sussex, deren Höhenzüge aus Jura- und Kreidekalken sich nie mehr als 200 bis 300 m erheben, lockten besonders viehzüchtende Gruppen an, die von den atlantischen Küsten Frankreichs, den Kanal-Ufern und noch nördlicheren Gestaden aufbrachen. Diese Hirtenstämme führten wahrscheinlich noch längere Zeit ein halbnomadisches Dasein, doch waren sie untereinander durch soziale und religiöse Bande verbunden, die in der gemeinsamen Errichtung riesenhafter Anlagen, der sogenannten ›Causewayed Camps‹, zum Ausdruck kommen. Diese Camps wurden auf Anhöhen angelegt und mit einem oder mehreren konzentrischen Gräben mit Aufschüttungen an der Innenseite umgeben. Die Lagerzugänge bestanden aus massiven Dämmen. Die Camps waren im allgemeinen keine festen Siedlungen – Reste stabiler Bauten wurden kaum gefunden – sondern offenbar Treffpunkte, an denen sich die Bevölkerung zu bestimmten Zeiten und während des ganzen Neolithikums versammelte. Vor mehr als 100 Jahren wurde ein solches Lager erstmalig auf dem Windmill Hill, 5 km nördlich von Avebury, entdeckt und untersucht. Bis vor kurzem wurde das ganze britische Primärneolithikum als Windmill Hill-Kultur bezeichnet, inzwischen kam jedoch ein wesentlich älteres Causewayed Camp, Hembury bei Honiton in Devon, ans Licht. Seine Gräben und Wälle wurden nach C 14-Messungen zwischen 3300 und 3000 v. Chr., d. h. mit Anwendung der Calibration wahrscheinlich schon im 1. Viertel des 4. Jahrtausends angelegt. Die undekorierte, rundbodige Keramik westeuropäischer Art aus Hembury ist älter als die bemalte Ware des Windmill Hill-Stils, die in Gräbern an diesem Ort gefunden wurde. Etwa aus der Zeit von Hembury stammt jedoch eine Art Niederlassung, die den Windmill Hill bekrönt hatte, bevor dieser mit drei Gräben umgeben wurde – der äußerste Ring hat einen Durchmesser von 360 m. Von diesem Dorf blieben nur eine Anzahl Schächte undeutlicher Bestimmung erhalten. Keineswegs gesichert erscheint auch die Funktion der Camps, doch weisen die Funde vom Windmill Hill darauf, daß die Herden bei den Zusammenkünften, die vermutlich im Herbst erfolgten, eine Rolle spielten. Vielleicht wurden bei diesen Anlässen die Winterschlachtungen, die Kastration und Brandmarkung der Tiere, die Zurichtung ihrer Häute etc. vorgenommen, sowie Viehmärkte und sicher auch profane und religiöse Feiern abgehalten. Verschiedene Entdeckungen sprechen für rituellen Kannibalismus anläßlich dieser Feste. Bei manchen Feuerstellen kamen zahlreiche Menschen- und vor allem Kinderknochen ans Licht, die man aufgebrochen hatte, um das Mark auszusaugen. Mehr auf Kopfjagd als auf Schädelkult deutet der Fund von Totenköpfen. Ähnliche Sitten sind auch für die frühneolithische Cortaillod-Kultur der Schweiz mit Pfahlbauten nachgewiesen, deren Keramik der ersten britischen ähnelt.

Eine intensive Feuersteinindustrie kennzeichnete das südenglische Neolithikum, in dem polierte Silexäxte und blattförmige Speerspitzen als Neuheit erschienen. Das Rohmaterial kam aus zahlreichen Flintgruben. Bei Brandon wurden auf einem Gebiet von 14 Hektar nicht weniger als 346 Stollen ausgemacht, die bis zu Tiefen von 10 m in den Boden getrieben waren. Das gewonnene Rohmaterial wurde auf angeschlossenen Arbeitsplätzen zu halbfertigen Produkten, hauptsächlich Äxten, zugerichtet, die wahrscheinlich in dieser Form verhandelt wurden. In einer der Flintminen bei Grims Graves entdeckte man ein bemerkenswertes unterirdisches Heiligtum in einem Stollen. Um einen Altar aus Feuersteinknollen waren Hirschgeweihe gehäuft, an seiner Basis stand eine Lampe aus Kreide und vor ihm lagen Fruchtbarkeitssymbole: Nachbildungen eines Phallus und menschlicher Hoden aus Kreidekalk sowie die Statuette eines ungeheuer fetten Weibes im Stil paläolithischer Frauenfiguren.

Die Totenbräuche der frühneolithischen Siedler wurden durch zahlreiche Grabungen aufgehellt. In der Umgebung von Flintgruben und Causewayed Camps wurden oft ›Longbarrows‹, Langhügel von maximal 3 m Höhe aber von Längen zwischen 30 und 100 m, errichtet. Ein Unikum ist die 550 m lange Aufschüttung von Maiden Castle, in der sich außer Bestattungen das kunstgerecht zerhackte Skelett einer Leiche fand, die offenbar anläßlich einer Opferfeier gekocht worden war.

Es scheint, daß in den Longbarrows nur die Gebeine der Verstorbenen beigesetzt wurden. Brandspuren an Knochen deuten an, daß der Verwesungsvorgang vielleicht durch Feuer beschleunigt wurde. Neuere Ausgrabungen haben nachgewiesen, daß sich am Ende einiger Langhügel Holzbauten befanden, Totenhäuser, in denen manche Forscher die Vorstufen der megalithischen sehen möchten. Der Ursprung der Longbarrows lag aber wohl im Norden, ebenso wie jener der bretonischen ›tertres alongés‹. Vergleiche mit westpolnischen oder den kujawischen Gräbern an der Weichsel-Mündung, die bis zu 100 m lang, manchmal auch trapezförmig oder dreieckig, jedoch keine Kollektivgräber waren, weisen in diese Richtung. Wie bei den tertres gab es einen gewissen Zusammenhang mit Menhiren, die in oder bei Longbarrows gefunden wurden. Neben den aufwendigen Langhügeln, deren Aufschüttung viele tausend Arbeitsstunden gekostet haben muß, gab es Einzelgräber in steinumrandeten Gruben, in denen wohl gewöhnliche Sterbliche beigesetzt wurden. Die großen Monumente bargen höchstens 25 Bestattungen, dies weist eher auf Sippengräber einer Herrenschicht als auf Gemeinschaftsgräber einer Siedlung.

Eine Entwicklung aus den Severn Cotswold-Gräbern mit ihren mächtigen Hügeln aus Kalkschutt, den rituellen Vorhöfen und inneren Megalithkonstruktionen, deren komplizierte Bautechnik sich nicht mit den kunstlos gehäuften Longbarrows vergleichen läßt, ist wenig wahrscheinlich. Das allmähliche Vordringen der neuen Ganggrabform wird auch durch die höheren Daten der Gräber in der Nähe des Bristolkanals unterstrichen. Das Totenhaus von Waylands Smithy wurde z. B. durch ein C14-Datum von 2820 ± 130 als frühneolithisch ausgewiesen. Mit diesen Bauwerken aus Riesensteinen beginnt in England die Ära der Megalithbauten und Anlagen, deren Krönung Stonehenge werden sollte.

Die heilige Zone von Avebury

Inmitten der in weiten, sanften Schwüngen hingebreiteten Wiesenlandschaft um das Dorf von Avebury ragen die Hügelmale der Urzeit wie Reste eines versunkenen Kontinents empor. Gleich neben der Autostraße sitzt der rätselhafte Silbury Hill, der gewaltigste Tumulus, der jemals im vorgeschichtlichen Europa aufgehäuft wurde, wie eine gestürzte runde Schale von ungeheuren Maßen in einer Rasensenke. Der vollkommen gleichmäßig geformte Kegel ist etwa 40 m hoch bei einem Durchmesser von über 180 m. Rund 350 000 m³ Schotter und Erde wurden für ihn herangeschleppt.

Schon früh wurden vergeblich Schächte und Stollen in seine Masse getrieben, in der man das Grab eines Königs vermutete. In den letzten Jahren haben Ausgrabungen, die vom britischen Fernsehpublikum mit Spannung verfolgt wurden, wenigstens das Problem seiner Entstehungszeit, wenn auch nicht die Frage nach seiner Bedeutung gelöst. Stichgräben enthüllten seine Baugeschichte, die sich, vielleicht mit kurzen Unterbrechungen, in drei Phasen abspielte. In der ersten wurde ein runder Hügel mit einem Kern aus Kies konstruiert, dies geschah nach Radiokarbon-Daten um 2145 v. Chr. ± 95 Jahre, also vielleicht gegen die Mitte des 3. Jahrtausends, wenn man die Dendrochronologie anwendet. Auf den Tumulus wurde eine Sodenschicht gehäuft, die mit Pfählen und Sarsenblöcken (Sandsteinblöcke, die mit Vorliebe für Megalithbauten verwendet wurden) verkleidet wurde. Darüber legte man dicke Lagen von Erde und Kalkschutt. In der nächsten Phase wurde der Hügel mit einer starken Lage Kalk verstärkt, den man aus einem Ringgraben gewann, und schließlich auf seine heutige Höhe von 39 m gebracht. Man hat kalkuliert, daß etwa 18 Millionen Arbeitsstunden in den Silbury Hill investiert wurden.

In Sichtweite des Silbury Hill erstreckt sich der 113 m lange West Kennet Barrow als schmaler Damm auf einem Höhenrücken. Er wurde bereits vor 100 Jahren erforscht, aber nur unvollkommen ausgegraben. Bei neueren Ausgrabungen in den Jahren 1955 und 1956 kamen noch vier unberührte Kammern zutage, die man bei der ersten Untersuchung des Hügels übersehen hatte. Heute ist das freigelegte und restaurierte Grab eines der eindrucksvollsten Megalithmonumente Westeuropas (Abb. 111). Die vielräumige langgestreckte Anlage gleicht mehr einem Heiligtum als einer Gruft. Der Eingang in der Mitte einer Fassade aus hohen Blöcken öffnet sich hinter zwei riesenhaften freistehenden Platten. Die 13 m lange Galerie von 2,5 m Höhe führt zu einer Kammer. Davor liegen vier doppelte Seitenzellen, die wie die Querschiffe einer Kirche wirken. Man fand sie bis zur Decke mit den Gebeinen von insgesamt 40 Skeletten gefüllt, über die Schichten von Müll gehäuft worden waren. Merkwürdigerweise gab es weniger Schädel als Unterkiefer. Vielleicht waren die Köpfe als Gegenstände eines besonderen Kultes zurückbehalten worden.

Keramikscherben der ersten Windmill Hill-Kultur in der untersten Lage bezeugen, daß dieses Grab etwa gleichzeitig mit dem großen Camp errichtet wurde, das nur 5 km entfernt liegt. Eine Radiokarbon-Datierung von 2570 ± 150 aus der untersten Schicht des Mausoleums entspricht auch genau den Meßwerten aus der Gründungsphase der Anlage auf dem Windmill Hill.

Nach der letzten Bestattung wurden die Kammern allmählich mit Holzkohle, Erde und Scherben der spätneolithischen Peterborough- und der Rinyo Clacton-Ware und mit zerschlagenen Bechern aufgefüllt. Die Nachfüllungen erfolgten während eines Zeitraumes, der sich über das ganze Spätneolithikum und bis weit in die Kupfersteinzeit, die gegen 2000 v. Chr. begann, erstreckte. Vielleicht handelte es sich um Reste von Opfergaben aus einem Heiligtum, das noch lange zu Ehren der Toten des West Kennet Grabes bestand.

Das Gegenstück zu dem Longbarrow von West Kennet ist der nahe, noch größere Langhügel von East Kennet, der als baumbestandene Insel aus weiten ebenen Wiesenflächen herausragt. Er birgt in seiner unerforschten Tiefe ohne Zweifel auch ein Megalithgrab. Wahrscheinlich war diese lieblich

111 Das Megalithgrab von West Kennet

stille Landschaft mit ihren bescheidenen Dörf-
chen in der Urzeit weit belebter als heute und
möglicherweise das größte religiöse Zentrum
Englands, dessen Sanktuarien und Toten-
mäler Pilger aus dem ganzen Land anzogen.

Avebury mit seinen kleinen geduckten
Häuschen und dem verwitterten Kirchlein
inmitten eines Friedhofes, dessen alte schiefe
Grabkreuze im Sommer in der schaumigen
Flut der blühenden Wiesen ertrinken, steht
zum größten Teil auf dem Boden des alten Heiligtums. Der Wall dieses ungeheuren
Henge-Monumentes ragte einmal etwa 15 m
empor und ist noch immer haushoch. Der
Außenrand des Grabens umschloß eine Fläche
von 11,5 Hektar. Vier in gleichmäßigen Abständen ausgesparte Eingänge führen in das
Innere der einstigen Kultanlage, einer der
größten Europas. Längs des inneren Graben-
randes erhob sich ein Kreis von 100 Sarsenblöcken, von denen noch ein Teil steht. Das
Allerheiligste wurde von zwei Steinringen,
jeder mehr als 100 m weit, gebildet. Im nördlichen befand sich eine U-förmige Steinsetzung aus mächtigen Blöcken, deren Umriß
noch zu unterscheiden ist, im südlichen stehen
Steine in ungefähr Z-förmiger Anordnung.
Von Stukeley, der Avebury im Jahr 1723 in
weit vollständigerem Zustand erblickte, erwähnt einen Monolith von 7 m Höhe in einer
der Steinumhegungen und drei ebenfalls sehr
lange eng gruppiert in der zweiten. Inzwischen
wurde ein Großteil der Menhire von den
Bewohnern von Avebury in ihren Häusern
verbaut.

Die Errichtung des Henge-Monumentes
reicht nach Keramikfunden aus den tiefsten
Schichten des Grabeninhaltes in die Gründungszeit des Camps von Windmill Hill zurück. Tonware der spätneolithischen Peter-
borough- und Rinyo Clacton-Ware, in höhe-

ren Lagen Gefäßscherben der südenglischen
Becher, die sich unter dem Einfluß der Glok-
kenbecherkultur entwickelten, sowie bronze-
zeitliche Scherben illustrieren die lange Geschichte von Avebury.

Vom Südeingang des Henge führt die 2,5
km lange und etwa 15 m breite Kennet Ave-
nue, eine Steinallee aus Sarsenblöcken, zu
einem anderen Kultbau, dem ›Sanktuarium‹
auf dem Overton Hill. Diese Anlage ist heute
nur noch als restaurierter Grundplan zu sehen. Sie bestand aus sechs konzentrischen
Pfostenringen, die wahrscheinlich ein Holzdach trugen. Neue Ausgrabungen haben nachgewiesen, daß sich auch in Durrington Walls
und Marden (Wiltshire), wo sich die größten
Henges Englands mit 550 m Weite befinden,
solche Holzstrukturen erhoben. Die Kon-

Planzeichnung von Avebury

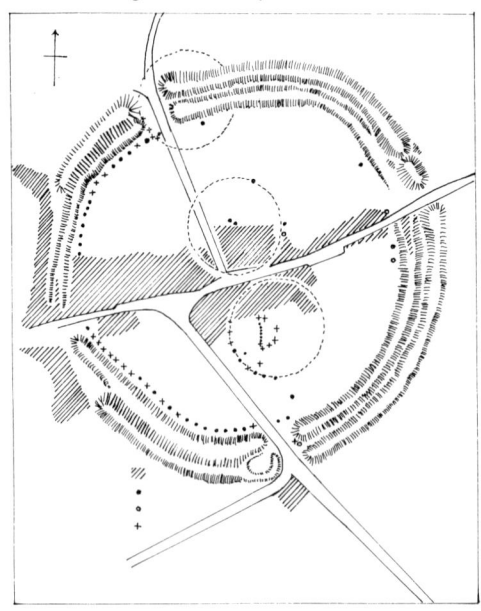

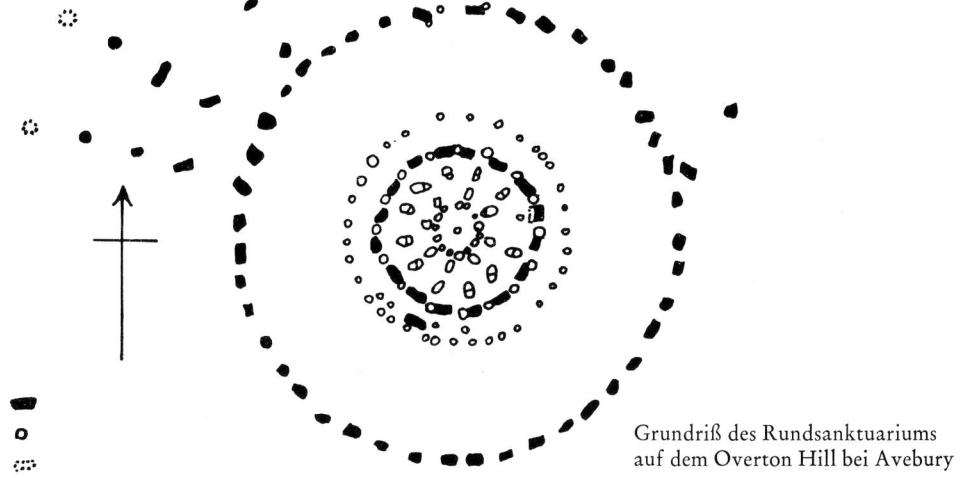

Grundriß des Rundsanktuariums
auf dem Overton Hill bei Avebury

struktion dieser Wälle und Gräben erforderte, wie man ausgerechnet hat, 900 000 bis 1 000 000 Arbeitstage. Die Schöpfung dieser gigantischen Anlagen setzte eine stark zentralisierte Organisation voraus. Auch wenn die Leistungen in verschiedenen Etappen erfolgten, muß allein die Versorgung der Arbeiter an diesem kolossalen Werk bedeutende Probleme aufgeworfen haben. Wir müssen uns daher die Gesellschaft jener Zeit als ziemlich differenziert vorstellen.

Es sieht aus, als hätten sich gegen Ende des 3. Jahrtausends vor allem in Südengland Gesellschaften entwickelt, in denen mächtige Stammeshäuptlinge oder Fürsten die Leitung hatten und die über weitreichende Handelsbeziehungen und beträchtlichen Reichtum verfügten. Diese Vorgänge, die auch von neuen Totenbräuchen begleitet waren, standen vielleicht mit dem Erscheinen von Glokkenbecher-Leuten in Zusammenhang, vielleicht auch mit Einflüssen der Streitaxtkul-

turen mit ihrer typischen becherförmigen schnurverzierten Keramik, die sich im letzten Viertel des 3. Jahrtausends von der Wolga bis nach Jütland verbreitet hatten. Wie auch in Ost-, Mittel- und Westeuropa kamen nun, zunächst vor allem im Gebiet von Wessex, Einzelgräber unter Hügeln mit wertvollen, z. T. auch importierten Beigaben, Goldschmuck, Kupferdolchen, viel Bernstein und Becherkeramik auf. Wie bereits erwähnt, wurde diese ›Wessexkultur‹ der britischen Frühbronzezeit früher mit der mykenischen in Verbindung gebracht, mit der sie in ihrer Spätphase, die etwa von 1550–1400 dauerte, wahrscheinlich Handelsverbindungen hatte. Ihre Anfänge werden jedoch heute gegen 2100–2000 v. Chr. angesetzt. Die Errichtung eines Kultmonumentes wie Stonehenge, das nicht nur ein religiöses Zentrum, vielleicht dazu ein Observatorium, sondern auch ein Prestigebau war, hing ohne Zweifel mit dieser neuen Entwicklung zusammen.

Apollo bei den Hyperboräern?

Von ferne wirkt das einsame graue Steingehege von Stonehenge inmitten einer grenzenlosen welligen Ebene klein und verloren. In der Nähe aber wächst das Heiligtum auf seiner flachen Anhöhe riesenhaft empor und wird zur Krönung dieser Landschaft, in der nichts Kontur und Festigkeit hat außer diesen ragenden Pfeilern. Der sakrale Steinring, Symbol der Ewigkeit ohne Anfang und Ende, ist längst durchbrochen, aber selbst das verstümmelte Sanktuarium scheint noch ein geheimnisvolles Kraftzentrum und reinster Ausdruck eines kosmischen Lebensgefühles (Abb. 112).

Konzentrische Kreise bestimmten von Anbeginn das Wesen dieses Monumentes, in dem die religiösen Gedanken der westeuropäischen Jungsteinzeit, des Megalithikums und der frühen Bronzezeit in einem etwa fünfhundertjährigen Wachstum miteinander verschmolzen, um schließlich in einer klaren, endgültigen Form in Stein fixiert zu werden.

Ein etwa 114 m weiter, heute nur noch schwachgewölbter Ringwall mit Außengraben, dessen regelmäßige Rundung wohl mit Hilfe eines Schnurzirkels hergestellt wurde, umfaßt den heiligen Platz von Stonehenge. In seiner Mitte stehen und liegen die grünlichgrauen Sandsteinriesen der Kultanlage. Einst bestand der äußere Kreis aus 30 etwa 2 m breiten und fast 4,5 m hohen Pfeilern, die durch einen fortlaufenden Architrav aus fast meterdicken Platten verbunden waren. 16 von ihnen blieben aufrecht und zehn tragen noch ihre Decksteine, die gleich einer Balkenkonstruktion durch Zapfen auf der Höhe der Pfeiler festgehalten wurden und auch miteinander verzapft waren. Die Platten sind sehr fein bearbeitet und leicht geschwungen,

um die Rundung zu bilden. Die Tragpfeiler sind weniger gleichmäßig zugerichtet und an der Innenseite besser geglättet als außen. Verblüffend ist bei einigen die Schwellung. Sie entspricht der ›entasis‹ der klassischen griechischen Säulen, durch die der optische Eindruck korrigiert wurde, der vollkommen geradlinige Säulen konkav erscheinen läßt. Die Pfeiler stammen von den Marlborough Downs, die 36 km nördlich von Stonehenge liegen, und wurden dort auch zugerichtet. Jeder Block wiegt etwa 25 000 kg.

Parallel zur äußeren Umhegung erhob sich ein heute fast verschwundener Kranz von etwa 60 viel kleineren, unbehauenen Blausteinen aus geflecktem Dolerit, die aus den 300 km entfernten Prescelley Mountains in Nord-Pembrokeshire stammen dürften. Es scheint, daß diese Blöcke bereits zu einer älteren unvollendeten Fassung von Stonehenge gehört hatten und erst nach der Errichtung der Sandsteinkonstruktion neuerlich verwendet worden waren. Innerhalb dieser beiden Ringe erhoben sich fünf ungeheure Sandstein-Trilithen in der gleichen, offenbar mit dem Totenkult verbundenen Hufeisenform, die sich auch bei Steinsetzungen in Cairns von Megalithgräbern fand. Gegen die Mitte zu wachsen die Pfeiler von etwa 6 m auf über 7 m Höhe empor. Ihr Fuß steckt teilweise mehr als 2,5 m tief im Boden. Die Trilithen des nach Nordosten geöffneten Hufeisens, von denen nach der Restauration von 1958 wieder drei stehen, wurden noch sorgfältiger bearbeitet als die Blöcke des Außenkreises. Ihre Schäfte sind wieder leicht konvex und die Deckplatten nicht nur etwas gekurvt, sondern zudem oben breiter als unten. Auch dies verrät eine fortgeschrittene Bautechnik, denn auf diese Weise wurde der Eindruck einer Verjüngung ausgeglichen, der andernfalls entstanden wäre.

Die Trilithenanlage erfuhr später in einem Blausteinhufeisen in ihrem Inneren eine magische Verdoppelung. Dieser Kern des Sanktuariums bestand aus 19 ungewöhnlich gut bearbeiteten, über 2 m hohen Doleritblöcken in Obeliskenform, von denen noch sechs erhalten sind. Einige von ihnen zeigen Spuren ehemaliger Zapfen auf ihrer Höhe, sie scheinen daher früher Deckplatten getragen zu haben. Der größte aller Doleritblöcke, die in Stonehenge verwendet wurden, ist der sogenannte Altarstein von 5 m Länge, der etwa 4,5 m vom mittleren Trilithon des großen Hufeisens entfernt im Boden verankert ist.

Eine breite Prozessionsstraße, die von niederen Wällen und Gräben begrenzt war, führt vom nordöstlich gelegenen Hauptzugang, der noch von einem über 6 m hohen zugespitzten Pfeiler, vielleicht dem Rest eines Paares, flankiert wird, hinab in ein Trockental und weiter bis zum Fluß Avon. Über diesen erfolgte vermutlich der Transport der über See herangebrachten Blausteine nach Stonehenge. Fast am Beginn dieser Straße steht etwas erhöht und von einem kleinen Graben umgeben ein roher Sandsteinblock von 2,5 m Dicke und 5 m Länge, der ›Heelstein‹.

Vielfache Spatenforschung suchte seit dem vorigen Jahrhundert und bis in die letzte Zeit das Problem von Stonehenge zu klären und enthüllte eine lange, komplizierte Baugeschichte. Das erste Heiligtum entstand gegen 2500 v. Chr., wenn nicht noch früher, und entsprach den üblichen Henges mit Ringwall und Graben. Sein einziger Eingang wurde durch zwei massive Pfeiler markiert. In dieser Zeit wurde auch der Heelstein aufgerichtet. In 5 m Abstand vom Graben wurden

an seiner Innenseite 56 Gruben in regelmäßigen Abständen ausgehoben, nach ihrem Entdecker Aubrey-Holes genannt. In einer Anzahl dieser Schächte, die bis zu 1,75 m weit und bis zu 1 m tief sind, deponierte man fortlaufend Leichenbrand, Keramikscherben aus dem Spätneolithikum, Flintgeräte und lange Knochennadeln. Sie waren aber nicht unbedingt Gräber, eher Opfergruben, die vielleicht eine Verbindung mit den Unteren Mächten schaffen sollten. Es ist möglich, daß sie auch Reste von Menschenopfern aufnahmen. In diesem Zusammenhang ist der Befund der Ausgrabungen im 3 km entfernten Woodhenge interessant. Im Mittelpunkt dieses ebenfalls spätneolithischen Kultmonumentes fand sich die Bestattung eines Kinderskelettes mit gespaltenem Schädel, die wahrscheinlich eine rituelle Bedeutung hatte. Pfostenlöcher zeigten, daß dieses Grab von 6 konzentrischen Kreisen aus Holzpfählen umgeben war, die wohl ein Holzdach trugen.

Planzeichnung von Woodhenge

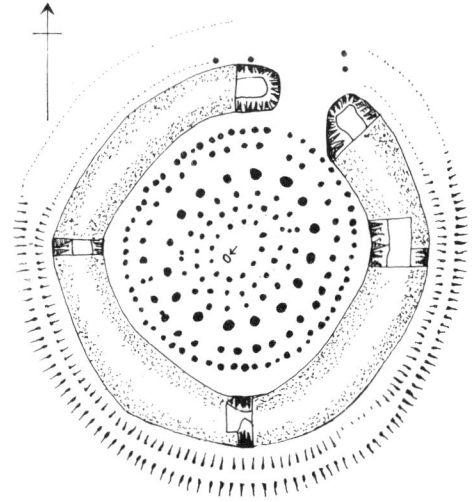

Nach den Keramikfunden wurde das Heiligtum bis in die Frühbronzezeit benutzt. Eine gleichartige Konstruktion gab es auch innerhalb der riesenhaften Durrington Walls in derselben Region.

Aus der ersten Phase von Stonehenge stammt eine Anzahl von Beisetzungen im Graben; es ist daher anzunehmen, daß das Sanktuarium anfänglich eng mit dem Totenkult verbunden war. Vier Pfosten, die je zwei einander gegenüber an der Innenseite des Grabens aufgestellt wurden, hatten allerdings vielleicht eine astronomische Bedeutung. Sie wurden später durch vier ansehnliche Blöcke ersetzt, die bis zur Endfassung von Stonehenge ihren Platz behielten. Wenn man sie mit Diagonalen verbindet, treffen sich diese im Zentrum des Rundheiligtums, von dem aus sich eine Senkrechte zum Heelstein ziehen läßt. Der amerikanische Sternkundige G. Hawkins, der 1963 mit seiner Publikation ›Stonehenge decoded‹ (»Stonehenge entziffert«) viel Aufsehen erregte, hatte mit Hilfe eines Computers die Position von Sonne, Mond und einer Reihe von Sternen um das Jahr 1500 v. Chr. ausgerechnet und war auf Grund der Resultate zu der Überzeugung gelangt, daß die Steine des Heiligtums nicht nur auf die Sommer- und die Wintersonnenwende, sondern auch auf viele andere Himmelsereignisse ausgerichtet gewesen waren. Jedem der Blöcke kommt nach seiner Ansicht eine besondere astronomische Funktion und Bedeutung zu. Seine sicherlich viel zu weit gehenden Theorien wurden im Allgemeinen abgelehnt, doch die von ihm aufgezeigte Beziehung der vier sogenannten Station-Stones und des Heelsteins zum Sonnen- und Mondzyklus wurde von den meisten Gelehrten akzeptiert.

In der zweiten Bauphase von Stonehenge, die vermutlich mit der Festsetzung der Glockenbecher-Leute in Wessex verbunden war, erfolgte die Errichtung eines Doppelkreises von Blausteinen, der jedoch nicht vollendet wurde. Die beiden Blöcke im Eingang wurden entfernt, dafür errichtete man am Rande des Blausteinringes einen Menhir, der dem Heelstein gegenüberstand; vor diesem wurden zwei kleinere Steine aufgestellt. Die Aubrey-Holes hatten in dieser Periode offenbar ihre Bedeutung verloren und waren zugeschüttet oder überwuchert und unsichtbar. In diesem Zeitabschnitt wurde auch die große Zufahrtsstraße gebaut.

Mit der Sandstein-Konstruktion, die für die dritte Bauphase kennzeichnend ist und an die Stelle der Blaustein-Anlage trat, wurde das Sanktuarium völlig erneuert und ins Monumentale gesteigert. Eine Geweihstange, die am Fuß eines Sarsenblockes ans Licht kam, ergab ein C14-Datum von 1720 ± 150 für die Errichtung des gewaltigen Steinkranzes. In diesem Bau erscheinen Macht, Reichtum und der kulturelle Aufschwung der Herrenschicht der Frühen Bronzezeit in Wessex verkörpert. Fernreichende Handelskontakte charakterisieren diese Epoche, in der Irland und vielleicht auch Cornwall mit seinen Zinnvorkommen bereits Zentren europäischer Metallproduktion und Verarbeitung waren. Bei Avebury und Stonehenge kann man sich Umschlagplätze für den Warenaustausch mit dem Kontinent vorstellen, über die irische Bronzeäxte, Hellebarden und Goldschmuck bis weit nach Mitteleuropa gelangten, während umgekehrt auch die Erzeugnisse der verwandten frühbronzezeitlichen Kulturen Zentral- und Nordeuropas nach England kamen.

Es bleibt eine Frage, ob Stonehenge III von den vereinigten Führern der Wessex-Kultur-

träger errichtet wurde, deren runde Totenhügel den ganzen südlichen Horizont der
Ebene um das Heiligtum begrenzen, oder ob
das vollkommen einheitliche Riesenwerk auf
einen Machthaber, einen Priesterkönig, zurückging. Damals wurden auch wieder zwei
große Platten im Eingang aufgestellt und
einige Blausteine im innersten Kreis neu verwendet. Ungeheurer Kraftaufwand und eine
ausgeklügelte Organisation waren dafür notwendig. Allein die Heranschaffung der bis zu
50 Tonnen schweren Blöcke von den 36 km
entfernten Marlborough-Hängen bedeutete
eine gigantische Leistung, für die entweder
ein großes Menschenaufgebot oder sehr lange
Zeiträume notwendig waren. Die niedrigste
Schätzung sieht bei 1500 Arbeitern 5,5 Jahre
vor. Auch die Zurichtung der Pfeiler, deren
Material wesentlich härter als Granit ist, muß
sehr mühsam gewesen sein. Der Hochstand
dieser Steinmetzarbeit und das architektonische Raffinement, das in den Details der An-

lage sichtbar wird, bilden wohl das größte
Rätsel dieses Sanktuariums, dessen Plan auch
erstaunliche geometrische Kenntnisse verrät.

Die letzte Veränderung von Stonehenge
erfolgte nach einem C14-Datum um 1240
v. Chr. ± 105 Jahren. Damals wurde der
große Ring aus Sarsen durch einen inneren
Kranz von Blausteinen verdoppelt, und vielleicht war auch eine Erweiterung der Anlage
geplant, da sich zwei konzentrische Kreise
von Löchern an ihrer Außenseite fanden, die
möglicherweise für die Aufrichtung von weiteren Pfeilern bestimmt waren.

Als im Jahre 1953 durch einen Zufall auf
einem der Sandsteinpfeiler von Stonehenge
die eingemeißelte Darstellung eines langen
Dolches mit halbmondförmigem Griff neben
vier Beilklingen mit emporgerichteten Schnei-
den entdeckt wurde, meinte man darin das
Steinmetzzeichen eines Architekten aus dem
ägäischen Bereich zu sehen. Dieser Dolch,
der vielleicht sowohl ein Machtabzeichen wie
ein Kultsymbol war, taucht, wie schon erwähnt, mehrfach in mykenischen Einfluß-
zonen auf. In Südengland erscheint er, außer
auf mehreren Pfeilern von Stonehenge, auch
auf der Steinplatte eines frühbronzezeitlichen
Grabes in Wiltshire.

Die Axt-Typen, die sich nach der ersten
Entdeckung noch auf anderen Sandsteinblök-
ken eingraviert fanden, entsprechen irischen
Bronzewaffen mit geschweifter Schneide, die
zwischen 1600 und 1400 v. Chr. in Gebrauch
waren.

Die religiöse Bedeutung von Stonehenge
hat seit Jahrhunderten lebhafte Diskussionen
ausgelöst. Die astronomische Ausrichtung der
gesamten Anlage, deren Eingang ungefähr
auf den Mitsommer-Sonnenaufgang orientiert ist, wurde als Argument für einen Son-
nenkult herangezogen. Ein Zitat von Dio-

Planzeichnung der letzten Fassung von Stonehenge

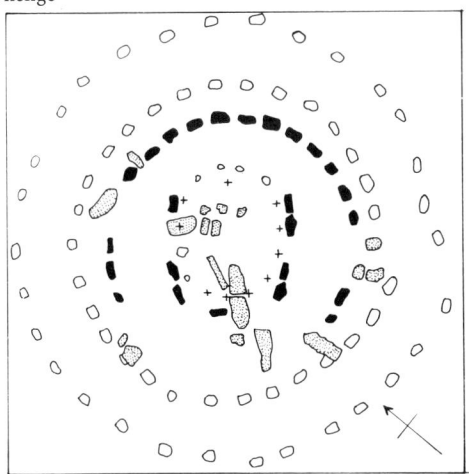

dorus Siculus scheint diese Theorie zu unter-
stützen. Er schreibt: »Hekateus und einige
andere berichten, daß oberhalb des Landes
der Kelten im Ozean eine Insel unter dem
Großen Bären liege, nicht kleiner als Sizilien,
die von den Hyperboräern bewohnt wird...
Ihre Bewohner verehren Apollo mehr als
jeden anderen Gott. Ein heiliger umschlosse-
ner Platz ist ihm geweiht und ein prächtiger
Rundtempel mit vielen Votivgaben ...«

Diese Beschreibung paßt gut auf Stonehenge. Da die Griechen Apollo der Sonne
gleichsetzten, würde sie auch für eine Verehrung des Tagesgestirns an dieser Stätte
sprechen. Ungewiß bleibt allerdings, ob Hekateus mit dem Land der Hyperboräer tatsächlich die Britischen Inseln gemeint hatte.

Jedenfalls spricht manches für eine Verbindung des Totenkultes der ältesten Epoche
von Stonehenge mit der Sonnenverehrung der
Glockenbecher- und Streitaxt-Leute, auf die
Funde von goldenen Scheiben mit Mittel-
kreuz weisen. Die Anbetung der Sonne, des
uralten Symbols von Untergang und Auferstehung, ließ sich sehr wohl mit jener der

Verstorbenen vereinen. Vielleicht fanden
ihnen zu Ehren nicht nur Opferhandlungen,
sondern auch rituelle Reigentänze innerhalb
der sakralen Steinringe statt. Um einige Grabtumuli der Wessex-Kultur verriet der ge-
stampfte Boden solche Bräuche. Auch in dem
Volksglauben, der die Pfeiler von Stonehenge
als versteinte Tänzer bezeichnete, die den
Sabbath entheiligt hätten, könnte die Erinnerung an ein urzeitliches Ritual fortleben.

Es scheint, daß Stonehenge mindestens bis
zur Römerzeit in seiner letzten Fassung wei-
terbestand. Vielleicht blieb es auch nach dem
Einbruch der Kelten das ehrwürdige Natio-
nalheiligtum Englands. Seine Zerstörung war
nicht ein Werk der Zeit, sondern erfolgte
offenbar gewaltsam. Ob sie auf die Römer
zurückging, die einen erbitterten Kampf gegen
die druidische Religion führten, ob sie erst im
Mittelalter geschah, um das Fortdauern heidnischer Geheimkulte an dieser Stätte zu ver-
hindern, bleibt ebenso undeutlich wie die
Erbauer des Sanktuariums, das einsam an
der Schwelle zweier Zeitalter emporragt und
zugleich das Wesen der alten Totenkulte und
einer neuen religiösen Welt verkörpert.

Buch XI: Wanen und Asen

Die nordische Megalithkultur

Die ersten Dolmen Dänemarks, deren Hügel manchmal so weit abgeschliffen sind, daß sie wie gedrungene Pilze inmitten wuchtiger Blockkränze in der flachen Landschaft Seelands hocken, wurden früher vielfach für die Urbilder der europäischen Großsteingräber gehalten. Der Gedanke an nordische Seefahrer, die bereits 4000 Jahre vor den Wikingern aus ungefähr dem gleichen Bereich wie diese aufgebrochen sein sollen, um tollkühne Eroberungszüge bis hinab ins Mittelmeer zu unternehmen, hat etwas Faszinierendes. Tatsächlich gibt es auch gewichtige Argumente, die zumindest für eine unabhängige Entwicklung der ältesten dänischen Dolmen sprechen.

Jütland, Schleswig-Holstein und die umliegende Inselwelt erscheinen im Neolithikum und der frühen Bronzezeit als ein Gebiet, in dem sich ungewöhnlich schöpferische Kräfte zusammenballten, deren Wirkungen sich im nordischen Raum weithin bemerkbar machten. Die Entwicklung der Steinkammergräber ging dort von Anbeginn eigene Wege, und in der Töpferkunst, der Stein- und später der Metallbearbeitung wurden Leistungen von einmaliger Schönheit und höchster technischer Vollendung hervorgebracht.

Man hat Dänemark nicht nur das europäische Primat im megalithischen Grabbau, sondern auch die Erfindung der Keramik zugeschrieben. In den Muschelhaufen der Küstenkultur des Mesolithikums finden sich bereits spitzbodige Kochtöpfe, die in Spiralwulsttechnik hergestellt wurden, und flache Schalen aus Ton, die vermutlich Lämpchen waren. Das hohe Alter dieser Gefäße wird aber heute bezweifelt, da die Jäger- und Fischerstämme der jütländischen Ufer ihr primitives Nomadendasein nachweislich vielfach noch weiterführten, als andere Bevölkerungsgruppen bereits lange zu seßhafter bäuerlicher Lebensweise übergegangen waren.

Die nordische Töpferkunst geht, wie man heute weiß, ebenso wie Ackerbau und Viehzucht in Schleswig-Holstein und Jütland auf Einwanderer zurück, die gegen 4200 v. Chr. ankamen und eine charakteristische Tonware mitbrachten, deren Leitform große Becher mit trichterähnlichem Hals waren. Sie stammten aus dem Raum südlich des Baltikums und erschienen vermutlich in mehreren Schüben. Die mesolithischen Stämme dieser Gebiete hatten ihre Verstorbenen ohne allzuviele Zeremonien in den riesigen Haufen ihrer Küchenabfälle beigesetzt; die Neuankömmlinge aber legten sie in Erdgruben, über denen oft Hügelchen aufgeworfen wurden, und gaben ihnen Keramik, die Trank- und Speiseopfer enthielt, ins Jenseits mit. Ähnliche Bestattungsbräuche und den Trichterbechern verwandte Gefäße wurden in Ostdeutschland und Polen bis an den Oberlauf der Weichsel festgestellt.

In einer späteren Phase dieser Trichter-becher-Kultur, gegen Ende des Frühneolithi-kums, begann man auf Seeland neben den einfachen Erdgräbern steinerne Kisten von etwa 2 m Länge und 0,5 m Breite und Höhe aus vier Blöcken mit einem Überlieger zu konstruieren. Vielleicht waren diese für die Mitglieder einer Oberschicht bestimmt, die sich in den neuen neolithischen Dorfgemeinschaf-ten herausgebildet hatte. Runde oder läng-liche Hügel – in Dänemark Rund- und Lang-dyssen genannt –, die mit großen Randstei-nen eingefaßt wurden, deckten diese gutge-bauten Gräber. Ihr Boden wurde mit einem Belag aus gebranntem Flint versehen, die Wände dichtete man sorgfältig mit kleinen Platten und neigte ihre Blöcke leicht nach innen, damit sie dem Druck des Decksteines besser standhielten (Abb. 113). Die Beiga-ben in diesen Rund- oder Langdyssen ver-raten keine Wandlung der einheimischen Kul-tur, wohl aber eine zunehmende Entfaltung. Neben der oft schön gearbeiteten, wickelschnur-und tiefstichverzierten Keramik mit Trichter-bechern (Abb. 114, 115, 116), Kragen- und Kugelflaschen und Ösenkruken fanden sich in den Dyssen fein ausgeführte dünn- und dick-nackige Flintbeile, Knauf- und vielkantige Äxte und Keulen aus Grünstein sowie reicher Bernsteinschmuck: lange Ketten aus Rohstük-ken oder zylindrischen Perlen in mehreren Reihen, die durch gelochte Querstücke ausein-andergehalten werden, und schwere honig-leuchtende Anhänger mit zarter Musterung (Abb. 117).

Die frühen Steingräber erscheinen mehr wie Sarkophage denn als Totenhäuser und enthielten nur eine oder wenige Leichen. Bald dehnten sich diese kleinen Konstruktionen aber zu stattlichen Stuben mit einem Einstieg über einen halbhohen Wandstein an der Schmalseite aus und schließlich zu imposan-ten polygonalen Kammern. Die Hügel wuch-sen mit ihnen zu Höhen von 4 bis 5 m bei Durchmessern von 20 bis 25 m. Die Lang-dyssen erreichten später zuweilen erstaunliche Dimensionen mit Längen bis zu 130 m. Ge-wöhnlich waren sie nicht breiter als 6 bis 10 m.

Dänische Dysse

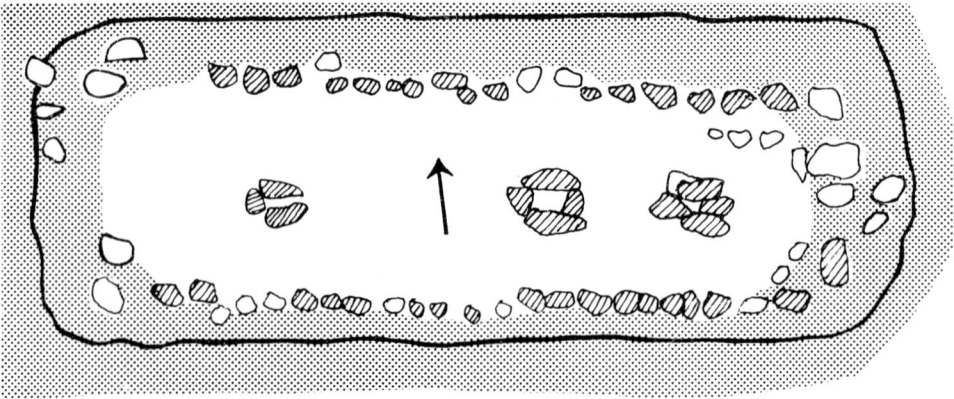

113 Dänische Dysse

115 Flasche aus Hörst, Kreis Eckernförde

114 Grabgefäß aus dem Denghoog auf Sylt

Bei Munwolstrup gibt es aber einen Langhügel, der 18 m breit und mit einem 3 m
hohen Rand aus schweren Blöcken eingefaßt
ist. Öfter lagen mehrere Kammern unter solchen Dämmen, manchmal aber auch nur eine
einzige.

Obwohl die ersten Steingräber nicht das
Werk neuer Einwanderer waren, mag ihre
Entwicklung doch durch Vorstellungen und
Gedanken mit angeregt worden sein, die von
außen kamen. Ihre ältesten Formen finden
sich nicht umsonst in Meeresnähe, an der jütländischen Ostseeküste und auf den dänischen
Inseln. Der Seeverkehr in diesem Bereich muß
damals bereits lebhaft gewesen sein. Ein-
bäume, Flöße, vielleicht auch Fellboote waren wohl seit dem Mesolithikum in Gebrauch; die Schule, aus der die künftigen Wikinger hervorgehen sollten, hatte schon damals begonnen. Der Ostseebernstein, der
wegen seiner Schönheit und vermutlich auch
als Träger magischer Kräfte mehr als Gold
geschätzt wurde, und der hochwertige nordische Flint werden seit dem 4. Jahrtausend
Händler angelockt haben. Perlen und eine
Schmuckplatte aus Kupfer in einem Erdgrab
aus der Dolmenzeit zeigen, daß bereits damals fremde Ware und damit ausländische
Ideen nach Dänemark gelangten.

Für das Aufkommen neuer religiöser Vorstellungen spricht auch ein Fund in einer
Siedlung der ältesten Steingräber-Kultur bei
Troldebjerg auf Langeland. Hier, wie in anderen Niederlassungen dieser Epoche, kam
neben Rundhütten ein 60 m langes Gemein-
schaftshaus aus Pfosten und mit Lehm verputzten Flechtwänden zutage, das in viele
kleine Räume, jeder mit eigenem Eingang
nach außen, aufgeteilt war. In einer Grube
innerhalb dieses Gebäudes wurden ein Ton-
gefäß und ein Beil entdeckt, das wie im bre-

116 Kragenflasche der dänischen Megalithkultur
117 Bernsteinanhänger der nordischen Megalith-
     kultur

tonischen Hügel von Le Manio mit der Schneide nach oben stand. Auch unter Opferniederlegungen, die sich vor allem in Mooren fanden, kamen neben Geschirr, Bernsteinperlen und Tierknochen zahlreiche, oft prachtvoll gearbeitete Beile zutage. Die Verehrung dieses Kultsymboles war also zu jener Zeit bereits bis in den Norden Europas gelangt.

Vom dänischen Kerngebiet aus lassen sich die kleinen Urdolmen und später die großen steinernen Totenhäuser über Schleswig-Holstein an der Ostseeküste entlang bis nach Stettin und nach Rügen verfolgen. Südlich der Elbe gelangten sie bis nach Hannover. Auch in Südschweden verbreiteten sich die Megalithgräber; besonders im Bereich der Mündung des Götaelf wurden große Prachtbauten errichtet.

Um 3200 v. Chr. begann mit den ersten Ganggräbern im Norden Jütlands und auf den Inseln längs seiner Flanken eine neue Phase des nordischen Megalithikums, in der dieses Gebiet, durch kulturelle und religiöse Einflüsse von außen befruchtet, einen glänzenden einmaligen Aufstieg erlebte. Neben den polygonalen Dolmen, die trotz ihrer Größe nie richtige Kollektivgräber waren, tauchten ovale Kammern mit Korridor auf, in denen bis zu 100 Leichen bestattet wurden. Man kann in ihnen wohl die Wahrzeichen der Ausbreitung des westeuropäischen Totenkultes sehen.

Hinweise auf das Totenritual, das bereits erstaunlich kompliziert war, lieferten die Ausgrabungen zweier Kultbauten an der Ostküste Jütlands, des *Tustrup-* und des *Ferslevhauses,* in den fünfziger und sechziger Jahren. Das erste wurde als Mittelpunkt eines Friedhofes mit zwei Ganggräbern und einer Dysse errichtet, eine Radiokarbon-Datierung ergab 2450 v. Chr. als Bauzeit, mit Calibration also

etwa 3000 v. Chr. Die sehr massiv konstruierte Anlage besteht aus einem Wall in Hufeisenform, der eine Kammer von 5 x 5,5 m Weite mit fehlender Nordostwand umgibt. Die Mauer war außen mit Steinplatten von etwa Meterhöhe verstärkt, die Rückwand der Kammer bestand aus Orthostaten von rund 1,6 m Höhe, die Seitenwände waren mit halbierten Eichenstämmen verkleidet. Eine Nische enthielt eine steingefüllte Grube von 80 cm Tiefe, das Zentrum der Kammer eine ovale Grube mit Sandfüllung. Im rückwärtigen Teil des Hauses kamen die Scherben von 20 reich verzierten Gefäßen zutage, zehn waren große ›Fruchtschalen‹, die auch in Osteuropa vorkommen und wahrscheinlich als Kultgefäße dienten. Der ganze komplizierte Bau wurde mit einem Dach aus Rasenstücken und Birkenrinde gedeckt und kurz nach seiner Errichtung in Brand gesteckt. Seine sakrale Bedeutung und seine Beziehung zum Totenkult waren deutlich, seine Funktion wurde aber erst durch die Freilegung des Ferslevhauses begreiflicher. Dieses war etwas älter, in seiner Struktur und den Maßen dem anderen Haus sehr ähnlich, enthielt jedoch eine 4 m lange und 1 m bis 1,50 m breite, trapezförmige Steinsetzung. Der Boden dieser Kiste, in der sieben fast vollständige Tongefäße standen, war mit Holzkohlenstückchen und gebranntem, zerstoßenem Flint bedeckt. Außerdem enthielt der Bau an verschiedenen Plätzen insgesamt über 60 Töpfe aus zwei aufeinanderfolgenden Perioden des Mittleren Neolithikums. Die Steinkiste ähnelt Gräbern innerhalb von Steinkammern, und die Archäologen sind heute der Ansicht, daß beide Häuser sowohl Grüfte wie Totenheiligtümer waren. Im Tustruphaus hatte nur eine einzige Zeremonie stattgefunden, ehe der Bau den Flammen übergeben wurde, während das andere Gebäude erst nach längerem Gebrauch verbrannt wurde.

Während die rundlichen dänischen und schwedischen Ganggräber mit ihren langen Korridoren und gelegentlichen Seitenkammern südwesteuropäischen Vorbildern treu blieben, entwickelte sich in Norddeutschland ein eigener Typ des Megalithgrabes mit außerordentlich langen Kammern, die in einzelnen Fällen Dimensionen von 30 m erreichen, und ganz kurzen, in der Mitte ihrer Längsseite angesetzten Gängen (Abb. 118). Solche T-förmigen Konstruktionen gibt es allerdings gelegentlich auch in Nordschottland.

Die Zeichen der Verbindung mit den Britischen Inseln und noch entfernteren Gestaden mehren sich in der Ganggrabzeit. In einem Hortfund von Bygholm in Jütland kamen neben vier steinernen Flachäxten drei kupferne Spiralarmreifen und ein Kupferdolch mit Mittelrippe zutage, der südportugiesischen Typen entspricht. Später erschienen auch die ersten Goldsachen und ›Lunulae‹ irischer Art.

Es scheint, als hätte der Zustrom neuer Ideen und Kenntnisse in jener Zeit erst alle Gaben des nordischen Steingrabvolkes zu voller Entfaltung gebracht. Die Keramik erreicht im ›Großen Stil‹ mit seinen monumentalen, klar gegliederten Gefäßen, deren geometrische Tiefstichverzierung weiß, vielleicht auch rot inkrustiert wurde, einen ersten Höhepunkt. Das typisch nordische Formgefühl, das die Ornamentierung der Tonware stets von deren Aufbau abhängig macht, wird an ihr bereits sichtbar.

Im ›Schönen Stil‹ kommt es dann zu kleinen Kunstwerken von anmutigsten Formen, deren dichte Muster mit Stempeln aus dem Rand der Herzmuschel oder Zahnstöcken ein-

118   Ganggrab von Reinfeld, Schleswig-Holstein

119 Opfergefäß aus einem dänischen Megalithgrab

120 Trichterbecher von Gadeland, Schleswig-
Holstein

121 Doppelaxt der späten nordischen Megalithkultur

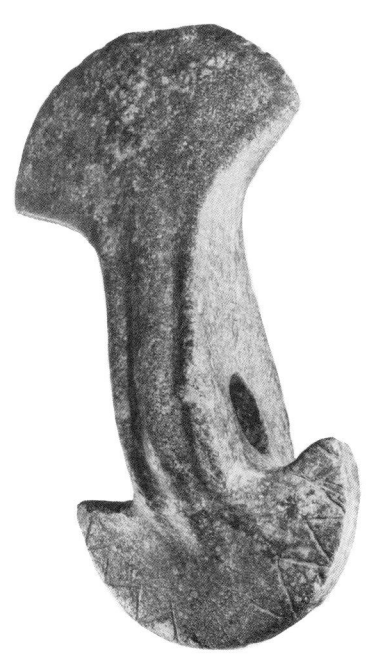

gedrückt wurden. Die Feinheit und Regelmäßigkeit der Dekorationen, der tadellose
Brand dieser feinwandigen Trichterbecher,
Krüge und Amphoren mit breiten Henkeln,
der hochfüßigen dänischen ›Fruchtschalen‹,
der kleinen Töpfe und Näpfe ordnen diese
tiefbraune, glänzendpolierte Tonware den
geschmackvollsten und raffiniertesten Erzeugnissen prähistorischer Töpferkunst zu (Abb.
119 und 120).

Die Steinindustrie erlebte einen ähnlichen
Aufstieg. Die beginnende Konkurrenz der
Metallwaffen mag die Flintmeister zu Höchst-
leistungen angespornt haben. Das Blatt der
dicknackigen Beile wurde immer dünner oder
auch hohl zugeschliffen und erhielt oft geschwungene Formen, die Politur wetteiferte
an Glätte mit dem Metall. Man bemühte sich
sichtlich, die ausländischen Kupferäxte durch
steinerne Nachahmungen, die dazu den Vor-
teil größerer Härte besaßen, zu übertrump-
fen. Gegen Ende der Ganggrabkultur wurden
kunstvoll geformte Doppeläxte angefertigt,

die mehr als Zeremonial- denn als Kampfgeräte wirken (Abb. 121).

In der letzten Phase der Ganggrabkultur erscheint das Eulengesicht der Großen Göttin mit den Strahlenaugen auf den Tongefäßen, deren verschwommene Formen und gröbere und flüchtigere Verzierung das unaufhaltsame Hinwelken der wunderbaren Blüte der nordischen Töpferkunst verraten (Abb. 122).

Der Einfall der kampfgewohnten beweglichen Reiter- und Hirtenvölker, die wahrscheinlich in verschiedenen Wellen aus den Schwarzmeergebieten bis hinauf nach Skandinavien vorstießen, führte zum Ende der nordischen Megalithkultur. Hauptwaffe der Eindringlinge waren die Streitäxte, die meistens mehr oder weniger an Nachen erinnern.

Die zahlreichen gespaltenen Schädel bei den späteren Bestattungen der Ganggräber, die Pfeil- und Lanzenspitzen, die man noch in den Skeletten steckend fand, bezeugen harte Kämpfe mit den Eindringlingen.

Die Invasoren kannten keine kollektiven Megalithgräber. Sie setzten ihre Toten einzeln in Erdgruben bei und gaben ihnen hohe geschwungene Tonbecher mit Schnureindrükken, Streitäxte und große flache Bernsteinscheiben oder, wenn es Frauen waren, lange Perlenketten mit. Wo sie aber die einheimische Bevölkerung überwältigt hatten, drangen sie wohl auch in deren Ganggräber ein, warfen die Gebeine ihrer Erbauer hinaus und benutzten die alten Totenhäuser für ihre Bestattungen.

122 Augengefäß der späteren dänischen Ganggrabzeit

Der steinerne Bräutigam

Als die Erbauer großer Steingräber von Schleswig-Holstein über das Stader Land, den Bardengau und die Lüneburger Heide bis an den Rand des Mittelgebirges von Osnabrück vorrückten, fanden sie dort noch mesolithische Wirtschaftsformen. Mit ihrer überlegenen Kultur mögen sie sich ohne große Mühe zu den Herren dieser hauptsächlich für Viehzucht geeigneten Gebiete aufgeworfen haben. Machtbewußtsein und Stolz sprechen aus den gewaltigen Maßen ihrer Grabmale in diesem Bereich.

Auf der Ahlhorner Heide liegt inmitten eines Rahmens aus hohen Buchen wie ein verendetes und in den Grund gesunkenes Riesentier, das langsam wieder zu Erde und Rasen geworden ist, der ›Visbecker Bräutigam‹. Die 115 m lange Einfassung aus schweren Blöcken, deren glatte Seite nach außen gekehrt wurde, konnte den langen Flachhügel in 5000 Jahren nicht vor dem Auseinanderfließen bewahren. An seinem östlichen Schmalende ragt ein auffallend hoher, dreieckig zugespitzter Block aus der Umrandung empor, der legendäre Bräutigam, der hier in Stein gebannt die Totenwache hält. Die Grabkammer, für die der enorme Damm aufgeworfen wurde, ist heute an seinem Westende hervorgetaucht. Sie wirkt mit ihrer Länge von 10 m ganz klein innerhalb dieser Anlage. War sie nur als erstes einer Folge von Totenhäusern gedacht, in denen die Nachfahren eines Geschlechtes, das sich für unvergänglich hielt, später Platz finden sollten? War sie das Mausoleum eines Fürsten, dessen Größe durch das gewaltige Hünenbett bezeugt werden sollte?

Unweit des Visbecker Bräutigams heben sich im grünen Schatten des stillen Waldes die bemoosten Blöcke von fünf weiteren Megalithgräbern der rechteckigen Form mit kurzem Gang aus dem Boden. Der ›Opferstein‹ scheint mit seinem einzigen gigantischen Überlieger noch fast ein Dolmen. Es sieht aus, als hätten sich in dieser Nekropole die Bewohner einer größeren Siedlung im Tode um das Grabmal ihres Anführers geschart.

Die Gegend um Osnabrück mit ihren lieblichen Höhen und breiten Tälern, in denen die großen Einzelhöfe unter alten Eichen stehen, muß in der Megalithzeit ebenfalls dicht und vielleicht in ähnlicher Weise wie heute von Großbauern besiedelt gewesen sein. Unmittelbar am Stadtrand liegen noch die ›Teufelssteine‹, ein schönes Ganggrab unter Kiefern, auch ›Hermannssteine‹ genannt.

Lange Zeit wurde die Ausbreitung der Megalithgräber ins Emsland und nach Nordholland für eine späte Entwicklung, vielleicht eine Folge der Vertreibung der Megalithiker aus Dänemark und Schleswig-Holstein, angesehen. Die modernen Datierungsmethoden haben diese Theorie umgeworfen. Die vermeintlich jüngsten Megalithgräber, die oft T-förmigen Hunebedden (Hünenbetten) der nordholländischen Provinz Drente, wurden zwei- bis dreihundert Jahre vor den ersten dänischen Ganggräbern errichtet. Noch verblüffender sind die Daten, die für das Totenhaus von Groß Berßen gewonnen wurden, das zu der ›Hünengräber-Straße‹ im Hümmling bei Werlte gehört, an der neun Megalithgräber auf einer Strecke von 1200 m liegen. Danach wurde dieses noch im letzten Viertel des 4. Jahrtausends gegen 3200 v. Chr. gebaut. Die Funde aus dieser Gruppe von Megalithgräbern weisen auf Handelsbeziehungen mit Osteuropa, die über Österreich bis

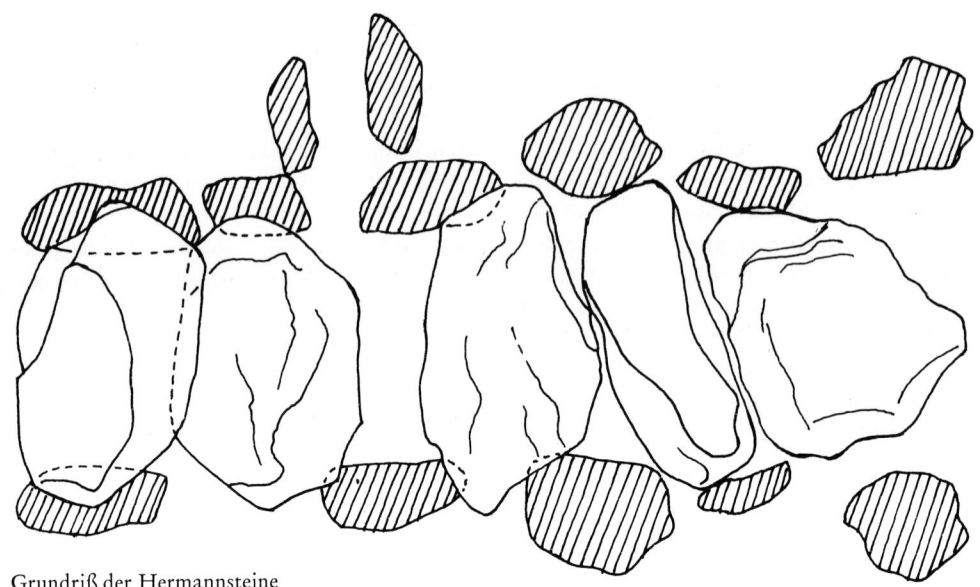

Grundriß der Hermannsteine

nach Ungarn reichten. Neben Trichterbechern, die zu allen Großsteingräbern des nordischen Kreises gehörten, kam Kupfer unter den Beigaben ans Licht!

Der Hang zum Überdimensionalen kennzeichnet sowohl die Hünenbetten des Emslandes wie der Niederlande, wo sich in den Provinzen von Drente und Groningen noch 54 Exemplare finden. Die Jahrtausende haben auch ihre von Blöcken umrandeten Oval-Hügel, soweit sie nicht durch innere Einbauten gefestigt waren, vergehen lassen. Sie gleichen jetzt mit ihren plumpen tonnenschweren Wand- und Decksteinen braunen Urweltmonstren, die der Strom der Zeit vergessen hat. Das Licht fällt von allen Seiten durch die weitauseinanderstehenden Blöcke, die an der Innenseite geglättet sind und einmal durch Trockenmauerwerk zu undurchdringlichen Wänden verbunden waren. Die kurzen Eingänge an den Längsseiten erinnern

mit ihren hochgewölbten Überliegern manchmal an ungeschlachte Trilithenportale. Im Inneren zeigt das Kopfsteinpflaster, welche Sorgfalt man auf diese Totenhallen verwendet hatte (Abb. 123).

Der große Kreis der Megalithkulturen, der die Völker über Meere und Länder hinweg durch gemeinsame religiöse Ideen zu einer mystischen Einheit verbunden hatte, schließt sich im oberen Emsgebiet, in dem die rohen nordischen Ganggräber aus schweren Steinklötzen mit den Abkömmlingen der eleganten westeuropäischen Allées couvertes zusammentrafen. Die emsländischen Nachbildungen dieser Galeriegräber scheinen provinziell vergröberte Ausgaben der schmalen 20 und sogar 30 m langen, halbversenkten Steinkisten Westfalens und Hessens, die mit ihren dünnen Platten, den abgeteilten Vorräumen und durchlochten Türsteinen unmittelbar an die Totenhäuser des Pariser Beckens erinnern.

Ein Widerschein der ältesten Symbolwelt leuchtet noch im zarten Schattenspiel gravierter Linien auf, die die Wände der großen Galerie von Züschen bei Fritzlar bedecken, in Zeichen, die an stilisierte Hirschgeweihe oder Farnkraut erinnern. Daneben gibt es schematische Darstellungen pflügender Rinder. Sehr viele Tote, manchmal an die 200, wurden in diesen west- und mitteldeutschen großen Steinkisten beerdigt, mit denen die Entwicklung der Megalithgräber in diesem Raume endete. Vielleicht waren sie Kollektivgräber ganzer Siedlungen, während die Ganggräber den Großbauernsippen als Erbbegräbnisse dienten.

Eine interessante Erscheinung unter den mitteldeutschen Megalithmonumenten stellen Großsteingräber des Unteren Saalebereiches dar. Dieses Gebiet wurde zunächst von einer frühen Gruppe der Trichterbecher-Leute erreicht, die Ackerbau und Viehzucht einführte und ihre Toten in Steinkisten unter Erdhügeln bestattete. Mit einer zweiten Einwanderung um die Mitte des 3. Jahrtausends begann die Sitte, Großsteingräber unter Tumuli zu errichten. Gerade die ältesten dieser leicht trapezförmigen Kammern von 8–10 m Länge mit verengtem Zugang zeichnen sich durch ihre regelmäßige Konstruktion aus behauenen Sandsteinquadern und Platten aus. Daneben wurden aber auch Ganggräber aus Findlingen errichtet und die frühesten Totenhügel für Bestattungen benutzt, die noch in der Bronzezeit fortgesetzt wurden. Einzelne Tumuli er-

123   Hünengrab von Havelte in Nordholland

wiesen sich bei Ausgrabungen als wahre prähistorische Friedhöfe.

Der im nordischen Bereich nie richtig heimisch gewordene Menhirgedanke faßte dafür
gegen Ende des 3. Jahrtausends in Mittel-
deutschland Fuß. Im Saalegebiet blieben noch
eine Anzahl schlanker Langsteine, meist auf
weithin sichtbaren Erhebungen, erhalten. Der

stattlichste mißt 6 m. In Osnabrück stand anstelle des heutigen St. Johannis-Totenhofes
früher ein pyramidenartiger Block von 8 m
Höhe in einem Steinkreis. Ortsnamen und
Überlieferungen verraten, daß es einmal eine
beträchtliche Zahl solcher Male in Mittel-
deutschland gab.

Schalenstein und Blitzaxt

Gegen Ende des Neolithikums kam der nordische Raum langsam zur Ruhe. Das Volk
der Riesensteingräber trat zurück, nachdem es
viele Jahrhunderte lang dort Macht- und
Kulturträger gewesen war. In der Übergangs-
phase vom Neolithikum zur Metallzeit war
das Einzelgrabvolk wahrscheinlich bereits
zur Herrenschicht der nordischen Länder und
Inseln geworden. Vielleicht fand in dieser
Periode noch einmal, wie in der Ganggrabzeit, eine Begegnung mit Elementen aus der
späten westeuropäischen Megalithkultur statt,
deren Niederschlag in den langen Steinkisten
Nordjütlands, Seelands und besonders Süd-
schwedens sichtbar wurde, die mit ihren ›See-
lenlöchern‹ völlig westeuropäisch wirken. In
der Keramik dieser Epoche, deren Dekadenz
das Ende des unvergleichlichen Glanzes der
großen nordischen Töpferkunst anzeigt, gibt
es oft blumentopfartige Formen, die an jene
des westlichen Spätneolithikums erinnern.

Der Einbruch der Streitaxt- und Einzelgrabvölker überwältigte die alte Kultur und
Religion des Megalithikums; auch die Invasoren wurden aber in diesem Geschehen ge-
wandelt. Die Urwelt, die vom Kult der Toten, der Erdmutter und des Stiergottes geistig
geformt war, begegnete jener der mehr auf
das Diesseits ausgerichteten halbnomadischen

Reitervölker aus dem Osten mit ihren männlichen kriegerischen Gottheiten. Im nordischen Mythos vom Kampf der Göttergo-
schlechter der Wanen und der Asen lebt vielleicht noch eine Erinnerung an diesen Zu-
sammenprall fort.

Zu Beginn der Bronzezeit waren alle äußeren und inneren Kämpfe beendet und die

Schalenstein aus einem Hügelgrab bei Beldorf

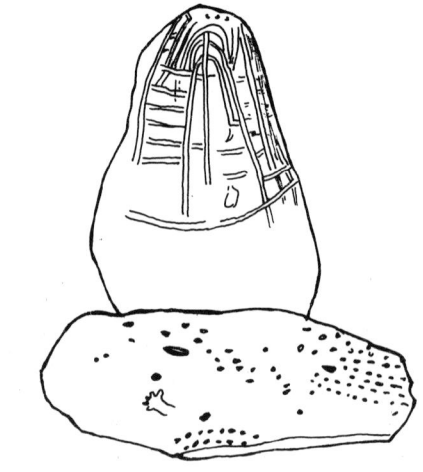

verschiedenartigen Stämme und Kulturen zu einer Einheit verschmolzen, einem neuen Volk, den künftigen Germanen. Die Vanen, die Toten- und Fruchtbarkeitsgottheiten des Megalithikums, hatten sich mit den Asen versöhnt und wurden nun gemeinsam verehrt. In den auf uns gekommenen germanischen Mythen treten die Asen als Himmelsgötter wie Odin und Thor auf, merkwürdigerweise werden sie aber auch als die ›Totenseelen, die mit den Winden die Lüfte durcheilen‹, bezeichnet. Eine späte Verschmelzung verschiedener Vorstellungen mag darin sichtbar werden, bei der die vergöttlichten Ahnen der Riesensteingräber-Epoche sich mit den himmlischen Gottheiten der Streitaxtvölker vermischt hatten.

Mit der Vorherrschaft der Einzelgrableute trat der alte Brauch der Kollektivbestattung in den Hintergrund. Die langen Steinkisten westeuropäischer Art waren die letzten Massengräber, gleichzeitig und danach kamen teilweise kleine Steinkisten auf, die nur eine Leiche enthielten. Das Fortwirken der alten Totenverehrung manifestierte sich in der Bronzezeit aber im gewaltigen Wachstum der Tumuli, der sorgfältigen Beisetzung der Verstorbenen in einem Baumsarg, den wertvollen Beigaben. In den geheiligten Hügeln oder auf den Deckplatten der alten Megalithgräber wurden häufig Nachbestattungen vorgenommen.

Die Macht der Großen Mutter der Lebenden und der Abgeschiedenen war auch in der älteren Bronzezeit noch nicht erloschen. In einem Tumulus aus dieser Epoche bei Beldorf im Kreis Rendsdorf kam ein aufrecht gestellter, oben verjüngter Langstein zutage, auf dem neben Grübchen das zerfallene, aber unverkennbare Schema der weiblichen Menhirstatuen Westeuropas in eingemeißelten Li-

nien zu sehen ist. Davor lag eine Platte, auf der Näpfchen und eine Fußsohlenform eingearbeitet sind, gleich einem Altarstein. So thronte die alte Dolmengöttin, umgeben von ihren heiligen Zeichen auch damals noch in geheimnisvoller Verborgenheit unter der Erde. Der megalithische Steinkult aber ging in einem magischen Tun weiter, das sich gerade in der Bronzezeit verbreitete wie nie zuvor: in der Näpfchenbohrung.

Die ältesten heute bekannten Schälchen von Europa fand man neben einer spätpaläolithischen Bestattung in einer Höhle der Dordogne in den Fels getieft. Die rätselhaften Male standen dort offenbar in Beziehung zum Totenkult. Seit der Urzeit wurden solche Näpfchen im Orient und in Europa immer wieder auf den Steinen von Megalithgräbern, in Grüften und Heiligtümern, auf Felsblöcken und Menhiren eingearbeitet. Ihre kultische Funktion steht wohl außer Zweifel, ihre Bedeutung aber bleibt dunkel. Sie mag

124 Schalenstein von Bunsoh

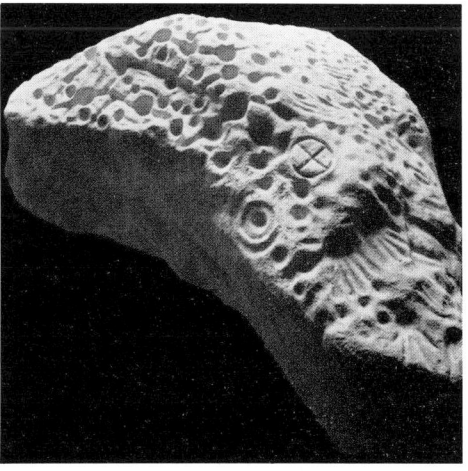

ebenso vielfältig gewesen sein wie jene der Menhire.

Man hat die Schalen, die von kleinen Grübchen bis zu recht großen Vertiefungen variieren, mit der sakralen Feuerbohrung in Verbindung gebracht und mit dem Bohren des Schaftloches der heiligen Axt, obwohl sie weit älter sind als deren Verehrung. Auch als Behälter für flüssige Opfer wie Blut oder Milch wurden sie angesehen, obwohl sie sich oft an der Unterseite der Deckplatten von Riesensteingräbern finden oder an senkrechten Flächen. In diesen Fällen war eine solche Bestimmung jedenfalls ausgeschlossen. Wenn Näpfchen, umgeben von Kreisen oder Strahlen, auf den Blöcken von Megalithgräbern auftreten, mag man sie wohl als Symbole der Augen der Totengöttin oder der Sonne verstehen. Auf der Innenfläche eines Überliegers, der eine Steinkammer bei Bunsoh (Abb. 124) deckte, kamen neben Schälchen vierspeichige Sonnenräder, Hände mit verlängerten Strahlenfingern und Fußbilder zutage, die alten Hieroglyphen neben jenen des Sonnenkultes der nordischen Bronzezeit. Eine große Zahl von Schalensteinen trifft man in der Gegend von Meran und im Südtiroler Vintschgau sowie in den Walliser Alpen. Sie finden sich meist auf Felsblöcken hoch über den Tälern oder selbst im Hochgebirge, ihre Größe variiert von winzigen, in Gruppen angeordneten Beispielen bis zu einzelnen Exemplaren mit beträchtlichen Dimensionen. Ihr Alter ist schwer bestimmbar. Manche wurden wohl mit einem Steingerät eingerieben, andere mit Metallwerkzeugen ausgehackt.

Die Grübchen und Schalen mögen aber nicht immer heilige Zeichen gewesen sein, sondern oft auch die zurückgebliebene Spur eines magischen Tuns, eines Kontaktzaubers, der am Kultstein geübt worden war, oder

der Ausschabung von Steinstaub, dem man besondere Kräfte zuschrieb. Häufige Rillen, Wetz- und Schleifspuren zwischen den Näpfchen deuten in die gleiche Richtung. In der Eisenzeit mehrten sich die Schalensteine im alten Dolmenbereich noch einmal auffallend auf Urnenfriedhöfen und auf Äckern. Mag sein, daß sie dort die Fruchtbarkeit der Felder fördern sollten.

Der weit in die Dämmerung der Vorzeit zurückreichende Brauch der Näpfchenbohrung und das Wissen von der magischen Kraft dieser Zeichen bewahrten sich bis in unser Jahrhundert in seltsamen Sitten, die sicherlich Hinweise auf prähistorische Vorstellungen enthalten. In die Grübchen eines Schalensteines bei Eckernförde legten die Vorbeigehenden gerne Geldstücke, und das gleiche geschah in Südschweden, wo die Näpfchen ›Elfenmühlen‹ heißen. Dort schmierte man auch Fett oder Honig in die Vertiefungen. In Frankreich wurde der aus bestimmten

Fußbild von einem bronzezeitlichen Stein

125 Kirchenmauer von St. Sebaldus, Nürnberg,
mit Schalen und Wetzrillen

126 Flintdolche der Kupfersteinzeit, Schleswig-
Holstein

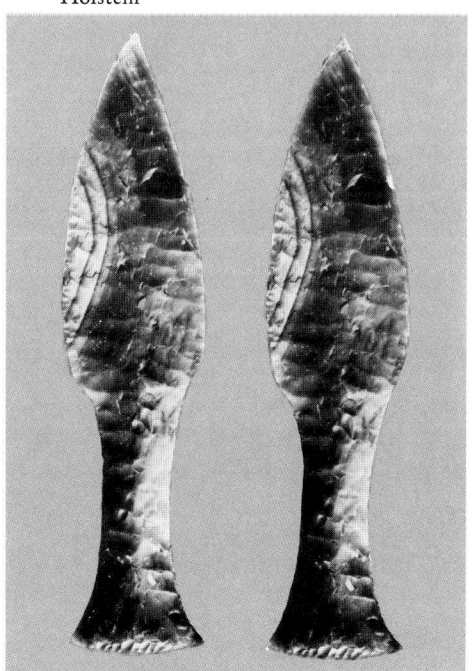

Steinen von Megalithgräbern geschabte Staub
von sterilen Frauen eingenommen. Der Wetterzauber der bretonischen Seemannsfrauen
an dem Kuppelgrab von Quiberon wurde bereits erwähnt.

Der Volksaberglaube um die Näpfchen
war so tief eingewurzelt, daß die Kirche
ihn notgedrungen in ihren Schutz nehmen
mußte. Wir finden viele Schalen in den Mauern mittelalterlicher Gotteshäuser (Abb. 125).
Steinstaub, der aus Kirchenmauern stammte,
spielte in Deutschland und in der Schweiz
eine wichtige Rolle in der Volksmedizin. So
kam es dazu, daß man beim Bau der St.
Gotthardskirche zu Brandenburg eigens zwei
Sandsteinquadern in das Portalgewände
fügte, an denen die Bevölkerung Näpfchen
und Rillen auswetzen konnte. Die Näpfchenbohrung und das Wetzen von Messern an
Kirchenportalen fand besonders bei Ehe-
schließungen statt und sollte dem Brautpaar
Glück bringen. Der Steinstaub aus solchen
Schalen sollte ein Mittel sein, das den jungen
Eheleuten Kindersegen sicherte.

Wie die magische Ausstrahlung des heiligen
Steines, des unzerstörbaren Behältnisses der
durch den Tod freiwerdenden Lebenskraft
der Verstorbenen, in Jahrtausenden nicht
vergessen wurde, so erhielt sich im nordischen
Raum die Erinnerung an den Axtkult der
Urzeit auch nach dem Ende der Megalithkultur und bis in die moderne Zeit im Volke.
Die Verehrung der Axt erreichte gerade in
der Übergangsperiode zwischen dem Neolithikum und der Bronzezeit, in der die
Streitaxt der Einzelgrabvölker den unvergleichlichen Prunkdolchen gewichen war, in
denen die nordische Kunst der Steinbearbei-
tung ihren letzten und größten Triumph
feierte (Abb. 126), einen Höhepunkt. Bernsteinanhänger in Doppelaxtform schmück-

ten die meterlangen Halsketten; in einem Opferfund von Hordum in Thy kamen fünf große Bernsteinäxte mit Schaftloch zutage; auf einem Schalenstein von Schülldorf bei Regensburg fand sich die Darstellung einer geschäfteten Axt, die den bretonischen gleicht. Der germanische Donnergott Thor mit dem Eisenhammer trat das Erbe des alten Stiergottes an.

In den nordischen Bauernhäusern aber vergrub man die prähistorischen Steinbeilklingen noch bis ins 20. Jahrhundert genau wie in der Urzeit mit aufgerichteter Schneide unter dem Flur oder der Schwelle, um Unwetter und Blitzschlag abzuwehren. Das Vieh mußte gegen Unbill und Verzauberung über ein Beil gehen. Keine Hexe konnte nach dem Glauben der Dorfbevölkerung über eine Schwelle treten, unter der ein Beil mit der Schneide nach oben lag. Auch die Ahnung von der zeugenden Kraft des östlichen Wettergottes, der die Große Erdmutter mit seiner Blitzaxt befruchtete, lebte in merkwürdigen Hochzeitsbräuchen fort. Bei der germanischen Hammerweihe bekam die Braut einst einen Hammer in den Schoß gelegt, und noch im 20. Jahrhundert legten die Esten ein Beil unter das Ehebett, um kräftige Nachkommenschaft zu erhalten.

So scheinen die Spuren der Epoche der Riesensteingräber, in der die Alte Welt vom belebenden Strom einer neuen Religion überflutet und verbunden wurde, untilgbar in den Landschaften und Seelen der Völker eingegraben, obwohl die Menschen ihr einst für die Ewigkeit gebautes Werk vielfach selbst wieder vernichtet und seinen Sinn vergessen haben.

In den letzten 150 Jahren, in denen die Scheu, die zuvor noch oft die legendenumwobenen Hünengräber und Schalensteine Deutschlands geschützt hatte, allmählich der Sachlichkeit des Zeitalters der Technik wich, wurden 80 bis 90 Prozent der Totenmonumente, die bis dahin, wie ihre Erbauer dies erhofften, der Natur und den Jahrtausenden getrotzt hatten, von Menschenhand zerstört. Nur etwa 900 Gräber entgingen der Vernichtung. In Dänemark blieben mehr – fast 4000 – erhalten, und in ganz Europa mag es noch höchstens 50000 Megalithmale geben, einen Bruchteil jener Legion gewaltiger Steine, die einmal die schöpferische Antwort des frühen Menschen auf sein Geschick der Sterblichkeit waren.

Nachwort zur 1. Ausgabe ›Die Spur der Zyklopen‹

Staunen und Ergriffenheit vor den Monumenten aus riesenhaften Steinen, die aus einer rätselvollen Urzeit bis in unsere Tage ragen, sowie Bewunderung für die Fähigkeit des Menschen, im Dienste einer Idee selbst das scheinbar Unmögliche zu leisten, führten zu diesem Buch.

Gräber, Kultanlagen und Bauten aus großen rohen Blöcken wurden seit dem Neolithikum nicht nur im mediterranen, west- und nordeuropäischen Raum errichtet. Sie finden sich auch am Schwarzen Meer, im Kaukasus, in Abessinien und dem Sudan und noch weiter fort in Mittel- und Südindien, wo zwischen 200 v. Chr. und etwa 50 n. Chr. Tausende von Riesensteingräbern konstruiert wurden, die genau den viel älteren europäischen gleichen, ebenso in Korea. Die japanischen Herrscher ließen sich noch im 8. Jahrtausend Mausoleen aus ungeheuren Platten bauen, und auf Madagaskar werden bis heute mächtige Kultsteine aufgestellt. Die vorliegende Studie handelt nicht von dem vielschichtigen Problem aller dieser Megalithkulturen, die in den verschiedensten Ländern und Epochen entstanden; sie beschränkt sich auf den Versuch, bestimmten religiösen und kulturellen Vorgängen nachzuspüren, die einmal von großer Bedeutung für die Entwicklung der geistigen Welt des Europäers waren.

Bei der Verfassung dieses Buches wurden die Resultate der älteren und neuesten Erforschung der Megalithkulturen benutzt. Mit großer Dankbarkeit gedenke ich der vielfachen Förderung, Anregung und Anleitung, die mir seit 1949 bei meiner Arbeit und meinen Studienreisen zuteil wurden. Ohne die freundschaftliche Unterstützung meiner Sardinienstudien durch Prof. Filippo Magi, Direktor der archäologischen Forschung im Vatikan und der dem Heiligen Stuhl unterstellten Zonen, wären diese kaum zu verwirklichen gewesen. Ebenso danke ich dem Direktor des National-Museums von Cagliari, Herrn Prof. G. Pesce und Herrn Prof. G. Lilliu sowie den zahlreichen sardischen Freunden für vielfache Förderung und Anteilnahme.

Für das Malta-Buch bin ich Herrn Chr. Zammit, Direktor des Museums von Valletta auf Malta, Herrn J. Spiteri für die ausgezeichnete Zusammenarbeit bei den Aufnahmen im Museum und Herrn Paul Cassar für seine freundschaftliche Teilnahme an meiner Arbeit sehr verpflichtet.

Für meine Studien in Frankreich und auf Korsika erfuhr ich die liebenswürdigste Förderung durch Herrn G. Gaudron, Generalsekretär der Société Préhistorique Française. Mit Dankbarkeit erinnere ich mich auch an die wertvolle Begegnung mit Herrn Louis

Balsan, Direktor der IX. Circonsription des Antiquités Préhistoriques und Konservator des Museums Fenaille in Rodez, und mit Kap. Roger Grosjean vom Centre National de la Recherche Scientifique, dem Entdecker der korsischen Filitosa-Kultur.

Meine Arbeit in Irland wurde mir durch das Entgegenkommen von Mr. P. J. Hartnett, Archeological Officer Bord FAILTE EIREANN, Herrn Prof. J. Raftery, Keeper of Irish Antiquities, Nationalmuseum von Irland, Dublin, Herrn E. Rynne Esq., Nationalmuseum von Irland und Mr. Robert P. Corrigan, National Monuments Branch, Dublin, sehr erleichtert.

Herrn Direktor Borchers vom Museum der Stadt Osnabrück verdanke ich die Bekanntschaft mit den schönen Riesensteingräbern im Umkreis der Stadt. Auch den Mitgliedern der Museumsleitungen von Oldenburg i. O. und Schleswig bin ich für ihre Hilfe sehr verbunden.

Meine Studien in Spanien wurden durch die Unterstützung der Direktionen der archäologischen Museen von Barcelona, Madrid und Almería erleichtert.

Auch die Leitung des Nationalmuseums von Dänemark hat meiner Arbeit liebenswürdige Unterstützung angedeihen lassen.

Von außerordentlichem Wert für meine Studien war das freundliche Interesse von Herrn Prof. Otto Kleemann, dem Leiter des Institutes für Vor- und Frühgeschichte der Universität Bonn, dem ich vor allem zahlreiche wichtige Hinweise auf Neuerscheinungen der archäologischen Literatur und die Möglichkeit der Arbeit in seinem Seminar verdanke.

Zur Auflage der ›Megalithkulturen‹

Anläßlich der weitgehenden Neubearbeitung dieses Buches möchte ich Herrn Prof. E. Contu, Universität von Sassari, meinen Dank für freundliche Hinweise auf die neuesten Ergebnisse der archäologischen Forschung auf Sardinien aussprechen.

Besonders wertvoll waren mir die Gespräche mit Herrn Prof. O. Bar-Yosef, Institute of Archeology, Hebrew University of Jerusalem, mit Frau Dr. T. Noy, The Israel Museum, Jerusalem, und mit Herrn Dr. Valla, Centre de Recherches Préhistoriques Français, Jerusalem.

Mit Dankbarkeit gedenke ich der Arbeitsmöglichkeiten, die mir am Archäologisch-Historischen Institut und dem Institut für Prä- und Protohistorie der Universität von Amsterdam geboten wurden.

Laren, im Frühjahr 1978

Zur überarbeiteten Neuauflage

Anläßlich der sechsten Auflage der ›Megalithkulturen‹ möchte ich allen, die meine Arbeit mit wertvollen Hinweisen und Anregungen unterstützten, herzlich danken.

Laren, im Herbst 1989

Bibliographie

Konsultierte Zeitschriften

ANTIKE Welt, Zeitschrift f. Archäologie und Kulturgeschichte, 1970–1982
ANTIQUITY, Cambridge, 1940–1982
Bulletin de la Société Préhistorique Française, Paris, 1950–1977
Cahiers de la Revue Biblique, 1959–1976
ISRAEL EXPLORATION JOURNAL, 1959 bis 1977
Les dossiers de l'Archéologie, Nr. 11, 1975
Monumenti Antichi, Acc. Naz. d. Lincei, Bd. XLVII, 1966
Proceedings of the Prehistoric Society, 1955–1976
Studi Sardi, 1948–1976

Einleitung

V. G. Childe. The Danube in Prehistory. 1929
– The Dawn of European Civilisation. London 1957
R. M. Clark, C. Renfrew. A statistical approach to the calibration of floating treering chronologies using radiocarbon dates. Archaeometry, Bd. 14, 1972
J. Courtin. Le Problème de l'obsidienne dans le Néolithique du Midi de la France. Festschrift für F. Benoit
G. E. Daniel. The megalith builders of Western Europe. London, 1958
– From Worsae to Childe, the models of prehistory. Proceed. of the Prehist. Soc., Bd. 381, 1971
M. Gimbutas. The Gods and Goddesses of Old Europe 7000–3500. London 1974
P. R. Giot. Chronique des datations radiocarbone armoricaines. Annales de Bretagne, 1968/69
V. Miločić. Die Tontafeln von Tartaria und die absolute Chronologie des mitteleuropäischen Neolithikums. Germania, Bd. 43, 1969
O. Montelius. Die älteren Kulturperioden im Orient und in Europa. Stockholm, 1903
St. Piggott. Ancient Europe. Edinburgh, 1973

LA PREHISTOIRE FRANÇAISE, Publ. du C.R.N.S., Bd. II, Paris, 1976
C. Renfrew. Before Civilisation. The Radiocarbon Revolution and Prehistoric Europe. 1976
– The Explanation of Culture Change: Models in Prehistory. 1973
P. Laviosa Zambotti. Origini e diffusione della civiltà. Mailand, 1947

Buch I

W. F. Albright. The Archeology of Palestine. London, 1956
G. Beer. Steinverehrung bei den Israeliten. 1921
J. Cauvin. Religions néolithiques de Syro-Palestine. Paris, 1972
G. Contenau. L'Epopée de Gilgamesh. Paris, 1939
O. G. S. Crawford. The Eye Goddess. London, 1957
A. Dietrich. Mutter Erde. Berlin, 1925
Mircea Eliade. Die Religion und das Heilige. Salzburg, 1954
O. Eisfeldt. Der Gott Bethel, in: Arch. f. Relig. Wissenschft., 1930
J. D. Evans. Two Phases of Prehistoric Settlement in the Western Mediterranean, in: Bullt. Inst. of Archeology. London, 1955/56
J. Garstang. The Story of Jericho. London, 1940
N. Glueck. The River Jordan. Philadelphia, 1946
K. Gutbrod. Geschichte der frühen Kulturen der Welt. Köln, 1975
G. Lanhester Harding. Archeologie in Jordanie. Utrecht, 1965
O. Höckmann. Die Kykladen und das westliche Mittelmeer, in: Kunst der Kykladeninseln im 3. Jahrtausend v. Chr. Karlsruhe, 1976
E. O. James. The Cult of the Mother Goddess. London, 1959
A. Jirku. Die Ausgrabungen in Palästina und Syrien. Halle a. d. S., 1956
P. Karge. Die vorgeschichtliche Kultur Palästinas und Phöniziens. Paderborn, 1917

K. Kenyon. Digging up Jericho. London, 1957
Mallon A. Köppel, R. Neuville. Teleilat Ghassul I. Rom, 1934
J. Mellaart. Çatal Hüyük, Neolithic Town in Anatolie. London 1967; dtsch. Çatal Hüyük. Bergisch Gladbach, 1967
D. Nielsen. Die altsemitische Muttergöttin Nöldecke. Mutter Erde bei den Semiten, in: Arch. f. Relig. Wissenschaft., Bd. 24, 1926
T. Noy. Neolithik settlements in the Jordan Valley. Jerusalem, 1968
W. G. Palgrave. Personal narrative of a years journey through Central and Eastern Arabia 1862/63. London, 1883
Moshé Stekelis. Les monuments mégalithiques de Palestine, in: Arch. de l'Inst. de Paléont. Hum., Paris, 1935
– La necropolis megalitica de Ala-Safat, Transjordania. Barcelona, 1961
The Holy Land, Bd. II, Antiquity and Survival. Haag und Jerusalem, 1957
J. D. Wölfel. Paideuma. 1950
– Die Religion des vorindogermanischen Europa, in: Christus und die Religionen der Welt. 1951

Buch II

B. Brea. Altsizilien. Köln, 1959
J. D. Evans. Malta. London, 1960
G. Lilliu. Malta, in: Frühe Randkulturen des Mittelmeerraumes. Baden-Baden, 1968
A. Mayr. Die Insel Malta im Altertum. München, 1909
D. H. Trump. Malta, an archaeological guide. 1972
– Skorba. Malta, 1966
L. M. Ugolini. Origini della Civiltà Mediterranea. Rom, 1934
T. Zammit. Prehistoric Malta, in: Mon. Antichi dei Lincei, 1919
S. Neubert, S. von Reden. Die Tempel von Malta. Bergisch-Gladbach, 1988

Buch III

E. Atzeni. Nuovi idoli della Sardegna prenuragica. Sassari, 1975
A. Azara. Tradizioni popolari della Gallura. Rom, 1943
E. Contu, M. Luisa Frongia. Il nuovo Museo Nazionale Giovanni a Sanna di Sassari. Tombe preistoriche dipinte e scolpite dei Thiesi e Bessude, in: Riv. Sc. Preist., 1964
E. Domenech. Pastori e Banditi. Cagliari, 1930
G. Lilliu. Dal ›Betilo‹ aniconico alla statuaria Nuragica. Sassari, 1977
– La civiltà dei Sardi. Turin, 1975
– Sardinien, in: Frühe Randkulturen des Mittelmeerraumes. Baden-Baden, 1967
– Sculture della Sardegna Nuragica. 1960
A. della Marmora. Viaggio in Sardegna. Cagliari, 1930
M. Pallottino. Sardegna Nuragica. Rom, 1950
R. Pettazoni. La Religione primitiva in Sardegna. Piacenza, 1912
A. Taramelli. Beiträge in: Monumenti Antichi della Reale Acc. dei Linc., Bollett. di Paleontologia Italiana
G. Vuillier. Le isole dimenticate. Cagliari, 1930
M. L. Wagner, Südsardische Lieder. Halle a. d. S., 1914
C. Zervos. La Civilisation de la Sardaigne. Paris, 1954

Buch IV

D. Carrington. Corsica, Portrait of a Granite Island. New York, 1974
Etudes Corses. Ajaccio, 1955–1977
Roger Grosjean. Les statues Menhirs de la Corse, I und II in: Etudes Corses. Ajaccio, 1955 und 1956
– La Corse avant l'Histoire. Paris, 1966
G. Lilliu. Korsika, in: Frühe Randkulturen des Mittelmeerraumes. Baden-Baden, 1967
E. Ocotobon. Enquête sur les figurations néo- et enéolithiques, Rev. antr., 1931
M. C. Weiss, F. de Lanfranchi. Les civilisations néolithiques en Corse, in: LA PREHISTOIRE FRANÇAISE. Paris, 1976

Buch V

W. J. Hemp. Some Rock-cut Tombs and Habitation Caves in Mallorca, in: Archaeologia, 1966
G. Lilliu. Die Balearen, in: Frühe Randkulturen des Mittelmeerraumes. Baden-Baden, 1967
Noticiario arqueológico hispanico, Bd. V
J. Mascaro Pasarius. Prehistoria de Las Baleares. 1968
Studi Sardi, ab 1960

Buch VI

J. Arnal. L'art protohistorique: les statues-menhirs de France, in: LA PREHISTOIRE FRANÇAISE. Paris, 1976
L. Balsan. Mélanges d'Archéologie et de Spéléologie, II, 1949, 1954
Casalis de Fondouce. Allées couvertes en Provence. Paris, 1873
F. G. Daniel. The dual nature of the megalithic colonization of prehistoric Europe, in: Proceed. of the Prehist. Soc., 1941
– The Chronology of the French Collective Tombs, in: Proceed. of the Prehist. Soc., 1958
P. R. Giot. Le mégalithisme, in: LA PREHISTOIRE FRANÇAISE. Paris, 1976
O. Kleemann. Une des parures des Déesses Mère Enéolithiques. Le Mans, 1955

Buch VII

Bretagne Préhistorique, in: Les dossiers de l'archéologie, Nr. 11, 1975
H. Breuil. La figure humaine dans la décoration des allées couvertes du Morbihan, 1938/47
P. R. Giot. La Bretagne avant l'histoire. Rennes, 1972
– Brittany. London, 1960
G. Guenin. Pierres à Légendes de Bretagne. Paris, 1936
J. L'Helgouach. Les civilisations néolitiques en Armorique, in: LA PREHISTOIRE FRANÇAISE. Paris, 1976
– Les sépultures mégalithiques en Armorique. Rennes, 1965
W. Hülle. Die Steine von Carnac. Leipzig, 1942
F. Niel. Dolmen et Menhir. 1972
M. Pequart, J. Pequart, Z. Le Rouzic. Corpus des Signes Gravés des Monuments mégalithiques du Morbihan. Paris, 1927
S. Piggott. The long barrow in Brittany, in: Antiquity, 1937
Le Pontois. Le Finistère préhistorique. 1929
S. Reinach. Les monuments de Pierre brute dans le langage et les croyances populaires, in: Cultes, Mythes, Religions, Bd. III, 1908
G. Rosenfeldt. Astronomische Orientierung vorgeschichtlicher Bauten. Hamburg, 1979 (unveröffentlicht)
Z. Le Rouzic. Carnac. Rennes, 1909
– Les monuments Mégalithiques de Carnac et de Locmariaquer. Carnac, 1897/1953
P. Saintyves. Corpus du Folclore préhistorique en France et dans les colonies françaises
A. Thom. Megalithic sites in Britain. Oxford, 1967
– The Carnac Alignements. JHA Heft 3, 1972
– Megalithic remains in Britain and Brittany. Oxford, 1978

Buch VIII

J. San Valero Aparisi. La Penisola hispanica en el mundo neolitico. Madrid, 1948
P. Bosch-Gimpera. Civilisation Mégalitique Portugaise et Civilisation Mégalithique Espagnole, in: L'Anthropologie, Nr. 71, 1967
V. u. G. Leisner. Die Megalithgräber der iberischen Halbinsel. Der Süden. Berlin, 1943
– Die Megalithgräber der iberischen Halbinsel. Der Westen. Berlin, 1956
H. Lhote. A la découverte des fresques du Tassili. Paris, 1958
Madrider Mitteilungen. 1960–1975
S. v. Reden. Zypern. Köln, 1974
E. Sangmeister, H. Schubart. Zambujal – eine befestigte Siedlung der Kupferzeit in Portugal, in: ANTIKE WELT, Heft 3, 1977
H. N. Savory. Spain and Portugal. London, 1963
H. u. L. Siret. Les premiers ages du métal dans le sudest de L'Espagne. Anvers, 1887

Buch IX

P. J. Hartnett. Excavations of a passage grave at Fourknocks, in: Proceed. of the Royal Irish Ac., Bd. 58
A. S. Henshall. The chambered tombs of Scotland, Bd. 1 und 2, 1963 und 1973
S. Piggott. Neolithic Cultures of the British Isles.
C. O'Kelly. New Grange and the other Boyne Monuments. Ard nalee, Blackrock 1978
1954
T. G. E. Powell. The passage Graves of Ireland. 1938
J. Raftery. Prehistoric Ireland. Dublin, 1951
S. O'Riordain. Antiquities of the Irish Countryside. Norwich, 1953
A. u. G. Ritchie. Die Orkney-Inseln im 3. Jahrtausend v. Chr., in: ANTIKE WELT, Heft 3, 1977

J. Weisweiler. Die Kultur der irischen Heldensagen

Buch X
P. Ashbee. The Earthern Long Barrow in Britain. Dent, 1970
R. J. Atkinson. Stonehenge. London, 1960
H. Behrens. Große Grabhügel, Groß-Steingräber und Große Steine im Unteren Saalegebiet. Halle a. d. S., 1968
G. S. Hawkins. Stonehenge decoded. 1966
O. Müller. Der Himmel über dem Menschen der Steinzeit. Heidelberg, 1970
A. Thom. The megalith Unit of Length. 1962

Buch XI
G. Behn. Vor- und Frühgeschichte. 1948
N. Bödige. Natur und Geschichtsdenkmäler des Osnabrücker Landes. 1920
K. A. Eckardt. Der Wanenkrieg. Bonn

A. E. van Giffen. Hunebedden in Nederland. II, 1927
F. Haller. Die Welt der Felsbilder in Südtirol. München, 1978
H. Kirchner. Die Menhire in Mitteleuropa und der Menhirgedanke. Heidelberg, 1955
O. Klindt Jensen. Denmark. London, 1957
P. Kjaerum. The Chronology of the passage graves in Jutland, in: Palehistoria, Nr. 12, 1966
A. van Scheltema. Die Kunst der Urzeit. Stuttgart, 1950
Elisabeth Schlicht. Das Megalithgrab von Groß Berßen. KUML, 1969
H. Schwabedissen. Der Übergang vom Mesolithikum zum Neolithikum in Schleswig-Holstein. 1968
E. Sprockhoff. Die nordische Megalithkultur, in: Handb. d. Urgesch. Deutschlands. Berlin / Leipzig, 1938
K. W. Struwe. Die Kultur der Bronzezeit in Schleswig-Holstein. Neumünster, 1957

Abbildungsnachweis

Chateaulin (Finistère), Jos Le Doaré Abb. 75, 77, 78, 79, 80, 81, 82
Dublin, Commissioners of Public Works in Ireland Abb. 99, 100
Dublin, National Museum of Ireland Abb. 104, 107, 108, 109
Düsseldorf, ZEFA Umschlagvorder- und -rückseite, Abb. 15, 62, 63, 65, 84
Edinburgh, Ministery of Works Abb. 110
Eireann, Foto Bord Failte Abb. 101, 103, 105, 106
Groningen, Archiv des Biologisch-Archäologischen Instituts der Reichsuniversität Abb. 123
Hamburg, Horst Schröder Abb. 61, 64, 66
Karlsruhe, Hed Wimmer Umschlag-Innenklappe
Köln, Archiv DuMont Buchverlag Abb. 23, 117, 121
Kopenhagen, National Museum von Dänemark Abb. 113, 116, 119, 122
Laren, Archiv der Autorin Abb. 5, 7, 20, 29, 31, 39, 57, 67, 68, 69, 70, 71, 72, 85, 102
London, The Admirality Abb. 6
London, Ministery of Works Abb. 111, 112

Madrid, Museo Arqueologico Nacional Abb. 86, 87, 88, 89, 90, 91, 92, 93, 94, 95
Malta, Valletta Museum Abb. 3, 4, 8, 9, 10, 11, 12, 13, 14, 17, 18, 19, 21, 22, 24, 26, 28, 32, 33
Monheim, Dr. Frank Rother Abb. 74, 76, 80
München, Dr. Rainer Pauli Abb. 36, 40, 58
Münchholzhausen, Dr. R. Goldammer Abb. 16, 25, 27, 30
Rodez, Louis Balsan Abb. 73
Schleswig, Schleswig-Holsteinisches Landesmuseum Abb. 114, 115, 118, 120, 124, 125, 126
Wien, Gerhard Heller Abb. 34, 35, 37, 38, 41, 43, 45, 52, 59, 60
Zürich, Hugo Herdegs Erben Abb. 42, 46, 47, 48, 49, 50, 51, 53, 54, 55, 56

Die Abb. 96, 97 und 98 entnahmen wir mit freundlicher Genehmigung des Verlages Walter de Gruyter & Co., Berlin, dem Werk: Leisner, Die Megalithgräber der Iberischen Halbinsel, – die Abb. 1 und 2 mit freundlicher Genehmigung des Verlages Ernest Benn Ltd., London, dem Werk von Kathleen Kenyon, Digging up Jericho.

Register

Personenregister

Adam 9
An Chailleach 290
Aphrodite 48
Apollon 85, 306, 312
Aristoteles 134, 182
Artemis 63
Asen 313, 324
Ashtart 41
Artreus 270
Atriden 269
Aubrey 307

Baal, Baal Aliyan, Baal Hadad
137, 263
Bar-Yosef, O. 39, 56
Blance, Beatrice 16
Boucher de Crèvecœur de Parthes,
Jacques 9
Breuil, Henri Abbé 176
Buddha 94

Caesar, Gaius Iulius 220
Cernunnos 207
Champollion, Jean-François 207
Childe, Gordon 14–16, 18
Christy, H. 10
Cicero, Marcus Tullius 167
Cleopatra 230
Colominas, J. 190

Daniel, Glyn 16
Darwin, Charles Robert 10
Decius 134
Delphyne 84
Demeter 63, 111
Diodor 125, 134, 189, 192, 214,
310
Dond Cuailnge 290
Dörpfeld, Wilhelm 10

El (Beth-El) 47, 137
Enkidu 25
Evans, Arthur 9
Evans, John D. 9, 120

Ferguson, C. M. 20
Festus 129
Fontana, Domenico 230
Fruchtbarkeitsgöttin
s. Muttergöttin

Garrod, Dorothy 29, 42
Garstang, John 32, 34–36
Gilgamesch 25, 26, 28
Gracchus, Titus Sempronius 145
Grosjean, Roger 176, 178, 181,
182, 184, 185
Große Göttin s. Muttergöttin

Hawkes, Christopher 24, 210
Hawkins, G. 309
Hekateus (Hekataios) 311, 312
Henshall, A. Shore 278
Herkules 125
Hermes 112
Herodot 239
Heyerdahl, Thor 14, 274
Homer 290

Iolaos 125, 134

Jakob 47
Jaweh 47
Jeremias 48
Josua 32, 41, 47

Kalypso 80
Kenyon, Kathleen 32, 34, 36, 39
Kossinna, Gustav 14
Kybele 48, 59

Lanfranchi, F. de 185
Lartet, Edouard 10

Lhote, Henri 246
Libby, Willard Frank 17
Louis Salvador, Erzherzog 189
Lucanus 239

Magna Mater s.Muttergöttin
Magri, E. 98
Maillol, Aristide 94
Marenkönigin (Mo-rigain) 291
Marx, Karl 22
Mayr, Albert 99, 189
Mellaart, James 60, 61, 69
Mercati, Michele 9
Merimée, Prosper 176
Milojčić, W. 18
Montelius, Oscar 10, 12–15
Mortillet, Gabriel de 10, 12
Moses 47
Mussolini, Benito 14
Muttergöttin (Magna Mater,
Große Göttin, Urmutter,
Fruchtbarkeits- und Totengöttin)
15, 16, 23, 24, 26, 27, 36, 41,
46–50, 59, 60, 62–65, 67, 72, 75,
79, 80, 83, 84, 90, 92, 98, 99,
110–112, 115, 120, 122, 127, 128,
134–137, 146, 155, 162, 171, 182,
198–200, 202–205, 210, 214, 218,
222–225, 227, 228, 243, 248, 255,
256, 263, 264, 274, 275, 283–285,
289, 291, 320, 324, 325, 327

Napoleon 176
Nietzsche, Friedrich 14

Odin 323
Odysseus 80, 276
Okeanos 80
Osiris 280

Palgrave, W. G. 57
Pasarius, J. Mascaò 190
Pausanias 9, 125, 134

Orts- und Sachregister

Synoptische Zeittabelle
(Radiokarbondatierung)

Zeit v. Chr.	Palästina	Malta	Sardinien	Korsika
10 000	Natufien Beginn der Seßhaftigkeit			
9 000	Grotten- und Freiland- siedlungen Friedhöfe Gründung von Jericho			
8 000	**Vorkeramisches Neolithikum A** Jericho I mit Mauern und Turm			
7 000	**Vorkeramisches Neolithikum B** Jericho II Schädelkult Beidha, Beisamun			Mesolithikum Funde aus Abris und Grotten
6 000	**Keramisches Neolithikum A** Jericho III Nomadenlager		Frühneolithikum Beginn der Obsidian- gewinnung?	Frühneolithikum Impresso-Keramik Tonware mit Punktverzierung Grottenbestattung
5 000	Yarmukkultur Jericho IV	Neolithikum Ghar Dalam Impresso-Keramik	Wohngrotten Impresso-Keramik Grottenbestattung	Obsidian- und Feuersteineinfuhr
4 000	**Chalkolithikum** Ghassul-Kultur Steinkisten- und Megalithgräber Steinsetzungen	Skorba grau Skorba rot Zebbug Felsgräber	Obsidianhandel mit Südfrankreich und Ligurien	**Mittelneolithikum** Erhöhte Obsidianeinfuhr
3 500	**Frühbronzezeit** Jericho V Schachtgräber	Anfänge der Tempelkultur Xemxija Felsgräber Mgarrtempel Gigantija	**Ozieri-Kultur** Rundhütten Felsgräber	**Spätneolithikum** Höhepunkt der Obsidian-Industrie Große Dorfsiedlungen
3 000	Megalithgräber Megalithische Anlagen im Jordangebiet	Hal Saflieni **Tarxienphase** Hagar Kim	**Ozieri-Kultur** **Arzachena-Kultur** mit Steinkistengräbern Menhire Agäische Idole	**Beginn der Megalithkultur** Steinkisten Menhire
2 500	Megalithgräber auf der Golan-Hochfläche	Mnaidra Tarxientempel	**Chalkolithikum** Felsgräber Dolmen Monte d'Accoddi Glockenbecher	Dolmen Alignements Grabturm von Tappa Kupfer
2 000	**Mittelbronzezeit** Ausklang der Megalithkultur	Tarxien-Brandgräber Kupferwaffen Dolmen Menhire	**Monte Claro-Abealzu- und Filigosa-Kultur** Felsgräber Megalithgräber	**Bronzezeit** Entwicklung der Menhirstatuen mit Kriegerbildnissen
1 500			**Frühnuraghische Kultur** mit einfachen Türmen Menhirstatuen Gigantengräber	**Torre-Kultur** Späte Menhirstatuen
1 000			**Mittel- und Spät- nuraghische Kultur** Komplexe Nuraghen Quellheiligtümer Bronzestatuetten	